George T. Simon gilt als die große Autorität der Swing-Ära. Simon half Glenn Miller beim Zusammenstellen seiner ersten Band und war eine Zeitlang deren Schlagzeuger. Er blieb mit ihm während seiner gesamten Karriere eng verbunden und trat später wieder als Drummer in Glenn Millers Army Air Force Band ein. Er arbeitete zwanzig Jahre für das Magazin »Metronome« und war Produzent von Schallplatten, Radio- und Fernsehsendungen.

Vollständige Taschenbuchausgabe April 1991
Droemersche Verlagsanstalt Th. Knaur Nachf., München
© 1987 Hannibal Verlag, Robert Azderball, Wien
Titel der Originalausgabe: »Glenn Miller and His Orchestra«
© 1974 Bigbee Productions Inc.
Umschlaggestaltung Adolf Bachmann
Umschlagfoto Süddeutscher Verlag, München
Druck und Bindung Ebner Ulm
Printed in Germany   5 4 3 2 1
ISBN 3-426-02412-8

George T. Simon:
Glenn Miller

Sein Leben – Seine Musik

Mit zahlreichen Abbildungen

Dieses Buch ist POLLY DAVID HAYNES gewidmet; geliebt, bewundert und zutiefst respektiert von uns allen, die jemals mit Glenn Miller und seinem Orchester zu tun hatten.

GEORGE T. SIMON

Inhalt

Vorwort		9
Einleitung		11
Erster Teil:	Die frühen Jahre	15
Zweiter Teil:	Die Band, die es nicht schaffte	91
Dritter Teil:	Die Band, die es schaffte	131
Vierter Teil:	Die Army Air Force Band	341
Coda		455

Vorwort

Je mehr Zeit verstreicht, desto größer wird meine Dankbarkeit, ein kleines Teilchen der Ära der großen Swingbands gewesen zu sein. Das war das Goldene Zeitalter der populären Musik für mich. Nicht, daß ich etwas Wesentliches dazu beigetragen hätte; ich war ein Zuhörer, ein Anhänger, ein Fan, und das schon seit den Tagen, als Isham Jones, Paul Whiteman, Ray Miller und noch viele andere den Weg ebneten für die große Welle der Swingbands: Goodman, Herman, die Dorseys, Casa Loma, Artie Shaw — und Glenn Miller an der Spitze.
Sie alle waren groß, aber ich kann mir nicht helfen: ich finde, Glenn Miller war der Größte. Im Gegensatz zu vielen anderen war er keineswegs ein Virtuose auf seinem Instrument. Aber er schaffte es auf andere Weise: mit großartigen Musikern und innovativen harmonischen Konzepten schuf er einen Klang, der ihm, und nur ihm allein gehörte.
Ich glaube nicht, daß es auch nur einen einzigen Hörer in den USA gab, der die Musik der Miller Band nicht geliebt und bewundert hätte — es sei denn, er wäre stocktaub oder vollkommen unmusikalisch gewesen.
Es schien mir immer, daß Musiker und Bandleader in jenen Tagen ein besonderer Menschenschlag waren. Ihre Dialoge waren einzigartig, ihr Argot war für Außenstehende unverständlich und ein besonderer untrennbarer Bestandteil des Kults.
Ich glaube immer noch, daß es den meisten von ihnen nicht so sehr darauf ankam, wieviel Geld sie verdienten und welchen Grad des Ruhms sie erreichten — natürlich waren sie auch daran interessiert, aber wichtiger war ihnen die Anerkennung, Bewunderung und Wertschätzung der Kollegen.
Jede Musik, die zickig und unimaginativ war, lehnten sie ab und bezeichneten sie als »kommerziell«. Sie vermieden die ausgetre-

tenen Pfade des »Note-für-Note-wie-es-geschrieben-steht«-Spiels; sie glaubten daran, daß jedes populäre Musikstück weiterentwickelt und verfeinert werden konnte und sollte.

Glenn verwendete eine neue und völlig außergewöhnliche Harmonisierung, und wenn ich versuche, zu beschreiben, was er machte, merke ich, daß ich dazu außerstande bin. Ich glaube, es lag an seinen Voicings, aber ich möchte nur sagen: es war erkennbar, es blieb haften, es war einfach schön: es war Glenn Miller.

Und genauso unvergeßlich ist der Mensch Glenn Miller für mich. Wir waren sehr gute Freunde, von allem Anfang an, seit er einmal auf einer der Platten mitspielte, die ich in einem frühen Stadium meiner Karriere mit dem Dorsey Brothers Orchestra aufnahm. Während des Zweiten Weltkriegs arbeiteten wir zum letzten Mal zusammen, als ich in London mit seinem großartigen AAF-Orchestra sang.

Woran ich mich persönlich am besten erinnere, das ist sein unfehlbarer Geschmack und sein Niveau, in der Kleidung und im Lebensstil. Man merkte ihm seine Herkunft aus Colorado nicht an. Er war ein attraktiver Mann und natürlich ungemein begabt. Ich bin vollkommen sicher: wäre er lebend aus dem Krieg zurückgekehrt, so hätte er auch in den darauffolgenden Jahren eine wichtige Rolle in der populären Musik Amerikas gespielt. Schade, daß er nicht mehr unter uns ist. Aber wir haben das Buch von George Simon — und so, wie er über ihn erzählt, kann das nur jemand, der ihn wirklich gut gekannt hat.

Dieses Buch ist das definitive Werk über Glenn Miller und seine Zeit.

BING CROSBY

Einleitung

Einige Jahre, bevor er jene Band organisierte, die dann die populärste der Welt werden sollte, lernte ich Glenn Miller kennen. Mein erster Eindruck von ihm war nur teilweise richtig. Ich hielt ihn für ehrlich, geradlinig, sensibel und willensstark, und das stellte sich als richtig heraus; ich hielt ihn aber auch für unkompliziert, und da irrte ich mich gründlich.
Wir wurden rasch Freunde und blieben es während seiner gesamten Karriere. Auf deren Höhepunkt bat er mich einmal sogar, seine Biographie zu schreiben, aber ich lehnte ab, obwohl ich Glenn mochte und bewunderte. Wenn ich mich heute zurückerinnere, muß ich zugeben, daß sich in diese Bewunderung gelegentlich Spuren von Vergötterung gemischt haben mögen. Später lernte ich auch, mich über ihn zu ärgern.
Als ich ihn dann besser kennenlernte, erkannte ich, daß er nicht nur dynamisch und dogmatisch, sondern auch schwer zu verstehen war. Er lebte in einer Welt, in der es nur Schwarz oder Weiß gab, mit wenigen Grautönen dazwischen, und diese Welt war von einer zum Verzweifeln harten und spröden Schale umgeben. Obwohl er immer zutiefst um Verständnis und Bewunderung des Publikums für seine Musik bemüht war, gab er nur wenigen privilegierten Freunden Gelegenheit, auch den Mann zu bewundern und zu verstehen, der diese Musik machte.
Einige Jahre lang gehörte ich zu diesem bevorzugten Kreis, und damals war ich überzeugt, ganz genau zu wissen, was für ein Mensch er war. Das jedoch war lange, bevor ich begann, dieses Buch zu schreiben. Heute, nach vielen Monaten des Recherchierens und Interviewens und nach dreißig Jahren Einsicht weiß ich, daß jener Glenn Miller, den ich so gut zu kennen glaubte, nur ein Teil eines wesentlich komplexeren Menschen war, den ich jetzt wünschen würde, noch einmal von allem Anfang an

kennenlernen zu können. Und noch etwas habe ich inzwischen gelernt: niemand kann wirklich das sein, was ein einziger Mensch denkt, das er ist.

Während der Vorarbeiten zu diesem Buch sprach ich mit Musikern, Sängern, Arrangeuren, Managern, Verwandten und dazu mit einigen von Glenns und meinen engen Freunden, die in seinem Leben und seiner Karriere wichtige Plätze eingenommen hatten. Sie alle waren sich vollkommen einig, daß er einen wesentlichen Beitrag zur Populärmusik geleistet hat und daß der Band, die er gegründet und in bewundernswerter Weise geleitet hat, durchaus stilbildende Funktionen zugestanden werden müssen.

Ging es jedoch um Glenn als Person, so konnte von Einigkeit keine Rede sein. Gewiß, die meisten fanden, er sei ein strenger Chef gewesen, reserviert, stur, erfahren und ehrlich, hätte einen rasiermesserscharfen Sinn für Kommerzialismus entwickelt und konstanten Gebrauch davon gemacht. Aber wenn die einen ihm seinen Kommerzialismus vorwarfen, bewunderten andere seine Geschäftstüchtigkeit. Einige meinten, seine Hingabe an die Sache hätte ihn intolerant gemacht, andere lobten seine kühle Effizienz und Disziplin. Viele hielten ihn für kalt und gefühllos, wogegen jene, die ihn wirklich kannten, genau wußten, wie herzlich und warm er sein konnte.

Im Zuge der Interviews entdeckte ich, daß jene, die Glenns rauhe Schale durchbrochen hatten (vielleicht sollte ich besser sagen: denen er gestattet hatte, diese Schale zu durchbrechen), all seinen Vorzügen und Fehlern am tolerantesten gegenüberstanden. Sie waren, so scheint mir, in der Lage, Glenn aus einer breiteren Perspektive zu sehen, ihn und seine Motive und Talente (und das waren wirklich viele!) richtig einzuschätzen. Sie waren seine Freunde, denen er als Mensch genausoviel bedeutete wie das, was er schuf und womit er ihr Leben beeinflußte. Denn wie dieses Buch zeigen wird, beeinflußten er und seine Musik in der Tat sehr nachhaltig Leben und Karriere vieler Menschen, auf viele verschiedene Arten und an vielen verschiedenen Orten.

Allen jenen, die mir bei dieser breiten und umfassenden Schilderung Glenn Millers geholfen haben, indem sie ihre Beobachtungen und Gefühle mit mir teilten, schulde ich tiefsten Dank, auch dafür, daß sie mich mit so vielen Fakten über Menschen und Situationen versorgten, die nicht nur Glenn selbst, sondern auch die vielen anderen betrafen, die durch ihre bedeutenden Beiträge dieses Orchester zum populärsten der Bigband-Ära machten. Denn dieses Buch handelt nicht nur von Glenn Miller, sondern auch von seinen Musikern — wie es immer auf den Plakaten und Markisen hieß: GLENN MILLER AND HIS ORCHESTRA.

Ich danke Polly Davis Haynes, dieser wundervollen warmherzigen Dame, die Glenns verläßliche Büroleiterin, die beste Freundin seiner Frau und selbst verheiratet mit seinem persönlichen Manager war und die mir beim Sammeln von Material für dieses Buch unschätzbare Hilfe leistete, mich immer wieder ermutigte und mich sogar beim Redigieren unterstützte.

Ebenso danke ich David Mackay, Glenns Landsmann, Freund, Rechtsbeistand und heute Nachlaßverwalter, der mir auf jede mögliche Art zur Seite stand, mir Zugang zu Glenns persönlichen Dokumenten ermöglichte und dessen Glaube an mich und meine Arbeit ungemein wertvoll waren.

Dann waren da natürlich die Bandmitglieder, die mir mit Erzählungen und in vielen Fällen auch mit Fotos zur Seite standen: Jimmy Abato, Trigger Alpert, Stanley Aronson, Tex Beneke, Rolly Bundock, Johnny Desmond, Ray Eberle, Bill Finegan, Chuck Goldstein, Jerry Gray, Bobby Hackett, Marion Hutton, Frank Ippolito, Jerry Jerome, Al Klink, Carmen Mastren, Billy May, Ray McKinley, Mickey McMickle, Johnny O'Leary, Jimmy Priddy, Bernie Privin, Moe Purtill, Willie Schwartz, Paul Tanner, Zeke Zarchy.

Genauso jene Musiker, die mit Glenn gearbeitet hatten, lange bevor es eine Glenn Miller Band gab: Bing Crosby, Smith Ballew, Will Bradley, Benny Goodman, Skeets Herfurt, Roc Hillman, Harry James, Julius Kingdom, Ted Mack, Jimmy McPartland, Gil Rodin, Milt Yaner, Gene Krupa und Red Nichols, sowie jene Nicht-Musiker, die später mit ihm assoziiert waren: Larry Bruff, Bullets Durgom, Cecil Madden, Mike Nidorf, Howie Richmond, Tom Sheils, Joe Shribman, George Voutsas und Don Haynes.

Und schließlich habe ich Glenns Angehörigen zu danken: seiner Schwester, Mrs. Irene Miller Wolfe, die mir so viel über Glenns frühe Jahre erzählte und mir zu einigen raren Fotos verhalf, und seinen beiden Kindern Steve und Jonnie, mit denen ich erst kürzlich schöne Stunden in Kalifornien verbrachte, wo sie leben. Meine Gespräche mit ihnen waren seltsam berührend. Sie erinnern sich nicht mehr an ihren Vater — Jonnie hat ihn überhaupt nie gesehen —, und beide waren nach allem, was ich über ihn erzählen konnte, überaus begierig. Wie eigenartig, dachte ich; alle meine Interviewpartner versuchten, mir alles, was sie wußten, über Glenn zu erzählen, und hier saß ich seinen Kindern gegenüber, den ihm am nächsten stehenden lebenden Menschen, und sie fragten mich: »Wie war er eigentlich?«

Gerade diese Frage ist mir in all den Jahren unzählige Male gestellt worden: »Wie war Glenn Miller eigentlich wirklich?« Früher pflegte ich mit leichtfertiger Selbstsicherheit zu antworten. Heute jedoch, nach der Arbeit an diesem Buch, die mir so viele Aspekte seines Lebens eröffnete, durch die Augen, Ohren, Seelen und Herzen so vieler, die ihm nahestanden, heute begreife ich, daß ich erst jetzt zu erfassen beginne, wie Glenn Miller wirklich war, was ihn dazu brachte, so viele Dinge — manche vorhersehbar, andere wieder überhaupt nicht — zu tun, die ihn letztlich zu einem so ein einzigartigen Individuum machten, in allem und jedem so einzigartig und schön und lebendig und komplex wie seine Musik.

Ich kann nur hoffen, daß mit Hilfe dieses Buches jeder Leser für sich selbst herausfindet, wie Glenn Miller wirklich war.

GEORGE T. SIMON
Januar 1974

ERSTER TEIL
Die frühen Jahre

Kapitel 1

Eines späten kalten und nassen Abends saß Major Glenn Miller in der Mansarde eines alten englischen Hauses in Bedford, fünfzig Meilen nördlich von London; er war auf Besuch bei zwei Mitgliedern seiner Band, dem Arrangeur Jerry Gray und dem Bassisten Trigger Alpert. Sie hatten über die Vergangenheit gesprochen, über Glenns Zivilband, in der diese beiden Sergeanten so bedeutende Rollen gespielt hatten. Und nun sprachen sie über die Gegenwart, in der sie für die Alliierten Truppen in England spielten, und über die Zukunft, für die geplant war, Konzerte für die Truppen auf dem europäischen Festland zu veranstalten und anschließend nach Amerika zurückzukehren; dort würde Glenn sich auf seiner Ranch an der Westküste niederlassen, er und die Band würden jeweils ein halbes Jahr hart arbeiten und den Rest des Jahres privatisieren und alle würden viel Geld verdienen und zufrieden sein.

»Glenn kam gerne zu uns auf Besuch«, erinnert sich Alpert, der immer schon zu Millers Lieblingsmusikern gehört hatte; Glenn hatte einmal zehn uniformierte Musiker eingetauscht, nur um Alpert, den Bassisten seiner zivilen Formation, auch für die AAF-Band zu bekommen. »Vielleicht war es, weil er sich bei uns zu Hause fühlte und weil er hier sicher sein konnte, nichts von dem blöden G.I.-Gequatsche zu hören. Ich weiß noch, einmal kam er mit David Niven vorbei, der war damals Oberst, glaube ich. Glenn hatte erfahren, daß Jerry italienisch gekocht hatte, irgendein Zeug aus einem Paket von seiner Mutter aus den Staaten, und er fragte: ›Warum hast du mich nicht eingeladen?‹ Er sagte es halb im Spaß, aber ich glaube, es war schon Ernst dahinter. Glenn hatte hier großes Heimweh.«

Gray erinnert sich auch noch an eine andere Nacht, als ein ruheloser Miller vorbeikam und ihn fragte, ob er nicht am folgenden Tag mit ihm nach Paris hinüberfliegen wolle, um alles für ein dortiges Konzert vorzubereiten. »Ich sehe ihn noch vor mir, am Boden sitzend, und ich lag verkühlt im Bett und fühlte mich lausig. So sagte ich: ›Nein, Glenn, ich denke, es ist besser, ich komme dann mit den anderen Boys nach.‹ Bald darauf verabschiedete er sich, und ich erinnere mich an sein Gesicht, als er zur Treppe unserer kleinen Mansarde ging. Da habe ich ihn zum letzten Mal gesehen.«

Major Miller kehrte an diesem Abend in das *Mount Royal Hotel* in London zurück, wo er einquartiert war und wo er sich oft mit seinem Organisationsleiter Leutnant Haynes traf, einem gutaussehenden Mann, der wie ein Filmstar der 30er Jahre wirkte und früher sein persönlicher Manager gewesen war. Auch mit Haynes sprach Miller über die Zukunft, genauer gesagt über den bevorstehenden Transport der aus 62 Soldaten bestehenden Organisation nach Paris und wem man da am besten welche Aufgabe anvertrauen sollte. Ursprünglich sollte Haynes nach Paris vorausfliegen. Aber Glenn war durch den Amtsschimmel der Armee, der die Aktion immer wieder verzögert hatte, so ungeduldig geworden, daß er Haynes nun mitteilte, er würde selbst hinüberfliegen und die notwendigen Arrangements treffen; Don sollte ein paar Tage später mit der Band nachkommen.
Der Flug war für Mittwoch, den 13. Dezember, vorgesehen. Jedoch war das Wetter äußerst schlecht: regnerisch, nebelig und kalt. Das Flugzeug erhielt keine Starterlaubnis. Also wartete Glenn ungeduldig im Hotel, während Haynes nach Bedford hinausfuhr, um der Band bei den Reisevorbereitungen zu helfen.
Am nächsten Tag war das Wetter unverändert scheußlich, niemand flog und Glenn saß in London fest. In Bedford nahm Haynes seinen Lunch mit Oberst Norman Baesell ein, einem verwegen-draufgängerischen Haudegen, der gehört hatte, Haynes wolle nach Paris. Er lud ihn ein, mit ihm zu fliegen, er, Baesell, hätte dort einige dringliche Erledigungen; die dringlichste war, wie er vertraulich anmerkte, die Beschaffung neuen Champagners. Haynes informierte Baesell über den geänderten

Plan; nicht er selbst, sondern Glenn würde fliegen. Die beiden riefen Glenn an, der über die Gelegenheit hocherfreut war. Haynes fuhr nach London, holte Glenn ab und brachte ihn nach Bedford zurück, wo sie auf passables Flugwetter warteten.

Aber auch am darauffolgenden Freitag, dem 15. Dezember, war das Wetter unverändert schlecht. Wieder startete kein Flugzeug, und Glenn wurde immer unruhiger. Er ging zu den Baracken hinüber, wo die Musiker wohnten, und besuchte seinen alten Freund, Sergeant Reuben »Zeke« Zarchy, der auch schon seit den Tagen der Zivilband bei ihm war. Plötzlich kam die Nachricht, daß der Flug stattfinden würde, obwohl sich das Wetter keineswegs verändert hatte. »Es war typisch englisches Wetter«, berichtet Zarchy. »Es gibt da eine Redensart drüben: ›Dieses Jahr hatten wir einen wunderschönen Sommer; er fand, glaube ich, an einem Mittwoch statt.‹«

Zeke erinnert sich, daß er Glenn, Oberst Baesell und Haynes zum Jeep begleitete, der sie zum Flugzeug bringen sollte. »Glenn rief noch aus dem Wagen: ›Wir sehen uns drüben, Zeke!‹ Und dann verschwanden sie im Nebel.«

Das Flugzeug war eine einmotorige neunsitzige C-64 Norseman. Der Pilot Johnny Morgan, ein ehemaliger Kampfflieger, galt als außergewöhnlich fähig; er war diese Route schon viele Male geflogen. Keine deutschen Flugzeuge befanden sich in der Gegend, keine feindliche Flak im Umkreis von 200 Meilen. Funkkontakt war an diesem Tag verboten; es war kurz vor Beginn der Ardennenschlacht.

Aber es gab ein Problem: die Maschine besaß keine Enteisungsvorrichtung, und die Temperatur lag in der Nähe des Gefrierpunktes. Unter diesen Umständen konnte man weder über den Wolken fliegen, wo es zu kalt war, noch in den Wolken, wo der Pilot nichts sehen konnte. Wenn man an diesem miserablen Nachmittag überhaupt fliegen konnte, dann nur unterhalb der Wolken, knapp über den sturmgepeitschten Wellen des Ärmelkanals. Und diese Maschine konnte nicht einmal wassern.

Als Glenn in das kleine Flugzeug kletterte, rief Haynes ihm nach: »Wir sehen uns morgen in Paris. Hals- und Beinbruch!«
»Danke, Haynsie, wir können es brauchen«, rief Miller zurück.

Dann sah er um sich und brüllte: »Hey, wo sind die gottverdammten Fallschirme eigentlich?«
»Was ist los, Miller«, antwortete der rauhbeinige Oberst dem offensichtlich besorgten Major, »wollen Sie ewig leben?«
Möglicherweise waren das die letzten Worte, die Major Glenn Miller jemals gehört hat.

Kapitel 2

Die ersten Worte, die ich jemals aus dem Munde von Glenn Miller hörte, waren diese:

> Annie's cousin Fanny is a sweetie of mine,
> she sits and waits at home for me all the time.
> You may know some girls named Annie that are divine,
> but you've never seen a fanny half as pretty as mine.

Der Ort: Nuttings-on-the-Charles, ein Ballroom in Waltham, Massachusetts. Der Zeitpunkt: Mai 1934. Der Anlaß: ein Onenighter der neuorganisierten Band der Dorsey Brothers.
Einige Mitglieder meiner durchwegs mittelmäßigen Harvard Dance Band und ich waren in dieser Nacht von dem großartigen Orchester der Gebrüder Dorsey hingerissen. Das waren ganz einfach phantastische Musiker; sie swingten wie keine Band, die ich jemals live erlebt hatte. Tommy mit seiner Posaune, Jimmy mit Klarinette und Saxophon sowie Ray McKinley am Schlagzeug begeisterten mich ganz besonders. Die Band spielte mit unglaublicher professioneller Sicherheit und einem Enthusiasmus, der sogar Nummern wie Glenn Millers Komposition *Annie's Cousin Fanny* durchdringen konnte; der Höhepunkt dieser Darbietung kam, als dieser ernsthafte schulmeisterlich wirkende Posaunist mit Brille, breitem, eckigem Kinn und einem Kopf, der selbst für seine Körpergröße zu voluminös erschien, schwerfällig an die Rampe schlurfte und in seinem Mittelwest-Slang halb sprechend und halb singend die oben verzeichneten Worte von sich gab. Er beendete seine Soloeinlage mit einer lächerlich ungeschickten Tanzbewegung, die die Leute auf der Tanzfläche in helles Gelächter ausbrechen ließ, dann schlich er verlegen und unsicher auf seinen Platz bei den Posaunisten zurück.
Etwa ein Jahr danach hörte ich aus diesem Mund in dem korrek-

ten ernsthaften Gesicht zwei weitere überraschende Worte: »Wilbur Schwitchenberg«.

Diesmal war die Umgebung deutlich spektakulärer: es war im *Rainbow Room* auf dem Dach des Rockefeller Center in New York, wo Glenn als Posaunist und Arrangeur in der Band von Ray Noble arbeitete. Ich hatte inzwischen aufgehört, ein Student zu sein, den seine Tanzband wesentlich mehr interessierte als sein Ökonomiestudium in Harvard; ich war ein junger Musikkritiker geworden, der für 25 $ im Monat für *Metronome*, das populärste Musikmagazin des Landes, schrieb.
Die Worte »Wilbur Schwitchenberg« waren Glenns Antwort auf meine Frage, wer sein bevorzugter Posaunist sei. Ich hatte erwartet, er würde Tommy Dorsey, Jack Teagarden, Jack Jenney oder irgendeinen anderen der großen Posaunisten nennen, aber nein, heraus kam dieser ebenso unbekannte wie unaussprechliche Name, verbunden mit der Bemerkung, Schwitchenberg, Glenns Sitznachbar in der Noble Band, könne »mehr Dinge besser spielen als alle Posaunisten, die ich jemals gehört habe«. Später, als Wilbur besser bekannt wurde, schlossen sich viele Musiker Glenns Meinung an; noch später war auch sein Name leichter zu buchstabieren und auszusprechen, als Wilbur Schwitchenberg

Die Dorsey Brothers Band. Hintere Reihe: Pianist Bobby Van Eps, Bassist Delmar Kaplan, Tommy Dorsey, Sängerin Kay Weber, Jimmy Dorsey, Glenn Miller, Saxophonist Jack Stacey. Vordere Reihe: Trompeter George Thow, Gitarrist Roc Hillman, Posaunist Don Matteson, Saxophonist Skeets Herfurt, Drummer Ray McKinley

sich Will Bradley nannte und eine der besten Swingbands gründete.
Ray Nobles Band war die zweite, der ich die Spitzennote »A« verlieh. Glenn Miller hatte sie für Ray zusammengestellt, einen Engländer, der mit der amerikanischen Musikergewerkschaft Schwierigkeiten hatte und dem Millers Hilfe überaus willkommen war. Das erste »A« war an Benny Goodmans brandneue Band gegangen, nachdem ich sie bei ihrem ersten festen Job gehört hatte, einem 14tägigen Gig im *Roosevelt Grill*, wo normalerweise Guy Lombardo hof hielt. In meiner Rezension wies ich besonders darauf hin, wie gut die Band in dieses Lokal paßte; ich

Glenn mit Ray Noble und Will Bradley alias Wilbur Schwitchenberg

konnte nicht ahnen, daß der Hotelmanager schon am ersten Abend verkündet hatte, er würde Bennys Vertrag keineswegs verlängern; er habe das Gefühl, sein Publikum werde diese lauten, grellen, swingenden Sounds niemals akzeptieren.
Offensichtlich war ich meiner Zeit ein wenig voraus. Es sollte noch einige Monate dauern, bis der Swing und Benny Goodman von der Öffentlichkeit begeistert akklamiert wurden. Im *Glen Island Casino* in New Rochelle versuchten die Dorseys, die Jugend zu begeistern, aber auch sie hatten ihre Probleme. Etwa zur gleichen Zeit, als Glenn Miller die Worte »Wilbur Schwitchenberg« aussprach, brüllte Tommy seinen Bruder Jimmy vor versammeltem Publikum an: »Steck dir doch deine Band in den Arsch!!« Danach verließ er wütend Bühne und Ensemble.
Die originären Schöpferpersönlichkeiten aber, Männer wie Duke Ellington, Fletcher Henderson oder Jimmy Lunceford, die jene Musik, mit der die anderen viel Geld verdienen sollten, geschaffen hatten, schlugen sich mit wieder anderen Problemen herum; die Welt der Weißen war noch nicht bereit, sie zu akzeptieren und ihnen die Auftrittsmöglichkeiten und Gagen zuzu-

gestehen, die für weiße Sweetbands wie Guy Lombardo, Paul Whiteman oder Hal Kemp selbstverständlich waren.
Und dann, im August, geschah es plötzlich; niemand war jemals imstande zu erklären, wie und warum. Ob die Menschen die Depression vergessen wollten, ob die Jugend eine neue Sensation suchte — niemand weiß es. Fest steht nur, daß die Tänzer im *Palomar Ballroom* in Los Angeles elektrisiert waren, sobald sie die ersten Takte der Benny Goodman Band hörten. Ihr Enthusiasmus, vermischt mit dem von Goodmans Musik, breitete sich via Radio im ganzen Lande aus. Einige Zeit später gründete Tommy Dorsey eine neue Band. Artie Shaw, Bunny Berigan und viele andere, die bisher so wie Goodman, Dorsey und Miller von Studiogigs gelebt hatten, folgten seinem Beispiel, und für die folgenden Jahre war das Swingrennen in vollem Gange.
Jetzt wurden auf einmal auch die schwarzen Bands bekannt: Ellington, Henderson, Lunceford; oben in Harlems *Savoy Ballroom* residierte der kleine Chick Webb mit seiner neuentdeckten Sängerin, einer spindeldürren 17jährigen namens Ella Fitzgerald, und aus Kansas City kam die Band von Count Basie mit ihrem leichten geschmeidigen Swing. Bigbands aller Arten — Paul Whiteman, Guy Lombardo, Glen Gray, Hal Kemp, Kay Kyser, Bob Crosby, Charlie Barnet, Larry Clinton und viele viele andere — traten einander in Bigbandwettkämpfen gegenüber, die bald epidemische Ausmaße erreichten. Manche der Sounds waren großartig und blieben jahrelang, andere stanken zum Himmel und verschwanden so schnell, wie sie gekommen waren.
Von Monat zu Monat steigerte sich der Konkurrenzkampf; die Auftrittsmöglichkeiten wurden immer vielfältiger. Hotels, Ballrooms und bald auch Theater öffneten ihre Tore für die Swingbands und ihr immer zahlreicheres Gefolge. Colleges wetteiferten miteinander, die besten Bands für ihre Schulabschlußfeiern zu verpflichten. Radiostationen wie *CBS, Mutual* und die beiden Sender der *NBC* kämpften um die Lizenzen, Auftritte der Bands live zu übertragen. Zigarettenfirmen wie Camel, Chesterfield, Lucky Strike, Old Gold, Philip Morris und Raleigh sponserten Radioshows der beliebtesten Bands, und die drei großen Platten-

Jimmy und Tommy Dorsey

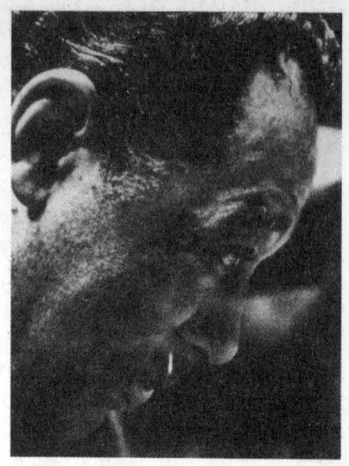
Duke Ellington

Benny Goodman

Paul Whiteman

Kay Kyser

Harry James und Frank Sinatra

Gene Krupa

konzerne dieser Ära, *Columbia*, *Decca* und *Victor*, schlossen langjährige Verträge mit den erfolgreichsten Bandleadern ab.
Es war ein großes Geschäft. 1939 schrieb Variety, das wöchentliche Showbusiness-Journal, Tanzorchester seien »einer der profitabelsten, aktivsten und zuwachsträchtigsten Zweige der Unterhaltungsindustrie ... ein 90-bis-100-Millionen-pro-Jahr-Geschäft.« 30 000 bis 40 000 Musiker und sonstige Entertainer würden von den Bands beschäftigt, hieß es weiter, 8000 Personen hätten mit Buchung, Management, Promotion und Transport der Bands zu tun.
Obwohl ein Teil des Publikums mittleren Alters seinen alten Lieblingen Lombardo, Whiteman und Bernie die Treue hielt, galt die hingebungsvolle Begeisterung der Jugend den neueren swingenden Formationen und fungierte als tragendes Element des Trends. Die jungen Leute folgten den Bands überallhin, wo diese auftraten. In den Hotels und Ballrooms drängten sie sich um den Bandstand, manchmal tanzend, meist aber aufmerksam lauschend, und johlten vor Entzücken, wenn einer ihrer Lieblingsmusiker mit einem swingenden Solo loslegte. Dieselben Reaktionen fanden die Musiker in den Theatern vor; die jugendlichen Fans standen stundenlang geduldig Schlange an den Kassen, um die besten Plätze zu ergattern. Sie entwickelten bald Beziehungen zu den Bandleadern und Musikern, die denen des Sportpublikums zu seinen Idolen ähnlich waren. Genau wie die Football- und Baseballfans wußten sie, wer bei wem spielte: daß Gene Krupa Goodmans Schlagzeuger, Bunny Berigan Tommy Dorseys Trompeter, Johnny Hodges Ellingtons Altsaxophonist und Tony Pastor Shaws singender Saxophonist war und so fort; manche kannten sogar die Besetzungen aller Orchester auswendig, einschließlich jener Sidemen, die niemals Soli spielten.
Der glücklichste unter all diesen Fans war ich, denn ich lebte Tag und Nacht mit der Musik und den Musikern, ich liebte und genoß jede einzelne Stunde und Minute dieses Lebens und wurde dafür auch noch bezahlt — erst als gieriger junger Reporter, später als etwas älterer, aber nicht minder enthusiastischer Chefredakteur.
Es war ganz natürlich, daß ich mich während jener Jahre mit ei-

nigen der Leute, die diese wunderbare Musik hervorbrachten, anfreundete. Für mich waren sie eine faszinierende Gruppe von Individualisten: der launenhafte, schwer zugängliche, introvertierte und doch manchmal unglaublich warmherzige Benny Goodman; der unbeständige, leicht erregbare, quecksilbrige, heftige, geistreiche Tommy Dorsey und sein Bruder Jimmy, weniger heftig, aber ebenso geistreich, mehr relaxed und gelegentlich an sich zweifelnd; der extrem angespannte, kluge, geschwätzige und egozentrische Artie Shaw; der charmante, urbane, selbstsichere, oft phantasierende Duke Ellington. Count Basie und Woody Herman waren einander in vielem ähnlich: beide relaxed, aufnahmefähig und ungewöhnlich rücksichtsvoll ihren Mitmenschen gegenüber. Das gleiche gilt für Guy Lombardo und Sammy Kaye; beide waren gute Geschäftsleute, liebten Präzision und waren überaus empfindlich gegen Kritik. Dann gab es den übereifrigen, direkten Gene Krupa, den enthusiastischen, Baseball-liebenden Harry James, den leicht zu verwirrenden, immer freundlichen und beinahe schon schmerzhaft ehrlichen Claude Thornhill, den forschenden, nervösen, intensiv hingebungsvollen Stan Kenton, und den gutaussehenden selbstsicheren, fröhlichen Charlie Barnet, der immer so wirkte, als hätte er von allen den meisten Spaß an der Sache.

Dann waren da die Sänger: die scheue Ella Fitzgerald, die ätherische Peggy Lee, der selbstbewußte Frank Sinatra, der unsichere Dick Haymes, die ausgelassene Doris Day, der warmherzige Bob Eberly. Und so viele andere gab es, Sidemen und Arrangeure ebenso wie Leader und Sänger, die ich durch meine Tätigkeit kennen und oft auch respektieren und bewundern lernte.

Aber der Mann, den ich am besten zu kennen glaubte und in jenen Tagen am meisten bewunderte und respektierte, war Glenn Miller. Damals, als er seine Band zusammenstellte und mühsam versuchte, sich durchzusetzen, verbrachte ich viel Zeit mit ihm und konnte aus nächster Nähe miterleben, wie unumwunden, entschlossen und ehrlich er sich mit Menschen und Situationen auseinandersetzte und wie konsequent die ethischen Maßstäbe waren, die er nicht nur an andere, sondern ebenso an sich legte. Mehr als alle anderen Bandleader, die ich kannte, schien er genau zu wissen, was er wollte und wie er es erreichen konnte. Er verstand es, auf eine völlig uneitle Art Selbstvertrauen auszustrahlen; seine Sprechweise war sanft, jedoch entschlossen und kraftvoll. Denen, die er respektierte, hörte er geduldig zu, aber er war überaus willensstark und konnte aufreizend starrköpfig sein. Seine Entscheidungen traf er schnell und sicher und hielt sich daran. Sein Verhalten in geschäftlichen Dingen färbte auch auf manche seiner persönlichen Beziehungen ab; Geschäftspartner, Musiker und Fans wurden von ihm höflich, jedoch knapp und kühl behandelt.

Er war kein toleranter Mensch. In seinem Weltbild existierten nur wenige Grautöne; die Dinge waren entweder schwarz oder weiß. Er war jedoch jederzeit bereit, für seine rasch getroffenen Entscheidungen die volle Verantwortung zu übernehmen; er war immer, wie ich fand, von äußerster Ehrlichkeit.

In vieler Hinsicht war er der Vince Lombardi unter den Bandleadern: kühl, berechnend, selbstsicher und immens erfolgreich. Seine Band brach in ihrer relativ kurzen Geschichte alle Besucherrekorde in Theatern, Hotels und Ballrooms und gewann so gut wie jeden wichtigen Popularitätswettbewerb; unter dem Dutzend ihrer Schallplattenhits befand sich der erste Millionenseller seit der Mitte der 20er Jahre. Sie stand im Mittelpunkt zweier überaus erfolgreicher Spielfilme und behielt eine kommerzielle, im ganzen Lande ausgestrahlte Radioshow vom Beginn ihrer Popularität bis Ende 1942, als Glenn sie auflöste, um im Rahmen der Armee ein noch großartigeres Orchester zu formieren. In diesen wenigen Jahren wurde er zum populärsten Bandleader seiner Zeit und vielleicht aller Zeiten. Wie Dave Garroway einmal schrieb: seine Kennmelodie *Moonlight Serenade* wurde zu Amerikas zweiter Nationalhymne.

Als Glenn immer erfolgreicher wurde, stellten diejenigen, die ihm am nächsten standen, eine offensichtliche Verschiebung seiner Wertmaßstäbe fest. Schien er früher vollkommen an seine Musik hingegeben, so begann er nun zu schwanken und ebensoviel Energie für geschäftliche wie für musikalische Dinge aufzuwenden. Diese Veränderung wurde mir schlagartig bewußt, als er mir auf dem Höhepunkt seiner Karriere anbot, die Geschichte seines Erfolges zu schreiben. Ich, immer noch so idealistisch, wie er es einst gewesen war, begeisterte mich für die Idee, der Welt die Geschichte eines Mannes zu erzählen, der keine Kompromisse duldete, was seine Musik betraf, und der sich bemühte, seinen eigenen künstlerischen und ethischen Standards zu entsprechen. Jedoch das war keineswegs das Buch, das er von mir erwartete. Er hatte sogar schon einen Titel parat: *Meine Band machte mich um soundso viel Dollar reicher*, oder so ähnlich. Wir kamen miteinander auf keinen grünen Zweig.

Hätte ich schon damals alles über Glenn Miller gewußt, was ich heute weiß, über die Entbehrungen seiner Kindheit und die puritanische Erziehung mit ihrer Überbetonung des Erfolges, so hätte ich vielleicht mit mehr Verständnis reagiert. Ich kam auch erst später dahinter, daß er ungeachtet seines zur Schau getragenen Selbstvertrauens ein Mann war, der sein ganzes Leben lang von ernsthaften Selbstzweifeln geplagt wurde.

David Mackay, sein langjähriger Freund und Geschäftspartner, sagte kürzlich in einem Gespräch über Glenns angebliche innere Sicherheit, er sei »ein Mann gewesen, der sich immer wieder vor sich selbst beweisen mußte, der nicht wußte, wie lange seine Glücks- und Erfolgssträhne anhalten würde und das Eisen schmieden wollte, solange es heiß war«.

Und auch Benny Goodman, sein enger Freund über viele viele Jahre hinweg, hob zunächst Glenns Ehrlichkeit, Mut und Geradlinigkeit hervor, zweifelte dann aber ebenfalls an »seiner vorgeblichen Selbstsicherheit. Wenn du es genau betrachtest und analysierst, was hätte ihm Selbstsicherheit geben sollen? Er war ein ziemlich mittelmäßiger Posaunist und wußte es selbst am besten. Er war nie seiner selbst sicher. Solange ich ihn kannte, seit damals in den 20er Jahren, als wir gemeinsam bei Ben Pollack spielten, machte Glenn sich ständig Gedanken, was wohl einmal aus ihm werden würde. Und weißt du was? Ich war über Glenns Erfolg genauso überrascht wie er selbst.«

Kapitel 3

»Ich konnte den Namen Alton nicht ausstehen. Ich höre immer noch die Stimme meiner Mutter, wenn sie über das Feld nach mir rief. ›Alton!! Komm nach Hause!!‹ Sie sprach das a ganz kurz aus; ich haßte schon den Klang dieses Namens. Darum nannte ich mich Glenn.«
So erklärte Alton Glenn Miller, geboren am 1. März 1904 auf Nummer 601 der South 16th Street in Clarinda, einer kleinen, in der südwestlichen Ecke von Iowa versteckten Stadt, warum die populärste Band des Landes nicht die Alton Miller Band war. Offensichtlich waren die Eltern des jungen Alton Konservative, denn sie nannten ihren zweiten Sohn (eine Tochter und ein weiterer Sohn sollten ihm noch folgen) nach dem republikanischen Kandidaten Alton B. Parker, der in der Präsidentschaftswahl von 1904 gegen Teddy Roosevelt verlor.
Vermutlich wählte Glenns Mutter den Namen aus; sie traf die meisten Entscheidungen in der Familie. Ihr Gatte Lewis Elmer Miller war ein liebenswürdiger, aber schwacher Mann. Er arbeitete hart und wenig erfolgreich als Zimmermann, Schulwart, Brückenmeister der Bahn und sogar als Pachtbauer, aber, wie seine Tochter Irene es formulierte, »es war etwas in seiner Persönlichkeit, das ihn am Erfolg hinderte. Glenn hielt seinen Daddy für einen brillanten Mann, der erfolgreich gewesen wäre, hätte er nur mehr an sich geglaubt. Aber Dad dachte immer, alle seien gegen ihn, oder jemand wolle ihm seinen Job wegschnappen.« Und so blieb es meist der kleinen, energischen, stolzen, starrköpfigen Mattie Lou Miller (geborene Cavender) überlassen, zu Hause den Ton anzugeben.
Als Glenn fünf war, übersiedelte die Familie nach Tryon, Nebraska, wo sie in einer kleinen Hütte lebte. Eine Volkszählung neueren Datums ermittelte für diesen Ort eine Bevölkerung

von 198. Papa Miller arbeitete im nahegelegenen North Platte, und, wie es im Brief einer alten Nachbarin der Millers heißt, »Mattie Lou und ihre netten kleinen Söhne Deane und Glenn mußten sich meist selbst um alles kümmern. Mrs. Miller sorgte dafür, daß eine Schule eingerichtet wurde, und als sich keine Lehrerin fand, unterrichtete sie selbst ein oder zwei Jahre lang.« Offensichtlich arbeitete Mrs. Miller täglich schwer und viele Stunden lang, denn eines Abends erschien sie im Haus der Nachbarin, »nachdem sie Kuhdung gesammelt hatte, dort, wo sich unsere Rinder immer aufhielten. Sie zog ihre staubigen Handschuhe aus, nahm die Haube ab, blickte auf ihre rauhen Hände und den Dreck auf ihrem Kleid und ihren Schuhen und klagte: ›Oh, ich bin erledigt, einfach erledigt.‹«

Der verstorbene Dr. Deane Miller, Glenns älterer Bruder, war ein erfolgreicher Zahnarzt. Er berichtete, wie sich die Millers ihr karges Leben durch Musik versüßten: Mattie Lou saß in der kleinen Hütte an der Orgel; die Kinder sangen Lieder, wenn sie in ihrem Wägelchen über die Prärie fuhren. In der kleinen Dorfschule, von Mattie Lou ins Leben gerufen und »Die fröhliche Höhle« getauft, brachte sie den Kindern — auch ihren eigenen — Lesen, Schreiben und Rechnen bei und gab ihnen auch Religionsunterricht, mit besonderem Akzent auf persönlicher Ethik und Moral.

Das waren fünf schwere Jahre, während derer die Familie einmal beinahe einem heimtückischen Präriebrand zum Opfer fiel. Aber sie hielten zusammen und jeder leistete seinen Beitrag; Glenn etwa molk eine Nachbarskuh für einen Dollar die Woche. Schließlich waren sie dann in der Lage, das Pachtgrundstück mit der Hütte käuflich zu erwerben und mit bescheidenem Gewinn weiterzuveräußern.

Ihr nächstes Heim war ein kleines Haus in North Platte. Hier arbeitete Elmer Miller (auch er bevorzugte seinen zweiten Vornamen) eine Zeitlang bei den Brücken der Union Pacific Railroad und verdiente genügend Geld, um Deane ein Kornett und Glenn eine Mandoline zu kaufen. Das muß eine Combo gewesen sein: Deane blies das Kornett, Glenn zupfte die Mandoline und Ma Miller trat und spielte die Orgel; vielleicht steuerte der 1913 ge-

Glenns Geburtshaus, 601 South 16th Street, Clarinda, Iowa

Glenn neben einem jungen Muli vor der Hütte in Tryon, Nebraska

Mr. und Mrs. Lewis Elmer Miller

Das Heim der Millers in der Prospect Street, Fort Morgan, Colorado

borene John Herbert (der sich später, wen wundert es, Herbert rufen ließ) von seiner Wiege aus auch noch ein paar seltsame Sounds bei. Immerhin, es war ein musikalischer Anfang.
1915 übersiedelte die Familie nach Grant City, Missouri. In einem Interview, das sie viele Jahre später Hambla Bauer vom *New York World Telegram* gab, erzählte Ma Miller, Glenn habe im Chor gesungen, »aber ansonsten zeigte er als Kind zunächst kein ausgeprägtes musikalisches Talent. Wir schenkten ihm eine Mandoline, und eines Tages kam er mit einem verbeulten alten Horn nach Hause; er hatte es für die Mandoline eingetauscht. Ich hatte nicht gewußt, daß er eines haben wollte. Ich wußte schon, daß Buben solche Dinge mögen, aber er hatte nie etwas davon gesagt. Aber Glenn sprach überhaupt nicht sehr viel. Wenn er nun arbeitete, ging er in der Mittagspause immer rüber zum Bahndamm und dudelte auf seinem Horn herum; er schien sich für nichts anderes mehr zu interessieren. Pop und ich begannen uns schon zu fragen, was einmal aus ihm werden sollte.«
Schließlich bekam Glenn eine Chance. Sein Bruder Deane war ein guter Trompeter geworden und durfte im Stadtorchester mitspielen. Der kleine Glenn lief oft mit ihm mit und zeigte soviel Begabung und Begeisterung, daß ihn Jack Mossberger, der Bandleader, schließlich auch mitspielen ließ und nicht nur das: er gab ihm eine brandneue funkelnde Posaune und meinte, Glenn könne sie als Schuhputzer in seinem Geschäft abarbeiten.
Mrs. Ruth Beavers, die Glenn als Ruth Jones in Grant City gekannt hatte, erinnert sich, daß er »vor und nach der Schule arbeitete; er heizte Öfen, reinigte Geschäfte und so weiter. Er stellte sogar Fallen; einmal kam er zur Schule und stank derart nach Zibetkatze, daß die Lehrerin ihn wieder zum Umziehen nach Hause schickte.« Laut Mrs. Beavers war Glenn »ab und zu launisch, dann wieder voller Humor. Er erzählte alle möglichen Geschichten und lachte gern. Er liebte Basketball und war bei den anderen Kindern sehr populär.«
Glenn liebte auch Baseball und Football. 1938 erzählte er seinem Presseagenten, sein erstes Berufsziel sei professioneller Baseballspieler gewesen. Die Idole seiner Kindheit waren jedoch dessen ungeachtet Horatio Alger und Teddy Roosevelt. In der High

School war er nach seinen eigenen Worten »ein exzellenter Footballspieler, aber ich nahm an den Wettkämpfen nicht teil, aus Angst, am Mund verletzt zu werden«. Zu dieser Zeit war ihm das Posaunenspiel schon wichtiger als alles andere geworden. »Ich weiß noch«, schrieb er, »als ich klein war, folgte ich einmal einem Mann, der eine Posaune unter dem Arm trug, bis er in einem Nachtclub verschwand. Und ich dachte mir, es wäre das Ziel meiner Wünsche, gut genug zu sein, um in diesem Club spielen zu können.«

1918 waren die Millers in Fort Morgan, Colorado, gelandet. Glenn besuchte die High School und nahm Jobs in einer Zuckerfabrik und als Sodawasserverkäufer an. Seine Familie übersiedelte von Mietshaus zu Mietshaus — 508 West Street, 322 Prospect Street, 825 Lake Street. Was das für Häuser waren. 1941 erzielte Mattie Lou Miller für das Haus in der Lake Street, das Glenn ihr schließlich gekauft hatte, den stolzen Erlös von $ 1800. Glenn war der Schlußmann im Footballteam der High School und schaffte es Berichten zufolge sogar bis in die Landesauswahl. In einer Schulaufführung des Stückes *Miss Somebody Else* spielte er »Cruge Blainwood, einziger Sohn von Mrs. Blainwood«. Es gibt keine Hinweise darauf, daß Glenn seine dramatische Rolle überspielt hätte. Sein Bruder Herb erzählt jedoch, bei einem Match gegen Sterling High hätte Glenn elf Pässe abgefangen und sich derart verausgabt, »daß er nachher zu Hause flach auf sein Gesicht fiel; er schlief in dieser Stellung eine Stunde lang, bevor er fähig war, aufzustehen«.

Mit überaus geringer Anerkennung spielte Glenn auch in der Band der High School Posaune. Edward Hallstern, der für das Haus in der Lake Street die Miete kassierte, berichtet, Glenn sei keineswegs ein hervorragender Musiker gewesen. »Niemand hätte sich träumen lassen, daß er einmal weltberühmt werden würde.«

Auch seine Schulnoten waren nicht beeindruckend: fast lauter »C«, abgesehen von einem »A« und einigen »B« in Mathematik und einem Totalversagen in Latein im ersten Jahr. Seine Schulabschlußfeier fand am 20. Mai 1921 statt, aber Glenn Miller glänzte dabei durch Abwesenheit. Er war nach Laramie, Wyo-

Football-Schlußmann, ca. 1930

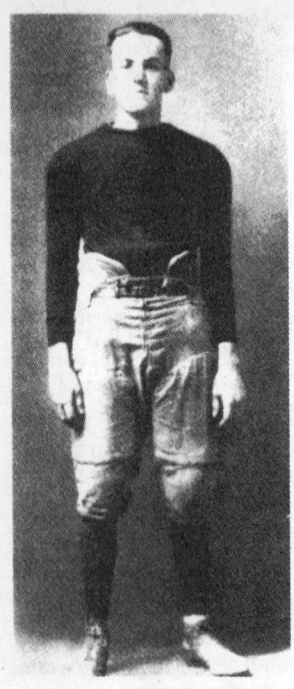

Annual Commencement

Fort Morgan High School

Class of 1921

Methodist Church
Friday, May 20, 1921

Class of 1921

Viola Josephine Aggson
Roxie Lee Artman
Lela Florence Baker
Martha Ovelia Beggs
Edwin Curtis Brandt
Pearl Opal Brandt
Leonard E. Brown
Gladycé Irene Casady
Mary Gwendoline Caudle
Marie Gertrude Castner
James Donald Crouch
James Douglas Crouch
Edna Belle Daugherty
Everett Leslie Dennis
Hannah Louise Dickman
Elvin Clifford Drake
Hazel Marie Ely
Verniece Maudie Ewart
Barbara Lucille Farnsworth
Kathryn Louise Farnsworth
Robert Bruce Hayes
Guy Albert Kammerer
Helen Louise Keagy
Opal Amintha Kough
Raymond Kelso Law
Stanley Galwey Layton
Mary Katherine Leonard
Marian Lockwood
Alton Glenn Miller
Vera Annabel Park
Dorothy Adline Parriott
Edythe Verneta Robertson
Alice Louise Spencer
John Hubert Spillane
Marguerite Edna Sutor
John Aldred Talley
Florence Evelyn Trumbo
Anna Kathryne Vannoy
Margaret Louise Warner
Clara Louise Wedlick
Harold DeWitt Wentz
Mary Alda Work
Helen Johnston

Class Officers

President . . . . . Donald Crouch
Sec'y-Treas. . . . . Edna Daugherty
Class Sponsor . Miss Lucy Hunsaker

ming, gereist und bemühte sich dort — übrigens vergeblich — um einen Job in einer Band. Der Schuldirektor überreichte das Diplom Glenns Mutter mit den Worten: »Vielleicht sollten ohnehin Sie es bekommen; ich glaube, Sie haben härter dafür gearbeitet als er.«
Kein Zweifel, Mattie Lou Miller hat hart gearbeitet; nicht nur auf den Feldern und als Lehrerin in einer Ein-Zimmer-Schule, sondern auch als inspirierendes Oberhaupt einer Familie, der sie sich bemühte, außerordentlich hohe moralische Maßstäbe und tiefe, dauerhafte gegenseitige Liebe zu vermitteln. Die Wichtigkeit, Erfolg zu haben, dominierte im Hause Miller. Herb erzählt, die Kinder wuchsen mit Sprüchen wie etwa dem folgenden auf: »Willst du gut sein, dann sei verdammt gut; bleib nicht auf halbem Wege stehen.«
Jahre später bekräftigte Schwester Irene, nun mit Professor Welby Wolfe an der Universität von Colorado verheiratet: »Die Beziehung der Familienmitglieder zueinander war einfach wunderbar; viel besser, als uns damals selbst klar war. Ich erinnere mich noch genau an Weihnachten 1927, als Glenn uns überraschte und unerwartet nach Hause kam. Mutter war gerade beim Wäschewaschen auf der hinteren Veranda; auf dem Herd stand ein Kessel mit heißem Wasser. ›Mein Gott, Mutter‹, sagte Glenn, ›so wäschst du?‹ Und am nächsten Tag ging er in die Stadt und kaufte ihr eine Maytag-Waschmaschine.«
Über die Jahre hinweg blieb Glenn mit seiner Mutter eng verbunden; immer war er besorgt, ob sie nicht finanzielle oder menschliche Unterstützung brauchte. Als seine Band die ersten Erfolge feierte, lud er sie nach New York ein; sie saß an den besten Tischen im *Glen Island Casino* und im *Hotel Pennsylvania*, und er protzte mit ihr vor all seinen Freunden.
Gewiß war sie einer der dominierenden Einflüsse in seinem Leben. Sie war einmal Leiterin einer Frauenvereinigung gewesen, die gegen die »Sünde Alkohol« auftrat; ihre unerschütterlichen puritanischen Anschauungen wurden in Glenns ständigem, manchmal unsinnigen Streben nach Perfektion bei sich und anderen und in seiner emotionellen Gehemmtheit reflektiert, die ihm nur selten erlaubte, seine wahren Gefühle zu zeigen.

Die flotteste Weste im Westen

Glenn und Dean mit Bruder Herb

Papa Miller mit den Söhnen Glenn,
Dean und Herb

Herb, Papa und Glenn

Die Rückkehr des verlorenen Sohnes

Die flotteste Hose im Westen

Irene schrieb mir, sie und Glenn seien »einander sehr ähnlich gewesen: immer rasch mit einem Urteil zur Hand, starrköpfig und mit hohen Ansprüchen. Es war, wie ich fürchte, schwer, mit uns zu leben.«
Typisch für Glenn war etwa seine Reaktion auf einen Brief, den Irene ihm 1941 schrieb, auf dem Höhepunkt seiner Karriere. Sie hatten einander lange nicht gesehen, und Irene schrieb voller Begeisterung, sie wünsche ihn irgendwo zu treffen, wohin ihn die Tournee seiner Band führe. Aus seiner Antwort war keineswegs zu entnehmen, daß er sich nach all den Jahren auf ein Wiedersehen freue. »Komm nach Lincoln«, telegrafierte er kurz und bündig, ohne Datum, Zeitangaben oder Treffpunkt.
Irene vermutete, er würde im *Cornhusker Hotel* wohnen und nahm sich dort ein Zimmer. »Ganz früh am Montagmorgen läutete das Telefon: es war Glenn. Er war eben angekommen und schlug vor, ich solle auf einen kurzen Plausch hinunterkommen, bevor er zu Bett ging. Es war eine wundervolle Woche. Ich wich nicht von seiner Seite und war bei allem mit dabei; er behandelte mich wie eine Königin. Diese Tage werde ich nie vergessen.«
Glenn zeigte sich offen und großzügig, er verwöhnte seine kleine Schwester, so sehr er nur konnte. Der »kalte Fisch« zeigte plötzlich viel Warmherzigkeit.
Immerhin kam es in dieser Woche auch zu einem kleinen Zwischenfall. Glenn fragte Irene halb im Scherz, warum sie ihren Sohn nicht nach ihm genannt habe. »Weil ich nicht wollte, daß du glaubst, ich erwarte Gefälligkeiten von dir«, erwiderte sie. »Wie kommst du darauf, daß ich welche zu vergeben habe?« schoß Glenn sofort zurück. Später, als Glenn vermißt war, tauften Irene und Welby ihren zweiten Sohn Glenn Miller Wolfe. Dann war es allerdings zu spät für Gefälligkeiten.
Noch enger mit Glenn verbunden war sein Bruder Herb, ein professioneller Trompeter, Musiklehrer und später auch Bandleader. Herb hatte nicht die Talente Glenns, brachte es aber fertig, ihm ziemlich ähnlich zu sehen. Immer wieder versuchte Glenn, seinem jüngeren Bruder zu helfen. Zuerst engagierte er ihn als Roadmanager, jedoch Herb bewährte sich nicht; vielleicht, weil er vor seinem erfolgreichen Bruder zuviel Respekt

hatte. Dann verschaffte Glenn ihm einen Job als Trompeter in der Band von Charlie Spivak, aber Herb erwies sich als nicht gut genug, und Charlie ließ ihn wieder gehen. Schließlich wollte Herb eine eigene Band gründen, und Glenn unterstützte ihn dabei, aber die Band blieb erfolglos. Herb, sanft, einfach und introvertiert, erkannte eines Tages selbst seine Unzulänglichkeiten. In einem Brief an seinen berühmten Bruder schrieb er: »Ich sehe ein, daß ich niemals ein wirklich guter Trompeter werden kann und habe mich daher entschlossen, es aufzugeben. Anscheinend bin ich einer dieser ›Lehnstuhlmusiker‹, die zu Hause gut und vor dem Publikum schlecht spielen.« Dann folgte ein ziemlich scharfsichtiger Satz: »Die Hilfe und Unterstützung, die Du mir geboten hast, waren mir hochwillkommen, aber letzten Endes hat das nur dazu geführt, daß ich Dich noch mehr als vorher bewundere; möglicherweise ist gerade das mein Fehler. Trotzdem danke ich Dir für alles. Ich hoffe, eines Tages etwas fertigzubringen, das Dich so stolz auf mich macht, wie ich es auf Dich bin.«

Aber Herb hatte mit seinem bewunderten Bruder zwei Charaktereigenschaften gemeinsam: Starrköpfigkeit und Ausdauer. Erst 1972 versuchte er es wieder mit einer eigenen Band; unglücklicherweise ging es auch diesmal daneben.

Kapitel 4

Im Mai 1921 schloß Glenn die High School ab, aber erst zwanzig Monate später immatrikulierte er an der Universität von Colorado. In der Zwischenzeit reiste er zunächst nach Laramie, Wyoming, wegen eines Jobs. Diesen bekam er zwar nicht, jedoch bald darauf einen anderen: sein erstes professionelles Fulltime-Engagement als Posaunist in der Band von Boyd Senter, einem exzentrisch klingenden Saxophonisten und Klarinettisten. Die Musiker sind sich bis heute nicht einig, ob Senter ein ernstzunehmender Kollege oder ein Scharlatan war.
Als Glenn dann schließlich auf das College kam, widmete er nur einen kleinen Teil seiner Zeit dem Studium; der wesentlich größere Teil gehörte einer Band, die sein Kommilitone Holly Moyer leitete. Von 16 Semestern schloß er lediglich drei ab; von den 186 für den Abschluß nötigen Anrechnungspunkten erreichte er nur 36. Wieder hatte er in Mathematik und Trigonometrie die besten Zensuren, die schlechtesten hingegen in Moderner Europäischer Geschichte, Sport und — Musik!! Im ersten Semester gab es einen Harmonielehrekursus, bei dem er mit erbärmlichen 50 Punkten durchfiel. Dessen ungeachtet spielte er weiterhin Posaune und begann sogar schon mit den ersten Arrangierversuchen.
Die Moyer Band war auf den Universitäten überaus beliebt, die meisten ihrer festen Mitglieder gehörten der Sigma Nu-Verbindung an. 1969 trafen sich fünf von ihnen an ihrem alten College zu einem Wiedersehen; nur der Kornettist Joe Baros und Glenn Miller fehlten. Pianist und Leader Moyer arbeitete bei einer Werbeagentur in Denver, Drummer Julius »Judy« Kingdom, der noch viele Jahre nach dem College mit Miller eng verbunden geblieben war, war Erster Vizepräsident einer Bank in Boulder, Banjoist Bill Christensen lebte im Ruhestand, nachdem er an der

Die Holly Moyer Band in *Gordon Kerr's Music Store* in Boulder. Von links: Judy Kingdom, Bill Fairchild, Emil »Bill« Christensen, Jack Bunch, Deane Miller, Holly Moyer, Glenn Miller

Börse Millionen verdient hatte. Auch die Saxophonisten waren erfolgreich; Bill Fairchild besaß eine Möbelfabrik, Jack Bunch ein Grundstücksmaklerbüro.

Bunch, Millers ehemaliger Zimmergenosse, der später ein erfolgreicher Hollywoodmusiker wurde, erinnert sich, daß »die Band nicht allzugern gekaufte Arrangements spielte. Wir entwickelten unsere eigenen Ideen und bekamen viele Inspirationen durch Schallplattenhören. Unsere Lieblinge waren die Cotton Pickers.« Ein seltsamer Zufall wollte es, daß gerade ein Posaunist dieser vielaufgenommenen Band, Vincent Grande, Jahre später Glenns Trauzeuge war, als dieser eine ehemalige Kommilitonin heiratete.
Die Band unternahm einige Tourneen, vorwiegend durch Wyoming, wobei sie von Moyer selbst oder von Manager Wally Becker geleitet wurde. Anfang September 1923 machte Glenn einen Solotrip, der ihm beinahe ein Engagement bei der besten Band des ganzen Südwestens eingebracht hätte.

Das war die Jimmy Joy Band, die aus Studenten der Universität von Texas bestand und bis heute als eine der herausragenden Formationen der 20er Jahre gilt. Niemand der Mitglieder hieß übrigens Jimmy Joy; der Leader hieß Jimmy Malone, aber er liebte die Cartoon-Serie *Joys and Glooms* und beschloß deshalb, seinen Namen zu ändern; so einfach war das. Das Motto der

UNIVERSITY OF COLORADO
OFFICE OF THE REGISTRAR
BOULDER, COLORADO

Official transcript of the record of Mr. A. Glenn Miller

I. Attendance: Admitted **January 2, 1923** to **College of Arts & Sciences**

Attended **no** semesters **three** quarters **no** summer terms

Graduated XXXXXXXXXXXXXXXXXXXXXXXXXXXX Degree XXXXXXXXXXXXXXXXXXXXXXXXXXXXXX

II. Present Status: In good standing.

Mr. Miller withdrew voluntarily and is hereby granted Honorable Dismissal.

College Credits

Year	Quarter	Descriptive Title	Dep't and No.	Grade	Credit	Grade Points
1922-23						
2nd Quarter		Freshman English I		80	3	
		Trigonometry		83	3	
		American Government II		76	3	
		Modern European History		72	3	
		Personal Hygiene		78	1	
	#1	Freshman Gym.	(1)	68	0	
3rd Quarter		Freshman English II		78	3	
		Algebra I		80	3	
		American Government III		70	3	
		Modern European History		71	3	
		Freshman Gym.		90	1	
		Personal Hygiene		85	1	
	#1	Freshman Gym. (Con removed)		Pass	1	
1923-24						
1st Quarter		Physiography		71	5	
		American Government I		75	3	
		Modern European History	(3)	40	0	
		1st Year Harmony	(2)	50	0	
		Freshman Gym.	(1)	40	0	

June 22, 1942

Fred E. Aden
Registrar

Schlechte Zensur in Harmonielehre

Glenn an der Universität von Colorado, 1923

Die Moyer Band vor dem *J. C. Penney Golden Rule Store* in Sheridan, Wyoming

Saxophonist Boyd Senter und sein Orchester

Die Tommy Watkins Band in Juarez, Mexiko

Band war in großen Buchstaben quer über die Baßtrommel gemalt: »Wenn du nicht tanzen kannst, hau lieber ab!«

Der Sänger und Banjoist der Band war Smith Ballew, ein gutaussehender Mann, der in den späten 20er und frühen 30er Jahren nicht nur als Sänger, sondern auch als Bandleader Erfolg haben sollte. Seine Freundin war mit Gretchen Williams befreundet, einer Studentin an der Colorado-Universität, und durch sie erfuhr Glenn, der Posaunist Jack Brown wolle die Joy Band verlassen.

Gretchen borgte Glenn ihr Auto, und er fuhr nach Austin. »Als er ankam und ich ihn sah«, erinnert sich Ballew, »war er mir sofort sympathisch.«

Doch Glenn versagte beim Vorspielen, wenn auch Ballew eine plausible Erklärung dafür hat: »Wir spielten vorwiegend nach dem Gehör; jeder hatte seine Parts im Kopf, und nur sehr wenig war schriftlich festgehalten. Klarerweise kannte Glenn sich hinten und vorne nicht aus, es war einfach nicht fair. Aber Jack Brown änderte dann seine Absichten und entschloß sich, bei uns zu bleiben; also hätten wir Glenn ohnehin nicht engagieren können.«

Der junge Miller kehrte nach Boulder zurück, vorgeblich, um seine Studien wieder aufzunehmen. Ob es Mangel an Geld, an Interesse oder an beidem war, läßt sich heute nicht mehr sagen: fest steht, daß Glenn im Herbst 1923 bei drei von fünf Prüfungen durchfiel und daraufhin das College verließ, um sich voll auf seine Karriere als Berufsmusiker zu konzentrieren.

Zunächst spielte er weiter mit der Moyer Band, dann ging er mit Tom Watkins und seinem elfköpfigen Orchester auf eine Tournee, die ihn bis nach Mexiko führte. Schließlich landete er in Los Angeles und spielte mit der Band von Max Fisher im *Forum Theater* am West Pico Boulevard schnulzige, wenig inspirierende Musik. Kreativität war hier weniger gefragt als gutes Blattspielen, aber das hatte Glenn inzwischen gelernt. Dennoch: hier, im *Forum Theater*, sollte er die Chance bekommen, die seine Laufbahn und sein ganzes Leben veränderte. Wenn Glenn später nach seinem größten Glücksfall gefragt wurde, sagte er immer: »Ben Pollacks Interesse, als er mich in seine Band holte.«

Ben Pollack war ein ehrgeiziger, mitreißend dynamischer Drummer. Seine Band, eine der ersten, die hervorragenden Bigbandjazz spielte, trat im *Venice Ballroom* in Los Angeles auf und besaß eine Anzahl swingender Arrangements, die von Fud Livingston, einem der Saxophonisten, stammten. Die Musiker waren jung und jazzbegeistert; die meisten kamen wie Pollack selbst aus Chicago, wo sie von Jazzgrößen wie Louis Armstrong und Bix Beiderbecke, die dort in den 20er Jahren spielten, fasziniert und inspiriert worden waren. Wahrscheinlich war es Pollack und seinen Leuten damals gar nicht bewußt, aber diese Formation sollte als eine der einflußreichsten und meistbewunderten in die Jazz- und Bigbandgeschichte eingehen.

Ein weiterer Saxophonist, Gil Rodin, war ein enger Freund von Pollack und unterstützte ihn bei der Leitung der Band. Später wurde er Präsident der Bob Crosby Band und anschließend leitender TV-Producer. Kürzlich unterhielten wir uns in seinem stinkfeinen Büro in Universal City, Kalifornien.

»Während wir im *Venice Ballroom* spielten«, erzählte Rodin, »erhielt Ben ein Telegramm aus Chicago; sein Bruder war gestorben. Die Band erhielt Urlaub vom *Venice*, und im Zug erzählte mir Ben, wie gerne seine Leute ihn zu Hause hätten, nun, da sein Bruder tot war. Auch ich war ein bißchen heimwehkrank und wäre gerne in Chicago geblieben. Wir waren aber nicht sicher, ob einige unserer Musiker nicht lieber in Kalifornien bleiben wollten. Schließlich entschieden wir uns: wir würden uns in Chicago ein paar gute Musiker suchen, sie an die Küste mitnehmen und einarbeiten und dann etwas später mit einer intakten Band nach Chicago zurückkehren.

Als wir nach Chicago kamen, meinte Ben, ich solle mich inzwischen nach Musikern umsehen; er müsse nun aus religiösen Gründen sieben Tage zu Hause sitzen. Nun, jeder sprach damals über einen jungen Burschen namens Benny Goodman, der im *Midway Gardens* mit Art Kassel spielte. Ich ging hin, um ihn zu hören, und er warf mich einfach um. Er kam in kurzen Hosen zur Arbeit, aber im Schrank hatte er dort ein paar lange Hosen, so daß er zur Band paßte. In der Pause machte ich mich mit Benny bekannt und fragte ihn, ob er nicht Lust hätte, in Kalifornien mit uns zu spielen. ›Oh‹, sagte er, ›Kalifornien, da möchte ich gerne hin!‹ Wir gingen dann noch zusammen aus und hörten ein wenig Jazz, und für den folgenden Tag lud er mich zu sich nach Hause ein, damit ich seine Familie kennenlernen konnte.

Wir sprachen über Musiker, und Benny empfahl mir den Trompeter Harry Greenberg und den Altsaxophonisten Lenny Cohen. Ich sagte das Pollack, der meinte aber, wir sollten nicht alle Umbesetzungen auf einmal vornehmen; das könnte böses Blut geben. Es sei besser, zunächst nur Goodman mitzunehmen, die anderen sollten erst später einsteigen.«

Der Mann, den Goodman ersetzen sollte, war Ted Maguiness, ein junger Saxophonist aus Colorado, der zu dieser Zeit gerade mit einem weiteren Musiker aus Colorado das Zimmer teilte, nämlich mit Glenn Miller. Maguiness, heute besser bekannt unter dem Namen Ted Mack und im Fernsehen berühmt durch seine *Amateur Hour*, wollte Kalifornien nicht verlassen, »aus dem einfachen

Grund, weil ich dort eine Freundin hatte. Ich fuhr von L. A. immer nach San Diego, um sie zu treffen, und eigentlich hatte ich überhaupt keine Lust mehr, dieses verdammte Horn zu spielen. Ich sagte das auch Glenn, aber der dachte da ganz anders. Er war stolz, daß seine Helen einen Posaunisten heiraten würde.
Glenn war ein Mensch, mit dem man viel Unsinn treiben konnte — ich sehe noch sein koboldhaftes Grinsen vor mir — und er war ein wirklicher Gentleman. Aber wenn es um seine Musik ging, war er vollkommen ernsthaft; da verstand er keinen Spaß. Es war für ihn selbstverständlich, halbe Nächte aufzusitzen und das Arrangierlehrbuch von Arthur Lange zu studieren.
Während wir zusammen wohnten, spielte er in der Band von Georgie Stoll. Einmal bekam er starke Blinddarmschmerzen. Wir versuchten, ihn mit viel Orangensaft und Gin zu kurieren, aber das half nichts; schließlich brachte ich ihn nachts ins Krankenhaus, und er wurde operiert.
Nachher, als er sich in unserem Apartment erholte, durfte er nicht lachen, sonst schmerzte seine Narbe. Aber eine Menge Musiker hatte natürlich nichts besseres zu tun, als vorbeizukommen und sich alle Mühe zu geben, Glenn zum Lachen zu bringen, damit es ihn schmerzte.«
Macks Ausscheiden aus der Pollack Band schmerzte niemanden, weil der junge Goodman so phantastisch spielte. Wie Mack selbst es formulierte: »Ich wollte, ich wäre so gut gewesen, daß sie Benny wirklich als Ersatz für mich angesehen hätten.«
War Mack nach eigener Einschätzung keineswegs ein großartiger Saxophonist, so wurde Pollacks Posaunist Ross Dugat hingegen allgemein als der beste Mann seines Instrumentes an der Westcoast angesehen. Jedoch Dugat hatte gleichfalls keine Lust, von Kalifornien nach Chicago zu gehen, und Ted, der von Glenn eine hohe Meinung hatte, machte Pollack auf seinen Zimmergenossen aufmerksam. Wie sich herausstellen sollte, hat Ted ungeachtet vieler hundert *Amateur Hours* nie wieder ein so bedeutendes Talent entdeckt.
Glenn spielte inzwischen nicht mehr bei Stoll, sondern im *Forum Theater* bei Max Fisher. Rodin erzählt: »Als Ben wieder da war, gingen wir zu einer Matinee ins *Forum*. Aber wir konnten

Die Ben Pollack Band besucht Lionel Barrymore auf dem MGM-Gelände in Culver City. Von links: Pollack, Gil Rodin, Al Gifford, Schauspieler Henry Wallthall, Benny Goodman, Barrymore, Bill Sturgess, Schauspieler Owen Moore, Al Lasker, Al Harris, Wayne Allen, Harry Greenberg, Glenn Miller

Glenn nicht beurteilen; die Band spielte nur diese fade Salonmusik. Wir hatten auch gehört, er schreibe Arrangements, aber wir wußten nicht, welche von ihm waren.

Also gingen wir nach der Show hinter die Bühne, um Glenn kennenzulernen, und er machte wirklich keinen besonderen Eindruck auf uns: ein netter, ruhiger, wohlerzogener Typ, das war alles. Wir forderten ihn auf, bei uns einzusteigen, und er tat es, aber auch das warf uns nicht um; Ross Dugat war er nicht. Dennoch fragten wir ihn, ob er Lust hätte, mit uns nach Chicago zu kommen, und er sagte einfach: ›Mir ist es egal, wo ich spiele.‹ Er kannte unsere Band, er hatte uns mehrmals gehört, und ich nehme an, er hielt es wie jeder andere Musiker für eine Ehre, bei uns zu spielen.

Allerdings schien er mehr am Arrangieren interessiert zu sein, und das ist verständlich, denn er hatte noch nie Gelegenheit gehabt, für so gute Musiker zu schreiben. Einige seiner Arrangements brachte er auf eine Probe mit und sie gefielen uns. Er hatte sich einige Riffs der Wolverines und der Ray Miller Band von Schallplatten abgehört und in seine Arrangements eingebaut. Wir engagierten ihn also. Kurz danach kam Benny Goodman zu uns und dann der Trompeter Harry Greenberg und ein neuer Pianist namens Wayne Allen.«

Bald darauf kehrte die Pollack Band nach Chicago zurück. Die Brass Section bestand nun aus Al Harris, Greenberg und Miller; Livingston, Rodin und Goodman waren die Reedmen. In Chicago kam noch Bennys älterer Bruder Harry Goodman mit seiner Tuba und der Banjoist Lou Kessler, der auch Geige spielte, dazu. Diese beiden bildeten zusammen mit Allen und dem Chef am Schlagzeug die Rhythmusgruppe einer der wirklich großen Bands dieser Ära.

Miller wohnte zuerst zusammen mit Allen in den Bryn Mawr Apartments im Norden von Chicago. »Barney Glatt, der Manager der Apartments, war ein guter Freund von uns, und wir durften dort proben«, berichtet Rodin. »Glenn hatte noch keine Gewerkschaftslizenz für Chicago und durfte daher zunächst nicht mit uns auftreten, aber natürlich probte er mit uns. Außerdem schrieb er Arrangements, für uns und für Paul Ash.«

Später teilte Glenn ein Apartment mit Benny Goodman. »Wir gingen oft zusammen mit Mädchen aus«, erinnert sich Benny, »in Lokale wie *The Four Deuces* oder *Frolic's Café*. Glenn trank gerne, und manchmal, wenn er zuviel erwischte, konnte er aggressiv werden — aber niemals mir gegenüber.«

Rodin beschreibt Glenn eher als »Gesellschaftstrinker. Alle mochten ihn, und er liebte es, zu tun, was die anderen taten. Er spielte Golf und Tennis, wir hörten zusammen Platten, und an freien Abenden gingen wir aus, um Musik zu hören. Die Boys gingen gern zu King Oliver und Louis Armstrong, und Glenn machte da keine Ausnahme; allerdings ging er auch oft ins *Southmoor*, wenn das Roger-Wolfe-Kahn-Orchester dort spielte. Er liebte diesen Bigbandsound, und die Art, wie Kahn die Streicher einsetzte, interessierte ihn. Als wir dann Platten aufnahmen, engagierten wir auch ein paar Streicher; Glenn wollte unbedingt diesen Sound haben.«

Auch derben Scherzen war Glenn durchaus nicht abgeneigt. Rodin erinnert sich genau an die Hochzeit des Trompeters Earl Baker: »Glenn präparierte das Bett, und in der Hochzeitsnacht krachte es zusammen. Aber als Glenn dann selbst heiratete, war er schlau genug, niemandem davon zu erzählen und bis Westchester County zu fahren, damit er ungestört war.«

Die Ben Pollack Band erhielt schließlich ein Engagement im *Southmoor* und feierte dort nach den Worten Rodins »einen Triumph. Viele Musiker waren in der ersten Nacht unter den Zuhörern, darunter Berühmtheiten wie der legendäre Kornettist Bix Beiderbecke und der große Saxophonist Frankie ›Tram‹ Trumbauer. Die beiden waren eigens aus Indiana gekommen, um uns zu hören und mit uns zu jammen.

Bald kam ein Angebot von *Victor*, einige Platten aufzunehmen. Glenn arrangierte *When I First Met Mary*, und ich weiß noch, daß wir eigens für diese Nummer zwei Geiger engagierten, damit Glenn den Roger-Wolfe-Kahn-Sound bekam, den er so gern wollte. Einer dieser Geiger war übrigens Victor Young.*

Glenn schrieb gerne jazzige Dinge, in denen der improvisierende Solist von Riffs untermalt wurde, aber bei uns hatte er dazu nicht sehr viel Gelegenheit, denn die meisten Jazzarrangements schrieb Fud Livingston, der eine gute Hand für jene damals so populären Ensemblesounds hatte. Für Glenn blieben deshalb hauptsächlich die hübschen sanften Nummern.«

Nach dem *Southmoor* kam die Band in den *Rendezvous Club* an der North Side und damit mitten unter die Gangster, wie Rodin erzählt. »Das Lokal gehörte dem Syndikat. Sie hatten dort ihren eigenen Friseur, und wenn sich einer von ihnen die Haare schneiden oder rasieren ließ, standen ein paar grimmige Typen mit Maschinenpistolen daneben und paßten auf. Aber zu uns Musikern waren sie sehr nett.«

Enge Beziehungen zwischen Gangstern und Nachtclubs florierten in den Tagen und Nächten der Prohibitionsära; wenn aus keinem anderen Grund, dann ganz einfach darum, weil die Gangster damals diejenigen waren, die das große Geld verdienten. Wie ihre

---

* später ein berühmter Komponist und Bing Crosbys musikalischer Direktor

heutigen Kollegen liebten sie es, ihr Leben in vollen Zügen zu genießen und Freunde, Partner und Politiker daran teilhaben zu lassen. Viele Musiker waren direkt oder indirekt ihre Angestellten, und die Capos achteten darauf, daß es ihnen gut ging.
Drummer Ray McKinley, später ein enger Freund von Glenn und nach dem Zweiten Weltkrieg Leiter der Miller Band, weiß noch, wie Miller ihn zum ersten Mal spielen hörte — in der Gangsterszene von Chicago.
»Ich spielte bei einer Band in einem dieser Clubs, ich weiß nicht mehr, welcher es war. Eines Nachts gab es eine Schießerei, und ich wachte mit einer Kugel in mir im Krankenhaus auf. Aber diese Gangster, für die wir arbeiteten, bezahlten alle Rechnungen, und als ich wieder herauskam, behandelten sie mich wie einen König. Während ich mich erholte, ging ich eines Nachts ins *Southmoor*, um die Band von Ben Pollack zu hören. Ich lernte einige der Musiker kennen, und als ich das nächste Mal hinkam, stieg ich ein wenig ein. Offenbar gefiel ihnen, was sie hörten, denn Pollack nahm mich anschließend zur Seite und vertraute mir an, er plane, das Schlagzeugspielen aufzugeben und nur noch Bandleader zu sein. Wenn es soweit sei, sagte er, würde er mich rufen. Aber anscheinend war es nie soweit — wenigstens, was mich betrifft.«
Wie auch immer, einige Jahre später wurde McKinley von Glenn Miller gerufen, der noch immer von ihm beeindruckt war. Aber das ist eine andere Geschichte.
Im Sommer 1927 ging die Band wieder an die Westküste und spielte auf dem Weg dorthin einige Gigs. In Omaha, Nebraska, wurde Glenn so krank, daß er nicht auftreten konnte. Fieberhaft wurde ein Ersatzmann gesucht. Der beste Posaunist der Stadt, hieß es, spielte im Restaurant des örtlichen Warenhauses. »Alles schien gutzugehen,« erzählt Gil Rodin, »so lange, bis einige Leute *He's the Last Word* verlangten, eine Nummer, die wir auf Platte aufgenommen hatten. ›Ich kenne das, ich kann das spielen‹, sagte der Posaunist, ›ich habe die Platte zu Hause.‹ Und weißt du was, er sagte die Wahrheit; er kannte die Nummer, er hatte sogar Glenns Posaunensolo auswendig gelernt, und als sein Einsatz kam, spielte er es fehlerlos Note für Note, nur — in einer falschen Tonart!! Anscheinend lief sein Plattenspieler zu schnell. Aber unbeirrt spielte er das ganze

Solo durch, einen Ton höher als alle anderen. Die Burschen in der Band fielen vor Lachen fast von ihren Stühlen.«

Als die Ben Pollack Band wieder nach Chicago zurückkehrte, trat sie im *Blackhawk* auf, wo später viele berühmte Orchester wie Coon Sanders, Hal Kemp, Bob Crosby und Red Norvo spielen sollten. Smith Ballew, der einige Jahre zuvor versucht hatte, Glenn in der Jimmy Joy Band unterzubringen, erinnert sich gerührt an Millers Freundlichkeit, als er eines Nachts ins *Blackhawk* kam. Ballew hatte in der Zwischenzeit seine eigene Band formiert und einige Erfolge verbucht, war aber dann mit seiner Agentur in Streit geraten und saß nun gestrandet in Chicago.

»Ich konnte nicht arbeiten, weil ich für Chicago keine Gewerkschaftslizenz hatte, und in meiner Tasche waren nur mehr ein paar Münzen. Aber die Pollack Band mußte ich ganz einfach live erleben; also ging ich ins *Blackhawk*. Kaum hatte ich mich gesetzt, als ein Typ mit ausgestreckten Händen an meinen Tisch kam und mich begrüßte: es war Glenn Miller. Er bezahlte sogar meine Rechnung, Gott sei Dank. Dann stellte er mich Pollack vor, und ein paar Tage später sang ich mit der Band für 125 $ pro Woche, mehr, als ich je zuvor verdient hatte, und wohnte im Hotel mit Glenn zusammen.« Die Auftritte der Band wurden von der Radiostation WGN übertragen, und Ballew wurde dadurch so populär, daß er schließlich ein Angebot erhielt, bei Ted FioRito zu singen — natürlich nahm er es an. »Glenn hat sich damals wirklich ein Bein für mich ausgerissen.« Einige Jahre später sollte Ballew Gelegenheit bekommen, sich zu revanchieren.

Wie überall in Chicago feierte die Band auch im *Blackhawk* Triumphe. Neue Platten entstanden, und Jimmy McPartland wurde engagiert, ein exquisiter Jazztrompeter, der sein Horn à la Bix Beiderbecke blies und noch in den 70er Jahren vielen jungen Trompetern beibrachte, was guter Geschmack ist. Auch der Tenorsaxophonist Bud Freeman machte eine Zeitlang mit, der spätere Starsolist der Bands von Tommy Dorsey und Benny Goodman. Mit Goodmans Klarinette, Freemans Saxophon und McPartlands Trompete hatte Ben Pollack nun erstklassige Jazzsolisten für alle Blasinstrumente, außer der Posaune. Aber das sollte sich bald ändern.

Kapitel 5

Durch Plattenaufnahmen, Radiosendungen und Mundpropaganda drang der Ruf der Pollack Band schließlich bis nach New York, und Anfang März 1928 wurde sie in den *Little Club* an der West 44th Street zwischen Broadway und 8th Avenue verpflichtet. »Der Club«, berichtet Rodin, »lag an der Nordseite der Straße, im Kellergeschoß unter irgendeinem Theater. Sie verlangten drei Dollar Eintritt, damals eine Menge Geld, aber die Band war wirklich ein Hammer. Jeden Sonntagabend war das Lokal voller Musiker, die nur unseretwegen kamen. Den Star der Show, die Sängerin Lilian Roth, ärgerte das natürlich, und es gab eine Menge Reibereien.«
Vielleicht lag es an diesen Unstimmigkeiten, vielleicht auch an etwas anderem: jedenfalls wurde der Kontrakt der Band Anfang Mai trotz großartiger Pressekritiken nicht mehr verlängert. Und danach ging es den Boys eine Zeitlang gar nicht gut.
Sie überlegten alles mögliche; sogar die Idee, sich von Pollack loszusagen, wurde besprochen. Für diesen Fall erwogen die Musiker zwei mögliche Bandleader aus ihrer Mitte, Benny Goodman und Glenn Miller. Lange Diskussionen fanden statt, wer von den beiden geeigneter wäre. Keiner der beiden Kandidaten fand allerdings positive Worte über die potentiellen Führungsqualitäten seines Konkurrenten. Goodman war der Ansicht, Glenn sei »viel zu steif, um eine Band zu leiten«, Glenn aber äußerte sich noch unfreundlicher. »Alles, was Benny fertigbrächte«, meinte er, »wäre dazustehen und in der Nase zu bohren.«
Dessen ungeachtet blieben die beiden gute Freunde und wohnten in den Whitby Apartments an der West 45th Street auch wieder zusammen. »Das waren harte Zeiten«, sagte Benny. »Oft stahlen wir die leeren Milchflaschen vor anderen Apartments und trugen sie zurück, damit wir ein paar Cent für Hotdogs bekamen.

Du mußt wissen, Glenn hat einen wichtigen Beitrag zu Pollacks Band geleistet. Er hatte gute Ideen und war mit Leib und Seele Musiker.«

Auch Jimmy McPartland hat freundliche und weniger freundliche Erinnerungen an Glenn aus den Tagen der Pollack Band. »Er war ein durch und durch anständiger Mensch, aber kein sehr guter Posaunist. Er fungierte als eine Art musikalischer Direktor, und dabei war er äußerst pingelig. Ich weiß noch, mir empfahl er dringend, meine Parts mit nach Hause zu nehmen und zu üben. ›Du wirst dadurch ein besserer Musiker‹, meinte er. Ich war stinksauer auf ihn, aber später stellte ich fest, daß er recht gehabt hatte.

Glenn wollte immer der Beste sein. Beim Tennis schlug er jeden Ball so hart er nur konnte, aber ich kam bald darauf, ich konnte ihn einfach dadurch schlagen, daß ich relaxed blieb. Jedes Mal, wenn ich gewann, war er schrecklich böse. Aber so war er eben.«

Jedoch aller Ehrgeiz verhalf Glenn nicht dazu, das zu werden, was ihm am meisten am Herzen lag: ein erstrangiger Jazzposaunist. Mit dem Mut der Verzweiflung ahmte er sein Idol Miff Mole nach, aber was herauskam, war einfach nicht das richtige.

Und dann kam eines Nachts der große Schlag. Gil Rodin meint heute, es sei alles seine Schuld gewesen. »Ich ging mit einigen Musikern zu einer Jam Session in die Louisiana Apartments. Ich wohnte im *Manger Hotel* — heute heißt es *Taft* — und Pollack hatte das Zimmer neben meinem. Bei dieser Session hörte ich zum erstenmal Jack Teagarden. Er spielte seine Posaune ohne Schallbecher, an dessen Stelle verwendete er ein Glas, und so spielte er den Blues mit diesem unheimlichen Sound, der dich einfach umschmiß. Und dann begann er auch noch zu singen, und das war fast zuviel. Ich will Glenn in keiner Weise nahetreten, wir waren die besten Freunde, aber das war einfach eine völlig neue Welt für mich. Als ich ins Hotel zurückkam, war ich so erregt, daß ich Pollack weckte und ihm alles brühwarm erzählte. Er sagte, yeah, den Namen Teagarden hätte er schon gehört, drehte sich um und schlief weiter.

Am nächsten Tag sagte ich zu Jack, er solle kommen und bei uns einsteigen. Irgendwie hatte ich ein mulmiges Gefühl dabei. Wie schon gesagt, Glenn und ich waren befreundet und ich wollte

Jack Teagarden

ihm wirklich keinen Streich spielen, aber ich konnte nicht anders, ich mußte einfach versuchen, Jack in unsere Band zu bekommen. Ich versuchte mich mit dem Gedanken zu beruhigen, wir könnten ja zwei Posaunisten haben, aber dazu sollte es nicht kommen — zumindest nicht damals.

Nun, und was dann geschah, kannst du dir schon denken. Jack begeisterte einfach alle, und man konnte Glenn ansehen, daß er sich gar nicht wohl in seiner Haut fühlte. Für diesen Sommer hatten wir ein Engagement in Atlantic City, und kurz vor der Abreise meinte Glenn, er werde nicht mitkommen; er hätte ein Angebot von Paul Ash als Arrangeur und wolle lieber in New York bleiben. Wir alle wußten, was der wirkliche Grund war, und ich hatte ein sehr schlechtes Gewissen. Glenn spürte einfach, daß wir Teagarden wollten — und so machte er einen eleganten Abgang.«

Es muß ein schwerer Schlag gewesen sein, gerade für Glenn, der so gerne Anerkennung als Jazzposaunist gefunden hätte und immer wieder auf Leute stieß, die ihn an die Wand bliesen. Kein Wunder, daß er später, als er seine eigene Band leitete, seine Posaune eine Zeitlang überhaupt nicht anrührte.

Eine weitere Belastung für Glenns Ego war es auch gewesen, als Arrangeur der Pollack Band im Schatten von Fud Livingston zu stehen, dessen swingende Charts den Stil der Band lange vor Glenns Eintreten geprägt hatten. So war Glenn, anstatt die Jazzarrangements schreiben zu können, an denen ihm gelegen war, die meiste Zeit damit beschäftigt, schmalzige Balladen und oberflächliche Liedchen zu arrangieren, die die Band aus kommerziellen Erwägungen benötigte.

Vom kreativen Standpunkt gesehen war es auch keineswegs lohnend, jene pseudo-klassischen Nichtigkeiten zu schreiben, die das große, üppig besetzte Paul-Ash-Orchester im New Yorker *Paramount Theater* zum besten gab; finanziell betrachtet war das allerdings etwas ganz anderes. Glenn war nun zum ersten Mal in seinem Leben in der Lage, ein wenig Geld auf die hohe Kante zu legen und sich eine eigene Bleibe zu suchen. Allerdings, ebenfalls zum ersten Mal in seinem Leben, fehlten nun die Kollegen, mit denen man die Abende, Nächte und frühen Morgenstunden verbringen konnte. Sein Zimmergenosse Goodman und die anderen Kumpels waren fort, und Glenn empfand jenes trostlose Einsamkeitsgefühl so vieler heimatloser Junggesellen.

Immer öfter dachte er nun an jenes Mädchen, das er in Colorado zurückgelassen hatte: Helen Burger, klein, hübsch, ruhig und wohlerzogen, seine Studentenliebe von der Universität. Über die Jahre hinweg waren sie in loser Verbindung geblieben; er hatte geschrieben, angerufen, sie gelegentlich auch in Boulder besucht, und zwischen den beiden herrschte das stillschweigende Einverständnis, daß sie eines Tages heiraten würden. Aber immer war die Musik dazwischengekommen. Helens Enttäuschung und Ungeduld kann man aus der Widmung auf dem Bild erkennen, das sie ihm geschenkt hatte und das auf seinem Nachttisch stand: »Für Glenn, den gemeinsten Mann auf der Welt.«

Helen begann schließlich, jede Hoffnung aufzugeben. Ihre Eltern, ohnehin nie davon begeistert, ihr einziges Kind an einen dieser »unzuverlässigen Jazzmusiker« zu verlieren, atmeten erleichtert auf, als sie ihnen eines Tages mitteilte, sie sei mit jemand anderem so gut wie verlobt.

Als Glenn davon erfuhr, handelte er sofort so, wie es immer

Helen und Glenn zu Hause in Colorado

FORMER COLORADO U. STUDENTS MARRIED IN NEW YORK CITY

MRS. GLENN MILLER.
Formerly Helen Burger.

Boulder, Colo., Oct. 9.—Miss Helen Burger, graduate of the University of Colorado and member of the Pi Beta Phi sorority, was married at New York city Saturday to Glenn Miller, also a former university student and now the highest paid trombone player in the United States. They will live in New York.

Miller's parents reside at Fort Morgan. Mrs. Miller is the daughter of County Clerk and Mrs. Fred W. Burger of Boulder county.

seine Art war: praktisch, kühl und zielbewußt. Überzeugt, nun genug für zwei zu verdienen, sandte er ihr ein knappes Telegramm, sie möge augenblicklich zum Zwecke der Verehelichung nach New York kommen. Helen Burger erschien tatsächlich und stieg im Forrest Hotel ab. Am 6. Oktober 1928 wurden die beiden von dem Geistlichen Dudley S. Stark getraut; Trauzeugen waren der Posaunist Vincent Grande und ein gewisser George Dewy. Jahre später formulierte Mike Nidorf die Gefühle so gut wie aller, die das Paar näher kannten: »Das beste, das Glenn Miller jemals zustoßen konnte, war Helen Miller.«
Der 1955 gedrehte Film *The Glenn Miller Story* mag eine Menge Ungenauigkeiten und Übertreibungen enthalten; nichts darin war jedoch so echt und lebensgetreu dargestellt wie die von Liebe, Wärme und Verständnis getragene Beziehung zwischen Helen und Glenn, die von June Allyson und Jimmy Stewart verkörpert wurden. Über nahezu zwei Generationen hinweg kannte ich unzählige Bandleader und Musiker mit ihren Frauen und war kaum überrascht, unter welchen Spannungen viele dieser Ehen litten; Ehen, die gerade durch die spezifischen Umstände dieses Berufs ein ganz besonderes Maß an Verständnis, Geduld und Vertrauen gebraucht hätten, um halten und blühen zu können. Unter all diesen Ehen erschien mir die der Millers als die beste und dauerhafteste.
Meiner Meinung nach war das hauptsächlich Helens Verdienst, so sehr ich Glenn auch schätzte und bewunderte. Auf ihre eigene ruhige Art war sie eine ungemein starke Persönlichkeit. Meist blieb sie diskret im Hintergrund; hatte Glenn aber wichtige Entscheidungen zu treffen, so war sie stets für ihn da und unterstützte ihn. Polly Haynes, die beste Freundin und Vertraute der beiden, brachte die subtile Tiefe dieser Beziehung auf den Punkt: »Ich habe nie ein Paar gekannt, das sich so wenig durch Sprache und so viel durch Gefühle verständigte.«
Eine der hervorstechendsten Eigenschaften Helens war es, Glenns verschiedene und wechselnde Stimmungen zu erkennen und mit ihnen umzugehen, ohne dabei sein Selbstgefühl zu verletzen. Sie war eine Meisterin in Takt und Diplomatie und verstand es besonders gut, Glenn und seine Handlungsweise anderen plausibel zu machen, ohne ihren Gatten dabei im mindesten herabzusetzen.

Die komischen Gesichter von Neuvermählten...

Wo Glenn kühl und emotionslos wirken mochte, erschien Helen stets warmherzig und voller Rücksicht gegenüber den Empfindungen anderer. Viele Jahre später berichtete Bill Finegan, der Arrangeur, den Glenn so sehr bewunderte (obwohl er Probleme hatte, es ihm glaubhaft zu machen), Helen sei es gewesen, die »mein Leben erträglich machte; sie sagte mir Glenns wirkliche Meinung. Einmal hatte ich etwas geschrieben, worauf ich wirklich sehr stolz war. Als Glenn es hörte, nickte er nur und sagte: ›Gut gemacht, Finegan.‹ Am folgenden Tag nahm mich Helen beiseite und sagte: ›Billy, als Glenn gestern nach Hause kam, war er völlig außer sich vor Begeisterung über dein neues Arrangement. Er findet es einfach großartig!‹ Das war wirklich eine wunderbare Ehe.«

Infolge einer schweren Operation, der sich Helen Ende der 30er Jahre unterziehen mußte, konnten sie und Glenn keine eigenen Kinder bekommen. Jahrelang konzentrierte sich ihre gesamte Zärtlichkeit auf einen kleinen Hund, einen Bostoner Bullterrier namens Pops. Nach Finegans Meinung, offensichtlich emotionell weniger involviert, war »Schnarchen und Furzen das einzige, was dieser Hund konnte. Und jedes Mal sagte Glenn oder Helen überaus schockiert: ›Oh, Pops!!‹«
Aber trotz seiner jahrelangen permanenten Ausströmungen liebten Helen und Glenn diesen kleinen Hund innig. Als er starb, weinte Glenn und konnte sich gar nicht beruhigen. »Dieses eine Mal zeigte er offen seine Gefühle«, meint Mike Nidorf. »Er war so durcheinander, daß er gar nicht arbeiten konnte.«
Im Zuge meiner Recherchen für diese Biographie durchstöberte ich einmal einen alten Schrank, in dem viele von Glenns Geschäftspapieren aufbewahrt waren. In einer der unteren Schubladen fiel mir eine kleine vergilbte Pappschachtel in die Hände, die dort offensichtlich schon lange Zeit lag, zwischen alten Bankauszügen und Zahlungsbelegen. Sie war mit einem Bindfaden verschlossen, und auf dem Deckel stand in Glenns unverkennbarer Handschrift: »Pops' Asche.«
Als ich diese Worte las, dachte ich, daß Tommy Dorsey nicht der einzige »Sentimental Gentleman of the Trombone« gewesen ist.

Helen, Glenn und Pops

Helen, Glenn, Pops und Mrs. Burger, Helens Mutter

Kapitel 6

»Ich hatte immer das Gefühl«, sagte Benny Goodman, »daß Glenn auf der Stelle trat, als er bei Paul Ash arbeitete.«
Bennys Eindruck war richtig. Nach wie vor gehörte Glenns Liebe dem Jazz; an dem großen, steifen, prätentiösen Orchesterapparat im *Paramount* konnte er wenig Aufregendes finden.
Er und Helen mieteten ein Apartment in der 29th Street in Astoria, gleich jenseits der 59th Street-Brücke, die die Bezirke Queens und Manhattan verbindet. Von da war es einfach, mit der U-Bahn die Aufnahmestudios und den Theaterdistrikt zu erreichen, wo Glenn sich in den folgenden drei Jahren als freischaffender Posaunist und Arrangeur seinen Lebensunterhalt verdienen sollte.
Anfang 1929 spielte Glenn auf einigen Platten mit Tommy und Jimmy Dorsey mit. In einigen Nummern wurde ein junger aufstrebender Sänger herausgestellt, der sich in der Gesellschaft von Jazzmusikern sehr wohl fühlte; sein Name war Bing Crosby. Auch Glenns alter Freund Smith Ballew, der in den folgenden Jahren Hunderte von Platten machen sollte, war bei einigen dieser Aufnahmen dabei.
Fast das ganze Jahr 1929 über traf Glenn bei Plattenaufnahmen immer wieder mit Posaunisten zusammen, die ihm überlegen waren, und die Zweifel, die er in seine Jazzfähigkeiten setzte, wurden größer und größer. Tommy Dorsey war einer dieser Posaunisten, der andere war Jack Teagarden. Er spielte zusammen mit Glenn auf vielen Platten von einer der besten weißen Jazzbands dieser Ära: Red Nichols and his Five Pennies.

Das Wortspiel im Namen dieser Gruppe war offensichtlich[*], der Wahrheitsgehalt der Zahl Fünf ist hingegen fraglich. Ich fragte

---

[*] »Nickels« und »Pennies« = amerikan. Kleingeld

Glenn danach, als ich ihn 1935 kennenlernte. »Nun ja«, erwiderte er, »es waren schon fünf Pennies. Aber mindestens weitere fünf waren hinter dem Vorhang versteckt.«
Glenn, der viele von den Arrangements schrieb, wagte es gelegentlich, trotz der einschüchternden Gegenwart von Jack Teagarden ein paar heiße Phrasen einzuschmuggeln. Der Jazzkritiker George Frazier, der an Glenns Spiel selten ein gutes Haar ließ, machte ihm kürzlich posthum ein großes Kompliment. Bezogen auf ein Obligato, das Glenn auf der Five-Pennies-Version von *Sally Won't You Come Back* hinter Teagardens Gesangschorus spielt, schrieb Frazier, dies sei »genausogut wie irgend etwas, das Louis Armstrong seinerzeit hinter Bessie Smith gespielt hat«.
Bei einem dieser Studiodates nahm die Gruppe zwei Nummern auf: *I May Be Wrong*, das Jahre später die Einleitungsnummer aller Bühnenshows im Harlemer *Apollo Theater* werden sollte, und *The New Yorkers*. Beide Nummern stammten aus der verunglückten Broadwayshow *John Murray's Almanac of 1929*, für die Glenn engagiert war, aber niemals bezahlt wurde. In einer handgeschriebenen Antwort auf eine Anfrage des Finanzamtes wegen der Abzugsposten in seiner Steuererklärung 1929 gab Glenn an, er hätte von dieser Show noch $ 493 zu erhalten. Auch die Bandleader Freddie Rich, Tommy Dorsey und Ben Pollack seien ihm Geld schuldig. »Ich habe alle Anstrengungen unternommen, diese Beträge einzutreiben, aber ohne jeden Erfolg«, schrieb er, »und mir ist klar, daß gerichtliche Schritte mehr als die fraglichen Beträge kosten würden.« Schon damals war er ein kluger Geschäftsmann.
Der Vokalist bei diesen Nichols-Aufnahmen war Red McKenzie, ein ehemaliger Jockey aus St. Louis und ein Sänger mit besonderem Feeling, der wie die Jazzmusiker phrasierte, mit denen er sich herumtrieb und die ihn als ihresgleichen akzeptierten. Außer seinem Gesang blies McKenzie auch rauhe Sounds auf dem Kamm, die an eine gestopfte Trompete erinnerten.
Red war überdies ein eifriger Organisator von Plattenaufnahmen, zu denen er seine Lieblingsmusiker zusammentrommelte,

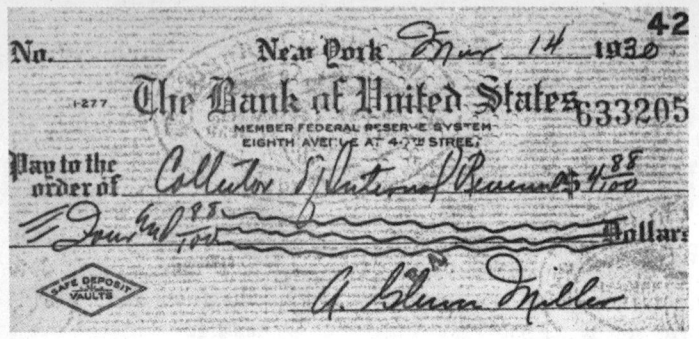

um mit ihnen auf dem Kamm zu blasen und gelegentlich zu singen. Was er von Glenn auf jenen Nichols-Platten hörte, gefiel ihm offensichtlich, denn als er im November 1929 eine besonders eindrucksvolle Jazzgruppe im New Yorker *Victor*-Studio versammelte, engagierte er als einzigen Posaunisten Glenn Miller.

Die beiden Plattenseiten, die hier entstanden, *Hello Lola* und *One Hour*, sind in die Jazzgeschichte eingegangen; nicht nur wegen ihrer musikalischen Qualität, sondern auch, weil sie zu den ersten Beispielen schwarzweißer Zusammenarbeit gehören. Außer Miller spielten Klarinettist Pee Wee Russell, Gitarrist Eddie Condon und Drummer Gene Krupa, der eben aus Chicago nach New York gekommen war; dazu kam der große Tenorsaxophonist Coleman Hawkins, damals ein Mitglied der Band von Fletcher Henderson. Als ich Glenn einige Jahre später für einen Hall-of-Fame-Artikel im *Metronome* interviewte, fragte ich ihn, auf welcher Platte er seiner Meinung nach am besten Posaune gespielt habe. Ohne zu zögern erwiderte er: »Das waren die zwei Nummern mit den Mound City Blue Blowers, *One Hour* und *Hello Lola*.«

Im Jahre 1930 teilte Glenn seine musikalischen Aktivitäten hauptsächlich zwischen Plattenstudios und den Orchestern im *Times Square Theater* und im *Alvin Theater*. In allen Fällen hatte er denselben Boss: Red Nichols. Dieser war ein überdurchschnittlicher Kornettist, der sanft geschwungene melodische Linien spielte, aber sein größtes Talent war, Bands zu organisieren und Jobs für sie aufzutreiben. Glenn mochte Nichols nicht besonders, und das beruhte auf Gegenseitigkeit. Anfang der 60er Jahre sagte Red zu mir in einem Interview, er hätte »nie an Glenns Begabung gezweifelt. Er war sehr gedankenvoll und sehr schlau — für seine Verhältnisse.« Nichols mußte aber zugeben, daß George Gershwin persönlich Glenns Mitarbeit an der Orchestrierung der Originalpartitur von *Girl Crazy* lobend erwähnte — und darin waren immerhin so berühmte Gershwin-Hits wie *I Got Rhythm* und *Embraceable You* enthalten.

Girl Crazy war eine der beiden Shows in diesem Jahr, für die Red Nichols das Theaterorchester formiert hatte; die andere war *Strike Up the Band*. Außer Nichols und Miller waren noch Benny Goodman und der junge Gene Krupa dabei, der dann sein Leben lang immer wieder erzählte, wie sehr Glenn ihm geholfen habe. »Ich konnte damals überhaupt nicht Noten lesen. Aber Glenn saß direkt vor mir und gab mir alle Einsätze. Er war phantastisch zu mir.« Benny Goodman bestätigte das: »Hildy Elkins war bei *Girl Crazy* der Dirigent und es war erstaunlich, wie gut Gene ihm folgen konnte — dank Glenn, natürlich.«

Weiterhin machte Glenn Platten mit den Five (oder etwas mehr) Pennies. Außer Semi-Dixielandnummern in schnellem Tempo nahmen sie auch einige Balladen auf, darunter eine sehr hübsche träge Version von *Tea For Two*, in der Adrian Rollini mit seinem schwül klingenden Baß-Saxophon die Melodielinie führte. Hier gelang Glenn ein einmaliges Voicing, trotz seiner tiefen Lage jenem Reedstil nicht unähnlich, der später den Klang seiner eigenen Band charakterisieren sollte...

Dank Nichols lebten Helen und Glenn in den Jahren 1929 und 1930 komfortabel in ihrem Apartment in Astoria. Glenns Steuerbescheid für 1930 nennt Nichols als einzigen Arbeitgeber, ein Bruttoeinkommen von $ 6239,50, Absetzbeträge von $ 1195,06 und Steuern in Höhe von insgesamt $ 17,38.

Wieder verlangte die Behörde nähere Angaben über seine Absetzbeträge. Aus seiner Antwort geht hervor, daß Nichols ihm für die Dauer der Shows wöchentlich 125 $ bezahlte, obwohl die

Glenn und Helen mit Bobby und Red Nichols im *Palisades Amusement Park* in New Jersey, Mai 1930

Glenn und das Washington Monument

Gewerkschaft nur $ 80 vorschrieb — so dringend brauchte er ihn. Während dieses Jahres lieferte Glenn 51 Arrangements; die Kosten für das Auskopieren der Stimmen gab er mit je $ 10,50 an; knapp ein Sechstel der Kosten, die 40 Jahre später angefallen wären. Sein Smoking wurde einmal wöchentlich für $ 0,75 gebügelt und einmal monatlich für $ 1,50 gereinigt. Offensichtlich warf er nicht mit Geld um sich.

Die Plattenaufnahmen mit Nichols gingen auch 1931 weiter. Daneben nahm Glenn insgesamt 18 Nummern mit Goodman auf, darunter die heute berühmte Einspielung des *Basin Street Blues* mit den Charleston Chasers, einer der vielen Aufnahmegruppen Bennys. (Verschiedene Jazzmusiker stellten damals unter verschiedenen Namen verschiedene Gruppen für verschiedene Plattenfirmen zusammen.) Glenn schrieb nicht nur das Arrangement, sondern trug auch den Text zur Vorstrophe bei, der mit den Worten begann:

> Won't you come along with me,
> Down the Mississippi ...

Diese Zeile ist heute ebenso berühmt wie der Song selbst. Im Mittelpunkt stand Jack Teagarden als Posaunist und Sänger; diese Aufnahme machte ihn mehr als irgendeine andere zum wichtigen und anerkannten Jazzstar.

Goodman verschaffte Glenn auch noch andere Jobs. »Ich war damals recht gut im Geschäft, in den *Paramount*-Studios draußen in Long Island verdiente ich bis zu 80 Dollar pro Tag, und wo ich konnte, empfahl ich Glenn; er war so musikbegeistert und so kompromißlos.«

Glenn arbeitete für Rundfunkdirigenten wie Victor Young, Carl Fenton und, in der Camel Radio Show, Jacques Renard. Eine Zeitlang spielte er unter der Leitung eines gewissen John McManus, der das Ben Goodman Recording Orchestra im Rahmen des Broadway-Musicals *Free For All* im *Manhattan Theater* dirigierte — später wurde aus dem Theater das *Ed Sullivan Playhouse* von CBS.

Oscar Hammerstein inszenierte diese Show, die nur 15 Auffüh-

rungen erlebte und komponierte auch einen Teil der Musik; Jack Haley war einer der Stars. »Es ging um Psychoanalyse«, erinnert sich Benny Goodman, »und sofort nach dem Erscheinen der Kritiken wurden die Kündigungen ausgesprochen. Wir gaben der Show einen neuen Titel: *Freeze and Melt*.«
Um 1932 war die Wirtschaftskrise zu einem Lebensstil geworden. Noch hatte sich die Nation von der Wall-Street-Katastrophe 1929 nicht erholt, noch war Franklin Delano Roosevelt nicht erschienen, um das Land aus seiner emotionellen und finanziellen Talsohle herauszuführen.
Besonders die Schallplattenbranche war hart betroffen. Die Telefone der Musiker klingelten kaum mehr; die fröhlichen Zeiten für die freischaffenden Musiker der New Yorker Szene, wo etwa um neun eine Aufnahmesession bei *Brunswick*, um zwei eine bei *Victor* und um sechs eine bei *Melotone* angesetzt war, schienen vorbei zu sein. Auch beim Radio herrschte Geldmangel. Für viele bekam *All Alone at the Telefone*, eine Zeile aus einem bekannten Song von Irving Berlin, eine traurig-symbolische Bedeutung.
Auch Glenn begann wie alle anderen die veränderte Situation schmerzlich zu spüren, und als Smith Ballew ihm den Vorschlag machte, eine Band zu organisieren und wieder auf Tour zu gehen, akzeptierte er sofort.
Ballew hatte in der Zwischenzeit jahrelang eigene Bands geleitet. Er hatte eben die Agenten gewechselt und mit *MCA* (Music Corporation of America) abgeschlossen, die ihn für die Sommersaison ins *Palais Royale*, einen stinkfeinen Nachtclub in Valley Streams, Long Island, buchten, abwechselnd mit Guy Lombardo. Ballew erkannte, daß dies seine bisher größte Chance war, zu zeigen, was er wirklich konnte und an Stelle seines bisherigen Durchschnitts-Hotel-Tanzorchesters eine wirkliche Superband zusammenzustellen. An dieser Stelle seiner Überlegungen rief er Glenn an. »Ich bot ihm als Posaunist, Arrangeur und musikalischer Direktor 250 pro Woche plus die Hälfte aller meiner Wocheneinnahmen über 1000, und er war einverstanden. Der erste Musiker, mit dem er Kontakt aufnahm, war Ray McKinley. Den hatte ich 1925 in Fort Worth gehört und seit damals stand ich auf ihn.«

Smith Ballew und Frances Langford in dem Film *Palm Springs*, 1936

Die Wirtschaftskrise reduzierte nicht nur die Arbeitsmöglichkeiten der Orchester, sondern auch deren Umfang. »Sie machte arme Leute aus uns allen«, stellte McKinley kürzlich fest, der damals im Sextett von Dave Bernie (Ben Bernies Bruder) spielte. Um so mehr war er über Glenns Anruf glücklich, der ihm die Chance bot, in einer größeren und besseren Formation zu arbeiten. Außer Glenn spielten in Ballews neuer Band auch Trompeter Bunny Berigan, Bassist Delmar Kaplan und Pianist Fulton »Fidgey« McGrath.

»Ballew war ein netter, sympathischer Typ«, erinnert sich McKinley, »aber er hatte keine Ahnung, wie man eine Band leitet und machte auch gar kein Hehl daraus. Er sah extrem gut aus, perfektes Ebenmaß, wie eine dieser alten Arrow-Collar-Werbungen; irgend jemand nannte ihn einmal einen singenden Gary Cooper. Aber für einen erfolgreichen Bandleader war er viel zu bequem.

Glenn dagegen hatte eine Menge Energie und wußte natürlich

immer ganz genau, was er tat und was er wollte; er war der Hauptgrund, daß ich zu dieser Band ging. Ich empfand es als sehr schmeichelhaft, daß er sich noch an jene Nacht in Chicago erinnerte, als ich bei der Pollack Band eingestiegen war.
Ich weiß, Glenn war auch als Arrangeur für die Band verpflichtet, aber ich kann mich nicht an viele Arrangements erinnern, die er tatsächlich geschrieben hat. Ich glaube, das Budget war etwas zu klein dafür. In Wirklichkeit nahm er etwa ein gedrucktes Verlagsarrangement und entfernte für eine Radiosendung einige Teile daraus; für den folgenden Abend setzte er sie wieder ein und entfernte einen anderen Teil, so daß es wie ein neues Arrangement derselben Nummer klang. Oder manchmal schrieb er vielleicht eine kurze Introduktion, damit es wieder anders wirkte. Aber ich kann mich an kein komplettes Arrangement von ihm erinnern.«
Dafür erinnert sich McKinley besonders lebhaft, daß die Band »nach jedem Hoteljob praktisch aufgelöst wurde; war dann ein neuer Job in Sicht, so wurde sie wieder zusammengestellt. Die Pausen zwischen den Jobs waren oft verdammt lang.«
Die erste derartige Pause ergab sich im August 1932. Ballew organisierte für die Band mit Miller als musikalischem Leiter einen Job in der Broadway-Show *Chamberlain Brown's Scrap Book*, die als »Vaudeville-Potpourri mit starloser Besetzung« angekündigt war. »Da war alles drin, von Oper bis Komödie«, erzählt Ballew, »wir hatten sogar einen musikalischen Direktor von der Metropolitan Opera Company, der Glenn assistieren sollte. Aber unser Scheck für die erste Woche erwies sich als ungedeckt. Die Producer meinten, das müsse ein Irrtum sein, wir sollten den Scheck noch einmal präsentieren, aber es war wieder das gleiche. Ich wandte mich an den Manager des Theaters, und der rückte schließlich mit der Wahrheit heraus: die Miete war nicht bezahlt worden.« Die Show brachte es auf ganze zehn Aufführungen, und letzten Endes sollte Ballew die Musikergagen aus der eigenen Tasche bezahlen. »Aber die Burschen waren großartig. Keiner wollte einen Cent von mir annehmen — keiner, außer den Streichern.«
Im November erhielt die Band einen Job im *Lowrey-Hotel* in

St. Paul. Jimmy McPartland löste Bunny Berigan ab, und Chummy McGregor, mit dem Glenn sein Leben lang befreundet bleiben sollte, nahm den Platz von McGrath am Klavier ein.

Wie seinerzeit in den Tagen bei der Pollack Band übernahm Glenn wieder die Rolle des pingeligen Musikdirektors. Er bestand auf täglichen Proben und machte in kurzer Zeit aus der Band ein erstklassig klingendes Tanzorchester. Das genügte jedoch dem Hotelmanager nicht, wie Ballew berichtet: »Nach den ersten vier Wochen sagte er, er wolle unseren Kontrakt nur dann verlängern, wenn wir mehr Novelties* einbauen würden, mit komischen Hüten und so, ähnlich wie es die Ted Weems Band machte. Ich besprach das mit Glenn. Er war ebenso skeptisch wie ich, aber wir beschlossen, es zu versuchen; schließlich bedeutete es vier weitere Wochen Arbeit. Als wir die Band informierten, gab es einhelligen Protest. ›Wir sind Musiker‹, hieß es voller Empörung. Wir arbeiteten dann einige Novelty-Nummern aus, allerdings ohne komische Hüte.

Es war eine wichtige Erfahrung für Glenn, als er feststellte, wie sehr die Popularität unserer Band durch die Novelties stieg. Er hat sich das gemerkt.

Als unser Engagement auslief, kam an unserer Stelle Red Nichols mit allen fünfzehn seiner Five Pennies, und wir kehrten nach New York zurück.« Es folgte wieder eine längere Pause, und dann kamen einige Engagements, zwischen denen weitere Pausen lagen. Zunächst spielte die Band im *William Penn Hotel* in Pittsburgh, verstärkt durch die Gruppe The Foursome, die auch in *Girl Crazy* mitgemacht hatte. Nach einem Zwischenspiel im Hotel Lexington in New York ging es in den *Club Forest* in New Orleans, wo die Band nach Ballews Worten »Aufsehen mit einem geradezu sensationellen Miller-Arrangement von *Stormy Weather* erregte, einer Nummer, die Harold Arlen gerade komponiert hatte und von der ich als einer der ersten einen Klavierauszug bekam. Wir waren so erfolgreich, daß unser ursprünglich für vier Wochen geplantes Engagement schließlich sechs Monate dauerte.«

---

* Novelty = eigentlich Novität, modische Neuheit. Im amerikan. Showbusiness versteht man darunter Schlagerliedchen mit deutlich akzentuierter Komik.

Aber gegen Ende 1933 ging es mit der Ballew Band steil bergab, und die häufigen Intervalle zwischen den Gigs waren auch nicht gerade das beste für die Bandmoral. McKinley erinnert sich noch sehr gut an eine Neujahrsnacht im *Muehlebach Hotel* in Kansas City: »Alles nur denkbare passierte. Chummy besoff sich bis an die Grenze des Deliriums und wurde verhaftet. Auch Glenn war betrunken; es war das einzige Mal, daß ich ihn so erlebte, und er war ganz schön unangenehm. Und dann — niemand weiß genau, wie es anfing, aber ich glaube, Glenn lehnte sich vor und kniff unseren Leadtrompeter J.D. Wade ins Bein, oder vielleicht auch etwas höher. Wie auch immer, die beiden begannen sich mitten auf dem Bandstand zu schlagen, ganz todernst. Sie rollten sich am Boden, und der kleine Saxophonist Frank Simeone, der verzweifelt versuchte, sie zu trennen, bekam die meisten Hiebe ab.« Auch Ballew hat diesen denkwürdigen Faustkampf nicht vergessen und schwört Stein und Bein, niemand hätte davon Notiz genommen — ein markiger Kommentar über den Zustand, in dem das Publikum von Kansas City das neue Jahr begrüßte.
Ihr letztes bedeutendes Engagement hatte die Ballew Band im *Cosmopolitan Hotel* in Denver, nicht weit vom Wohnort von Glenns Familie entfernt. Glenn spielte da allerdings nicht mehr mit; die Band war völlig heruntergekommen und McKinley meint, »Glenn wollte nicht, daß ihn seine Freunde in einer solchen Umgebung sehen, das war unter seiner Würde. Allerdings, Manager blieb er auch weiterhin; bei den Proben war er da und natürlich dann, wenn die Gagen ausbezahlt wurden. Damals benahm er sich immer mehr wie ein Geschäftsmann und immer weniger wie ein Musiker. Er wurde immer eigensinniger, und es war schwer, mit ihm auszukommen.«
Ballew ist da der gleichen Meinung. »Die Musiker rebellierten oft gegen sein schulmeisterliches Verhalten. Er war steif und unliebenswürdig im Umgang mit anderen und zog sich immer zurück. Er war sehr introvertiert und schwer zu verstehen; nie zeigte er seine wahren Gefühle.« Ballew, der heute nach einer erfolgreichen Hollywoodkarriere in Fort Worth seinen Ruhestand genießt, meinte abschließend: »Damals glaubte ich, ihn zu kennen, aber heute habe ich meine Zweifel.«

Kapitel 7

1934 war für Glenn Miller das Jahr der Dorsey Brothers Band. Während einiger Zwangspausen mit der Smith Ballew Band im Jahr davor hatte Glenn mit den Brüdern Tommy und Jimmy gelegentlich Platten aufgenommen. Dazu wurde eine Studioformation aus den swingendsten Musikern New Yorks gebildet, die öfters die Sängerin Mildred Bailey in Arrangements von Glenn begleitete. Anfang 1934 nahmen die Dorseys mit dieser Formation auch einige Instrumentaltitel auf, die teils unter dem Namen der Brüder, teils unter dem Namen eines der mitwirkenden Musiker auf Platte erschienen.
Schon längere Zeit hindurch hatten Jimmy und Tommy immer wieder angekündigt, eine permanente Band zusammenzustellen und auf Tournee zu gehen, aber Roc Hillman, der dann Gitarrist der neuen Band wurde, berichtet, daß es eines entscheidenden Rippenstoßes von Glenn Miller bedurfte, bis es wirklich dazu kam.
Hillman war einer der Musiker, die Glenn während des letzten wichtigen Engagements der Ballew Band in Denver entdeckt hatte.
»Ich spielte Baß mit der Vic Schilling Band im *Broadhurst Hotel*, und ein befreundeter Schlagzeuger hörte von Glenn, daß Harry Goodman von Ballew weggehen wolle und sie einen neuen Bassisten brauchten. Mein Freund meinte, ich solle hingehen und Glenn vorspielen. Ich tat es, es gefiel Glenn und Ray McKinley und schließlich nahmen sie mich als Bassisten. Aber ich kann auch Gitarre spielen, und später sollte ich diesen Job bekommen.
Nach dem Vorspielen kamen Glenn und Ray mit mir, um sich unsere Band anzuhören und engagierten bei dieser Gelegenheit auch gleich den Saxophonisten Skeets Herfurt, den Posaunisten

Don Matteson und unsere Sängerin Kay Weber. Skeets, Don und ich sangen auch im Trio.
Wie Glenn sagte, drängte die Zeit, denn die Ballew Band sollte einen Job in Florida antreten, und einige der Boys wollten da nicht mitgehen. Schilling war sehr nett und ließ uns ohne Schwierigkeiten sofort weg. Wir machten uns auf die Reise, aber unterwegs erfuhren wir, der Laden in Florida, wo wir spielen sollten, hätte Pleite gemacht. So fuhren wir statt dessen nach New York.
Glenn benahm sich einfach großartig uns gegenüber. Er fühlte sich für die Panne verantwortlich und tat, was er konnte, um uns das Leben zu erleichtern. Am zweiten Abend nach unserer Ankunft besuchte er mit uns Benny Goodman in seinem Hotelzimmer. Ein paar Tage später bat er Tommy Dorsey, ins *Manhattan Towers Hotel* zu kommen, wo wir wohnten, und sich meine Komposition *Long May We Love* von mir vorspielen zu lassen. Tommy mochte die Nummer und nahm sie später auf. Ein andermal ging Glenn mit uns in den *Onyx Club*, wo wir die Six Spirits of Rhythm hörten und Artie Shaw kennenlernten.«
Die Ballew Band bekam schließlich einen einwöchigen Gig im *Hotel Lexington*, der ihr aber nicht viel Ruhm einbrachte, nachdem Donald Novis, der Star des Programms, fast genauso sang wie Smith Ballew. Danach arbeitete die Band so gut wie gar nicht mehr, meinte Ray McKinley. »Dann bekam ich eines Tages einen Anruf von Glenn. Er sagte, die Dorseys stellten nun endlich ihre Band zusammen und gingen auf Tour; er und die Kids aus Denver gingen mit, ob ich nicht auch Lust hätte. Natürlich sagte ich ja.
Diese Band hatte einen ungewöhnlichen Sound, und das war Glenns Idee. Bing Crosby war damals der neue große Sängerstar, und Glenn entschied sich, den Sound der Band Bings Register anzupassen. Das heißt, an Stelle der üblichen Trompetergruppe mit nur einer Posaune hatten wir drei Posaunisten. Tommy, Glenn und Don, und nur einen Trompeter, das war zunächst Bunny Berigan. Auch die Saxophone brachten einen völlig anderen Sound, denn wir hatten ein Alt und zwei Tenöre; so bekam auch der Saxophonsatz Wärme und Tiefe. Skeets und ein

Typ namens Jack Stacey waren die Tenoristen, und Jimmy spielte außer Klarinette auch Alt. Die Rhythmusgruppe bestand aus Kaplan am Baß, Bobby Van Eps am Klavier, Roc an der Gitarre und mir. Kay Weber war die Sängerin und etwas später kam Bob Crosby als Sänger.
Die Rockwell-O'Keefe-Agentur, die uns buchte, stellte uns für die Proben einen kleinen Raum in ihrem Büro in Radio City zur Verfügung, und schon bei der zweiten Probe gerieten sich die Dorseys in die Haare. Ich weiß noch genau, wie Jimmy brüllte: ›Ich nehme an, das soll heißen, du bist der Boss!‹, und Tommy brüllte zurück: ›Du weißt verdammt gut, daß ich der Boss bin; ich kann viel lauter schreien als du!‹«
Die Band begann im Frühling 1934 mit einer Serie von Onenighters in New England. Einer davon war jener denkwürdige in Nuttings-on-the-Charles, wo ich der Band und Glenn Miller zum ersten Mal begegnete und wo Glenn mit Selbstverleugnung jene lächerlichen Verse über *Annie's Cousin Fanny* sang.
Diese Nummer und 58 weitere nahm die Band im Laufe des Jahres 1934 bei *Decca* auf Platte auf. Glenns Einkünfte erreichten in diesem Jahr mit $ 3209,78 den Tiefststand seit mehreren Jahren, jedoch so wenig er auch verdiente, so wertvoll waren die Erfahrungen, die er sammeln konnte. Seine Position als musikalischer Direktor und Arrangeur einer Gruppe von derart hervorragenden Musikern machte viele Leute in der Branche auf ihn aufmerksam und verhalf ihm schließlich im folgenden Jahr zu einem weiteren interessanten Job.
Den Sommer 1934 verbrachte die Band im *Sands Point Casino* in Long Island, von wo ihre Auftritte regelmäßig im Radio übertragen wurden. Berigan erschien höchstens zur Hälfte der Jobs, und die Brüder Dorsey kamen trotz seiner Brillanz schließlich zu der Ansicht, daß es besser wäre, ihn zu ersetzen; an seine Stelle trat der Harvard-Absolvent George Thow.
Viele der aufregendsten Nummern im Repertoire der Band waren, nach den Worten McKinleys, »einfach Head-Arrangements. Wir legten sie uns unterwegs zurecht, verstehst du; einem fiel ein Riff ein, der nächste dachte sich etwas anderes dazu aus und auf einmal hatten wir eine Nummer beisammen.

Die Dorsey Brothers Band bei Freiübungen am Swimming-pool des *Sand Point Casinos* in Long Island. Glenn als 3. in der hinteren Reihe

Glenn schrieb einiges für uns. Ich erinnere mich an eine Nummer mit dem Titel *Dese, Dem and Dose*, die wir auch auf Platte aufnahmen; die war von ihm. Er führte immer eine kleine Orgel mit sich, mit der er arbeitete, aber ich glaube nicht, daß er während des Sommers in *Sands Point* insgesamt mehr als vier Arrangements geschrieben hat. Er war ein ziemlich langsamer Schreiber, wenigstens damals. Er war immer sehr fleißig, keine Arbeit war ihm zuviel, aber den Boys in der Band gegenüber verhielt er sich etwas distanziert.«

Der Job eines musikalischen Direktors bei den streitbaren Gebrüdern Dorsey forderte seinen Tribut. Tommy und Jimmy waren beinahe ununterbrochen in Auseinandersetzungen verwickelt, bei denen es hauptsächlich um musikalische Fragen ging, und Glenn stand als Prellbock in der Mitte. Schließlich, nach einem Engagement im *Palais Royale* am Broadway, reichte es ihm: er kündigte.

Das Ray-Noble-Orchester im *Rainbow Room*. Erste Reihe: Al Bowlly, Fritz Prospero, Nick Pisani, Danny D'Andrea, George Van Eps, Claude Thornhill. Zweite Reihe: Glenn, Will Bradley, Charlie Spivak, Pee Wee Erwin, Jimmy Cannon, Johnny Mince, Milt Yaner, Bud Freeman. Dritte Reihe: Bill Harty und Delmar Kaplan

Allerdings gab es dafür auch noch einen anderen Grund; Glenn wußte genau, was er tat. Drüben in England hatte Ray Noble einige besonders hervorragende Schallplatten aufgenommen, und das amerikanische Publikum begann sie zu kaufen. Rockwell-O'Keefe, die Agentur der Dorseys', war immer auf der Suche nach neuen Bands, um mit der größeren *MCA* konkurrieren zu können und überlegte, die Ray Noble Band in die USA zu holen. Es zeigte sich jedoch, daß die amerikanische Musikergewerkschaft dieser Idee ablehnend gegenüberstand und daß Ray Noble außerdem überhaupt keine eigene Band hatte — er holte sich jeweils die besten Musiker Englands für seine Plattenaufnahmen zusammen. Die Leute der Agentur beschlossen daraufhin, für Ray Noble eine Band aus amerikanischen Musikern zusammenzustellen, und nachdem Glenn Miller sich auf diesem Gebiet sowohl bei Smith Ballew als auch bei den Dorseys einen guten Namen gemacht hatte, boten sie ihm diesen Job an.

Glenn akzeptierte und stellte eine großartige Band zusammen: Charlie Spivak und Pee Wee Erwin waren die Trompeter; Glenn selbst und Wilbur Schwitchenberg (der sich später Will Bradley nannte) spielten Posaune. Unter den Reeds waren Bud Freeman und Johnny Mince, der spätere Starklarinettist der Tommy Dorsey Band, die Rhythmusgruppe bestand aus Claude Thornhill am Piano, dem brillanten Gitarristen George Van Eps, Kaplan am Baß und Bill Harty am Schlagzeug. Harty war Nobles Manager, der aus England mit herübergekommen war und swingte, vorsichtig ausgedrückt, nicht besonders. Wie Bradley es einmal formulierte: »So schlecht, wie Harty spielte, klang unsere Rhythmusgruppe eigentlich gar nicht.«
Alles schien darauf hinzudeuten, daß dies eine der großartigsten Bands aller Zeiten werden würde, und für eine Weile stimmte das auch durchaus. Der verbindliche kultivierte Noble arrangierte Balladen mit viel musikalischem Geschmack und Einfühlungsvermögen. Hatten die Jazzbemühungen seiner englischen Bands oft die Grenzen des Komischen gestreift, so schien diese Band unter dem Einfluß des jazzerfahrenen Miller musikalisch solide fundiert zu sein.
Für eine Weile hatte Glenn freie Hand, und zwar vollkommen, denn die Gewerkschaft untersagte Ray für einige Monate alle Auftritte. So ging er einstweilen nach Hollywood und arbeitete dort an dem Film *The Big Broadcast of 1936* mit, während Glenn mit der Band probte und sie nach seinem musikalischen Geschmack formte. Ray Noble bevorzugte sweet music, und es machte Glenn viel Spaß, mit diesen jazzorientierten Musikern, die er selbst ausgesucht hatte, zu arbeiten.
Als Ray von der Westküste zurückkam, übernahm er die Leitung der Band und konzentrierte sich auf die Balladen. Ebenso wie Glenn war er ein detailbesessener Tüftler, und so verbrachte die Band ungewöhnlich viel Zeit mit Proben, wofür die Musiker bezahlt wurden — »es war das erste Mal in der Geschichte, daß das geschah«, meinte Bud Freeman. Allein für neun Wochen Proben erhielt Miller 804 $, damals eine recht beachtliche Summe, und hatte außerdem Gelegenheit, nebenher bei Plattenaufnahmen weiteres Geld zu verdienen. Im März nahm er zehn

Nummern mit Musikern der Ben Pollack Band auf, die bald darauf Bob Crosby zu ihrem neuen Leader wählten. Eine der Nummern stammte von Glenn: *When Icky Morgan Plays the Organ, Look Out!* — eine Widmung an seinen alten Freund Dick Morgan, der in der Pollack Band Gitarre gespielt hatte. Wenige haben jemals von dieser Platte gehört, aber Glenn erhielt als Komponist Tantiemen in Höhe von $ 5,38 und dazu noch 6 Cents(!) für drei Stück verkaufter Notenexemplare.

Und dann, am 25. April 1935, machte Glenn Miller die ersten Schallplatten unter eigenem Namen. Mit sechs Bläsern, Rhythmusgruppe und einem Streichquartett nahm er für *Columbia Records* die beiden Nummern *Moonlight on the Ganges* und *A Blues Serenade* auf, in denen sein ehemaliger Boss Smith Ballew herausgestellt wurde; dazu kamen zwei Instrumentaltitel: *In a Little Spanish Town* und — ohne Streicher — eine durchwegs jazzige Variation des *Pagan Love Song*, die er *Solo Hop* betitelte. Darin gab es wunderbare Soli des Trompeters Bunny Berigan, des Tenoristen Eddie Miller und des Klarinettisten Johnny Mince. Aber in keinem der beiden Jazztitel gab es auch nur einen Takt Posaunensolo. War das nur Bescheidenheit, oder hatte Glenn eine so geringe Meinung von sich als Jazzmusiker? Niemand wird das jemals wissen. Sein zweiter Versuch, als Komponist durch Schallplatten Geld zu verdienen, war übrigens nicht viel erfolgreicher als der erste. Laut Tantiemenabrechnung wurden von *Solo Hop* nicht ganz 800 Stück verkauft.

Inzwischen hatte die Ray Noble Band ihre Probenarbeit fortgeführt. Ende April spielte sie ihre ersten Tanzveranstaltungen, und Anfang April begann sie, für *Victor* Platten aufzunehmen. Bei der ersten Sitzung wurden außer einigen Balladen auch zwei jazzige Arrangements von Glenn aufgenommen: *Way Down Yonder in New Orleans* mit den wiederholten rhythmischen Riffs, die Glenn so sehr liebte, sowie eine sehr schnelle Fassung von *Chinatown My Chinatown*.

Solange Glenn bei der Band arbeitete, wirkte sie dem Repertoire nach wie zwei völlig verschiedene Bands, von denen die eine Nobles sanfte Balladen und die andere Millers Semi-Dixielandversuche spielte. So weit Ray und Glenn in musikalischem Ge-

schmack voneinander entfernt gewesen sein mögen, so einig waren sie sich in anderen Dingen: in der beinahe fetischistischen Hingabe an Details und Präzision ebenso wie in dem Bewußtsein, daß der kommerzielle Approach der Band überaus wichtig war.
Weitere Gemeinsamkeiten waren starker Wille und die Fähigkeit zu klarer Ausdrucksweise, verbunden mit einer gewissen Wortkargheit. Jeder von ihnen war überzeugt, die richtige Einstellung zu musikalischen Problemen zu haben, keiner machte gerne Kompromisse. Ihre Auffassungen und ihre Persönlichkeiten ergänzten sich — allerdings nur für eine Weile.
Im ersten Jahr lief alles wunderbar. Die Band trat erfolgreich im *Rainbow Room* auf dem Dach des RCA-Gebäudes in der Radio City auf, »65 Stockwerke den Sternen näher«, wie die Ansager in den Radioübertragungen zu formulieren pflegten. Obwohl die Musiker sieben Mal die Woche bis drei Uhr morgens spielen mußten, machte ihnen dieser Job großen Spaß, wozu auch die gute Bezahlung beitrug. 1935 arbeitete Glenn fast ausschließlich für Noble und brachte es mit $ 7573,70 auf sein bis dahin höchstes Jahreseinkommen.
Aber es war nicht nur das Geld, das ihnen Freude bereitete: die Musiker waren stolz auf ihre Band im ganzen und auf einige der Jazzsolisten im besonderen, vor allem auf Bud Freeman, dessen kühne erfindungsreiche Soli allgemeine Begeisterung hervorriefen. Bradley berichtete, er und Glenn »schlossen oft Wetten ab, ob Bud aus seinen harmonischen Labyrinthen wieder herausfinden würde oder nicht. Glenn sagte etwa, ›ich wette zwei Drinks, er schafft es nicht‹ und ich sagte darauf, ›er schafft es doch‹. Auf diese Weise kam ich zu vielen Drinks.«
Claude Thornhill entwickelte sich zum Original der Band. Eines Nachts ging das Geschäft schlecht, und gegen zwei Uhr meinte der Manager des Lokals zu den Musikern, sie könnten nach Hause gehen, es wären praktisch keine Gäste mehr da. Alle verließen den Bandstand, begaben sich einen Stock tiefer in die Garderobe und wechselten ihre Smokings gegen Straßenkleidung. Als sie gerade gehen wollten, stürzte der Bandmanager Bill Harty aufgeregt zur Tür herein: einige Mitglieder der Rockefel-

Al Bowlly

ler-Familie, der das Lokal gehörte, seien soeben mit einer großen Gesellschaft erschienen und wollten unbedingt tanzen. Mißmutig zogen die Musiker wieder ihre Arbeitskleidung an und gingen zurück auf die Bühne. Nur Thornhill fehlte; er war offensichtlich schon gegangen, aber das war kein großes Problem, denn Bandleader Ray Noble war Pianist. Die Band begann wieder zu spielen, und mitten in der ersten Nummer erschien Claude Thornhill auf der Bühne, makellos gekleidet bis auf ein kleines Detail: er trug keine Hosen. Man kann sich unschwer ausmalen, wie dieser Anblick auf die Rockefellers und ihre Gäste wirkte. Es war, wie Thornhill behauptete, keineswegs Vergeßlichkeit, sondern volle Absicht.

Ray Nobles englische Schallplatten hatten mich schon gefesselt, als ich noch auf dem College war, und 1935, nachdem ich zu *Metronome* gestoßen war, begann ich mich intensiv um Nobles neue amerikanische Band zu kümmern. Meine Finanzen erlaubten mir nicht, als zahlender Gast in den *Rainbow Room* zu gehen, aber ich hatte herausgefunden, daß sich die Musiker zwischen den Sets in einem kleinen Raum unweit der Bühne aufhielten. Dort trieb ich mich herum und unterhielt mich mit ihnen; ich machte auch einige Interviews, aber hauptsächlich diskutierten wir einfach über Musik.

Einer der nettesten Menschen, die ich jemals getroffen habe, war Al Bowlly, der Sänger der Noble Band, der aus Südafrika stammte und dessen warme einfühlsame Phrasierung seiner Persönlichkeit entsprach. Nachdem ich von den Musikern akzeptiert worden war, hatte ich auch zu ihrer Garderobe im

64. Stockwerk jederzeit ungehindert Zutritt, und dort war es, daß Bowlly mich einmal zur Seite nahm, um mir ein neues Lied vorzusingen, das Glenn eben geschrieben hatte. Nur die Musik war von Glenn; der Text stammte von Eddie Heyman, der durch *Body and Soul* unsterblich geworden ist.

Al war ein sentimentaler Typ, der keine Schwierigkeiten hatte, seine Gefühle zu zeigen. Als er ohne jede Begleitung das neue Lied sang, das er eben gelernt hatte, merkte ich, daß es ihm sehr nahe ging; ich erwartete jeden Augenblick, er würde zu weinen beginnen.

Der Song hieß *Now I Lay Me Down to Weep;* später wurde er umbenannt in *Moonlight Serenade* und erhielt auch einen neuen Text, den aber heute kaum noch jemand kennt. Ich aber werde niemals den Originaltext vergessen, den Al Bowlly nur für mich allein sang, in den frühen Morgenstunden, in der Garderobe der Ray Noble Band:

> Weep for the moon, for the moon has no reason to glow now;
> Weep for the rose, for the rose has no reason to grow now;
> The river won't flow now,
> As I lay me down to weep.

> You went away, and the break in my heart isn't mending;
> You went away, and I know there is no happy ending,
> There's no use pretending.
> As I lay me down to weep.

> When you were mine, the world was mine,
> And fate constantly smiled,
> Now in its place, I have to face
> A pillow of tears, all through the years.
> Though you are gone, I still pray that the sun shines above you.
> Times marches on, yet I know that I always will love you,
> I'll keep dreaming of you,
> As I lay me down to weep.*

---

* © 1967 Essex Music, Inc.

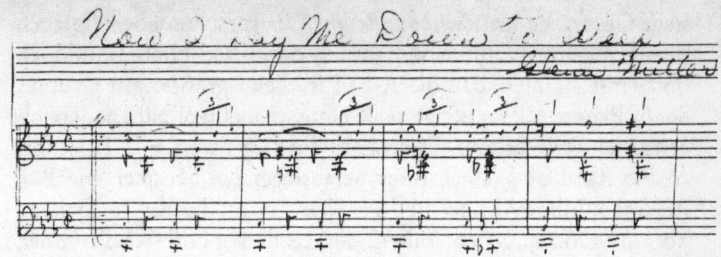

Gil Rodin erinnert sich, daß Glenn eines Nachts in das *Hotel New Yorker* kam. Dort spielte die Bob Crosby Band, der viele alte Kollegen aus der Zeit bei Ben Pollack angehörten. Glenn sagte: »Ich habe eine Nummer komponiert und ein Arrangement davon gemacht.« Die Band spielte es durch, aber es war, laut Rodin, »voll von Klarinetten- und Flötenunisoni und überhaupt nicht unser Stil. Ich sagte ihm, ich hielte die Melodie für großartig und er solle sie für unsere Band arrangieren, aber er meinte, er wolle sie zuerst verlegen lassen.« Das geschah jedoch nicht. Die Nummer wurde erst verlegt, als sie schon *Moonlight Serenade* hieß, und keine Band — nicht einmal die von Ray Noble — nahm sie auf. Erst Glenn tat es mit seiner eigenen Band, vier Jahre später.

Natürlich hätte Noble die Nummer leicht aufnehmen können und möglicherweise hätte er es getan, wären Glenn und er bessere Freunde geworden. Aber das ist selten der Fall, wenn zwei kreative und talentierte, aber dickschädelige Individuen versuchen, über einen längeren Zeitraum zusammenzuarbeiten.

Finanziell gesehen machte Ray Noble Glenn gegenüber seinem Namen alle Ehre. Er bezahlte ihm eine Grundgage von 175 $ pro Woche; Plattenaufnahmen, One-nighters und die Arbeit an *The Big Broadcast of 1936* wurden extra honoriert, so daß Glenn in manchen Wochen auf 356 $ kam. Angesichts des üblichen Gagenniveaus, der Preise und der damaligen Einkommensteuer von 4% war das ein überaus anständiges Einkommen.

Jedoch dessen ungeachtet begann sich Glenn in dieser Band immer ruheloser zu fühlen. Ich bemerkte das während einiger Backstage-Gespräche im *Rainbow Room*. Wir sprachen über die alten Zeiten. Glenn erzählte von den Tagen mit Red Nichols, und ich hörte mit Staunen, daß die Arbeit in dieser großartigen Gruppe, deren Platten ich so oft gespielt hatte, manchmal alles andere als erfreulich gewesen war. Dann kam die Gegenwart aufs Tapet, die Noble Band und einige ihrer herausragenden Musiker wie Bud Freeman, Johnny Mince und Pee Wee Erwin, die alle drei bald zu Tommy Dorsey gehen sollten, der Leadsaxophonist Milt Yaner, den sich später Jimmy Dorsey holte, sowie Claude Thornhill, Will Bradley und Charlie Spivak, die dann ihre eigenen Bands hatten.

Und noch über viele andere Musiker und Bands sprachen wir. Glenn war ein großer Bewunderer von Benny Goodman, und wir beide liebten die Musik von Jimmy Lunceford und, natürlich, Duke Ellington.

Ich hatte immer das Gefühl, schon damals, daß es Glenns sehnlichster Wunsch war, dieser Elite der Jazzwelt anzugehören. Er war selbstkritisch und ehrlich genug, seine engen Grenzen als Jazzposaunist zu erkennen und einzugestehen. Er konnte aber noch nicht abschätzen, wie er sich als Swingbandleader durchsetzen würde. Der Gedanke, der Welt — und damit auch seinen Kollegen zu beweisen, daß auch er zur ersten Garnitur gehörte, wenn schon nicht als Jazzsolist, dann eben als Bandleader, auf jenem Gebiet also, wo es so viele gab, die er bewunderte —, dieser Gedanke mag sich damals in seinem schlauen und analytischen Gehirn festgesetzt haben.

Seine Aufrichtigkeit und seine enge Verbundenheit mit der Art Musik, die wir beide liebten, und natürlich seine Empfänglichkeit für meine Begeisterung ließen mich glauben, daß sich hier für mich in dieser neuen und aufregenden Jazzwelt eine wirkliche Freundschaft entwickeln könnte. Und, wie sich herausstellte, hatte ich recht.

In jenen Tagen lebte ich noch bei meiner Familie in einem Braunsteinhaus an der West 89th Street nahe Central Park West. Wir waren ein eng verbundener, leicht versnobter und in gewisser Weise intoleranter Clan der oberen jüdischen Mittelklasse, und unser fünfgeschossiges Haus war voller Musik. Im zweiten Stock war ein

Wohnraum mit zwei Plattenspielern; im Erdgeschoß gab es ein großes Musikzimmer mit zwei Klavieren und einer Mason-&-Hamlin-Orgel. Hier übte mein ältester Bruder Dick seine Klavierkonzerte, Henry arbeitete mit seinem Streichquartett, und Alfred spielte mit seinem Freund Shownummern an den zwei Klavieren.
Unten im Keller hatte ich mein Reich, einen kleinen Raum, der dem Jazz gewidmet war. Hier befinden sich mein Plattenspieler, meine Schallplattensammlung und ein Schlagzeug, auf dem ich ohne jeden Erfolg versuchte, Gene Krupa, Chick Webb, Ray McKinley, Ray Bauduc nachzueifern, indem ich mit ihren Schallplatten mittrommelte. Manchmal spielte ich absichtlich besonders laut und ließ dazu noch das Fenster einen Spalt offen — nur für den Fall, daß vielleicht zufällig ein Bandleader vorbeiging und meinen Genius entdeckte.
Natürlich wurde ich als das schwarze Schaf der Familie betrachtet, und ich denke, ich war es auch. Niemand im Haus hatte auch nur das geringste Interesse an Jazz. Dick, der im Alter von 24 den Verlag Simon & Schuster gegründet hatte, brachte oft illustre Gäste zum Dinner mit; die Palette reichte von Autoren wie Will Durant bis zu Musikern wie George Gershwin. Henry war Professor für Englisch an der Columbia-Universität und lud oft seine intellektuellen Freunde nach Hause ein.
Angesichts dieser Konkurrenz zögerte ich, meine Musikerfreunde nach Hause mitzubringen. Ich fürchtete, nur wenige von ihnen, wenn überhaupt, würden vor den gestrengen Augen meiner Familie Gnade finden.
Dann aber, aus irgendeinem Grund — vielleicht, weil er so klug war und so gute Manieren hatte — brachte ich eines Abends genügend Mut auf, Glenn Miller mit nach Hause zu nehmen und ihn meiner Familie zu präsentieren. Ich war voller Freude, als ich sah, wie er sie alle bezauberte. Nicht, daß seine Konversation besonders geschliffen oder seine Witze übermäßig gut gewesen wären; ich glaube, es war ganz einfach, daß sie alle niemals von einem Jazzmusiker erwartet hätten, derart vernünftige, klare, sachliche und »normale« Ansichten zu äußern. Für mich war es ein überaus erfolgreicher Abend: das schwarze Schaf hatte einen triumphalen Sieg errungen!

Später an diesem Abend nahm ich Glenn in mein Kellerrefugium mit, wir hörten uns Platten an, und dann verriet er mir sein großes Geheimnis: er wollte eine eigene Band gründen. Es stand noch nicht fest, wann und wo, nicht einmal, was für eine Band es sein sollte; sicher war nur, sie würde musikalische Qualität haben und auch Jazz spielen. Es sei noch eine Menge Planung und Vorbereitungsarbeit nötig, eingeschlossen das Finden und Engagieren der richtigen Musiker, und das, so Glenn, sei einer der Gründe, daß er mich ins Vertrauen gezogen habe. Durch meine Tätigkeit als Reporter und Kritiker käme ich viel herum und hörte viel Musik und viele Musiker; ich könnte ihm doch gelegentlich den einen oder anderen Tip geben.
»Du könntest mir wirklich helfen, meine Band zusammenzubekommen«, sagte Glenn. »Hättest du Lust dazu?«
Ich hatte sogar verdammt große Lust dazu.

Der Autor dieses Buches hofft auf Entdeckung als Schlagzeuger

ZWEITER TEIL

Die Band, die es nicht schaffte

Kapitel 8

Während des Jahres 1936 begann die Popularität der Ray Noble Band nachzulassen. Im Jahr davor hatte sie viele gutbezahlte Gigs gehabt, sogar ein Radio-Commercial, und alles hatte darauf hingewiesen, daß es so weitergehen würde. Bevor sie zu einem Heimaturlaub in England aufgebrochen waren, hatten Noble und Manager Bill Harty den Musikern versichert, in der nächsten Saison würden sich große Dinge tun.

Zunächst ging die Band wieder in den *Rainbow Room*, und auch die regelmäßigen Plattenaufnahmen gingen weiter; aus dem Radio-Commercial wurde hingegen nichts. Während einer Theatertournee im Anschluß an den Gig im *Rainbow Room* wurde eine Gagenreduzierung angekündigt, worauf einige Musiker mit einem zornigen »Nein, danke« reagierten. Einer der zornigsten war Glenn Miller, der auf nichteingehaltene Versprechen allergisch war und sich ohnehin mit Noble und Harty nicht allzugut vertrug. Seinem Beispiel folgend, verließen viele der besten Musiker die Noble Band, die sich von diesem Schlag nie mehr erholen sollte.

Um die Zeit zu nützen, bis es ihm möglich sein würde, seine eigene Band zu gründen, nahm Glenn Jobs im Radio an, die meisten mit dem Freddie-Rich-Orchester; eine Zeitlang spielte er auch in der Vincent Lopez Band. Er nahm an einer Plattenaufnahme der neuen Band seines ehemaligen Chefs Ben Pollack teil, der einen aufregenden und völlig unbekannten Trompeter namens Harry James entdeckt hatte, den ihm Benny Goodman bald wegschnappen sollte (und über den ich voller Begeisterung im *Metronome* schrieb, wobei ich ihn Henry James nannte!!); auch ein wunderbarer Klarinettist, den Glenn später für seine Band engagierte, spielte bei dieser Aufnahme mit: Irving Fazola Prestopnik.

Glenn und Helen wohnten komfortabel in ihrem Apartment auf Nr. 37—60, 88th Street in Jackson Heights, und Glenn hätte von seinen Einkünften als Studiomusiker bequem leben können, wie es viele seiner Kollegen taten. Das bedeutete, »Vanillemusik« zu spielen, wie die Musiker sagten: Musik ganz nach dem Geschmack der verschiedenen Sponsoren, die niemanden abstieß, aber auch niemanden besonders erregte — am wenigsten die Musiker selbst. Einige seiner Freunde hatten es fertiggebracht, solche Kompromisse zu schließen und die bittere Pille einer Existenz, die einem kreativen Musiker Gigolo-ähnlich erscheinen mußte, zu schlucken, ohne zu erbrechen. Für andere aber erschien das undenkbar, und zu ihnen gehörte Glenn. Einige wie Goodman, Shaw und die Dorseys standen bereits auf eigenen Beinen, die Mehrzahl arbeitete als Sidemen in einer der neuen Swingbands. Aber Glenn fand, er sei nun lange genug Sideman gewesen. Für ihn kam nur eines in Frage, und das war eine eigene Band.
Er besprach sich mit Helen. Es war klar, daß sich ihr Leben vollkommen ändern würde: keine ruhigen Abende zu Hause, kein regelmäßiges Einkommen, keine Sicherheit.
Natürlich war es riskant, aber Glenn hatte einen Entschluß gefaßt und war nicht mehr davon abzubringen; er war überzeugt, er würde es schaffen. Schließlich hatte er auf die eine oder andere Art leitende Funktionen in den Bands von Smith Ballew, den Dorsey Brothers und Ray Noble ausgeübt und dabei eine Menge Erfahrungen gesammelt: er wußte nun, was man tut und was man besser bleiben läßt, vor allem aber hatte er gelernt, mit Musikern umzugehen und seine kreativen Tagträume mit den kommerziellen Tatsachen des Lebens in Einklang zu bringen. Er brachte die besten Voraussetzungen mit.
Das wurde mir klar bei den Diskussionen, die ich mit ihm darüber führte, welche Art von Band er haben wollte. Er sprach über Jimmy Lunceford und dessen Showtalent. Immer wieder betonte er, er wolle eine ausgewogene Mischung von Swing und Balladen im Repertoire. Eine Weile sprachen wir über die hübschen Arrangements mit den tiefen düsteren Saxophonstimmen, die er seinerzeit für Red Nichols geschrieben hatte,

aber Glenn verwarf diese Idee bald; er dachte, das klinge zu melancholisch.
Wir sprachen aber auch über Glenn selbst, und aus diesen Gesprächen und einigen ähnlichen, die wir später führten, lernte ich viel über den Menschen Glenn Miller, seine Vorlieben und Abneigungen.
Sein Lieblingsautor war Damon Runyon, sein liebstes Buch die Bibel, seine Lieblingsfilmstars Olivia de Havilland und Spencer Tracy. Er liebte Forellenfischen, Baseball, gute Musik, Schlafen und Geld; er haßte schlechten Swing, frühe Telefonate (er schlief gerne von vier Uhr bis Mittag) und die Phrase »good-bye now«. Sein Lieblingszitat stammte, wie er einmal sagte, weder von Runyon, noch aus der Bibel, sondern von Duke Ellington: »It Don't Mean a Thing If It Ain't Got That Swing!«
Aber natürlich unterhielten wir uns in erster Linie über seine zukünftige Band. Ich mochte sein Posaunenspiel und fragte, auf welche Weise er es in das Konzept der Band einbauen wolle. Glenn schockierte mich, als er erwiderte, er habe überhaupt nicht die Absicht, selbst zu spielen, aber er hatte eine Erklärung dafür parat: »Ich weiß genau, ich bin nicht so gut wie Tommy Dorsey, also — warum soll ich zweitklassig sein?« Bis zu diesem Augenblick war mir nicht klar gewesen, wie gering er sein eigenes Spiel einschätzte und wie nötig es für ihn war, der Beste zu sein. Hätte ich ihn nicht so bewundert, so hätte mir vielleicht schon damals gedämmert, daß er gar nicht so übertrieben viel Selbstbewußtsein besaß, wie viele dachten.
Gegen Ende 1936 begannen wir uns nach Musikern umzusehen. Benny Goodman hatte Glenn bereits einen guten Tip gegeben. Er hatte auf der Fahrt durch New Britain, Connecticut, über eine lokale Radiostation eine Band gehört, die irgendwie so wie seine eigene klang, wenn auch vielleicht nicht ganz so raffiniert und professionell. Jedenfalls aber swingte diese Band beachtlich und hatte einen hervorragenden Jazzklarinettisten. Benny und sein Freund John Hammond gingen der Sache nach und fanden heraus, daß ein ortsansässiger Musiker namens Hal McIntyre sowohl der Klarinettist als auch der Bandleader war; er hatte sich einige von Bennys Arrangements von den Platten abgeschrieben.

Eines Tages rief Benny Hal in dessen Wohnung an. »Hallo«, sagte er, »hier spricht Benny Goodman.« McIntyre, der daran gewöhnt war, wegen seiner Verehrung für Goodman verspottet zu werden, nahm an, irgend jemand wolle ihn zum besten halten. »Das ist großartig«, erwiderte er, »hier spricht Jesus Christus« und legte auf. Daraufhin rief Bennys Sekretärin noch einmal an und überzeugte Hal, es sei wirklich Benny, der ihn sprechen wolle. Dann kam Goodman selbst an den Apparat und lud Hal nach New York ein, wo er sogar ein paar Tage in Bennys Band spielte, wie einige Freunde behaupteten. Als ich Benny danach fragte, meinte er mit charmanter Vergeßlichkeit: »Ich bin nicht sicher. Ich kann mich nicht erinnern. Aber es ist möglich.« Hals Witwe June McIntyre, damals seine Freundin, glaubt sich zwar zu erinnern, daß Benny sie und Hal auf einer Probe mit Glenn bekannt machte, aber soviel ich weiß, hat Glenn Hal nie getroffen bis zu jener äußerst kalten Winternacht, als wir nach Cromwell, Connecticut, hinauffuhren, um ihn spielen zu hören.
Ich weiß noch, wir trafen ihn in seiner Wohnung, und er war uns beiden sofort sympathisch. Er war herzlich, freundlich und offen: der typische »all-american boy« von der Sorte, die Glenn gerne mochte und von der er hoffte, möglichst viele für seine Band zu finden. Hal hatte sich das örtliche Radiostudio reserviert, um uns vorzuspielen und dort einige lokale Musiker hinbestellt, lauter Mitglieder seiner Band. Auf dem Weg zum Studio fuhr er uns in einem alten Ford Model-A Convertible voran: das Dach hatte er trotz der grimmigen Kälte geöffnet. Wir dachten, er wäre auf irgendeine Art verrückt, aber das stimmte nicht. Er liebte einfach nur frische Luft.
Wie sich herausstellte, war der einzige Musiker, für den Glenn sich interessierte und den er sofort haben wollte, Hal selbst, der damals meiner Meinung nach recht gut Jazzklarinette spielte; ein Instrument, auf dem man ihn später nur mehr selten hörte. Hal versuchte, Glenn zu überreden, noch einige seiner Musiker zu engagieren, aber abgesehen von dem Bassisten Rolly Bundock, der wegen eines Gigs früher wegmußte, war Glen an niemandem interessiert. Später berichtete Bundock: »Er sandte

wirklich nach mir. Ich bekam ein Telegramm, ich solle in zwei Tagen bei der Band einsteigen.« Bundock blieb drei Jahre und drei Monate. »Glenn war überaus herzlich zu mir«, erinnert er sich. »Er modulierte damals gerade vom Sideman zum Bandleader.«

Inzwischen ging damals, Ende 1936, die Suche nach geeigneten Musikern weiter. Zu meinem Job bei *Metronome* gehörte es, in die Lokale zu gehen und Kritiken über die Bands zu schreiben, die dort spielten. In der Novemberausgabe hatte ich über die Band von Harry Reser geschrieben, der im Radio als Leiter seiner Cliquot Club Eskimos berühmt geworden war. Er hatte seine Werbeshow im Radio verloren und leitete nun eine neue swingende Formation aus jüngeren New Yorker Musikern im *Arcadia Ballroom* Ecke Broadway und 53rd Street. Zwei der jungen Saxophonisten hatten mich besonders beeindruckt: George Siravo, der Altist und Satzführer, sowie Jerry Jerome, der die heißen Tenorsoli spielte. Ich ging mit Glenn hin, damit er sie hören konnte, und er bot den beiden auf der Stelle Jobs an. Sie akzeptierten.

Einige Zeit später ging ich mit Glenn ins *Holland Hotel*, weit draußen im Westen auf der 42nd Street, um einen Klarinettisten anzuhören. Er beeindruckte uns nicht so sehr, aber der Tenorist war gut, und so blieben wir und hörten zu. Wir bestellten Sandwiches und Kaffee bei dem Kellner, der danach verschwand, um bald darauf als Conferencier einer drittklassigen Floor Show auf der Bühne zu erscheinen. Anschließend erschien er wieder an unserem Tisch und erkundigte sich nach unseren weiteren Wünschen. Wir bestellten noch Kaffee, aber er meinte, das ginge nicht — wir müßten Alkohol bestellen. Als wir meinten, wir wollten aber keinen Alkohol, besprach er sich mit dem Oberkellner; dann kam er zurück und forderte uns auf, das Lokal zu verlassen. Wir taten es, aber nicht ohne vorher den Tenoristen zu bitten, am nächsten Tag zu einer Probe zu kommen.

Diese Episode amüsierte Glenn. »Das war das erste Mal, daß man mich hinausgeworfen hat, weil ich nicht getrunken habe«, meinte er.

In der Vergangenheit hatte Glenn oft und gerne getrunken,

nicht immer zum Vergnügen seiner Mitmenschen. Viele, die ihn in diesem Zustand erlebten, beschrieben ihn als üblen Gesellen, ja, als Monstrum; einer meinte sogar, Glenn sei »ein richtiger Säufer mit ordinärer Ausdrucksweise«.
David Mackay, sein jahrelanger Rechtsberater, berichtet über eine Sauftour, die Glenn bald nach seiner Hochzeit unternahm und die sich über mehrere Tage ausdehnte. Als ihm das Geld ausging, hob er eine größere Summe von dem Girokonto ab, das ihm und Helen gemeinsam gehörte. Helen erfuhr es und war fuchsteufelswild; offenbar waren ähnliche Dinge auch schon vorher geschehen, und sie sann auf Rache. Wie Mackay erzählt: »Sie ging zur Bank und hob den Rest des Kontos ab. Mit dem Geld fuhr sie nach Manhattan und kaufte sich alle Kleider, die ihr immer schon gefallen hatten. Das war eine Lektion, die Glenn nicht vergaß.«
Auch Glenns Vater hatte seinerzeit so manche Runde gegen die Flasche verloren, und Glenn machte sich keine Illusionen über sein eigenes Problem und wohin es führen konnte. Er vertraute mir an, solange er Bandleader sei, wolle er strikt abstinent leben; er könne sich auf kein Risiko einlassen, denn er wisse nur zu gut, es bestehe die Gefahr, daß er sich nach einigen Drinks sehr schlecht aufführe. Und ich muß sagen, ich sah ihn nie auch nur einen Tropfen trinken, bis er zur Armee ging. Einige seiner Bandmitglieder berichteten allerdings, ab und zu hätte Glenn sehr wohl einige Gläser getrunken, manchmal auch mehr, besonders, wenn die Band per Bahn unterwegs war. Je nach seiner Stimmung wäre es entweder eine fröhliche Zecherei unter Freunden gewesen oder aber Glenn hätte sich wütend über Personen oder Situationen ausgelassen, die ihn ärgerten.
Anfang 1937 probte die Band regelmäßig im *Haven Studio* an der West 54th Street zwischen 6th und 7th Avenue, also ziemlich genau dort, wo heute das *Half Note*, einer der führenden Jazzclubs der City, liegt. Das Studio war in einem verschmuddelten, ehemals protzigen Stadthaus ohne Fahrstuhl, mit endlosen Fluren und in einem orientalisch anmutenden Décor von atemberaubender Scheußlichkeit. Mr. Haven war ein freundlicher, etwas absonderlicher älterer Mann, der wie ein ehemaliger Schau-

ROASTS AND TOASTS
By G. T. S.

THE COUNTRY'S NEWEST COMING BAND?! Last month there was a little news item in this magazine to the effect that Glenn Miller was organizing his own band. That item inspired this writer to search the rehearsal halls for the Miller embryo. He found it, and what he heard was even more inspiring than the short article that inspired the search. In the first place there are some arrangements in that new Miller library that are (to coin a counterfeit phrase) really out of this world. And Miller, besides great talents as an arranger, possesses other attributes which should help him nicely in what already looks like a pretty easy climb to the top for him. He's a thorough, as well as a thoroughly hep, musician; knows what he wants, and, judging from the qualities of his embryo, knows how to get what he wants. And there are a couple of non-personal attributes which should make the Miller stock soar, so far as the swing fan market goes: No. 1 is clarinet-man Hal McIntyre whom Miller uncovered in the wilds of Connecticut; No. 2 is tenorman Johnny Harrell, a Texan, whom Glenn stumbled across in one of those weird and commercial 42nd Street joints here in town; No. 3 is fine hot trumpeter Sterling Bose of New Orleans, Pollack, Dorsey, and Noble vintage, who's decided to cast his lot with the Merry Miller Men. All of you swing men out there can expect plenty. Your first chance to hear a sample should be six sides of Decca records Glenn is making the first of this month. Listen!

Meine Erfolgsprophezeiung für Glenn im *Metronome*, März 1937

spieler oder Bühnenbildner wirkte, der es nie geschafft hat. Die ganze Atmosphäre erinnerte an ein Clublokal für Veteranen der Homoszene.

Dort fanden *unsere* Proben statt; ich gebrauche diesen Ausdruck, weil ich zu diesem Zeitpunkt bereits voll in die Band involviert war. Ich war bei den meisten Proben dabei, manchmal als Zuschauer, manchmal als Schlagzeuger der Band. Ziemlich lange konnten Glenn und ich keinen geeigneten Drummer für die Band finden, und nachdem ich die Arrangements kannte und ohnehin da war, bat Glenn mich oft, einzusteigen.

Für mich war das eine sehr interessante Erfahrung. Im Zuge meiner beruflichen Arbeit habe ich viele Proben miterleben und die Arbeitsweise vieler Bandleader studieren können, aber ich erinnere mich an keinen einzigen, der so genau wie Glenn wußte, was er wollte und wie er es bekommen konnte. Obwohl ein Perfektionist, verband er seine Ansprüche mit Geduld. Es war ihm völlig klar, daß diese jungen Musiker mehr Hilfe brauchten als die alten Hasen, mit denen er früher gearbeitet hatte, und er gab sie ihnen verschwenderisch und großzügig. Manchmal kamen seine Freunde vorbei und unterstützten ihn, darunter Spitzenmusiker wie der Trompeter Charlie Spivak oder der Saxophonist Toots Mondello, aber im allgemeinen war Glenn bei der Arbeit auf sich selbst angewiesen. Er half seinen Musikern auf jede erdenkliche Weise. Ich weiß noch zum Beispiel, wie die Saxophonisten einmal bei einer Passage Schwierigkeiten hatten. Anstatt mit Worten die Phrasierung zu beschreiben, die er haben wollte, nahm Glenn seine Posaune, stellte sich zum Saxophonsatz und sagte: »Also, hört einmal her, Boys, ich zeig euch, wie ich das haben will!« Und auf dieselbe Art instruierte er Trompeter und Posaunisten, wenn es nötig war.

Während ich Glenn behilflich war und ihn von Tag zu Tag mehr bewunderte, schrieb ich weiterhin für *Metronome*. Im Februar 1937 schilderte ich Glenns Probenarbeit, und einen Monat darauf riskierte ich eine waghalsige Prophezeiung: eines Tages, so schrieb ich, würde diese Band die Nummer eins im Land sein. Beinahe jeder mußte eine solche Behauptung lächerlich finden, denn außer den wenigen, die gelegentliche Proben miterlebten, hatte niemand die Band jemals gehört; die meisten wußten gar nicht, daß sie überhaupt existierte. Aber das war es, was ich empfand, und, wie ich meinte, mit guten Gründen.

Im März arrangierte die Agentur Rockwell-O'Keefe für die Band eine Aufnahmesitzung bei *Decca*. Ich war gerade dienstlich in Chicago, als ich ein Telegramm von Glenn erhielt: er informierte mich über den Termin und fragte, ob ich nicht mitspielen wollte. Selbstverständlich wollte ich. Es war meine erste und einzige Plattenaufnahme; ich werde sie niemals vergessen. Ich war so nervös, daß ich meine Hände kaum unter Kontrolle bekommen konnte: sie zitterten derart, daß es mir schwerfiel, nicht anstatt einzelner Schläge lauter Triolen zu spielen. Und auch Glenn war mir keine Hilfe, im Gegenteil. Den Druck, unter dem er durch das Zeitlimit stand, gab er voll auf die Musiker weiter; besonders an mich, wie mir schien. Es war damals üblich, bei derartigen Sessions vier Titel aufzunehmen, aber die Gewerkschaft kümmerte sich weniger um die Anzahl der Titel:

wichtiger war ihr, daß die Aufnahmezeit von drei Stunden nicht überschritten wurde. Glenn, als geriebener Geschäftsmann, plante sechs Titel für die drei Stunden — und bekam sie auch.
Den meisten von uns waren die Arrangements wohlvertraut; wir hatten die meisten davon mehrere Male auf den Proben gespielt. Aber um sicher zu gehen, engagierte Glenn für die Aufnahmen einige mit allen Wassern gewaschene Studioprofis, um die junge Gruppe zusammenzuhalten und anzuspornen. Charlie Spivak (New Yorks bester Leadtrompeter), Mannie Klein (der beste Allroundtrompeter der Stadt) und Sterling Bose (ein guter Jazzspieler) bildeten den Trompetensatz. In der Rhythmusgruppe saßen Tommy Dorseys Pianist Howard Smith und der große Gitarrist Dick McDonough zusammen mit dem jungen Bassisten Ted Kotsoftis und einem gewissen jungen *Metronome*-Schreiberling am Schlagzeug. Die Posaunisten waren zwei Neulinge. Jesse Ralph und Harry Rodgers; Glenn selbst weigerte sich, zu spielen. Carl Biesecker, ein Tenorist mit wunderschönem Ton, bildete mit Siravo, Jerome und McIntyre den Saxophonsatz. Hal hatte auch die sechste und letzte Nummer, die wir aufnahmen, arrangiert und spielte darin Jazzklarinette à la Goodman; das war *I'm Sittin' On Top Of The World*.
Die anderen fünf Arrangements waren von Glenn, und nur eines davon, *Peg O'My Heart*, war rein instrumental; in allen anderen gab es Vokalparts, eine offensichtlich kommerzielle Überlegung. In *Moonlight Bay* sang die ganze Band; in *Anytime, Any Day, Anywhere* der Trompeter Sterling Bose, unterstützt von den Tune Twisters, einem Gesangstrio, dessen Mitglied Jack Lathrop drei Jahre später als Gitarrist und gelegentlicher Sänger zu Glenn stoßen sollte. In den verbleibenden beiden Titeln — *How Am I to Know*, eine Nummer, die mit Smith Ballew assoziiert wurde, und *Wistful and Blue* — verwendete Glenn eine völlig unbekannte Sängerin namens Doris Kerr. Niemand von uns konnte sich das zunächst erklären, bis wir darauf kamen, daß sie die Tochter eines einflußreichen *NBC*-Mannes war. Glenn dachte schon damals an alles.
Bald nach dieser Aufnahmesitzung stellte Glenn mir eine Frage. Ich erinnere mich noch genau, es war während einer nächtlichen Autofahrt; wir fuhren immer noch herum und suchten nach geeig-

neten Musikern. »Sieh einmal«, sagte er, »ich glaube, du solltest dich jetzt entscheiden, was du tun willst. Möchtest du mit der Band gehen oder möchtest du weiterhin für dieses Magazin schreiben?«
Natürlich hatte ich mir selbst schon überlegt, *Metronome* zu verlassen und zu sehen, ob ich es als Jazzdrummer schaffen könnte. Aber nachdem ich die Platten gehört hatte und mir das emotionale Trauma dieser quälenden drei Stunden ins Gedächtnis rief, in denen Glenn mich drangsaliert hatte wie noch nie jemand zuvor, war ich zu der Überzeugung gekommen, daß ich als Journalist glücklicher und hoffentlich auch erfolgreicher leben würde.
Und noch ein bedeutender Faktor kam dazu: mein ganzer Lebensstil. Ich war in einem gemütlichen Heim aufgewachsen, hatte eine vielleicht zu sehr behütete Jugend gehabt und scheute davor zurück, die gewohnte Sicherheit zu verlassen und mich völlig allein in der rauhen Welt durchzuboxen. Ich wußte bereits genug über das Leben eines ständig reisenden Bandmusikers, um mir noch irgendwelche Illusionen zu machen; ich wußte, welche Art von Leben die Boys führten: endlose Reisestunden im Bus, essen in schäbigen Lokalen, schlafen nicht im eigenen bequemen Bett, sondern in irgendeinem billigen Hotelzimmer, sehr beschränkte Möglichkeiten zum Kleiderwechseln, im Regen klitschnaß werden ohne ein Heim zum Trocknen und Aufwärmen. Das alles konnte mich kaum verlocken. Ich war ein verwöhnter junger Mann und — wenn ich heute zurückdenke, muß ich es ehrlich sagen — zumindest ein Semi-Snob. Außerdem wurde in meiner Familie nicht getrunken, und die Musiker tranken fast alle; unter ihnen mein Leben zu verbringen, erschien mir eher abschreckend. Wie man sehen kann, wurde ich eher langsam erwachsen. Wäre das anders gewesen, wäre ich vielleicht mit Glenn gegangen. Aber ich ging nicht und, offen gestanden, es tut mir nicht leid.
Am 7. Mai, sechs Wochen nach den Plattenaufnahmen, spielte die Band ihren ersten One-nighter im *Hotel New Yorker* als Vertretung für die Gus Arnheim Band, die damals einen jungen Pianisten namens Stan Kenton herausstellte. Ich war da an diesem Abend, allerdings nicht als Drummer; meine Entscheidung war getroffen. Glenn hatte an meiner Stelle Eak Kenyon engagiert; am Klavier war Chummy McGregor. Die Rhythmusgruppe gefiel

Boston, Juni 1937

Kathleen Lane, die beste aller Miller-Sängerinnen

mir überhaupt nicht (vielleicht professionelle Eifersucht?), der Rest der Band allerdings sehr wohl. Ralph Hitz, der Präsident der Hotelkette, war anderer Meinung: er war von der ganzen Band so begeistert, daß er mit seinem Freund Seymour Weiss sprach, dem Leiter des berühmten *Roosevelt Hotels* in New Orleans, und der Band dort für Mitte Juni einen Job verschaffte.

Für den New Yorker Gig erhielt die Band den gewerkschaftlich festgelegten Betrag von $ 397,50, wovon Glenn 48 $ erhielt. Im Frühjahr gab es weitere Plattenaufnahmen, diesmal für *Brunswick*. Vier Instrumentalnummern wurden aufgenommen: *I Got Rhythm*, das Glenn hunderte Male bei den Aufführungen von *Girl Crazy* im Theaterorchester gespielt hatte, *Time On My Hands, Sleepy Time Gal* und ein Miller-Original, *Community Swing*. Der Saxophonsatz war so wie bei der ersten Aufnahmesitzung, aber ansonsten hatte sich die Besetzung verändert. Wieder verstärkte Spivak die Trompeter, die anderen beiden waren diesmal Tweet Peterson und Ralph Capelli. Sterling Bose, der immer, wenn er Zeit hatte, mit der Band spielte, schlief irgendwo seinen Rausch aus und schaffte den Termin nicht. Posaunist Jesse Ralph war wieder dabei, sein Kollege war Bud Smith von der Ray Noble Band. Die Rhythmusgruppe war völlig anders: Chummy McGregor, Piano; Bill Peyser, Gitarre; Rolly Bundock, Baß; Eak Kenyon, Schlagzeug. Die Platten waren akzeptabel, aber nicht so gut wie die vorigen bei *Decca;* auch Glenn fand das.

Das erste längere Engagement der Miller Band war ein zweiwöchiger Gig im Bostoner *Raymor Ballroom*. Die Besetzung war fast unverändert; Vi Mele, ein musikalisches Mädchen, das auch gut Klavier spielen konnte, kam als Sängerin dazu, und Jimmy Troutman, ein außergewöhnlich versierter Allroundmusiker, nahm den Platz des Leadtrompeters ein.

Der *Raymoor Ballroom* an der Huntington Avenue nahe der Symphony Hall war irgendwann sicher einmal elegant gewesen; nun war er der typische Provinztanzschuppen. Mit seinen geschmacklosen Wanddrapierungen und dem gedämpften Licht verbreitete er etwa soviel Glanz und Atmosphäre wie eine Männergarderobe. Aber es gab ein treues Stammpublikum und einen freundlichen und verständnisvollen Manager, Hughie Galvin, der Glenn und die Band mochte und sie wieder engagierte, als sie von der ersten Tournee zurückkamen.

Für eine Weile blieb die Besetzung fast unverändert, nur Trompeter Sterling Bose kehrte zurück mit dem Versprechen, sich zu bessern, und an die Stelle von Vi Mele trat die wohlproportionierte Kathleen Lane, nach meiner Meinung die beste Sängerin, die jemals bei Glenn gesungen hat. Die Band spielte ein paar Onenighter, darunter einen im *Playland Casino* in Rye, New York, und einen im *Chagrin Valley Hunt Club* in Gates Mill, Ohio; jeden für die überwältigende Summe von 200 $.

Am 17. Juni begann das Engagement im *Roosevelt* in New Orleans. Die Arbeitszeiten waren anstrengend: täglich von 18.30 bis 2.00, Samstags bis 3.00; Samstag und Sonntag zusätzlich noch nachmittags von 14.30 bis 17.30. Die Musiker bekamen laut Gewerkschaftstarif 73,30 $ pro Woche, was für damals nicht schlecht war. Glenn erhielt eine Wochengage von 1250 $ für die Band, aber nach Abzug von Musikerkosten, Provisionen, Gewerkschaftsbeiträgen und Versicherungsprämien blieben ihm wöchentlich 5,75 $ für sich. Davon sollte er leben, Arrangements bezahlen und unvorhergesehene Ausgaben bestreiten.

Aber wenn Glenn auch finanziell mit Verlust arbeitete, so brachte ihm dieses Engagement dennoch einen Gewinn an Selbstsicherheit, denn die Band war ein großer Publikumserfolg und brach alle Rekorde im *Roosevelt*. Schließlich nahm Glenn sogar seine Posaune aus dem Futteral und spielte sie, vor der Band stehend, als ob er sagen wollte: zur Hölle mit Tommy Dorsey! In einem Interview gestand er, zu Lampenfieber zu neigen, »trockener Mund, Kniezittern und Leere im Gehirn. Aber«, setzte er fort, »ich habe es überwunden, indem ich Vertrauen in mich und meine Band entwickelt habe. Tiefe Bauchatmung hilft übrigens auch.«

Dieser Optimismus ist auch aus einem Brief herauszuspüren, den mir Helen — stellvertretend, wie sie erklärt — am 8. August 1937 schrieb, knapp vor dem Ende des Engagements im *Roosevelt*:

Lieber George,
Glenn sagt immer wieder, er wünschte, Du wüßtest dies oder jenes, aber dieser Affe scheint nicht einmal Zeit zu haben, sich

Die Markise vor dem *Roosevelt*

Glenn hilft Kathleen Lane auf den Bandstand

Sterling Bose tanzt »Touli Touli«

von links: Posaunist Bud Smith, Saxophonist Jerry Jerome, Glenn, Bassist Rollie Bundock, Trompeter Tweet Peterson, Gitarrist Bill Pleyser

The Swinging Mr. Miller

Hal McIntyre in der neueröffneten *Hollywood Bowl*

hinzusetzen und anständig zu essen, geschweige denn, Briefe zu schreiben. Also werde ich versuchen, Dich über einiges zu informieren, das er erwähnt hat.

Über Dein Telegramm aus Boston war er sehr aufgeregt. Wenn die Clique* zusammenkommt, möchte er auch immer gerne dabeisein, und es tat ihm leid, daß er Dich und Gil** nicht gesehen hat. Dann kam Dein letzter Brief, wo Du über die *Brunswick*-Veröffentlichungen schreibst. Es war komisch; er hatte die ganze Zeit über wegen dieser Platten herumgenörgelt und ziemlich genau das gesagt, was Du schreibst. Und die meisten der Boys denken genauso, obwohl auch einige zufrieden waren. Glenn hofft sehr, daß die nächsten Platten viel besser werden.

Was die Musiker angeht, sagt er Dir im Vertrauen, daß ihm Kornett und Schlagzeug die meiste Sorge bereiten. Das ruiniert immer wieder sein Konzept. Der Typ aus Denver, der an Stelle von Jimmy Troutman gekommen ist, war in jeder Beziehung eine arge Enttäuschung, und Glenn sucht schon fieberhaft nach einem Ersatz. Die Gitarre brachte kaum etwas. Der Typ aus der Arnheim Band, den sie Faz nennen, kommt, sobald seine zwei Wochen Kündigungsfrist um sind, und Glenn will es mit 5 Saxophonen und ohne Gitarre versuchen, wenigstens für eine Weile. Jeder sagt, die Band hätte sich so sehr verbessert, und Glenn wünscht, Du könntest sie jetzt hören. Er ist zufrieden damit, wie es uns hier ergangen ist. Fünf Wochen war bis jetzt der Rekord für Bands hier, und wenn wir am 25. August aufhören, werden es insgesamt zehn Wochen sein. Das ist schon etwas, nicht wahr. Wir gehen von hier direkt nach Dallas und fangen am 27. im Adolphus Hotel an. Glenn hofft nur, daß er dort Glück hat, es ist seine erste Chance in einem Ritz-Hotel. Aber es dauert nicht mehr lange, dann werden wir es wissen.

Die Boys in der Band sind alle prima und haben hart gearbeitet. Der netteste Haufen, den man sich wünschen kann.

---

* die Pollack-Alumnen, inzwischen die Bob Crosby Band
** Gil Rodin

Bevor ich Schluß mache, möchte ich noch sehen, ob Glenn
nicht auch ein paar Worte hinkritzelt. Ich habe vielleicht das
Wichtigste vergessen, aber ich bin ja nur Stellvertreter, und
ich weiß, Du wirst mir verzeihen.
Die herzlichsten Grüße an Dich, lieber George
Helen und Glenn

(in Glenns Handschrift) Simon, Simon, Du Laus, ich dachte,
Du kommst hierher auf Urlaub! Was ist mit Dallas?

Nicht alle zeigten soviel Enthusiasmus für die Band. Obwohl sie
dem Publikum offensichtlich gefiel, waren nicht alle Kritiker zufrieden. Einige Jahre später schrieb einer von ihnen Glenn ein
Entschuldigungsschreiben, ein Mann, der in die Politik gegangen war und später Vorsitzender des Repräsentantenhauses werden sollte: F. Edward Hebert. Er schrieb am 6. März 1942:

Lieber Glenn,
es ist schon lange her, seit ich über Ihre Premiere im Blue
Room des Roosevelt Hotels eine Zeitungskritik verfaßte.
Damals schrieb ich, in Ihrer Band sei zuviel Blech. Erinnern
Sie sich noch?
Seit damals haben sich die Zeiten sehr geändert. Aus Ihnen
wurde der Bandleader Nr. 1 der Nation, und ich. Aus dem
Zeitungskolumnisten und Kritiker (?) wurde ein Kongreßabgeordneter — einer von 435 (zählen Sie nach!).
Ich freue mich, daß ich damals so unrecht hatte, als ich über
Ihre Premiere schrieb, und ich möchte Sie wissen lassen, daß
ich so denke wie die meisten meiner Kollegen (die nur kürzlich ihre Meinung änderten, als es um Pensionen ging): Sie
sind der Größte!

Mit den besten persönlichen Wünschen
F. Edward Hebert

Die Musiker gingen gar nicht gerne von New Orleans weg, sie
fühlten sich dort sehr wohl. Glenn hatte denen, die Lust verspür-

ten, die Möglichkeit verschafft, die sportlichen Einrichtungen des New Orleans Athletic Club zu benützen, während andere lieber bummelten und in den Bars herumhingen.

Apropos Bars: der Eigentümer einer Kette von Bars kam eines Nachts in den *Blue Room*, machte sich mit Glenn bekannt und überreichte ihm die Noten eines Songs, den er geschrieben hatte. Glenn, der über den Einfluß und die vielfältigen Kontakte dieses Mannes unterrichtet war, beeilte sich, den Song für die Band zu arrangieren, und der frischgebackene Komponist kam daraufhin allabendlich mit Horden von Freunden, um sein Werk zu hören.

Glenn lernte schnell.

Kapitel 9

Die erste Glenn Miller Band erlebte nie wieder so angenehme Tage wie während ihres ersten wichtigen Engagements; es war wie eine glückliche Hochzeit für die Band und ihr Publikum. Nach New Orleans waren die Flitterwochen vorbei, und das Leben war nicht mehr so wie vorher.

Knapp vor dem Ende des Gigs im *Roosevelt* war Irving Fazola Prestopnik, der Klarinettist, den Helen in ihrem Brief erwähnte und den Glenn zum ersten Mal bei bei jener Aufnahmesession mit Ben Pollack 1936 gehört hatte, zur Band gestoßen, und in der ersten Woche im *Adolphus* in Dallas wurde der Leadtrompeter Ralph Capelli durch Bob Price ersetzt; beide erwiesen sich musikalisch als großer Gewinn. Fazola war kein besonderer Saxophonist und spielte hauptsächlich Klarinette; es war seine Anwesenheit, die indirekt zu jenem Klarinette-plus-Saxophone-Sound führte, der später das Markenzeichen der Band werden sollte. Price blies ein kraftvolles Horn und gab nach und nach den Blechbläsern jene solide Fülle, die sie seit den Tagen, wo Charlie Spivak mit dabeigewesen war, nie mehr besessen hatten.

Jedoch sowohl der rundgesichtige dickbäuchige Fazola als auch der nur unwesentlich grazilere Price standen mit der Schnapsflasche auf vertrautem Fuß, und der Einfluß der beiden auf die anderen Musiker, die zu ihnen aufblickten, wirkte verheerend auf die Bandmoral.

Das Engagement im *Adolphus* war, was die Arbeitszeit betraf, wie das im *Roosevelt*: sieben Abende die Woche und am Wochenende auch nachmittags. Wieder erhielt Glenn nur die gewerkschaftlich vorgeschriebene Mindestgage und arbeitete somit wieder mit Verlust: nur fehlte hier die aufmunternde Freundlichkeit der Hoteldirektion.

Fazola

Glenns alter Kumpel Benny Goodman, dessen Band ebenfalls in Dallas spielte, wußte sofort, was los war, als er eines Abends hereinschaute. »Glenn wirkte äußerst entmutigt«, erzählte der King of Swing. »Ich redete ihm zu, dranzubleiben, die Ohren steifzuhalten und nicht den Mut zu verlieren. Ich sagte zu ihm: ›Du wirst sehen, eines Morgens wachst du auf und sagst plötzlich, hey, die Band klingt ja großartig!‹
Ich wußte, was in Glenn vorging, denn ich selbst hatte auch solche Erfahrungen gemacht, als meine Band in *Billy Rose's Music Hall* spielte. Dort war es so schlimm, daß ich jeden Abend zitterte, ob die Musiker überhaupt zum Job kommen würden.«
Glenn machte eine interessante Anmerkung über Fazola, der ihm emotionell sehr nahestand — für seine Verhältnisse. »Ich glaube ernsthaft«, schrieb er mir, »Faz ist der einzige Klarinettist, der heutzutage eine Chance hat. Shaw, Mince und all die anderen spielen wie Benny, werden ihm aber niemals das Wasser reichen können. Faz aber ist wie Ol' Man River, he jes' keeps rollin' along, er spielt drauflos und kümmert sich um niemand an-

ders. Ich bezweifle, daß er jemals mehr als einige wenige Goodman-Platten gehört hat, und vor Dallas hat er Benny nie live gehört, geschweige denn kennengelernt. Benny hörte sehr aufmerksam zu, wenn Faz spielte.
Benny war in Dallas zu uns freundlich wie immer und, George, seine Band ist ohne Zweifel das Größte in der Jazzgeschichte. Ich war schon begeistert, als sie im *Pennsylvania* spielten, aber seit damals haben sie sich noch um 100% verbessert. Der Trompetensatz ist einfach umwerfend, und dieser Gene Krupa erscheint mir mehr denn je als Genie. Er benutzt seinen Kopf beim Spielen, und das ist wirklich eine Rarität.«
Glenn beschäftigte sich viel mit Schlagzeugern in jenen Tagen. Sein Drummer Eak Kenyon war ein netter, sanfter Mensch, aber genau so spielte er auch. So engagierte Glenn während des Aufenthaltes in Dallas an Kenyons Stelle den jungen Buddy Schutz, von dem ich ganz begeistert war und der später eine der Säulen von Jimmy Dorseys Band werden sollte. Aber Glenns und meine Meinung über Schutz unterschieden sich drastisch voneinander.
Das Engagement im *Hotel Nicollet* in Minneapolis, das auf Dallas folgte, war auch nicht gerade ermutigend. Die Arbeitszeiten waren mörderisch: 12.30 bis 14.00, 19.00 bis 21.00 und 22.00 bis 1.30, und das jeden Tag. Dafür erhielt die Band $ 1300 pro Woche, die Ausgaben für Musikergagen, Gewerkschaft und Versicherung betrugen jedoch $ 1319,02. Mit anderen Worten: bevor Glenn noch zu leben begonnen hatte, war er bereits mit $ 19,02 wöchentlich im Minus.
Auch das wäre noch erträglicher gewesen, wäre die Band bei Publikum und Management so gut aufgehoben gewesen wie in New Orleans. Der Vertrag sah ein vierwöchiges Engagement mit Option auf Verlängerung vor; davon wurde jedoch nicht Gebrauch gemacht.
Am 12. Oktober nahm Glenn vom *Nicollet* aus Kontakt mit mir auf. Ich hatte ihm nach Dallas geschrieben, Zeke Zarchy hätte die Bob Crosby Band verlassen und könnte vielleicht Glenns immer noch etwas wackeligen Trompetensatz stabilisieren helfen. In meiner Gedankenlosigkeit hatte ich nicht überlegt, daß

Glenn finanziell nicht in der Lage war, so arrivierte Musiker zu engagieren. »Fall nicht in Ohnmacht, bleib cool und relaxed« — so begann sein Antwortbrief. »Ich habe, wie Du vorgeschlagen hast, Gil Rodin angerufen, und er sagte mir die Gage, die er Zeke gezahlt hat — daran kann ich nicht einmal denken. Wir haben jetzt zwei recht gute Kornettisten*, Peterson und einen Burschen namens Bob Price. Ich glaube, mit der Zeit wird es schon werden. Auch mit dem dritten, Ardel Garretson, kann es sich noch entwickeln — wir werden sehen.

Die Frontline der Band ist herzerwärmend; die Saxophone sind wundervoll, und Faz finde ich einfach unvergleichlich.

Gott sei Dank bekommen wir in ein paar Wochen einen neuen Drummer. Doc Kearney** aus Detroit, 250 Pfund solider Rhythmus (hoffe ich wenigstens). Der, den wir jetzt haben, ist wirklich schlecht, und McGregor meint, er hat Zahnlücken wie Viertelpausen, und das stört das romantische Image der Band.

George, ich wollte, ich könnte Dich sehen und Dir persönlich für alles danken. Du warst eine unentbehrliche Hilfe, und ich hoffe, Du hältst weiterhin Ausschau nach passenden Musikern für uns.«

Aus den folgenden Zeilen war die finanzielle Frustration Glenns herauszuspüren. Die Crosby Band hatte durch ihren Präsidenten Gil Rodin Kontakt mit einer Wohltäterin bekommen, Celeste LeBrosi, eine immens reiche Lady, die der Band nachreiste, wo immer sie auch spielte. »Vielleicht«, schrieb Glenn, »kannst Du versuchen, Mrs. LeBrosi oder wie sie heißt, zu einem kleinen Umweg in den Norden zu überreden. Dann spielen wir Rodin einen Streich und machen ihm einen seiner Fans abspenstig.

Ich habe noch keine Ahnung, wohin wir von hier gehen, und ich denke, auch sonst weiß es niemand. Wir hoffen auf irgendeine Radiomöglichkeit; es wäre schön, wenn uns einmal mehr als drei Leute zugleich spielen hören könnten. Wenn nur mit diesem neuen Drummer alles hinhaut, dann kann uns nichts mehr aufhalten, außer irgendein Unglück.

---

* Glenn sagte oft Kornettisten anstatt Trompeter, vermutlich wegen seiner engen Assoziation mit Red Nichols und Jimmy McPartland, die beide eher Kornett als Trompete spielten.
** Auch bekannt als Carney

Das ist alles für heute, lieber George. Ich bin ziemlich erschöpft von allem und werde jetzt ein Nickerchen machen, bevor die Arbeit weitergeht. Dein Freund Glenn.«
Doc Carney gab der Band das solide rhythmische Fundament, das ihr bisher immer gefehlt hatte, die Plattenaufnahmen für *Decca* ausdrücklich eingeschlossen. Aber er verlieh ihr noch eine weitere Besonderheit, von der nur ganz wenige wußten. Tenorist Jerry Jerome, der mit Glenn eng befreundet war, erzählte erst kürzlich davon: »Doc Carneys wirklicher Name war Cenardo, und er sah auch spanisch aus, trotz seiner Sommersprossen und rötlichen Haare. Aber er war ein Mulatte.« Niemand wußte und niemand bemerkte, daß Glenn Miller die Rassenschranke durchbrochen hatte — aber vielleicht wußte er es selbst nicht.
Die Jazznummern der Band wurden nun immer besser. Das war das Verdienst von Docs mitreißendem Beat, Fazolas großartigen Soli, dem beißenden Sound von Prices Leadtrompete und nicht zuletzt den Tricks des Arrangeurs Miller: die Wiederholung von Riffs, der »Ooh—Waah«-Sound, den die Blechbläser erzielten, indem sie die Dämpfer vor den Schalltrichtern ihrer Instrumente schwenkten, und die raffinierten Diminuendi, die plötzlich durch schmetterndlaute Blechpassagen durchbrochen wurden — Tricks, die Glenn beibehielt, solange seine Band existierte.
Glenn experimentierte auch mit den Reeds. Um aufregende Sounds zu erzeugen, ließ er manchmal in schnellen Nummern alle fünf Saxophonisten Klarinette spielen, im oberen Register. Auf der anderen Seite arrangierte er bei manchen Balladen den Saxophonsatz tiefer und gab nicht wie üblich dem Alt, sondern dem Tenorinstrument die Leadstimme, um einen volleren, wärmeren Klang zu erzielen.
Mit Fazola gab es ein Problem: so großartig er auf der Klarinette war, so mittelmäßig war sein Saxophonspiel. Nachdem er das selbst am besten wußte, setzte er bei Balladen oft einfach aus und ließ seine vier Kollegen spielen. Und eines Nachts hatte Glenn eine Idee, wie Rolly Bundock erzählte. Er schlug Faz vor, die führende Tenorsaxophonstimme eine Oktave höher auf der Klari-

nette mitzuspielen. Es klang sehr hübsch, und Glenn verwendete von da an diese Art von Voicing ab und zu, wenn schon aus keinem anderen Grund, dann um Faz etwas zu tun zu geben. Auch in dem Arrangement für die Plattenaufnahme von *Humoresque* kann man diesen Effekt ein paar Takte lang hören, aber Glenn schien zu dieser Zeit kein allzu großes Interesse daran zu haben. Später war das dann ganz anders...

Die Band wurde musikalisch besser und besser, und Glenns Lust, selbst mitzumachen, immer größer. Er begann, immer öfter Soli zu spielen und bemühte sich, seine Lippen wieder in Form zu bringen. Aber gewisse Hemmungen konnte er nicht überwinden, sosehr er sich auch bemühte; der Gedanke an

Tommy Dorseys wunderschönen Ton und erstaunliche Technik verfolgte ihn weiterhin.

Wäre das nicht so gewesen, so hätte Glenn vielleicht versucht, seine Posaune als charakteristisches Klangmerkmal seiner Band zu etablieren. Alle erfolgreichen Bigbands hatten das: Tommy mit seiner Posaune, Goodman und Shaw mit ihren Klarinetten, Guy Lombardo mit seinen keuchenden Saxophonen. Immer mehr wurde Glenn besessen von dem Wunsch nach einem eigenen unverkennbaren Sound; offensichtlich lag die Lösung weder in seiner Posaune noch in seinen Jazzarrangements.

Im Anschluß an das Engagement in Minneapolis, wo die Musik der Band nicht den verdienten Erfolg hatte, kehrten Miller und seine Leute zu überaus ungünstigen Bedingungen in das *Raymor* in Boston zurück: eine Woche mit sechs Spieltagen für $ 1000 und zwei weitere Wochen mit fünf Spieltagen für je $ 770. Im November nahmen sie für *Brunswick* vier Nummern auf, darunter *Humoresque* und eine Miller-Komposition namens *Doin' the Jive*, die aber keinerlei Aufmerksamkeit erregten. Weitere zwei Titel folgten im Dezember, als die Bandmoral auf dem absoluten Nullpunkt angekommen war: sie brauchten für die beiden Titel fünf Stunden; bei einer Band in normalem Zustand rechnet man mit mindestens vier Titeln in drei Stunden. Eine der Nummern, die Ballade *Sweet Stranger*, enthielt allerdings einen exquisiten Gesangspart von Kitty Lane, ganz à la Mildred Bailey.

Alles schien schiefzugehen, sogar Kleinigkeiten. Typisch war das erste Theaterengagement der Band im *Adams* in Newark, das Glenn sehr sorgfältig vorbereitet hatte. Ich erinnere mich noch an die allererste Show. Eine der großen Stimmungsnummern war Glenns Arrangement von *Danny Boy*, auch bekannt als *Londonderry Air*, die bei völlig dunkler Bühne beginnen sollte. Die Nummer begann mit den Blechbläsern, und es war geplant, im Augenblick, da sie zu spielen begannen, einen kleinen Scheinwerferspot auf sie zu richten. Und was geschah? Die Trompeten und Posaunen setzten ein und im Spot erschienen die fünf Saxophonisten, deren Einsatz erst 16 Takte später war.

Es gab auch größere Pannen: zwei betrunkene Bandmitglieder

fuhren sowohl den Lastwagen für den Instrumententransport als auch eines der Autos, in denen die Musiker reisten, zuschanden. Aber das Allerschlimmste war die Sache mit Helen: nachdem sie sich wochenlang krank gefühlt hatte, mußte sie sich schließlich einer schweren Unterleibsoperation unterziehen, die es ihr für immer unmöglich machte, Kinder zu bekommen.

Am Ende des Jahres 1937 dominierten Einsamkeit, Frustration und Entmutigung im Leben von Glenn Miller. Wäre die Band wenigstens gut in Form gewesen, so hätte ihm das vielleicht etwas Auftrieb geben können. Aber in letzter Zeit hatten viele Personalwechsel stattgefunden; Glenn hatte einige Musiker entlassen, andere waren von selbst gegangen, und es war unmöglich, die Präzision zu erreichen, auf die es Glenn so sehr ankam. Das Wetter war so kalt, daß die Alkoholiker in der Band noch mehr als sonst tranken, teils um sich warmzuhalten, teils aber auch, um die Langeweile in den trostlosen Kleinstädten New Englands ertragen zu können.

Als Garretson die Band verließ, war Glenn nicht allzu unglücklich, denn Tommy DiCarlo war mehr als ein Ersatz; ein echter Powerhouse-Trompeter. Als aber dann auch noch George Siravo ging und Tony Viola seinen Platz einnahm, verlor die Band einen der letzten Musiker der Originalbesetzung, den Glenn als Musiker und als Freund besonders schätzte. Siravo war nicht nur ein guter Saxophonist, sondern auch ein ausgezeichneter Arrangeur und ein warmherziger, enthusiastischer Mensch.

Noch mehr schätzte Glenn allerdings Siravos Kumpel aus der Harry Reser Band, Jerry Jerome, einen besonders schlauen Burschen, der drei Jahre Medizin studiert hatte, bevor die Depression ihn zwang, sein Studium abzubrechen. Als einer der wenigen wirklich verläßlichen Musiker in der Band hatte Glenn ihn, wie Jerome es ausdrückte, »zu seinem Vertrauensmann ernannt. Eine meiner Aufgaben war es, mit Fazola und Price zusammenzuwohnen und dafür zu sorgen, daß sie rechtzeitig zum Job erschienen — sie waren beide schwere Trinker. Oft saßen sie bis vier oder fünf Uhr morgens und ließen sich vollaufen; es war immer eine Art Wettbewerb, wer es länger aushielt.

Alkohol war übrigens nicht das einzige. Eines Nachts wollte Faz einen Joint rauchen, aber da er kein Raucher war, konnte er nicht inhalieren. Price und ich stülpten ihm einen Abfallkorb über den Kopf, dichteten ihn am Hals mit Handtüchern ab, damit keine Luft hineinkonnte, und so rauchte Faz sein Marihuana. Er erstickte zwar beinahe, aber er wurde high.«

Aber der beliebteste »kick« war doch der Schnaps, und gelegentlich wurde er zur Notwendigkeit, wie Jerry Jerome erzählte: »Ich erinnere mich, wie wir einmal in einer bitterkalten Nacht nach Oneida, New York, unterwegs waren, um dort in der Exerzierhalle zu spielen. Ich saß auf dem Rücksitz zwischen Price und Faz, und wir froren sehr; die Heizung funktionierte nicht. Faz meinte: ›Wir brauchen etwas Flüssiges‹. Wir hielten an, die beiden besorgten sich zwei Flaschen Gordon's Gin, und ich kaufte ein Paar Baseballsocken, um meine Füße zu wärmen. Ich merkte aber bald, daß das nicht ausreiche: ich dachte, ich würde erfrieren, und so trank ich schließlich auch von dem Gin. Zuerst spürte ich überhaupt nichts, aber als ich aus dem Wagen stieg, fiel ich flach auf mein Gesicht. Dann kamen wir in die total überheizte Halle, und dort klappte ich völlig zusammen. Und dabei hatte Glenn mich beauftragt, mit den beiden zu fahren, damit sie nicht unterwegs hängenblieben.«

Glenn mochte Faz so gern, daß er seinetwegen sogar einem seiner strengsten Prinzipien untreu wurde. »Am 10. Dezember hatte Faz Geburtstag«, berichtet Jerome, »und gab in seinem Hotelzimmer am Copley Square eine Party für die Kollegen. Es war genug zu trinken da, und wir waren alle schon ziemlich lustig, als Glenn hereinkam. Natürlich bot ihm Faz einen Drink an. Aber du weißt ja, Glenn hatte geschworen, nichts zu trinken, solange er Bandleader war: also sagte er ›Nein, danke‹. Aber Faz machte ein beleidigtes Gesicht, und schließlich gab Glenn nach und trank ein paar Gläser. Ich bin sicher, er tat es nur, damit Faz sich wohl fühlte.«

Glenn selbst fühlte sich einige Tage danach überaus wohl. Am 15. Dezember geschah etwas, worauf er lange und sehnlich gewartet hatte: die Band bekam ihre erste Coast-to-Coast-Radiosendung über die Bostoner Station *WBZ* und das Sendernetz der *NBC*. Das Ereignis blieb zunächst ohne besondere Resultate, aber zwei Tage später erlebte Glenn eine weitere Freude: als Ersatz für den ausgeschiedenen Peterson kam Les Biegel, ein Trompeter, dessen Spiel er schon immer sehr bewundert hatte und der eine neue vitale Jazzstimme in die Band brachte.

Biegel kam gerade rechtzeitig, um beim letzten Auftritt im Bostoner *Raymor* mitzuspielen. Dann ging es wieder zurück auf die vereisten Landstraßen; weitere One-nighter folgten, darunter eine Studentenveranstaltung am Bowdoin College in Brunswick, Maine, die für Glenn der absolute finanzielle Tiefpunkt war: er kassierte genau $ 125 für die ganze Band.

Die letzte Woche des Jahres 1937 begann gut und endete schlecht. Doc Carney war bestimmt ein guter Drummer, aber Glenn war verwöhnt; schließlich hatte er mit Gene Krupa, Ray McKinley und Ben Pollack gespielt. Einer seiner Lieblingsdrummer, dessen Gagenniveau für ihn noch erschwinglich schien, war Maurice Purtill, der bei Tommy Dorsey gespielt hatte, während Tommys regulärer Schlagzeuger Davey Tough auf Entziehungskur gewesen war. Aber Tommy informierte seinen Freund Glenn, Davey sei wieder zurück und Maurice stünde zur Verfügung, und Glenn entschloß sich, ihn zu engagieren. Am Weihnachtsabend gab Purtill im *Country Club* von Brookline, Pennsylvania, sein Debüt und feuerte durch sein Spiel die Miller Band derart an, daß sie swingte wie nie zuvor.

Die freudige Ekstase, in die Glenn darüber geraten war, dauerte leider nicht einmal 24 Stunden, dann kam ein verzweifeltes SOS von Dorsey: Davey hatte wieder zu saufen begonnen, Tommy hatte eine Menge wichtiger Auftritte, darunter eine kommerzielle Radioshow, und bitte, Glenn, alter Kumpel, schick mir Purtill sofort zurück!

Dem armen Glenn brach fast das Herz. Einmal, einen Abend lang, hatte seine Band dank Purtill so geswingt, wie er es sich immer erträumt hatte; endlich war das geschehen, und Glenn wußte, nun konnte es immer wieder und wieder geschehen. Aber Tommy war sein Freund, und sein Freund war in Schwierigkeiten; er hatte keine Wahl. So kam an Stelle von Purtill Vic Angel, ein erfahrener, aber völlig uninspirierender Schlagzeuger; sein Spiel paßte in die Band, wie ein Anzug Größe 34 zu Fa-

zola gepaßt hätte, und das musikalische Niveau des Glenn Miller Orchesters war damit auf derselben Höhe wie das finanzielle.
Es folgten One-nighters in Reading, Pennsylvania; in Auburn, New York; in Easton, Maryland; schließlich, am Silvesterabend 1937, in York, Pennsylvania — einer bedeutungsloser als der andere. Glenns einst vielversprechende musikalische Karriere war zu einer nervtötenden Serie von One-nighters geschrumpft: schneeverwehte und eisige Straßen, immer in Angst, zu spät anzukommen und daß einige Musiker betrunken oder überhaupt nicht zum Job erscheinen. Dazu die ständige Sorge um Helens Gesundheitszustand, die Panik des drohenden finanziellen Desasters und, über allem, die immer deutlichere Gewißheit des musikalischen und kommerziellen Mißerfolgs.
Und so geschah das Unausbleibliche: in der Neujahrsnacht, im *Valencia Ballroom* in York, Pennsylvania, kündigte Glenn Miller seinen Musikern. Sie spielten am 2. Januar noch einen letzten Gig im *Ritz Ballroom* in Bridgeport, Connecticut; dann war es vorbei. Glenn hatte hart gearbeitet, befand sich nun in einem Zustand nervöser Erschöpfung, und ein Gefühl beinahe unkontrollierbarer Verzweiflung beherrschte ihn: all seine Geschicklichkeit, seine Erfahrung und Geduld, seine musikalischen Kenntnisse und sein Geschäftssinn hatten ihn nicht vor dem Versagen bewahrt.
Er kehrte nach New York zurück, deprimiert und bankrott; er hatte keine Ahnung, was er nun tun, wohin er nun gehen und ob er jemals wieder eine Band leiten würde.

Kapitel 10

Die Musiker waren überzeugt, daß es mit der Band ein für allemal zu Ende war; die Agentur gab eine Pressenotiz heraus, Glenn mache nur Urlaub und wolle dann einige Umbesetzungen vornehmen. Glenn selbst aber wußte überhaupt nichts, außer einem: er war völlig pleite.
In ihrem Heim in Jackson Heights führten er und Helen oft lange Diskussionen an ihren nun seltsam unausgefüllten Abenden. Es war keine Frage, daß Glenn die Möglichkeit gehabt hätte, wieder als Sideman und Arrangeur zu arbeiten und gut davon zu leben, aber sie hatten beide so viel in das Bandprojekt investiert — finanziell und emotionell —, daß sie es nicht fertigbrachten, es für immer aufzugeben. Helen war wie wir alle immer noch überzeugt, Glenn könnte es schaffen. Und nach einer Weile begann Glenn das auch wieder zu glauben.
Aber von Träumen und hochfliegenden Plänen allein kann man nicht leben. Glenn begann, seine alten Freunde um Arbeit zu fragen.
Benny Goodman bot ihm an, einige Arrangements für seine Band zu schreiben. Rolly Bundock, der damals für Glenn als Kopist* arbeitete, erinnert sich aber, daß das nicht so recht klappte. »Glenn schrieb ein Arrangement über Hoagy Carmichaels *One Morning in May*, aber Benny nahm es nicht; er meinte, es sei zu hübsch und es tue sich zuviel darin.«
Fruchtbarer erwies sich Glenns musikalische Beziehung zu einem anderen alten Freund. Tommy Dorsey. Jahrelang waren die beiden Posaunisten eng miteinander verbunden gewesen, in einer Art von brüderlichem Wettstreit, der — wenn ich darüber nachdenke — gar nicht so sehr verschieden von der Beziehung

---

* kopiert die Stimmen der einzelnen Musiker aus dem Arrangement

zwischen Tommy und seinem Bruder Jimmy Dorsey war. Beide, Tommy und Glenn, liebten ihre Arbeit als Bandleader und waren gut darin; beide spielten das gleiche Instrument, aber einer von ihnen beherrschte es besser. In der Vergangenheit waren sie mit ihren Bands Konkurrenten gewesen, und beide liebten es, andere auszustechen, sei es auf dem Gebiet des Sports, des Einkommens oder der Beliebtheit. Aber unter der Oberfläche dieser freundschaftlichen Beziehung lag das Potential einer handfesten persönlichen Rivalität verborgen, das nur des richtigen Anlasses bedurfte, um auszubrechen.

Glenn wurde kein reguläres Mitglied von Tommys Band; das wollte er nicht, und Tommy respektierte seinen Standpunkt. Aber Tommy gelang es, ihm einen Job in seiner Radiowerbeshow für Raleigh-Zigaretten zu verschaffen; damit konnte Glenn zumindest die Miete bezahlen.

Bei den Proben zu einer dieser Raleigh-Shows gelang es mir endlich, Glenn zur Rede zu stellen. Seit der Auflösung seiner Band hatte er sich mir gegenüber ausgesprochen feindselig verhalten. Wir waren einander einige Male in verschiedenen Lokalen begegnet, aber er hatte mir jedes Mal die kalte Schulter gezeigt, etwas, das er meisterhaft beherrschte: ein eiskalter starrer Blick durch die Gläser seiner randlosen Brille, ohne jeden Ausdruck auf seinem Gesicht, bis er sicher war, daß der andere die Kälte fühlte; dann wandte er sich ab und ignorierte ihn vollkommen.

Ich konnte nicht begreifen, was in ihn gefahren sein mochte. Während des ganzen vergangenen Jahres bis zum Zusammenbruch der Band waren wir die besten Freunde gewesen; er hatte mich noch angerufen, als er wieder in New York war. Und dann, ganz plötzlich und ohne erkennbaren Grund, fand ich mich im Zielfernrohr der Millerschen Feindseligkeit.

Zu sagen, es sei mir egal gewesen, wäre eine verdammte Lüge: natürlich war es mir keineswegs egal; ich war immer noch jung, sensibel und unreif. Es fiel mir nicht schwer, zu Menschen aufzublicken, die mehr Geld als ich verdienten (ich kannte damals nur wenige, auf die das nicht zutraf) oder auf andere Weise erfolgreich waren, und gerade Glenn war für mich in jenen frühen Jahren eine Art Vaterfigur — oder zumindest ein älterer Bruder.

Es kostete mich einige Überwindung, nach den erfolgten Zurückweisungen die Initiative zu ergreifen, aber ich schaffte es eines Nachmittags bei einer Raleigh-Probe. Ich nahm meinen Mut zusammen und fragte ihn geradeheraus, was zum Teufel eigentlich mit ihm los sei und warum er sich mir gegenüber so seltsam verhalte. Er erwiderte, er könne jetzt nicht reden, ich solle doch bis zum Ende der Probe warten. Aber dann legte er die Karten auf den Tisch, und ich entdeckte eine Seite von Glenn Miller, die mir vollkommen neu war.

»Ich habe immer geglaubt, du bist mein Freund«, begann er. Auch ich hätte das von ihm geglaubt, antwortete ich, gerade darum könnte ich sein Verhalten nicht begreifen. »Nun«, meinte Glenn mit mühsam unterdrückter Wut, »wenn du mein Freund bist, was zum Teufel ist dir dann eingefallen, Jerry Jerome einen Job in einer anderen Band zu verschaffen?«

Jerry war einer von Glenns Lieblingsmusikern, warmherzig, intelligent und ein aufmerksamer Beobachter. »Erinnerst du dich noch«, fragte er mich erst kürzlich, »wie Glenn immer einige Male auf jede Zigarette klopfte, bevor er sie anzündete, und wie seine Kiefer mahlten, wenn ihn etwas ärgerte?«

Ich versuchte Glenn klarzumachen, daß er auf Jerry keine Eigentumsrechte hätte, schon gar nicht jetzt, ohne Band, wo er Jerry keinen Job bieten könne. Ich erinnerte ihn, daß ich es gewesen sei, der Jerry für ihn entdeckt hatte, daß Jerry auch mein Freund sei und daß niemand wissen könne, ob und wann Glenn jemals wieder eine eigene Band haben würde. Und dann erzählte ich ihm, ein anderer meiner alten Freunde, Red Norvo, hätte mir gesagt, er brauche dringend einen Tenoristen, ich hätte ihm Jerry empfohlen und er habe ihn engagiert; und was sei daran eigentlich so schrecklich hinterlistig und illoyal?

Widerwillig gab Glenn schließlich zu, daß ich vielleicht doch kein Verräter sei und daß Jerry Jerome das Recht hätte, sich seinen Lebensunterhalt zu verdienen, wo und wann er konnte. Aber der Vorfall beschäftigte mich noch lange; er hatte mir eine Seite von Glenns Charakter enthüllt, die ich noch nicht kannte: eine verdrießliche besitzergreifende Einstellung Menschen gegenüber, die er unter Kontrolle haben wollte, aber nicht konnte.

Äußerlich kehrte unsere Beziehung wieder in die alte Form zurück; in meinem Inneren begann ich jedoch, das idealisierte Bild, das ich mir von ihm gemacht hatte, zum ersten Mal ernsthaft in Frage zu stellen. Der Frost und das anschließende Tauwetter waren wichtige persönliche Erfahrungen für mich, und nicht nur das: sie gaben mir den ersten Hinweis, daß Glenn tatsächlich wieder an eine eigene Band dachte.

Der Vorfall wegen Jerome brachte noch einen weiteren Charakterzug Glenns ans Tageslicht: seine Starrköpfigkeit. Er wollte Jerry trotz allem wieder in seine Band holen. Jahre später vertraute mir Jerry an, daß Glenn ein paar Monate nach der Auflösung der Band Kontakt mit ihm aufgenommen hatte. »Ich war mit Red Norvos Band in New York. Glenn rief an und sagte, er wolle mich in der *Rialto Bar* treffen, auf der West 49th Street beim *Van Cortlandt Hotel*. Er sagte, er sei kein Tommy Dorsey, kein Jack Teagarden und kein Kay Kyser, noch nicht, aber er sei sehr optimistisch, denn er hätte einen neuen Sound gefunden, von dem er sich musikalisch und kommerziell viel verspreche. Und weißt du was? Er bot mir die Teilhaberschaft an, wenn ich zurückkäme. Er selbst, Chummy McGregor und ich sollten unsere Autos einbringen und uns den Profit teilen. Er sprach auch von einem Girokonto, das er einrichten wollte.

Ich war aber nicht interessiert; ich wollte nicht wieder in die Routine und Steifheit einer Bigband zurück, sondern richtig Jazz spielen und mehr Freiheit für mich haben. Aber als er dann wirklich seine neue Band zusammenstellte, kam ich ins Haven Studio und half ihm mit den Saxophonisten.«

Jerome, der später ein erfolgreicher Producer von Werbejingles wurde, fragte sich lange Zeit, ob es nicht ein Fehler gewesen war, Glenns Angebot auszuschlagen. Aber nachdem Chummy McGregor, der Glenn noch näher stand als er, nie etwas über die geplante Teilhaberschaft verlauten ließ, scheint Jerry doch die richtige Entscheidung getroffen zu haben.

Die Beziehung zwischen Glenn und McGregor war im übrigen keineswegs so, wie sie in dem Film *The Glenn Miller Story*, bei dem Chummy auch als Anwalt mitwirkte, dargestellt wird. Dem Film zufolge waren die beide enge Freunde während

Chummy und Glenn

Glenns gesamter musikalischer Laufbahn, also noch vor den Tagen bei Ben Pollack, wo sie einander in Wirklichkeit noch gar nicht kannten. Und Chummy wird als die starke Persönlichkeit dargestellt, Glenn dagegen wirkt neben ihm wie ein ständig er-

staunter, aber halsstarriger Jugendlicher, dank Jimmy Stewarts Beharrlichkeit, wie Jimmy Stewart zu spielen. Schwer zu entscheiden, welche der beiden Figuren schlechter getroffen ist!
Im wirklichen Leben war Chummy im höchsten Grad von Glenn abhängig, der ihn persönlich wegen seiner Ehrlichkeit, Bescheidenheit und Loyalität sehr schätzte. Chummy war ein sehr durchschnittlicher Pianist, der seine Kollegen in der Rhythmusgruppe durch ständig verschleppte Tempi zur Weißglut brachte (»wir bemühten uns, ihn zu übertönen«, erzählte mir einer), aber die Band war sein Lebensinhalt; er war bereit, so gut wie alles zu tun, was sein Freund Glenn von ihm verlangte und wurde dadurch zu einem wertvollen persönlichen, wenn schon nicht musikalischen Aktivposten. In den Anfangszeiten war er auch Kopist und Buchhalter und fuhr einen der Wagen — alles ohne Extrabezahlung. Gelegentlich schrieb er Arrangements, aber keines davon konnte seine Kollegen begeistern. Auf seine eigene ruhige Art erfüllte er trotz allem viele von Glenns Ansprüchen, und obwohl die beiden manchmal vehement aneinandergerieten, hatten sie doch großen persönlichen Respekt voreinander.
Unglücklicherweise schien Chummy jedoch nach Glenns Tod im Gegensatz zu einigen seiner Kollegen ohne seinen Chef musikalisch absolut hilflos zu sein. Er gab das Klavierspielen auf und wurde Musikverleger; eine Zeitlang verwaltete er auch den Nachlaß Glenns. Mit Helen, die ihm vertraute, blieb er eng verbunden und hütete manchmal auch ihre beiden adoptierten Kinder, die ihn gern mochten und »Grandpa Mac« riefen. Eines Abends jedoch brachte er aus keinem ersichtlichen Anlaß plötzlich eine weit zurückliegende Kontroverse aufs Tapet, bei der es um ein paar Dollar gegangen war, und zog derart über Glenn her, daß Helen ihn ersuchte, das Haus zu verlassen. Das war das Ende einer langjährigen tiefen Freundschaft. Chummy McGregor führte ein zurückgezogenes und manchmal deprimierend einsames Leben, bis er im März 1973 an Krebs starb.
Er und Hal McIntyre standen Glenn über einen längeren Zeitraum näher als die anderen Musiker der Band. Während alle im Bus reisten, saß fast immer entweder Chummy oder Hal neben

Hal McIntyre und
Willie Schwartz

Glenn in dessen Cadillac, und einige der weniger Bevorzugten sprachen von den beiden nur als »Gestapo«, was ich ziemlich unfair fand.

Mit McIntyre, der in den späten 50er Jahren bei einem Schlafzimmerbrand auf tragische Weise ums Leben kam, verbrachte Glenn einen Großteil seiner Freizeit. Unterwegs teilten sie meist ein Zimmer, und in den schlechteren Zeiten wechselten sie einander als Chauffeure des Bandlastwagens ab. So war es irgendwie verständlich, daß die Musiker Hal als Glenns Liebling ansahen, und obwohl sie ihn alle mochten, verhielten sie sich vorsichtig in seiner Gegenwart — aus Angst, daß das, was sie sagten oder taten, ihrem disziplinbewußten Boß hinterbracht würde.

Ich hielt Hal immer für einen angenehmen und geradlinigen Typ. Er lächelte viel, aber es war ein echtes, glückliches Lächeln, das seinem Naturell entsprach. Sein Gedächtnis war brillant; er behielt die Namen aller Lokalbesitzer und wurde dadurch zu einem wichtigen PR-Mann der Band. Meist war er es, der mit den Musikverlegern verhandelte und die Organisation in die Hand nahm, wenn von einem Hotel oder Ballroom, wo die Band spielte, eine Radioübertragung durchgeführt wurde. Später schied er aus und gründete mit Glenns Segen und Unterstützung seine eigene Band.

Als Glenn sich Anfang 1938 entschlossen hatte, seine Band wieder ins Leben zu rufen — seine Schwiegereltern nahmen eine zweite Hypothek auf ihr Haus auf, um ihm finanzielle Hilfe geben zu können —, war der erste Musiker, mit dem er Kontakt aufnahm, Hal McIntyre.
Im Mai 1945 erzählte Hal in einem Radiointerview des Senders *WAAT:* »Als Glenn die erste Band aufgelöst hatte, brachte ich die gesamte Ausrüstung auf unsere Farm in Cromwell, Connecticut, nahm einen Job in einer Fabrik an und spielte abends mit meiner eigenen Band. Jeden Sonntagnachmittag rief ich Glenn an und versuchte ihn zu überreden, wieder eine Band zusammenzustellen, aber er wollte nichts davon hören: er meinte, er habe in zu kurzer Zeit $ 18 000 verloren, um wieder Sehnsucht nach einer Band zu haben.
Eines Nachmittags kam er durch Cromwell und rief mich von einem Lokal aus an. Ich ging hin, um ihn zu begrüßen, wir unterhielten uns eine Weile, und ich brachte das Gespräch wieder auf die Band. Zuerst sagte er wieder nein, aber ich glaubte zu fühlen, wie sein Widerstand immer geringer wurde. Ich gab nicht nach, und schließlich sagte er: ›Okay, nächste Woche beginnen wir im *Haven Studio* zu proben.‹«

DRITTER TEIL

Die Band, die es schaffte

Kapitel 11

Das *Haven Studio* hatte sich kaum verändert; immer noch die schlecht beleuchtete Mischung aus Wartezimmer und Salon, eingerichtet mit fadenscheinigen Möbeln, das pseudo-orientalische Dekor und dahinter das armselig-schäbige Studio mit dem vorsintflutlichen Klavier, den ausgeleierten Klappstühlen und den beiden verstaubten Fenstern.
Um so mehr verändert hatte sich die Besetzung der Glenn Miller Band. »Etwas, das ich diesmal ganz bestimmt nicht haben will, sind diese Primadonnen«, hatte Glenn mir versichert; was er meinte, war, daß er sich nach jungen begeisterten Musikern umsehen wolle, denen die Band wichtiger war als ihr Privatleben.
Noch eine weitere Entscheidung hatte er getroffen: er wollte in Zukunft nicht mehr versuchen, die Goodmans, Shaws und Dorseys an die Wand zu swingen; sein Ziel war eine Sweetband mit einem einmaligen unverkennbaren Sound, die aber auch den Swing spielen konnte, den die Jugend hören wollte. Mit diesem Konzept, davon war Glenn überzeugt, hatte er viel bessere Chancen.
Er konnte später nicht mehr genau sagen, wann ihm die Idee gekommen war, den neuen Sound seines Saxophonsatzes in den Mittelpunkt zu stellen. In der ersten Band hatte er schon damit experimentiert, aber nur wenig, ab und zu ein paar Takte; während seiner selbstauferlegten Zwangspause als Bandleader hatte er jedoch überlegt, ob das nicht jenes Stilmerkmal sei, das seine Band von allen anderen unterscheidbar machen könnte.
Entdeckt hatte er diesen Sound mehr oder weniger zufällig während seiner Tage bei Ray Noble, später verwendete er ihn kurzzeitig, um Fazola zu beschäftigen. »Pee Wee Erwin, der jetzt bei Tommy Dorsey Trompete spielt, war damals bei Ray Noble«, erzählte mir Glenn in einem *Metronome*-Interview, »und hatte

eine regelrechte Manie für das obere Register; er löcherte mich dauernd, ich solle etwas schreiben, wo er hoch spielen konnte, und ich schrieb einige derartige Dinge für ihn, bei denen die Saxophone unter ihm spielten.
Dann verließ Pee Wee die Noble Band, und sein Nachfolger war nicht imstande, diese hochgesetzten Trompetenparts zu spielen. In unserer Verzweiflung gaben wir diese Parts unserem Klarinettisten Johnny Mince, der später ebenfalls zu Dorsey ging; Danny D'Andrea spielte diese Stimmen eine Oktave tiefer auf dem Tenorsaxophon mit. So entstand der Saxophonsatz mit Klarinettenführung, also das, was die Leute später ›unseren Stil‹ nannten.«
Es kam bei dem neuen Stil nicht nur auf Glenns Schreibweise an, sondern ebensosehr darauf, wie die Musiker seine Arrangements spielten; es bedurfte einer gedehnten, scheinbar atemlosen Legato-Phrasierung, die damals kein anderes Tanzorchester verwendete, und es war durchaus denkbar, daß dies als etwas Besonderes wirken würde — viele Jahre lang hatte es beim Voicing nur Routine gegeben.
Während des »Urlaubs« waren viele Lieblingsmusiker von Glenn bei anderen Bands untergekommen: Jerome war bei Norvo, Fazola, dessen Klarinettenspiel Glenn so liebte, hatte einen passenden Platz in der Dixieland und Blues spielenden Bob Crosby Band gefunden. Kitty Lane nahm zuerst Jobs bei Isham Jones und Bunny Berigan an, heiratete aber schließlich und hörte auf zu arbeiten. Les Biegel ging zurück nach Minneapolis und leitete dort seine eigene kleine Jazzgruppe.
Außer den genannten gab es nur vier Musiker, die Glenn wieder haben wollte. Sein alter Freund Chummy McGregor nahm seinen Platz am Klavier wieder ein, auch der verläßliche Bassist Rolly Bundock wurde zurückgeholt, ebenso zwei wichtige Satzführer: Trompeter Bob Price, der so gut spielte, daß Glenn bereit war, seine Alkoholexzesse zu übersehen, und natürlich Saxophonist Hal McIntyre.
Die weiteren Mitglieder des neuen Saxophonsatzes waren Sol Kane, Bernie »Josh« Billings, Willie Schwartz und Gordon »Tex« Beneke. Die ersten beiden blieben nicht lange; Schwartz und Be-

neke jedoch gehörten der Miller Band an, solange sie existierte, und gehörten zu ihren bedeutendsten Stimmen.
Im Trompetensatz saßen neben Price der erfahrene section-man Gasparre Rebito und ein junger aufregender Trompeter aus Philadelphia, Johnny Austin, ein ehemaliger Schlagzeuger, der allerdings ein besserer Solist als Satzbläser war. Als Posaunisten holte Glenn zwei jüngere Brüder von bereits erfahrenen Bigbandmusikern: Bob »Brad« Jenney, dessen Bruder Jack den erotischsten Posaunensound aller Zeiten produzierte, und Al Mastren, den Bruder des Gitarristen Carmen Mastren. Carmen spielte damals bei Tommy Dorsey und landete einige Jahre später in Glenns AAF Band. Auch bei der Auswahl des Sängers ging Glenn ähnlich vor und engagierte Bob Eberlys jüngeren Bruder Ray, der noch nie mit einer Band gesungen hatte. Die Sängerin Gail Reese hatte schon bei Bunny Berigan und Charlie Barnet Erfahrungen gesammelt; sie war hübsch und lebhaft und genau so sang sie auch. Neu in der Rhythmusgruppe war Drummer Bob Spangler, ein Freund des Trompeters Austin; sein Spiel war mitreißend, wenn es auch gelegentlich etwas bemüht wirkte.
Meine Beraterrolle bei der Auswahl dieser Musiker war diesmal nicht so ausgeprägt wie bei der ersten Band: möglicherweise hatte meine Begeisterung, für Glenn zu arbeiten, ein wenig durch den Vorfall wegen Jerome gelitten. Ich unterstützte die Band aber regelmäßig durch Artikel im *Metronome* und empfahl Glenn nach wie vor den einen oder anderen Musiker.
Außerdem gab es aber gerade Anfang 1938 viele andere aufregende Dinge in der Welt der Bigbands, die mich in Atem hielten: Benny Goodman gab sein legendäres Konzert in der *Carnegie Hall*, Count Basie spielte in dem berühmt gewordenen »band battle« Chick Webb an die Wand und Gene Krupa verließ Goodmans Band, um seine eigene zu gründen. Bei Goodman und Tommy Dorsey wechselten die Musiker wie in der Baseball-Oberliga, und Leute wie Harry James, die Dorseys, Krupa und andere schrieben Kolumnen im *Metronome*, wobei ich meist als Ghostwriter fungierte.
Im *Top Hat Club*, jenseits des Hudson River in Union City, New Jersey, hörte ich die Band von Julie Wintz, der ich kaum

Der junge
Willie Schwartz

etwas abgewinnen konnte; um so mehr begeisterte mich ihr Klarinettist und Saxophonist Willie Schwartz. Ich erzählte Glenn von ihm, wobei ich besonders Willies Saxophonspiel hervorhob. Glenns scharfe Ohren hörten jedoch in erster Linie, daß dieser Mann auf der Klarinette genau den Sound hatte, den er sich für die Führungsstimme seines Saxophonsatzes wünschte. Er tat mit Schwartz einen meisterlichen Griff, denn es stellte sich bald heraus, daß dessen Ton und Spielweise für den Miller-Sound unentbehrlich war; an dieser Klippe scheiterten viele spätere Miller-Imitatoren.

Schwartz, heute ein überaus erfolgreicher Studiomusiker in Hollywood, erklärte mir kürzlich, wie er zu seinem einmaligen Klarinettensound gekommen war. »Das ist eine Technik, die sowohl von der klassischen als auch von der Jazztechnik verschieden ist«, sagte er, »du mußt lernen, ganz anders über dieses Instrument zu denken, du spielst es lauter und stärker, eher wie ein Leadsaxophon. Ich habe lange gebraucht, um diese Spielweise zu entwickeln, aber erst, als ich sie schon sechs Monate lang anwandte, wurde mir völlig bewußt, daß ich nun ganz anders

spielte, als ich es gelernt hatte. Es war, als wäre es nun ein anderes Instrument.
Glenn hörte mich das erste Mal mit der Wintz Band im *Roseland*, nachdem du diese Kritik über unseren Auftritt im *Top Hat* geschrieben hattest, und ich weiß noch, wie aufgeregt ich war, daß ein Studiomusiker mit so großem Namen mir anbot, in seiner Band zu spielen.«
Wie die meisten Musiker in der neuen Band blickte Schwartz zu Miller auf. »Ich betrachtete ihn als Vaterfigur; er war schon viel weiter als ich, und ich sah unsere Zukunft in seinen Händen. Ich weiß noch genau, wie hart er mit uns arbeitete. Das Zusammenspiel der Saxophone war zuerst gar nicht gut, das dauerte einige Monate, aber er ermutigte uns immer wieder. Er behandelte die ganze Band als Team; wenn wir Erfolg hatten, war das sein Verdienst.
Allein Mitglied dieser Band zu sein, gab dir schon Selbstvertrauen. Als wir im *Café Rouge* waren, hatte ich immer das Gefühl, jemand zu sein, wenn ich über die Tanzfläche zum Bandstand ging. Das hätte ich einige Monate davor nicht gewagt; da wäre ich sicher an der Wand entlanggegangen.
Glenn änderte sich nie, er war immer er selbst. Als die Band Erfolg hatte, wurde er immer mehr relaxed. Sein Vertrauen in uns wurde größer; manchmal war er am Beginn des Abends gar nicht da.
Für mich war das Ganze sehr aufregend, vielleicht, weil ich jung und übermütig war. Das einzige Problem war, daß die Band nicht richtig swingte; mit der Rhythmusgruppe hatte Glenn immer Probleme. Er ermahnte die Burschen immer, auf den Beat zu achten, und dann, als er Basie gehört hatte, war er sauer und meinte: ›Warum können wir nicht auch so spielen?‹ Ich weiß noch, wie er immer sagte: ›Achtet auf den Drummer‹, er wollte, daß wir genau achtgaben, was Purtill machte. Er erinnerte uns auch immer daran, daß das Publikum unterhalten werden wolle und daß wir nicht nur Musiker, sondern auch Entertainer seien.
Gewiß war die Band kommerziell; sie war so etwas wie später Lawrence Welk, eine gutgeölte Maschine. Gegen Ende wurde es dann langweilig.«

Einer der wichtigsten Bauteile in dieser Maschine war ein Musiker und Sänger, der nur ein paar Tage nach Willie Schwartz zur Band kam. Schwartz weiß es noch genau: »Ich sehe Tex noch immer hereinkommen, mit einem Handtuch um sein Saxophon.«

Gordon »Tex« Beneke war Glenn von seinem alten Freund Gene Krupa empfohlen worden; Sam Donahue, einer von Krupas Saxophonisten, hatte ihn dort unterbringen wollen, aber Gene hatte keinen Platz für ihn.

Heute lebt Beneke in St. Louis und tourt noch immer durch das ganze Land mit zusammengewürfelten Bands, die im Miller-Stil spielen; manche recht ordentlich, andere wieder weniger. »Glenn rief mich damals in Detroit an, wo ich mit der Ben Young Band spielte«, berichtete er. »Ich fragte nach der Gage, und er meinte, alle bekämen dasselbe: $ 50 die Woche. Aber ich bestand darauf, ich müßte um $ 2,50 mehr als alle anderen kriegen, und schließlich war Glenn einverstanden.

Ich fuhr 24 Stunden mit meinem Wagen durch den Schnee, um zur ersten Probe zurechtzukommen. Als ich ankam, fragte ich Glenn, ob ich zuerst ein wenig schlafen könne, aber er sagte: ›Nein, hol dein Saxophon.‹ Also ging ich wieder hinunter zu meinem 1936er Plymouth, holte mein Horn und begann zu spielen. Ich hatte die Noten von Jerry Jerome, und alles lief wunderbar, bis wir zu *Doin' the Jive* kamen. Da hatten Jerry und Glenn einen kleinen Gesangsdialog und Glenn sollte singen ›Hi there, Buck, what'cha say?‹, aber er sah mich an und sang ›Hi there, Tex, what'cha say?‹ Von da an begannen alle, mich Tex zu nennen.«

Beneke wurde zu einem der bevorzugten Musiker Glenns, wenn nicht sogar zu seinem erklärten Liebling. Er war ein unbekümmerter sympathischer Typ, der seinen einfachen, unerschütterlichen Charme jedermann entgegenbrachte. Was sein Spiel betrifft, so waren seine Balladensoli hübsch und einfallsreich, seine Jazzversuche in schnelleren Tempi hingegen weniger beeindruckend, manchmal sogar richtig zickig. Die meisten Musiker in- und außerhalb der Miller Band fühlten, daß der zweite Tenorist in Glenns Saxophonsatz, Al Klink, Tex jederzeit an die Wand blasen konnte, wenn es um swingenden Jazz ging. Aber

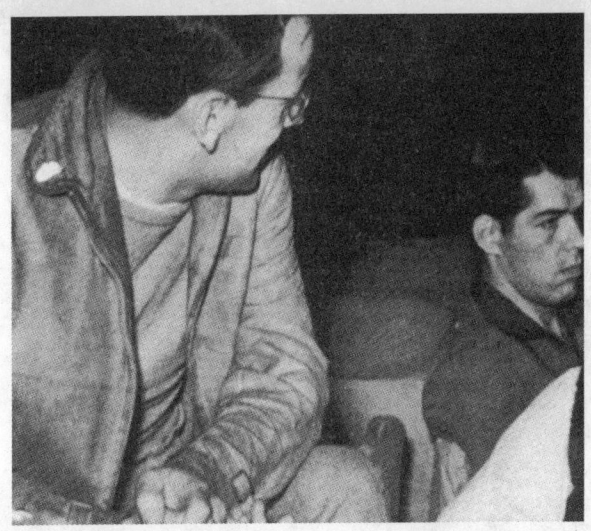

Glenn und sein Liebling Tex Beneke

hier zeigte sich wieder einmal Glenns kommerzielle Ader ebenso wie seine Starrköpfigkeit: er sah in Tex nicht nur den Musiker, sondern noch mehr die publikumswirksame Persönlichkeit und stellte ihn bei jeder sich bietenden Gelegenheit in den Mittelpunkt, während Klink frustriert im Hintergrund blieb.

Tex bewunderte und verehrte Glenn. Einmal in den harten Anfangszeiten der Band bot ihm Krupa einen Job mit besserer Bezahlung an, aber Beneke lehnte ab. Obwohl ein Erfolg Millers damals keineswegs abzusehen war, glaubte Tex fest daran, und dieser Glaube geriet nie ins Wanken. Erst kürzlich meinte er: »Wäre Glenn länger unter uns gewesen, dann hätte er eine Menge getan, und wir hätten nie eine derartige Flaute in der Unterhaltungsmusik erlebt. Er wußte genau, was die Jugend hören will und wie man Erfolg hat.«

Auch Glenn bewunderte Tex — ausgenommen vielleicht an jenem Morgen, als sich die Band um neun Uhr für Plattenaufnahmen im *Victor Studio* versammelte. »Wir spielten damals in Meadowbrook, drüben in New Jersey, und es hatte geheißen, alle soll-

Ein neunjähriger texanischer Saxophonist mit seinem ersten Horn

ten ihr Notenmaterial zur Aufnahme mitbringen. Aber ich vergaß meines, und Glenn mußte meinetwegen die Session absagen.« Wie andere Bandmitglieder berichteten, war Glenn so sauer auf Tex, daß er zwei Wochen lang kein Wort mit ihm sprach.

»Gelegentlich ärgerte er sich auch, weil ich mir die Texte der Songs nicht merken konnte«, erzählte Tex. »Ich kann das übrigens noch immer nicht. Dafür kann ich jede Melodie, wenn ich sie auch nur einmal höre, auf dem Saxophon nachspielen.

Glenn hielt viel auf Disziplin, das weiß jeder, und es stimmt auch, daß er sehr streng zu uns Musikern war. Er bestand auf ordentlichem Haarschnitt und geputzten Schuhen, wir mußten immer beide Füße auf den Boden stellen und er achtete darauf, daß die Stecktücher bei allen gleich weit aus der Brusttasche heraussahen. Bei den Gesangsnummern wurde er böse, wenn jemand schlampig artikulierte und etwa *Don't Sit Under the Yapple Tree* sang, anstatt korrekt *Don't Sit Under the Apple Tree*.

Tex Beneke und Al Klink

Aber ich liebte diesen Mann. Er brachte mir so viel über mein eigenes Instrument bei, und ich wußte, er mochte mich auch: das merkte ich schon damals, wie er mich ansah, wenn ich ein Solo spielte. Mich störte es nicht, wenn er mich beim Spielen ansah; ich sah ihn einfach auch an. Ich weiß, bei anderen war das anders. Johnny Best sagte immer: ›Wenn er mir diesen Fischblick gibt, kann ich nicht spielen.‹ Aber ich habe das nie so empfunden.«

Glenn machte Tex zum Star, hauptsächlich dadurch, daß er ihn als Vokalisten herausstellte; oft mit den Modernaires und manchmal mit Marion Hutton, in Nummern wie *Don't Sit Under The Apple Tree*, *I've Got a Gal in Kalamazoo* und *Chattanooga Choo Choo*. Aber Tex entwickelte keinerlei Starallüren; er blieb warmherzig und freundlich zu allen und immer bemüht, niemanden zu verletzen. Wie Drummer Maurice Purtill sagte: »Tex' Ziel war es, heim nach Texas zu gehen, Chili zu essen und ein bißchen Blues zu spielen. Er ließ sich auf keine Streitereien ein.«

Tex war ein unermüdlicher Bastler und spielte in seiner freien Zeit gern an einem alten Radio herum. Er war fast immer mit seiner Frau Marguerite zusammen, die sich mehr um seine Karriere kümmerte, als ihm lieb zu sein schien.

Al Klink, Benekes angeblicher Rivale am Tenorsaxophon, erinnert sich an viele Gemeinsamkeiten. »Tex — oder Cuz, wie ihn manche von uns nannten — liebte so wie ich Modellflugzeuge mit kleinen Einzylindermotoren; damit vergnügten wir uns oft in der Garderobe, wenn wir in Filmtheatern spielten. Die Dinger verdreckten immer alles, und oft bekamen wir Kopfschmerzen von den Auspuffgasen, die man manchmal bis in den Zuschauerraum roch.

Glenn stoppte uns gelegentlich, weil es zuviel Lärm machte; von Gestank sagte er nie etwas.

Über Tex Beneke möchte ich eines sagen: er ist ein wirklicher Gentleman, es gibt keinen besseren auf der Welt. All die Musiker in der Band, auch Tex, sagten immer: ›Klink, du mußt mehr Soli spielen!‹ Die Arrangeure schrieben immer irgendwelche Dinge für mich, aber Glenn spielte sie nicht.« Erst kürzlich gab Tex in einem Interview aufrichtig zu, daß Klink benachteiligt worden sei.

Etwas hat Beneke damals vielleicht nicht gewußt und wird es erst erfahren, wenn er diese Zeilen liest. Marion Hutton erzählte mir 1971 in einem Interview: »Ich war damals schrecklich in Tex verliebt, aber ich konnte es nie zeigen. Im Wagen saß ich immer mit Glenn und Tex zusammen, und als wir aufhörten, per Auto zu reisen, war ich bitterböse.«

Und vielleicht wird Tex verlegen, wenn er liest, was der ehemalige Roadmanager Johnny O'Leary 1972 gesagt hat: »Tex Beneke war immer sehr nett zu mir. Einmal lud er mich ein, ihn in St. Louis zu besuchen und bezahlte die ganze Reise. Und immer zu Weihnachten bekomme ich ein Billett von ihm — und jedes Mal sind $ 50 dabei.«

Abgesehen von seinem musikalischen Beitrag brachte Beneke viel Wärme in die Band; für manche Zuhörer vielleicht auch

Die Eberle Brothers. Von links: Walter, der nie mit einer bekannten Band sang; Bob, Sänger bei Jimmy Dorsey und Ray, Sänger bei Glenn. Bob änderte später die Schreibweise seines Namens auf »Eberly«

Romantik. Aber die bei weitem romantischste Stimme gehörte einem jungen Mann, der zugleich mit Schwartz und Beneke dazustieß. Das war Ray Eberle.
Ich weiß noch recht gut, wie Ray zur Band kam. Er war wie eine kleinere, leichtere und weniger eindrucksvolle Ausgabe seines älteren Bruders Bob, des Sängers von Jimmy Dorsey, der damals zusammen mit Jack Leonard (Tommy Dorsey) und Kenny Sargent (Casa Loma) zu den erfolgreichsten männlichen Bandvokalisten gehörte. Ich weiß auch noch, wie Bob auf seine persönliche ruhige Weise Selbstvertrauen ausstrahlte; Ray dagegen vermittelte, ebenfalls auf seine eigene ruhige Weise, Angst und Unsicherheit.
Für mich gab es niemals irgendeine Diskussion, wer von den beiden der bessere Sänger war, und mein Eindruck von Bob wurde von fast allen geteilt — nur Glenn machte eine Ausnahme. Auch hier überlagerten Loyalität und Starrköpfigkeit sein Gefühl für Musik. Obwohl ihm Bobs Gesang gefallen hatte, als sie beide Mitglied der Dorsey Brothers Band gewesen waren, bestand er mir gegenüber immer wieder darauf, Ray sei »der bessere Vokalist, weil er nicht so hinter dem Beat singt wie Bob«.
Ray behauptete, Glenn habe ihn das erste Mal nur durch die Ähnlichkeit mit seinem Bruder Bob bemerkt. »Ich kam eines Nachts ins *Hotel New Yorker*, um Bob zu besuchen, der dort mit

Jimmy Dorseys Band sang. Als ich an Glenns Tisch vorbeiging, bemerkte ich, daß er einen filmreifen ›double take‹ vollführte. Er fragte den Bandmanager Billy Burton, wer ich sei, und lud mich ein, an seinen Tisch zu kommen. Und kaum war ich da, bot er mir einen Job an.
Am nächsten Tag war Probe im *Haven Studio*. Ich hatte schreckliche Angst; ich hatte vorher nie mit einer Band gesungen. Glenn war sehr geduldig mit mir, er verhielt sich wie ein älterer Bruder, nur rief er mich nie bei meinem richtigen Namen. Er nannte mich immer Jim, und als ich ihn fragte, warum, meinte er, der Name passe besser zu mir. Sogar auf eine Armbanduhr, die er mir zu Weihnachten schenkte, ließ er ›Für Jim‹ eingravieren.«
Ich hatte immer das Gefühl, daß Glenn die Nummern für Ray viel zu hoch arrangierte; dadurch klang seine Stimme immer angestrengt und dünn. In den Fällen, wo Glenn eine tiefere Tonart wählte, war der Unterschied beinahe greifbar; Ray entspannte sich merklich, und sofort wurde seine Stimme voller. Für meinen Geschmack geschah das aber viel zu selten. Darum kam es nicht sehr oft vor, daß ich etwas Lobendes über seinen Gesang sagte oder schrieb, und natürlich ärgerte ihn meine Kritik. Es entwickelte sich eine ständige Spannung zwischen uns, und ich lernte ihn nie so gut kennen wie die anderen.
Als ich meine Theorie vor kurzer Zeit Ray vortrug, war er nicht meiner Ansicht, aber das hatte ich eigentlich auch nicht erwartet. Er hatte eine andere Erklärung parat: »Einige dieser Tempi waren einfach zu schnell.« Das fand ich auch; also waren wir wenigstens einmal einer Meinung!
Ray, Tex, Willie und alle anderen probten wochenlang mit Glenn, und dieser wurde immer optimistischer, denn die Band klang immer besser und besser; außerdem wurde — im Gegensatz zur ersten Band — viel weniger getrunken, und die Musiker machten viel eher jenen disziplinierten Eindruck, den Glenn für so wichtig erachtete.
Allerdings war sein Optimismus plötzlich wie weggeblasen, als Glenn erfuhr, wo seine neue Band das erste Mal auftreten sollte. Es war ein Ort, mit dem er keine guten Erinnerungen verband: der deprimierende alte *Raymor Ballroom* in Boston.

Kapitel 12

»Man achte zum Beispiel auf seine einmalige Schreibweise für eine Klarinette und vier Saxophone und auf die geschmackvoll abschattierten Figuren der Blechbläser dahinter, dann bekommt man einen guten Eindruck von dem Stil, in dem er mit seinen Leuten arbeitet.«

Das ist ein Zitat aus meinem Bericht im *Metronome* über Glenns Premiere im *Raymor* in Boston im Juni 1938; seine Konkurrenten waren Artie Shaw im *Roseland-State* und Chick Webb im *Levaggi's*. Hier in Boston begann Glenn zum ersten Mal, dem Publikum seinen neuen reed-sound zu präsentieren, der seine Band von allen anderen unterscheidbar machte. Aber ansonsten war bei weitem noch nicht alles so, wie es sein sollte. Der Tenorist Josh Billings war inzwischen durch Stan Aaronson ersetzt worden, einen sehr sympathischen und guten Musiker aus Connecticut; weitere Personalwechsel sollten folgen.

Aaronson, heute ein Mitglied der Universität von Hartford und des dortigen Symphonieorchesters, hatte in Connecticut mit dem Bassisten Rolly Bundock gespielt, und dieser brachte ihn in die Miller Band, wie er erzählte. »Ich spielte im *Child's Restaurant*, Ecke 105th und Broadway und bekam 35 die Woche plus zwei Mahlzeiten. Das war gar nicht so schlecht damals, und darum war ich auch zuerst nicht sehr interessiert, als Rolly mir von der Miller Band erzählte. Ich ging aber dann mit ihm ins *Haven Studio*, und als ich diesen phantastischen reed-sound hörte, änderte ich meine Meinung.«

An Miller erinnert sich Stan mit Rührung. »Er rettete mein Leben, als ich in der Armee war. Er machte sich stark für mich und holte mich aus meiner Infanterieeinheit heraus für das Orchester von *Winged Victory*. Er hätte das nicht tun müssen, aber du weißt ja, wie Glenn war: wenn er jemanden mochte, tat er alles für ihn.«

Wie viele andere war auch Aaronson von Glenns Betonung der Disziplin beeindruckt, ebenso von seiner Aufrichtigkeit. »Am Abend, bevor wir im *Raymor* anfingen, rief er uns alle zusammen und sagte: ›Ich weiß, ihr habt verschiedene Geschichten gehört, wie ich mich früher in anderen Bands aufgeführt habe. Ich möchte euch wissen lassen, daß ich solche Dinge in meiner Band nicht dulden werde. Wer sich nicht ordentlich aufführt, fliegt hinaus.‹ Und er meinte es ernst. Als Sol Kane zu meckern begann, er bekäme nicht genug Jazzklarinettensoli zu spielen, waren seine Tage gezählt, und genauso war es mit Bob Price, als sein Spiel durch den Alkohol beeinträchtigt wurde.«
Wenn auch die neuen jungen Musiker der Band mehr von jenem »all-American-boy-approach« verliehen, der Glenn so wichtig war, und wenn auch die neue Schreibweise für den Saxophonsatz einen romantischen Sound kreierte — der Job im *Raymor* war genau wie gehabt, und Glenns finanzielle Probleme blieben die gleichen. Wie sehr er sparen mußte, kann man aus seinen täglichen Notizen ersehen, in denen er penibel alle Ausgaben festhielt: Telefon (5 Cents), Blume fürs Knopfloch (10 Cents), Kaffee (10 Cents), Briefmarken (10 Cents), Zigaretten (15 Cents, das waren noch Zeiten!), Smoking aufbügeln (50 Cents). Wie Beneke berichtete, pflegte Glenn die Musiker einzeln auszubezahlen, und zwar auf der Toilette des *Copley Square Hotels*, damit keiner von ihnen wissen sollte, was seine Kollegen verdienten. Auf diese Weise blieb Tex' Bonus von $ 2,50 ein Geheimnis.
Die frustrierende Arbeit im *Raymor* begann ihren Tribut zu fordern, und das allgemeine Nörgeln wurde immer stärker. Willie Schwartz erzählte, Sol Kane sei so unzufrieden gewesen, daß er beschloß, mit Red Norvo Kontakt aufzunehmen, als dieser in die Stadt kam. Er ließ sich mit Reds Hotelzimmer verbinden, und als sich eine Stimme meldete, sprudelte er sofort seinen ganzen Frust heraus: wie unglücklich er bei Glenn sei und ob Red keinen Job für ihn hätte. Unglücklicherweise unterließ er es, sich zu überzeugen, mit wem er eigentlich sprach: er hatte nicht erwartet, daß Red Norvo gerade unter der Dusche war und ein Besucher den Hörer abnahm — ein Besucher namens Glenn Mil-

ler! Kurz danach wurde Kane durch Bill Stegmeyer ersetzt, einen erfahrenen Saxophonisten und Arrangeur.

Rolly Bundock hatte in seiner Eigenschaft als Kopist und gelegentlicher Arrangeur mehr Kontakt mit Glenn als die meisten anderen Bandmitglieder. »Ich ging oft in sein Zimmer, um verschiedene Dinge mit ihm zu besprechen; meist ging es um irgendeine Nummer. Aber Glenn spürte genau, daß die Stimmung in der Band nicht gut war. Einmal, als Woody Herman in der Stadt war, feierten wir nachher mit seinen Musikern. Am nächsten Tag sagte Glenn zu mir: ›Hey, ihr habt doch gestern nacht eine Party gehabt. Ich höre, da ist eine Menge gemeckert worden, wie?‹ Das stimmte, aber ich dachte nicht daran, es ihm zu sagen. ›Ich habe nichts gehört‹, sagte ich. Und dann konnte ich mich nicht halten und fragte: ›Sag, was erwartest du von mir. Ich dachte, du hast mich als Bassisten engagiert!‹ Und da wußte er gleich, was los war. ›Du hast recht‹, meinte er und stellte mir nie mehr solche Fragen.« Bundocks Beschreibung des disziplinbesessenen Glenn Miller: »Er war der General MacArthur des Musikgeschäfts.«

Im Mai nahm die Band vier weitere bedeutungslose Plattenseiten bei *Brunswick* auf, darunter das Miller-Original *Sold American*, zu dem Glenn durch einen Radio-Werbejingle von Lucky Strike inspiriert worden war. Er mag gehofft haben, daß die Firma für den Song oder die Band oder gar für beides Verwendung haben könnte, aber nichts Derartiges geschah.

Endlich Mitte Juni geschah etwas, auf das Glenn seit der Gründung der Band sehnsüchtig gewartet hatte: ein längeres Engagement in New York. Das *Paradise Restaurant* am Broadway nahe der 49th Street (Jahre später sollte daraus die *Bop City* werden) war zwar nicht gerade die Ideallösung und Glenn wußte das sehr gut, jedoch würde die Band eine Chance bekommen, gesehen und gehört zu werden; außerdem fanden von dort mehrmals die Woche Radioübertragungen statt, die im ganzen Lande empfangen werden konnten.

Im *Raymor* hatten Glenn und seine Leute einfach zum Tanz aufgespielt; im *Paradise* hingegen mußten sie auch die musikalische Untermalung für eine schlampig produzierte Floorshow mit drittklassigen Girls liefern, die das vorwiegend aus durchreisenden Vertretern bestehende Publikum wesentlich mehr interessierte als musikalische Feinheiten. Ein weiterer Schlag für Glenns Ego war, daß seine Band erst an zweiter Stelle angekündigt wurde: die Topattraktion waren Freddie Fisher and his Schnickelfritzers, sechs hervorragende Musiker, die mit voller Absicht so zickig wie nur möglich spielten.

In ihren nagelneuen Gabardine-Uniformen von Brisk Brothers ($ 35 das Stück) spielte die Band zwei bis drei Shows pro Nacht; anstrengende Shows mit vielen lauten und hohen Passagen, die zu der Pseudo-Karnevalsstimmung paßten. Ein Witzbold merkte an, die Band spiele so laut, daß die Girls nicht einmal die unsittlichen Anträge aus dem Publikum hören konnten.

Die Shows erwiesen sich als sehr anstrengend für die Musiker, besonders für die Blechbläser, deren Lippen beinahe bluteten. Die Folge war, daß die Band dann bei vielen der wichtigen Radiosendungen, die ihren Sound im ganzen Land bekannt machen sollten, erschöpft und nachlässig klang. Der Job schien unter einem schlechten Stern zu stehen, hatte später aber sehr positive Auswirkungen, die Glenn keineswegs erwartet hatte.

Direkt nach dem Gig im *Paradise* erreichte Glenns Stimmung den absoluten Nullpunkt. Dies berichtete Howard Richmond, heute einer der erfolgreichsten Musikverleger und Talentmanager, damals Glenns frischgebackener Presseagent. »Sie spielten in *Ree's Casino* in Ashbury Park, New Jersey, und Glenn war besonders stolz auf die Balladen. Eines Abends brachten die jungen Leute Plastiksäckchen mit Baumwollschneebällen mit, und als die Band gerade eine besonders schöne Ballade spielte, ertönte plötzlich ein Glockensignal und sie begannen, die Band mit diesen Schneebällen zu bewerfen. Glenn stand einfach nur da, während die Schneebälle in seine Posaune flogen; er fand das überhaupt nicht komisch.«

Niemand schien sich besonders für die Miller Band zu interessieren, die Verantwortlichen der Plattenindustrie inbegriffen. Die letzte Session bei *Brunswick* war eine Pleite gewesen, und Glenn wußte, er konnte es viel besser machen, wenn er nur die Gelegenheit dazu bekäme. Wie wichtig die Schallplatte für die

Eroberung des jungen Publikums war, wurde ihm besonders deutlich, als er nach einer Tanzveranstaltung der Cornell-Universität die Party einer Studentenverbindung besuchte. »Die hatten solche Stapel von Tommy-Dorsey-Platten«, erzählte er Richmond. »Dagegen komme ich nicht an, und wenn ich für jeden einzelnen im ganzen Land spiele.«
Eine der Radioübertragungen aus dem *Paradise* hatte Richmond auf die Miller Band aufmerksam gemacht. »Der Name Glenn Miller sagte mir nichts, aber ich ging noch am selben Abend hin. Ich weiß noch, die Band spielte *Pavane*, und das war ganz wunderbar. In der Pause ging ich zu Glenn an die Bar, stellte mich vor und sagte, ich wolle gerne sein Presseagent werden — damals betreute ich schon Larry Clinton. ›Ich kann mir keinen Presseagenten leisten‹, erwiderte Glenn, ›ich kann mir eigentlich nicht einmal eine Band leisten!‹« Aber Richmond gab nicht auf und war schließlich bereit, um $ 50 pro Monat für Glenn zu arbeiten.
Es war nicht nur Glenns Musik, die ihn anzog. »Ich verehrte ihn vom ersten Moment an. Er war noch jung, aber reif; ein respekteinflößender Typ. Er strahlte Dinge aus, die ich an den meisten Bandleadern vermißte, vor allem innere Sicherheit. Gewiß, bei den Mickey-Mouse-Bandleadern konnte man diese Sicherheit finden, ich meine die Jazzbandleader; die wirkten auf mich meist, als ob sie nicht wüßten, wo sie nächste Nacht schlafen würden.
Ich fand bald heraus, wie viel ihm Disziplin bedeutete; mehr als jedem anderen im Musikgeschäft. Er war ein Pedant und Perfektionist; er verlangte viel, aber er verlangte nie etwas, was er nicht auch selbst zu tun bereit war.
Erst später kam ich dahinter, daß ihm etwas fehlte: die Fähigkeit, Musiker und Sänger zur eigenen Kreativität zu inspirieren. Seine Band hätte zum Beispiel niemals einen Sinatra hervorbringen können. Er achtete viel mehr auf das korrekte Zusammenspiel der Sätze, als auf irgendwelche individuelle Klangfarben eines einzelnen Musikers. Und das ist der Grund, daß diese Band nach einer Weile zu einer Gruppe von Zinnsoldaten wurde.«
Inzwischen ging der Existenzkampf der Band weiter. Gail Reese

Hamid's Million Dollar Pier, Atlantic City, August 1938. Von links: Brad Jenney, Bill Stegmeyer, Hal McIntyre, Chummy McGregor, Tex Beneke, Stan Aaronson, Al Mastren, Linda Keene, Glenn, Ray Eberle, Johnny Austin, Bob Price, Bob Spangler, Willie Schwartz, Rolly Bundock, Louis Mucci

wurde durch Virginia Vonne ersetzt, diese durch die statuenhafte Linda Keene; mit keiner dieser Sängerinnen war Glenn zufrieden. Nur ab und zu geschah etwas, das seine Lebensgeister hob, etwa der Posaunist, den er entdeckte, als die Band im August eine Woche lang in *Hamid's Million Dollar Pier* in Atlantic City spielte, was übrigens wieder ein Verlustgeschäft war: die Gesamtgage betrug nur $ 1200, aber es fanden Radioübertragungen statt.

Eines Nachts nach der Arbeit gingen Glenn und Helen in einen Nachtclub. Das Lokal entpuppte sich zwar als mieser Striptease-Schuppen, aber dort trafen sie den Posaunisten. Er wurde nicht nur zu einer Hauptstütze der Band, sondern er und seine Frau wurden auch gute Freunde der Millers.

Paul Tanner, der heute Musikprofessor am UCLA ist und vor 600 Studenten Vorlesungen über Jazzgeschichte hält, war damals ein schüchterner schlaksiger Junge aus Skunk Hollow, Ken-

tucky, der regelmäßig bei Marty Carusos Band einstieg. »Die Boys in der Band standen auf das, was ich machte, und schließlich wurde ich für $ 15 die Woche engagiert. Ich war sehr ambitioniert, aber auch sehr schüchtern und stotterte wie verrückt. An diesem Abend nahm ich schließlich meinen Mut zusammen, ging an Glenns Tisch und sagte: ›Könnten Sie nicht sagen, mein Spiel gefällt Ihnen? Ich möchte gerne hauptberuflich Posaunist werden und eine Empfehlung von Ihnen hilft mir sicher weiter.‹ Aber Glenn hatte andere Pläne. ›Sie können in meiner Band spielen‹, sagte er, ›wann können Sie hier weg?‹ — ›Sofort, wenn's sein muß.‹ Und so geschah es.
Ich war damals im oberen Register besonders gut, aber Glenn ließ mich keine hohen Parts spielen. Ich fragte, warum, und er meinte, er wolle mir helfen, ein Allround-Posaunist zu werden. Darum gab er mir anfangs nur die tiefen Parts.«
Glenns Theorie erwies sich als richtig für Tanner. Er wurde ein hervorragender Posaunist, spielt heute sowohl Jazz als auch Klassik und hält Kurse auf der ganzen Welt — sogar in Japan, Ungarn, Polen und Neuguinea.
Ich habe nie wieder einen Menschen gesehen, der sich so langsam bewegte wie er; Glenn nannte ihn »Blitz«. Aber auf seinem Horn hatte er nicht die geringsten Probleme. Als er zur Band kam, beeindruckte er viele von uns mit seinen locker phrasierten bluesgefärbten Soli. Trotzdem stellte ihn Glenn nur selten in den Mittelpunkt. Möglicherweise saß ihm die alte Geschichte mit Jack Teagarden noch in den Knochen, und er wollte nicht in seiner eigenen Band einen Konkurrenten heranzüchten; das könnte ein Grund sein, daß Tanner kein Miller-Star wie Tex Beneke, Ray Eberle oder Marion Hutton wurde.
Marion blühte ähnlich wie Paul erst so richtig auf, nachdem sie die Miller Band verlassen hatte; in ihrem Fall allerdings weniger musikalisch als menschlich. Die Musiker liebten sie alle wie eine Schwester. Chuck Goldstein von den Modernaires, der regelmäßig mit ihr zusammenarbeitete, brachte es auf die einfache Formel: »Marion Hutton war das netteste Mädchen, das man sich vorstellen kann.« Drummer Maurice Purtill berichtete: »Jeder respektierte sie. Oft veranstalteten wir unsere Würfelspiele, wenn

wir im Bus unterwegs waren, und da fielen manchmal schon ordinäre Ausdrücke, aber sie saß vorne und tat, als ob sie nichts gehört hätte. Sie war ein Schatz.«
Wie jede Sängerin in jeder Band war auch Marion die Zielscheibe für die Späße der männlichen Kollegen. Sie gaben ihr die verschiedensten Spitznamen: Goldilocks, Balg, Tootsie Roll, Rosenknöspchen, Schneewittchen, Sissy oder sogar Dämliche Herzogin. Tatsächlich war Marion in jenen Tagen nicht gerade ein intellektuelles Schwergewicht (nicht einmal Mittelgewicht, um ehrlich zu sein), aber sie gab es auch gar nicht vor. Um so größer war meine angenehme Überraschung, als ich sie kürzlich in ihrem Haus in Laguna Beach, Kalifornien, besuchte. Sie ist nun mit dem Arrangeur und Bandleader Vic Schoen verheiratet, und ich kam aus dem Staunen über ihre Entwicklung nicht heraus. Marion tritt nicht mehr als Sängerin auf, dafür ist sie in verschiedene soziale und kulturelle Projekte involviert und studiert gleichzeitig Psychologie. Sie ist eine bemerkenswert sensible und gedankenvolle Frau geworden, attraktiver als jemals zuvor, und spricht heute über ihre Tage in der Miller Band völlig frei und mit bemerkenswerter Ehrlichkeit und Objektivität.
Ihre Miller-Saga begann, als sie in der Band von Vincent Lopez sang. »Meine kleine Schwester Betty war in der Show beschäftigt. Wir traten im *Ritz-Carlton* in Boston auf, und in der Band war ein Geiger namens Nick Pisani, der Glenn von der Ray Noble Band her kannte. Glenn war eigens nach Boston gekommen, um uns zu hören, Nick machte Betty und mich mit ihm bekannt, und Betty begann sofort, mich ihm einzureden. Endlich sagte Glenn: ›Komm nach New York, ich bezahle die Spesen.‹ Also fuhr ich hin und sang ihm vor. Er war freundlich zu mir, aber nicht sehr herzlich, er blieb auf Distanz. Aber den Job bekam ich wirklich.
Wir gingen gleich auf eine Tournee durch den Süden. Ich weiß noch, ich lernte die Songs unterwegs im Auto und fürchtete mich zu Tode. Betty war schon fest etabliert, und ich entschuldigte mich dauernd, daß ich nicht so gut war wie sie, aber Glenn ermutigte mich.«
Glenn hatte mich eingeladen, diese Tournee mitzumachen, und

ich erinnere mich noch recht gut an Marion und ihre Angst. Sie saß mit Glenn vorne im Wagen und ich teilte den Rücksitz mit Tex Beneke und Paul Tanner. Wir versuchten, »Ghost« zu spielen, jenes Spiel, wo einer einen Buchstaben nennt und die anderen immer einen hinzufügen, wobei aber kein Wort herauskommen darf. Marion spielte nicht sehr gut, und wenn ich mich recht erinnere, hatten Tex und Paul Schwierigkeiten, das Spiel zu kapieren. Nach einer Weile gaben wir es auf.
Ich weiß noch, wie nett Glenn zu Marion war und wie er sie wegen ihres Gesangs ermutigte. Aber diesmal trieb er seine Idee vom »all-American approach« seiner Band und ihrer Mitglieder ein bißchen zu weit. Weil alles so typisch amerikanisch wie Apfelkuchen, Eiscreme und Hotdogs sein sollte, verpaßte er der armen Marion bei den ersten Auftritten den Namen »Sissy Jones«. Später überlegte er es sich wieder, und Marion bekam ihren Namen zurück.
»Ich war damals erst 17«, erzählte sie, »und Glenn und Helen waren gesetzlich für mich verantwortlich. Ich bin ohne Vater aufgewachsen, und so wurde Glenn zur Vaterfigur für mich; ich war von ihm abhängig. Kleine Mädchen suchen immer nach ihrem Vater, und er erfüllte meine Vorstellungen genau, er war eine Quelle der Kraft für mich. Wenn er gesagt hätte, ich solle nackt über den Broadway spazieren, hätte ich es getan. Ich wollte ihm immer alles recht machen und hatte schreckliche Angst, seinen Unwillen zu erregen.«
Marions kindhafte Attitüde schuf automatisch eine Art Geschwisterrivalität zwischen ihr und Ray Eberle. »Ich war schrecklich eifersüchtig auf Ray. Glenn gab mir die ganzen Scheißsongs zu singen, und ich konnte nicht begreifen, warum er Ray so favorisierte.«
Marion gab zu, keine gute Sängerin gewesen zu sein; sie fühlte sich mehr als Entertainer. Glenn war ähnlicher Meinung. »Wir brauchen gute Arrangements, damit man es nicht so merkt«, sagte er einmal zu einem Freund. Die Formulierung von Al Klink war wesentlich subtiler, wenn er auf Marions Intonationsfehler reagierte. »Das Mikrofon ist heute abend verstimmt«, pflegte er zu sagen.

Marion und Tex, ihre heimliche Liebe

Marion und Ray, das Objekt ihrer Eifersucht

Marion und Glenn, ihre Vaterfigur

Marion, die Stimmungskanone

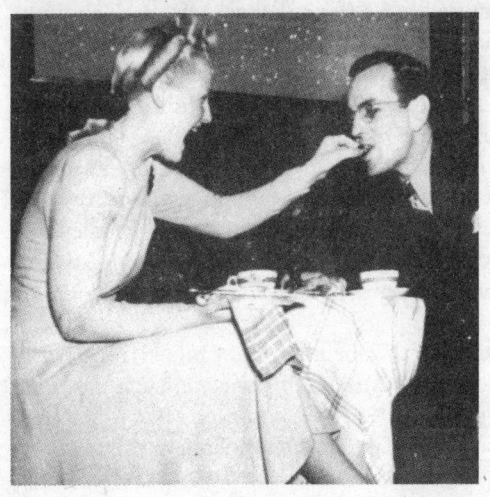

Um Glenn zu erfreuen und seine Zuneigung zu erringen, wandte Marion verschiedene Taktiken an. »Einmal ging ich auf eigene Faust los und nahm Gesangsstunden bei Mimi Spier, einer außerordentlich guten Gesangslehrerin, zu der viele Sänger mit ihren Problemen kamen. Ich wollte Glenn überraschen. Sie arbeitete mit mir an *Ding Dong, the Witch Is Dead;* ich weiß noch gut, wie ich diese Nummer haßte. Als wir dann die Plattenaufnahme machten, sang ich so, wie Mimi es mich gelehrt hatte. Glenns Blick hätte einen Eisberg zum Schmelzen gebracht. ›Was in aller Welt treibst du da?‹ — ›Ich nehme Gesangsunterricht.‹ — ›Du hörst sofort auf mit diesem verdammten Blödsinn. Ich will, daß du singst wie Marion Hutton!‹ Ich war am Boden zerstört. In diesem Moment wurde mir klar, daß es im ganzen Universum nur das gab, was er wollte.

Heute weiß ich, das große Problem war, daß Glenn jeden, der ihn mochte, ausquetschte bis zum Gehtnichtmehr, man mußte sich klar sein, daß man nicht viel zurückbekam. Ich war sein Besitz mit allem Drum und Dran; musikalisch, emotionell und finanziell.«

Marions Frust muß nahezu unerträglich gewesen sein. Ihre Vaterfigur reagierte keineswegs so, wie sie es erhoffte, und lange Zeit hindurch nahm sie das als persönlichen Affront. »Ich fühlte mich in dieser Band wie irgendein Gegenstand.« Erst Jahre später kam sie dahinter, daß nicht nur sie dieses Problem hatte, »Glenn gestattete sich einfach nicht, viel Gefühl oder Anteilnahme zu zeigen. Er war voller Schuldgefühle, die er überkompensierte. Im Grunde war er ein zorniger und feindseliger Mensch, weil er sich unzulänglich fühlte und genau wußte, daß er als Posaunist nicht an Tommy Dorsey oder Will Bradley heranreichte. Es war die trotzige ›Ich-werd's-euch-Zeigen‹-Attitüde eines kleinen Jungen, der seine innere Wut an Schwächeren abreagiert.

Man sah es ihm nicht an, aber heute beginnt mir klarzuwerden, daß Glenn unter denselben Ängsten litt wie viele von uns. Und wenn ihn auch die ganze Welt liebte, so wie ich es tat — ich frage mich, ob er selbst sich in seinem tiefsten Inneren wirklich akzeptierte.«

Kapitel 13

Der September 1938 war ein guter Monat für Glenn Miller. Seine Band machte die ersten Aufnahmen für das *Bluebird*-Label von *RCA Victor* und er bekam endlich einen Manager, der ihm wirklich weiterhelfen sollte.
Der Kontrakt mit *Brunswick* war für beide Seiten nicht sehr ersprießlich gewesen, aber *Brunswick* war in jenen Tagen überhaupt nicht sehr am Ball. Bei *Decca* etwa war das anders; dort gab es *A-Tisket A-Tasket* von Chick Webb und Ella Fitzgerald, Bob Crosbys *Big Noise From Winnetka* und weitere erfolgreiche Aufnahmen von Jimmy Dorsey, Casa Loma, Jimmy Lunceford und einigen weiteren Bands.
Aber die interessanteste Firma war *RCA Victor*, wo ein schlauer und streitlustiger Aufnahmeleiter namens Eli Oberstein das Zepter hielt; Gerüchte wollten wissen, er sei an einigen Bands, die er unter Vertrag hatte, finanziell beteiligt. 1938 hatte *Victor* bereits einige große Bigbanderfolge produziert: Benny Goodmans *Don't Be That Way*, Artie Shaws *Begin the Beguine*, Tommy Dorseys *Boogie Woogie* und Larry Clintons *My Reverie*.
Plattenaufnahmen wurden für die Bands zusehends wichtiger, denn die Discjockeys entwickelten sich immer mehr zu bedeutenden und einflußreichen Persönlichkeiten. Die Jugend verfolgte im Radio regelmäßig Martin Blocks *Make Believe Ballroom* in New York und eine Show von Al Jarvis mit ähnlichem Titel in Los Angeles, und wenn sie gewisse Platten immer wieder hörten, dann gingen sie los und kauften sie. Und je öfter die Platten einer Band im Radio gespielt wurden, desto mehr Publikum kam zu ihren Tanzveranstaltungen und Theaterauftritten.
Durch den schlechten Erfolg seiner *Brunswick*-Platten war es Glenn zunächst nicht möglich gewesen, einen neuen Vertrag abzuschließen. Ironischerweise war es dann die Erfolgsaufnahme

einer anderen Band, Larry Clintons *My Reverie*, die ihm den Weg in eine erfolgreiche Schallplattenzukunft ebnete.

Howie Richmond, der immer noch für Glenn arbeitete, glaubte fest an die Miller Band, mehr noch als an die seines Hauptklienten Larry Clinton, der gerade große Erfolge mit einigen Schallplatten, einer Radio-Werbesendung und einem Sommerengagement im angesehenen *Glen Island Casino* feierte.

Larry Clinton war auch sehr erfolgreich als »Komponist« besonderer Art: er verwandelte Themen der Klassik in populäre Songs. Wie es ein Witzbold formulierte: »Die Melodien gehen Larry bei einem Ohr hinein und kommen aus seiner Feder wieder heraus.« Nachdem seine *Victor*-Aufnahme von *My Reverie* — ursprünglich ein Thema von Claude Debussy — so erfolgreich war, überlegte Oberstein die Möglichkeit, die Nummer auch von einer anderen Band für das billigere *RCA*-Label *Bluebird* aufzunehmen. Er besprach es mit Larry und ließ durchblicken, er würde Artie Shaw bevorzugen. Howard Richmond jedoch, der auch dabei war und dessen Wort wegen seiner Erfolge mit Clinton Gewicht besaß, sprach sich dagegen aus. »Ich war auf Artie nicht gut zu sprechen, wegen einiger Dinge, die er über Benny Goodman gesagt hatte. Außerdem hatte ich eben ein Wochenende mit Glenn und der Band verbracht und dabei auch dieses gigantische Miller-Arrangement über *My Reverie* gehört. Es war rein instrumental und damit völlig verschieden von Larrys Version. Als Glenn mitbekam, wie gut es mir gefiel, meinte er: ›Erzähl doch deinem Freund Larry Clinton davon!‹ Ich erzählte es also Larry und Eli Oberstein, und der ging sofort zum Telefon und rief Glenn an. Und dann passierte etwas, das ich nie ganz begriffen habe. Glenns Instrumentalarrangement war, wie gesagt, großartig, aber Eli wollte immer, daß alles nach seinem Kopf geht und warf bei der Aufnahme alles um.« Das Resultat war ein etwas zweifelhafter Tommy Dorsey-approach; Glenn begann mit einem 16taktigen eher mittelmäßigen Posaunensolo, dann sang Ray Eberle einen Chorus, aber der einmalige Sound von Klarinette und Saxophonen kam nicht richtig zur Geltung. Es war, wie Richmond sagte, ein richtiger Mischmasch.

Ich erinnere mich gut an Oberstein. Er war überaus starrköpfig,

und seine vorstehenden Zähne ließen ihn genauso streitsüchtig aussehen, wie er wirklich war. Er liebte es, etablierten Bands wie Les Brown, Bunny Berigan, Larry Clinton und anderen, mit denen er zu tun hatte, vorzuschreiben, wie sie spielen sollten, und fast immer setzte er sich durch. Wäre Glenn Miller schon etabliert gewesen, hätte er bei ihm nicht so leichtes Spiel gehabt.
Oberstein liebte Balladen mit Gesang und swingende Instrumentalnummern, und so nahm die Band bei ihrer ersten Aufnahmesession für Bluebird auch den *King Porter Stomp* und eine doppelseitige Version von *By the Waters of Minnetonka* auf. Beide haben heute vielleicht historischen Wert, aber als Bigband-Jazz reißen sie einen kaum vom Stuhl.
Abgesehen von einigen Getreuen wie Richmond und ein paar guten Freunden bekam Glenn nicht viel Unterstützung und Hilfe. Eine Zeitlang kümmerte sich Tommy Dorseys Manager Arthur Michaud auch um die Miller Band, aber das funktionierte nicht richtig und war schon zu Ende, noch ehe die erste Ausgabe der Band aufgelöst wurde. Jack Philbin, damals Werbemann eines Musikverlags und später Producer von Jackie Gleason, half eine Weile für eine Wochengage von 20 $ aus, obwohl niemand wußte, ob er sich für die Band interessierte oder für Marion Hutton, die er später heiratete.
Interessanterweise war in jenen harten Zeiten der verläßlichste Helfer und gelegentlich sogar Retter Glenns ein alter Freund und Kollege, der allerdings bald ein erbitterter Rivale werden sollte: Tommy Dorsey. Richmond berichtete: »Eines Nachts spielte die Band im *Playland* in Rye, nicht weit von New York City. Nachher fuhr ich mit Helen und Glenn zu einem der Clubs an der 52nd Street. An sich ging Glenn nicht gerne in solche Lokale, da er nicht trank; aber er mußte Tommy Dorsey dort treffen, der versprochen hatte, ihm Geld zu borgen, damit Glenn seine Musiker bezahlen konnte. Wir warteten draußen, und als Glenn wiederkam, wirkte er sehr erleichtert. Tommy muß ihm eine Menge gegeben haben – ich denke, etwa $ 2500 –, denn am folgenden Tag vertraute Glenn mir an, seine finanziellen Probleme seien nun für eine Weile gelöst.
Erst kürzlich sprach ich mit Benny Goodman über die Beziehung

zwischen Glenn und Tommy. ›Glenn verhielt sich sehr unterwürfig Tommy gegenüber‹, meinte Benny, ›aber sie kamen gut miteinander aus, bis es dann irgendwelche finanzielle Verwicklungen gab. Geld ruiniert fast immer die Freundschaft.‹«
Die finanziellen Verwicklungen von Tommy und Glenn mündeten schließlich in eine Art Dreiecksbeziehung, mit Cy Shribman als drittem. Cy war ein massiger, brummiger, warmherziger Mann aus Boston, in jeder Beziehung das Gegenteil seines Porträts in dem Film *The Glenn Miller Story*. Wenige Männer im Musikgeschäft besaßen so viel Ehrlichkeit, Schlauheit und Weitblick wie er.
Cy und sein Bruder Charlie hatten in den 20er Jahren als Ballroomdirektoren begonnen. Beide liebten gute Musik und respektierten musikalisches Können, und wenn sie Bands entdeckten, an die sie glaubten, dann ermutigten und unterstützten sie sie. Das bedeutete, daß sie ihnen Jobs in ihren eigenen Ballrooms gaben, in manchen Fällen aber auch, daß sie Zeit und Geld in diese Bands investierten. Der erste, dem sie auf diese Weise zum Erfolg verholfen hatten, war Mal Hallett gewesen, in den Tagen, als er junge vielversprechende Musiker wie Gene Krupa, Jack Teagarden, Frankie Carle und Jack Jenney beschäftigt hatte. Später hatten sie für eine Weile Tommy Dorsey geholfen, aber noch mehr waren sie an den Karrieren von Artie Shaw und Woody Herman beteiligt, bevor sie begannen, Glenn zu unterstützen.
Heute gilt Cy Shribman als legendäre Figur unter den Ballroomleitern. Sein Geschäftssinn, sein Mut und sein unfehlbares Gedächtnis kamen allnächtlich zur Geltung, wenn er allein mit Tausenden von Dollars in der Tasche von einem seiner Lokale zum nächsten fuhr, hier kassierte, dort auszahlte und zum nächsten Ballroom weiterfuhr, um dort den Prozeß zu wiederholen. Wie er das fertigbrachte, war allen ein Rätsel: alle seine Taschen waren mit Banknotenbündeln von scheinbar unerkennbarem Wert angefüllt, Cy wußte jedoch genau, welchen Betrag jedes davon enthielt. Kam er, um eine Band auszubezahlen, so griff er in eine seiner Taschen und hatte sofort präzise jene Summe in der Hand, die der Band zustand. Zurück in seinem Büro, trug er sämtliche Transaktionen penibel in sein Hauptbuch ein, nur aus dem Gedächtnis. Seine Bücher waren stets in perfekter Ordnung.

Wie Joe Shribman erzählte, der Neffe von Cy und Charlie, heute ein erfolgreicher Personalmanager an der Westküste, war es Mike Nidorf von der Rockwell-O'Keefe-Agentur, der Cy auf die Idee brachte, Glenns Band zu finanzieren. Mike, ein brillanter Kaufmann, glaubte an Glenn und wollte ihm helfen. Ihn mit Shribman in Verbindung zu bringen, erwies sich als Meisterstreich, der Glenn großen Nutzen brachte, sich allerdings für Mike schließlich als Bumerang erweisen sollte.
Richmond erinnert sich noch an Glenns freudige Ekstase, als der Deal perfekt war. »Er rief mich an und erzählte mir, Cy würde alle offenen Rechnungen begleichen, inklusive des Geldes, das Glenn Tommy Dorsey schuldete, und außerdem der Band Arbeit verschaffen. Glenns Schulden müssen damals $ 10—12 000 betragen haben. Als Gegenleistung sollte Cy 25% vom Gewinn der Band erhalten. Ein paar Tage später bezahlte Glenn mir meine ausständigen Honorare, etwa $ 1250, der größte Scheck, den ich bis dahin jemals bekommen hatte. Außerdem sagte er, wenn ich wollte, hätte ich bei ihm eine Lebensstellung.«
Während Glenn in Ekstase war, kochte Tommy Dorsey vor Wut. Offensichtlich hatte er angenommen, er würde, nachdem er Glenn so viel Geld geliehen hatte, automatisch an dessen Band beteiligt sein. Wie Shribman war auch Dorsey ein mit allen Wassern gewaschener Talenteentdecker und war gleichermaßen überzeugt, daß Glenn es letzten Endes schaffen würde. Glenn zahlte das geliehene Geld sofort zurück, aber das besänftigte Tommy keineswegs. Er wandte sich vollkommen von Glenn ab. Und das war noch nicht alles: er ließ außerdem seinen Manager Arthur Michaud eine brandneue Band für seinen Freund Bob Chester zusammenstellen, einen Tenorsaxophonisten und Sohn einer unermeßlich reichen Dame aus Detroit. Diese Band kopierte den Miller-Stil auftragsgemäß bis ins Detail, vom klarinettengeführten Saxophonsatz bis zu den ooo—wah-Einwürfen des gedämpften Blechs. Tommy benutzte seine guten Beziehungen zu *Victor* und Eli Oberstein und sorgte dafür, daß die Bob Chester Band Platten aufnahm, die als unmittelbare Konkurrenz für Glenn ebenfalls auf *Bluebird* erscheinen sollten.
Inzwischen hatte Glenns Band ständige Arbeit dank Shribmans

Unterstützung. Jeden Dienstag und Samstag spielte sie im *Roseland-State-Ballroom* in Boston, der den Shribmans gehörte; an den meisten übrigen Abenden gab es Gigs an Colleges oder in verschiedenen anderen Ballrooms von New England, die die Brüder kontrollierten.

Aber die Schwierigkeiten waren noch nicht vorbei; die Anerkennung kam sehr langsam. Eine Zeitlang zog die Band kaum mehr als 300 Leute pro Nacht ins *Roseland-State*, mußte aber mitansehen, wie zu den Auftritten von Joe Mack and his Oldtimers, die altmodische Musik in der Square-dance-Tradition spielten, jedes Mal weit über 1000 Fans kamen.

Positive Wirkung zeigten jedoch die regelmäßigen landesweiten Radioübertragungen von *CBS*. So wie sich auch heute noch die Individualisten unter der Jugend nicht an die etablierten Stars hängen, sondern ihre eigenen suchen, entwickelte sich auch damals eine Gruppe von Studenten in Boston, für die es »in« war, ins *Roseland* zu gehen und nach den Rhythmen der neuen Glenn Miller Band zu tanzen.

Die Besetzung blieb ziemlich stabil, außer bei den Trompetern. Gasparre Rebito verließ die Band, und an seine Stelle traten nacheinander Louis Mucci, Bob Peck, Jack Kimble, Claude Bowen und schließlich Legh Knowles. Mitte Dezember löste Cody Sandifer Bob Spangler am Schlagzeug ab.

Jeder Musiker erhielt $ 50 pro Woche, auch Beneke und Marion Hutton, Ray Eberle jedoch nur 35; vermutlich, weil er nicht soviel Kleidung anschaffen und sauberhalten mußte. Warren Jordan, der Bandboy, bekam armselige 20, ebenso wie der »Teilzeit«-Manager Jack Philbin.

Während der Herbstsaison 1938 ersparte sich Glenn ein paar Dollar, indem er für die wöchentliche Abrechnung alte Formulare mit dem Aufdruck »Mal Hallett Orchestra« verwendete; Sparsamkeit war nach wie vor oberstes Gebot. Für elf Wochen bis zum 17. Dezember betrug Glenns Gesamteinkommen $ 1128,89 — nicht gerade viel, aber immerhin war die Band zum ersten Mal seit fast zwei Jahren nicht in den roten Zahlen.

Glenn und Shribman waren sich im klaren, daß es dringend nötig war, aus der Bostoner Gegend heraus und nach New York zu

kommen, wo sich die großen Dinge abspielten. Jedoch das einzige Lokal, das sich dort für die Miller Band interessierte, war das *Paradise Restaurant*, und nicht einmal dort war besondere Begeisterung zu bemerken; man bot Glenn eine um $ 75 geringere Wochengage als im Juni. Dennoch akzeptierte er.
Die schlechte Bezahlung, dieselben miesen Floorshows und dasselbe uninteressierte Publikum wie das letzte Mal, die Tatsache, daß das *Paradise*-Management von der Möglichkeit einer Kontraktverlängerung keinen Gebrauch machte und dazu noch das beinahe völlige Fehlen jeder Anerkennung — das alles mußte einfach niederdrückend wirken. Cy versuchte immer wieder, Glenn aufzumuntern, und auch wir treuen New Yorker Miller-Fans taten unser Bestes. Aber es sollte sich herausstellen, daß dieses Engagement enorm wichtig für die Band war.
Glenns Ruf bei der Studentenschaft hatte sich offensichtlich schon weiter ausgebreitet, denn an der Iona Prep in New Rochelle, New York, buchte der dafür zuständige Student die Miller Band für eine Weihnachts-Tanzveranstaltung am 26. Dezember. Die Leitung des *Paradise* gab ihre Einwilligung, da diese Vereinbarung schon vorher getroffen worden war. Der schlaue junge Mann, der das eingefädelt hatte, war Tom Sheils, der später für Glenn arbeiten sollte und dessen Vater den einflußreichen Posten eines Richters am Obersten Gerichtshof für Westchester County innehatte.
Der Erfolg von Glenn und seinen Leuten in Iona war so groß, daß der junge Sheils bald darauf ins *Glen Island Casino* ging, um dem dortigen Manager Michael DeZutter vorzuschwärmen und ihm vorzuschlagen, die Band im kommenden Sommer zu verpflichten. Schon vorher hatte ihm Mike Nidorf einen derartigen Vorschlag gemacht, und als nun auch noch der Sohn eines der angesehensten und einflußreichsten Bürger des Bezirks sich dafür einsetzte, dachte DeZutter, er sollte sich diese Band vielleicht zumindest einmal anhören.
Um die Besucher des *Paradise* zufriedenzustellen und sich der allgemeinen Stimmung anzupassen, spielte Glenn dort hauptsächlich laute lärmende Nummern. An dem Abend, als Nidorf DeZutter mitbringen wollte, warnte er Glenn vorher; er sagte: »Wenn du uns hereinkommen siehst, dann spiele sanfte Musik

und sende Marion an unseren Tisch.« Mike weiß bis heute nicht, was dann wirklich in Glenns Kopf vorging. »Wir kamen herein, und was tat Glenn? Er spielte lauter als jemals zuvor. Marion bemühte sich um DeZutter, aber anscheinend nicht genug, denn er sagte schließlich: ›Das ist nichts für uns, besorge mir jemand anderen.‹ Aber das wollte ich nicht.«

Etwa zur gleichen Zeit, als Tom Sheils die Glenn Miller Band entdeckte, entdeckte Glenn selbst einen jungen Arrangeur, der viele großartige musikalische und kommerzielle Beiträge liefern sollte, für Glenns Band und später auch für andere. Das war Bill Finegan, der dann in den 50er Jahren als Co-Leader des wundervollen Sauter Finegan Orchestras berühmt wurde. Für viele Musiker der Miller Band waren Bills einmalige Arrangements mit ihrem Nuancenreichtum und ihrer Kühnheit die Highlights des gesamten Repertoires.

Bill war ein scheuer, ruhiger und bescheidener Mensch, der eher wie ein Chemiestudent als wie ein Musiker wirkte. Erst kürzlich plauderte ich mit ihm in seinem Heim in Rumson, New Jersey, das er gerade für seine neue Frau und die beiden kleinen Kinder einrichtete.

»Ich war einer von mehreren Arrangeuren, die für Tommy Dorsey schrieben. Glenn kam eines Nachts ins *New Yorker*, als Tommy eben mein Arrangement von *Lonesome Road* spielte. Er rief mich an seinen Tisch und begann, mir Fragen zu stellen; es war fast wie ein Verhör. ›Auf welche Bands stehst du?‹ Ich erwiderte, Duke Ellington und Jimmy Lunceford. ›Und was ist mit Basie?‹ — ›Auf den natürlich auch.‹ Er stellte noch einige Fragen, und dann meinte er, ich solle ihm ein Arrangement schicken. Ich sandte ihm also etwas über *Blue Room* und packte meine ganzen Tricks hinein. Ein paar Wochen später rief er mich an und sagte, ich solle regelmäßig für seine Band arbeiten. ›Wir könnten ein Dutzend solcher Arrangements gebrauchen‹, meinte er. So begann ich also für ihn zu schreiben; ich weiß noch, die ersten Nummern, die ich machte, waren *Cuckoo in the Clock* und *Romance Runs in the Family*. Anfangs zahlte er 40 pro Woche für so viele Arrangements wie möglich; später bekam ich 50 für nur zwei Arrangements.«

Bill Finegans Arrangements sprachen immer die Gefühle an. Die rhythmischen Nummern wirkten spontan erregend, während die dicht gewobenen Texturen seiner Balladen Melancholie und Sentimentalität erweckten. Sein finger-snapper *Little Brown Jug* wurde der erste Swinghit der Miller Band, ein Umstand, den die Hersteller der *Glenn Miller Story* ignorierten: im Film war dies das letzte Arrangement, das Glenn (!) jemals geschrieben hat.
Finegan war der erste ständig beschäftigte Arrangeur und bildete dadurch für den ehrgeizigen Miller eine neue Herausforderung. Bis zu diesem Zeitpunkt hatte Glenn fast alles selbst geschrieben und dadurch lückenlose Kontrolle über das Bandrepertoire gehabt. Bill jedoch begann, wie er sagt, »wilde Dinge zu schreiben; ich machte Experimente und neue Entdeckungen«. Das paßte Glenn ganz offensichtlich nicht, und er kehrte dem jungen Finegan gegenüber den Chef heraus. »Ich begann mich zu beschweren«, erzählte Bill, »weil er dauernd in meinen Arrangements herumstrich. Anfangs war es okay, wenn es darum ging, zu kürzen, damit die Nummer auf eine Plattenseite paßte. Aber nach einer Weile korrigierte er, wie es schien, aus Prinzip einfach alles, was ich schrieb, und es entwickelte sich ein ständiger Kampf zwischen uns. Manchmal versuchte ich, ihm zuvorzukommen und strich manche Stellen selbst heraus, bevor ich ihm das Arrangement gab, aber das war ihm auch nicht recht: er sagte dann: ›Du schreibst und ich streiche!‹ Wenn mich die Leute heute fragen, was mein bestes Arrangement für Glenn war, weiß ich nicht, was ich sagen soll: alles, was ich schrieb, ging durch den Fleischwolf.«
Herb Miller berichtete einmal, Glenn hätte Finegan immer ermahnt: »Du mußt auf unser Niveau herunterkommen.« Auch viele Bandmitglieder hatten Mitgefühl, etwa der Trompeter und Arrangeur Billy May, der mir erzählte: »Mein Herz blutete für den armen Bill, denn Glenns Ideen waren meist wirklich nicht gut. Und das Schlimmste war, daß Chummy McGregor auch immer seinen Senf dazugab.«
Bill wurde während seiner ganzen Karriere von Komplexen gepeinigt. Er war überaus sensibel und introvertiert, und seine Si-

tuation zwischen einem strengen Boss und einer dominierenden Ehefrau vertiefte seine Zweifel an sich selbst. Kein Wunder, daß ihm oft einfach der Mut fehlte, ein begonnenes Arrangement zu vollenden. Sein Arrangeur-Kollege Jerry Gray, wie Miller ein Verfechter der Routine, hatte offensichtlich wenig Verständnis für derartige Unverläßlichkeit. »Bill Finegan benahm sich wie ein Genie und verpatzte seinen Job«, sagte er kürzlich zu mir. Und auch Miller bewies wenig Einfühlungsvermögen für Finegans Seelenzustand. Wie Drummer Moe Purtill berichtet: »Manchmal verkroch sich Finegan wochenlang und schrieb und ließ sich nie sehen. Wenn er dann mit seinen Arrangements erschien, reagierte Glenn sarkastisch und stellte ihn der Band vor.«
Und wie reagierte Finegan darauf. »Ich reagierte auf seine Eiseskälte mit Arroganz. Er hatte immer den Stachel draußen und brachte mich dazu, das gleiche zu tun.«
Glenns Posaunenspiel bot Bill eine Angriffsmöglichkeit. »Tommy Dorsey spielte laut, also dachte Glenn, er müsse auch laut spielen, und manchmal übertrieb er dabei. Er war kein sehr guter Posaunist, obwohl er mehr konnte, als seine Schallplatten zeigen. Wenn er im Satz spielte, fühlte er sich sicherer, als wenn er stilistisch arbeitete. Und dann spielte er oft so laut, daß die Balance des Satzes zerstört wurde. So begann ich, Baßposaunenparts für ihn zu schreiben, denn die wollte ich laut haben. ›Was machst du da, Finegan?‹ fragte er. Ich sagte, er sei der einzige, der diese Parts laut genug spielen könne. Ich weiß nicht, ob es ihm gefiel, nicht die führende Stimme zu haben, aber mir gefiel es. Es war wirklich ein Vergnügen für mich, ihn so tief spielen zu hören.« Und es war auch eine Möglichkeit für Finegan, sich endlich einmal durchzusetzen.
Nicht ganz so sehr wie Glenns Baßposaunenspiel beeindruckten Finegan seine Führungsqualitäten. »Er war wie der Direktor einer straff organisierten Firma. Einmal sandte er mich nach Cincinnati; ich sollte mir einen Jazztrompeter in Red Norvos Band anhören. Der war zwar überhaupt nicht gut, aber der Leadtrompeter Conrad Gozzo war phantastisch; er wurde später zu einem der führenden Leadtrompeter überhaupt und war jahrelang Al Hirts Idol. Ich schwärmte Glenn vor, aber das interessierte ihn

überhaupt nicht. Er hatte mich ausgesandt, einen Jazztrompeter zu hören, und etwas anderes wollte er nicht wissen.«
Dieser Ansatz Millers wirkte sich, wie Finegan empfand, auch direkt auf die Musik aus. »Er liebte es, die Dinge mathematisch auszuarbeiten, besonders seine harmonischen Sequenzen. Ich verwendete für meine keine Mathematik, und er konnte es immer nicht erwarten, an ein Klavier zu kommen, damit er meine Arrangements mathematisch überprüfen konnte. Er war ein Verfechter der Schillinger-Methode, die auf mathematischen Prinzipien beruht und die ich ablehnte; aber zu ihm paßte sie geradezu perfekt. Es war keine idealistische, sondern eine praktische Musikauffassung, die er vertrat — und genau so war letzten Endes seine Band.«
Das könnte auch die Erklärung dafür sein, daß Glenn auf dem College in Mathematik gute, in Musik aber schlechte Zensuren hatte.
»Und trotz allem gab es Momente, wo er sehr emotionell reagierte. Mehr als einmal gelang es mir, ihn zu Tränen zu rühren. Er ging dann immer in eine Ecke, er wollte nicht, daß es jemand bemerkt. So war es, als er zum ersten Mal mein Arrangement über *A Handful of Stars* hörte.
Glenn liebte Delius und Ravel; besonders Delius' *On Hearing the First Cuckoo in Spring,* und von Ravel *Introduktion und Allegro* sowie das *Streichquartett in F.* Einmal in Meadowbrooks, als ich sehr deprimiert war, nahmen Helen und Glenn mich in ihr Hotelzimmer in Paterson mit, und Glenn spielte Ravel für mich. Er liebte es, alles in Terzen zu spielen. Ich imitierte das später, ich führte es Jerry Gray vor und schließlich war ich frech genug, es auch Glenn selbst vorzuführen. Er lachte.
Alles in allem war Glenn sehr geduldig mit mir. Einmal sagte er, ich sei nicht der einzige, der unter Druck nicht schreiben konnte und gab zu, einige Male sei es ihm selbst so ergangen und er hätte Claude Thornhill zu Hilfe rufen müssen. Und es gab Zeiten, da konnte ich Glenn mitten in der Nacht anrufen und sagen: ›Hey, ich kriege den Schluß nicht hin!‹ Und er sprach mit mir und half mir.
Weißt du, wenn ich heute so zurückdenke, dann vermute ich, es gab etwas, das war Glenn wichtiger als alles andere. Vielleicht klingt es nicht sehr wahrscheinlich, aber ich glaube, Glenn wollte vor allem gebraucht werden.«

Kapitel 14

Das frustrierende und oft demütigende Engagement im *Paradise* erwies sich als der passende Abschluß des Jahres 1938: die ranzige Glasur auf der verschimmelten Torte. 1939 konnte nicht mehr schlechter werden, dachten alle — und wie sich zeigte, wurde es wesentlich besser.
Aber schon vor dem *Paradise* hatten Zweifel und Verzagtheit Glenns Gefühle beherrscht. Ich erinnere mich, wie deprimiert er während einer weiteren enttäuschenden Tournee durch den Süden war. Die Band, auf die er so stolz gewesen war, nervte ihn mit ihrem unsauberen Trompetensatz und ihrer schleppenden Rhythmusgruppe; sie wirkte wie eilends zusammengewürfelt und war etwa so flott und swingend wie eine alte Porzellanbadewanne aus dem 19. Jahrhundert.
Und so war Glenn schon fast wieder soweit, das Handtuch zu werfen — diesmal für immer, wie er sagte. Erst als gerade zur rechten Zeit der ermutigende Kontakt mit Cy Shribman und die ersten Plattenaufnahmen für *Bluebird* kamen, begann er wieder neuen Mut zu schöpfen und beschloß, es noch eine Weile zu versuchen.
Das Jahr 1939 begann mit einigen Ermutigungen. Mike Nidorf sprach immer öfter über die Möglichkeit eines Sommerengagements im *Glen Island Casino*. Wir alle wußten, daß Mike nicht nur ein großer Kaufmann, sondern auch ein ebenso großer Optimist war und nahmen ihn nicht ganz ernst. Aber andererseits, wer konnte es wissen. Vielleicht würde Michael DeZutter wirklich seine Meinung ändern.
Und dann erschien Glenn plötzlich im Poll von *Metronome*, wo er bislang ignoriert worden war. Aus der Januarausgabe des Magazins erfuhr er zu seiner Überraschung, daß ihn die Leser auf den vierten Platz der Posaunisten gewählt hatten. Bei den Jazz-

Frank Walker von *RCA Victor* überreicht Glenn seinen neuen Vertrag. Leonard Joy, Mike Nidorf und David Mackay sehen zu

posaunisten lag er sogar auf dem zweiten Platz hinter Jack Teagarden. Es war ein Zeichen, daß Musiker und Fans langsam Miller-bewußt wurden.

Dies galt ebenso für einige der Discjockeys, besonders den einflußreichen Martin Block, dessen *Make Believe Ballroom* oft als Barometer für die Popularität der Bands fungierte. Block mochte Glenn und den Sound seiner Band und spielte die neuen Platten immer öfter in seinen Sendungen.

Das wiederum blieb *RCA Victor* nicht verborgen, und sie boten eine weitere Aufnahmesession an. Bei der vorangegangenen hatte Glenn $ 150 pro Seite erhalten, ohne Anspruch auf Tantiemen; die Musiker bekamen den Gewerkschaftstarif von $ 30 für die ganze Session. Diesmal bot die Firma Glenn von sich aus $ 175 pro Seite an, wieder ohne Tantiemen; allerdings offerierte sie einen Einjahresvertrag mit einer garantierten Anzahl von Veröffentlichungen. Das hörte sich nicht schlecht an, wenn es auch mit den Kontrakten der Stars mit ihren 5% Tantiemen nicht vergleichbar war. Aber Glenn fühlte sich noch nicht groß genug, um mehr zu verlangen; er unterschrieb diesen Vertrag.

Glenn war ein flinker Geschäftsmann, ebenso wie Shribman und Nidorf es waren. Keiner von ihnen besaß jedoch juristische Kenntnisse. Mike und Cy meinten, es wäre nun an der Zeit für Glenn, sich einen Rechtsberater zu nehmen, und Glenn erwähnte das im Gespräch mit Frank Walker, dem Direktor von *RCA Victor*, einem grundehrlichen, geradlinigen Mann, den er sehr respektierte. Das Timing war perfekt: Walker erzählte, daß David Mackay, einer der Spitzenanwälte des Unternehmens, soeben seinen Job quittiert hätte, um sich wieder seiner Privatpraxis zu widmen; dieser Mann wäre ideal für Glenn.

Knapp vor dem Ende des *Paradise*-Gigs trafen Walker, Miller und Mackay in Walkers Büro zusammen. »Als ich Glenn das erste Mal sah«, meinte Mackay vor kurzem, »wirkte er auf mich überhaupt nicht wie ein Bandleader; eher wie ein Lehrer oder ein Priester. Und so lebt er in meiner Erinnerung weiter.«

Millers Meinung über Mackay war offensichtlich: er hielt ihn für einen verdammt guten Anwalt und übertrug ihm nach und nach seine sämtlichen beruflichen und privaten Rechtsangelegenheiten. Nach Glenns Tod setzte Helen die Beziehung fort, und heute ist der konservative Mackay mit seiner sanften Stimme und der randlosen Brille der Nachlaßverwalter Glenns und trifft alle damit zusammenhängenden Entscheidungen. Ihn zu engagieren, erwies sich als einer der geschicktesten Griffe, die Glenn jemals gelungen sind.

Noch während die Band im *Paradise* spielte, gelang Glenn ein weiterer guter Griff. Als die Band eine Nacht freibekam, um einen One-nighter in New England zu absolvieren, folgte Glenn dem Rat seines Trompeters Legh Knowles, der in seinem Wagen mitfuhr, und hielt auf der Rückreise in Danbury, Connecticut, um Al Klink für seinen Saxophonsatz zu engagieren.

»Es war ein echter Schock«, erinnert sich Klink. »Um 4 Uhr morgens in einer kalten Winternacht schrillte die Türglocke und riß die ganze Familie aus dem Schlaf. Es war mein alter Kumpel Legh, und mit ihm war Glenn, mit einem roten Tuch um den Kopf. Ich legte mich gleich wieder ins Bett, und die beiden saßen in meinem Zimmer und überredeten mich, zur Band zu kommen. Glenn wollte mich als Altsaxophonisten, aber ich sagte ihm, mein Horn sei das Tenor. Daraufhin versprach er mir, ich könnte sofort umsteigen, sobald ein Tenorplatz frei würde, und er hielt Wort.«

Klink nahm das Angebot schließlich an, mit dem Gefühl, auf Probe engagiert zu sein; ein Gefühl, das ihn während der dreieinhalb Jahre, die er im Schatten von Tex Beneke in der Miller Band verbrachte, nie ganz verließ.

»Ich hatte immer den Eindruck, ich sei sehr leicht zu ersetzen. Glenn ließ sich nie anmerken, daß er mich und mein Spiel mochte. Einmal hatte ich mir ein neues Mundstück besorgt; ganz aufgeregt führte ich es Glenn in der Garderobe vor und fragte, wie es ihm gefiele. Er zuckte die Achseln und meinte, er finde nichts Besonderes daran. Und genauso reagierte er auf mein Spiel. Er brachte es zuwege, daß ich mich ganz klein fühlte, aber das war gar nicht seine Absicht, das lag mehr an mir selbst. Wenn ich mich heute zurückerinnere, wird mir klar, daß Glenn mich nie heruntergemacht hat; er hat mich nur ganz einfach nie aufgebaut.«

Andere versuchten ständig, Klink aufzuwerten, aber vergeblich: Glenn schien nur Ohren für Tex Beneke zu haben. Bill Finegan berichtet, er habe »jeden Trick probiert, um Klink Soli zu verschaffen. Aber wenn ich in einem Arrangement einen Solopart für ihn schrieb, dann tauschte Glenn schon beim ersten Durchspielen die Stimmen und gab die mit dem Solo an Tex. Al durfte immer nur die Führungsstimme spielen, zusammen mit dem Klarinettisten. Manchmal schrieb ich für Tex und Al Soloparts, aber wenn Glenn bemerkte, daß Al den besseren hatte, gab er ihn sofort Tex.«

Ganz selten durfte Klink solistisch hervortreten, etwa in *Boulder Buff* und *Sun Valley Jump;* mit beiden ist er nicht zufrieden, ebensowenig wie mit dem berühmtgewordenen Saxophonduett zwischen ihm und Beneke in *In the Mood*. Das sei, so Al Klink, »ein Stück Scheiße, wie jeder weiß«.

Klink vermutet, daß die Unmöglichkeit, mit seinem Boß ein persönliches Verhältnis herzustellen, auf einem kleinen unschuldigen Mißverständnis beruhte. Der Vorfall ereignete sich kurz nachdem er Mitglied der Miller Band geworden war. »Es ging

Glenn und Klink

um den allerersten Scheck, den ich bekam. Ich bemerkte, daß oben auf dem Scheck die Worte ›Glenn Miller Special‹ aufgedruckt waren; ich starrte darauf und fragte mich, was das wohl bedeutete. Plötzlich funkelte Glenn mich zornig an und fragte: ›Stimmt vielleicht etwas nicht?‹ Er muß gedacht haben, ich sei mit der Gage unzufrieden, aber das stimmte überhaupt nicht, im Gegenteil: es war eine sehr gute Gage für einen One-nighter, etwa $ 40. Mich interessierte lediglich, was die Aufschrift ›Glenn Miller Special‹ bedeutete.«

Klink konnte sich in Glenns Band nicht zu seinem vollen Potential entwickeln. Später, als er mit Benny Goodman, Tommy Dor-

sey und dem Sauter Finegan Orchestra spielte, wurde er zu einem der besten Tenorsaxophonisten des Landes, eine Meinung, die fast alle vertreten, die jemals mit ihm gespielt haben. Es bedurfte dazu nur einer kleinen Dosis jener Ermutigung, die Glenn anscheinend nicht imstande war, ihm zu geben. »Ich glaubte damals, alle Bandleader wären so wie Glenn. Wenn ich ihm auf der Straße begegnete, ignorierte er mich. Später kam ich zu Benny Goodman. Wir gingen auf Tournee mit der Bahn, und als ich durch den Speisewagen ging und Benny dort sitzen sah, ignorierte ich ihn; ich dachte, er wolle es so. Aber Benny sah mich und rief: ›Hello, Kid, setz dich doch her zu mir!‹ Ich fand es leicht, mit Benny zu kommunizieren; viel leichter als mit Glenn.«
Nur einmal, erinnert sich Klink, war die Kommunikation mit Glenn gut, aber dazu bedurfte es eines Notfalles als Katalysator. »Wir waren irgendwo im Mittelwesten unterwegs, als ich die Nachricht erhielt, meine Mutter hätte einen Autounfall gehabt und liege im Krankenhaus. Als Glenn davon erfuhr, ließ er mich sofort zu ihr fahren und kümmerte sich um alles. Er war ganz bezaubernd zu mir.«
Bill Finegan hat sicher recht gehabt: Glenn wollte gebraucht werden. In gewisser Weise war es schade, daß viele seiner Musiker, die unter seinem lächerlichen Stoizismus und seinen tiefen Hemmungen litten, niemals in prekäre Situationen gerieten, denn sonst hätten sie eine sehr schöne und berührende Seite von Glenn Millers Charakter kennengelernt, von der nur sehr wenige von uns jemals erfuhren.

Kapitel 15

Die Band verließ das deprimierende *Paradise* Ende Januar und spielte eine Serie von One-nighters an Colleges und in Ballrooms. Nach dem stumpfen reaktionslosen Publikum des Theaterdistrikts von New York City wirkte die Begeisterung der Collegejugend für die romantischen Balladen und die fröhlichen Jazznummern doppelt erfrischend. Die Serie der Radioübertragungen aus dem *Paradise* war offensichtlich gut angekommen; Shribman und Nidorf, die oft im Team arbeiteten, fiel es leicht, die Band an Institute wie Vassar, Massachusetts State, Middlebury, Mount Holyoke, LaSalle und die Universitäten von Vermont und Buffalo zu buchen. In vielen Ballrooms, wo die Band früher vor wenigen Leuten gespielt hatte, vervielfachte sich nun die Zahl und der Enthusiasmus des tanzenden Publikums.

Die zweite Aufnahmesession für *Bluebird* hatte inzwischen stattgefunden, und vier Nummern waren dabei entstanden, die unglücklicherweise keine besondere Aufmerksamkeit erregten. Marion Hutton sang in drei Nummern, die Bill Finegan arrangiert hatte, und vielleicht waren es diese Aufnahmen, die Glenn dazu bewogen, Ray Eberle mehr in den Vordergrund zu stellen. Marion konnte sich bei Liveauftritten phantastisch verkaufen, aber auf den Platten drang ihre Begeisterung und ihr reizendes Lächeln nicht durch; zumindest nicht so sehr, daß man darüber die vielen Intonationsfehler überhört hätte. Aber immerhin gab es wieder Platten, die die Jugend kaufen und die Discjockeys senden konnten.

Anfang Februar kam die Nachricht, die Band hätte ab 5. März ein kurzes Engagement in Frank Daileys *Meadowbrook*. Jedoch knapp davor erhielt Glenn eine noch wesentlich aufregendere Mitteilung.

Es war Mittwoch, der 1. März 1939, Glenns 35. Geburtstag. Am

Nachmittag war eine Probe im *Haven Studio* angesetzt, bei der auch Helen und ich anwesend waren. Plötzlich stürzte Mike Nidorf herein, grinste über das ganze Gesicht und brüllte triumphierend: »Wir haben es! Im Sommer spielt ihr im *Glen Island Casino!*« Es war ihm endlich gelungen, Michael DeZutter zu überreden.

Das war eine elektrisierende Neuigkeit. Jede neue Band war bemüht, im *Glen Island* zu spielen, weil dieses Lokal mehr Collegejugend anzog als irgendein anderes im ganzen Land und weil mit diesem Engagement eine ganze Serie von Radiosendungen »coast to coast« verbunden war. Casa Loma, Ozzie Nelson, die Dorsey-Brüder, Charlie Barnet, Larry Clinton — sie alle hatten dort ihren ersten wichtigen Durchbruch erlebt. Ich habe Glenn nie so glücklich und optimistisch gesehen.

Aber zuerst kam nun das *Meadowbrook*, auch ein Lokal, das die Bedürfnisse des jungen Publikums erfüllte. Es befand sich in Cedar Grove, New Jersey, an der Route 23, dem Newark-Pompton Turnpike, und pflegte regelmäßig die großen Swingbands für jeweils einige Wochen zu verpflichten. Natürlich war Glenn noch nicht so populär wie Tommy und Jimmy Dorsey, Gene Krupa oder Larry Clinton, der vor ihm dort auftrat und gerade große Erfolge mit seinen Plattenaufnahmen von *Deep Purple* und *My Reverie* feierte. Als Clinton ankündigte, seine Ablöse würde Glenn Miller sein, riefen einige Leute im Publikum: »Wer ist Glenn Miller?«

Einer von ihnen war George »Bullets« Durgom, ein junger kleinwüchsiger dynamischer Wirbelwind mit vorzeitig gelichtetem Haar, der als inoffizieller PR-Mann des Lokalbesitzers Frank Dailey galt. Er war ein Original, ein phantastischer Tänzer, Mitglied verschiedener College-Organisationen und der Angelpunkt der Aktivitäten im *Meadowbrook*. Später sollte er eine Zeitlang für Glenn arbeiten, bevor er große Karriere machte und Leute wie Jackie Gleason manage.

Clinton rief ihn zu sich und sagte: »Bullets, wenn du wirklich nicht weißt, wer Glenn Miller ist, dann komm mit mir.« Dann führte er ihn an Glenns Tisch; Bullets kann sich noch ganz genau erinnern. »Natürlich war ich verlegen und nervös, beson-

ders als Larry zu Glenn sagte: ›Wenn diesem Burschen deine Band nicht gefällt, hast du Schwierigkeiten.‹ Aber Glenn und Helen waren sehr nett zu mir und fragten gleich, ob ich zur Premiere kommen würde. Ich sagte zu, und dann kam ich jede Nacht.«

Das *Meadowbrook* war ein großes scheunenartiges Gebäude mit großer Tanzfläche. An einer Seite war der Bandstand, um die drei anderen lief eine Galerie. Die Akustik war hervorragend, und die sechs Radioübertragungen pro Woche zeigten dem amerikanischen Publikum, wie diese neue Band wirklich klang, sehr im Gegensatz zu den Plattenaufnahmen, die in einem der miesesten Studios aufgenommen worden waren.

Glenn und seine Band hatten großen Erfolg im *Meadowbrook*, und noch vor dem Ende der ersten Woche beschlossen Frank und seine Brüder Vince und Cliff, das geplante einmonatige Engagement um drei Wochen zu verlängern.

RCA Victor meldete sich und bot weitere Aufnahmetermine an. Im April wurden zwölf Nummern eingespielt, darunter fünf unvergängliche Miller-Meilensteine: *Little Brown Jug, Pavane, Runnin' Wild, Sunrise Serenade* und der berühmte Themesong *Moonlight Serenade*, bei dem ich noch heute jedes Mal eine Gänsehaut bekomme. Glenn gefiel der ursprüngliche Text, *Now I Lay Me Down to Weep*, zwar gut, er lehnte ihn aber dennoch ab, weil er für eine Kennmelodie zu melancholisch war. Dieselbe Empfindung hatte er für meinen Titelvorschlag *Gone With the Dawn*. Der Verlag Robbins Music kaufte die Melodie und beauftragte Mitchell Parrish, der den Text zu *Stardust* geschrieben hatte, sich etwas ebenso Gutes einfallen zu lassen. Mitchs Text trug den Titel *Wind in the Trees* und wurde allgemein akzeptiert. Jedoch im letzten Moment erfuhr der Manager von Robbins, Abe Olman, daß die Nummer auf der Platte mit Frankie Carles *Sunrise Serenade* gekoppelt werden sollte: wäre es nicht eine gute Idee, die Rückseite *Moonlight Serenade* zu taufen? Er besprach sich mit Glenn und Mitch, beiden gefiel die Idee und so wurde aus *Wind in the Trees* die *Moonlight Serenade*. Kein anderer Bigband-Themesong wurde seinem Titel musikalisch so gerecht, außer vielleicht Tommy Dorseys *I'm Getting Sentimental Over You*.

Der Gig im *Meadowbrook* war das erste feste Engagement, in dem Glenn und die Band sich voll darauf konzentrieren konnten, gute Tanzmusik für die Jugend zu machen. Die musikalische Qualität verbesserte sich merklich. Der Trompetensatz verlor seinen provisorischen Charakter und gewann eine nie zuvor gekannte Solidität und Frische, als Glenn Mickey McMickle engagierte, einen mageren, scharfgesichtigen, ernsthaften Trompeter, der in gewisser Weise wie eine Jugendausgabe von Glenn wirkte. Er war seit Anfang der 30er Jahre Fixpunkt der Blechbläser im Orchester von Hal Hallett gewesen, wo er mit Gene Krupa, Jack Jenney und Jack Teagarden zusammen gespielt hatte.

Über ein Jahr lang war Glenn hinter McMickle hergewesen. »Zum ersten Mal fragte er mich 1937, ob ich nicht in seine Band kommen wolle; er hatte mich bei einigen Jam Sessions im alten *Avery Hotel* in Boston gehört. Ich litt aber damals an einer Nervenkrankheit und fühlte mich nicht imstande, einen Job anzunehmen. 1939, als ich im *Walton Roof* in Philadelphia spielte, traf ich Glenn wieder. Er erzählte mir, er hätte ein Engagement im *Meadowbrook* und lud mich ein, hinzukommen und mir seine Band anzuhören. Ich tat es, es gefiel mir und ich wurde an Stelle von Lee Castle engagiert, der die Jazzsoli gespielt hatte. Die anderen Trompeter waren Bob Price und Legh Knowles. Später ersetzte ich Bob Price als Leadtrompeter.«

McMickle blieb im Trompetensatz vom Tag seines Eintritts in

die Band bis zu deren Auflösung: nur einmal mußte er für drei Wochen aussetzen, weil er eine Zyste auf der Lippe hatte. Bobby Hackett, der später dazukam, erzählte mir erst kürzlich: »Wann immer die Trompeten gut klangen, war es das Verdienst von McMickles Lead. Er war ein unbesungener Held und außerdem ein toller Kerl; der einzige Kollege, der jemals versucht hat, mir zu helfen. Ich war damals noch unsicher und machte viele Fehler, aber er unterstützte mich und brachte mir eine Menge bei.«
In den ersten Wochen spielte Mickey fast alle Jazzsoli, auch jene auf den Plattenaufnahmen von *Runnin' Wild* und *Little Brown Jug*, die ich einmal Clyde Hurley zugeschrieben habe — ein Irrtum, den leider viele Kollegen übernommen haben. Als Mickey jedoch dann Satzführer war, spielte er kein einziges Solo mehr.
Zweifellos feuerte er die Band an und steigerte deren musikalische Qualität; noch mehr aber tat dies der Drummer Maurice »Moe« Purtill, Glenns seinerzeitige Weihnachts-Leihgabe von Tommy Dorsey.
Die merkliche Verbesserung der Rhythmusgruppe fiel mir auf, als ich noch gar nicht wußte, daß Moe zur Band gestoßen war. Knapp vor dem *Meadowbrook*-Gig war Cody Sandifer ausgeschieden, und an seine Stelle trat Andy Picard, ein netter Kerl, aber ein nicht gerade inspirierender Drummer, der aus der Dixielandszene kam. Die ohnehin schon schwache Rhythmusgruppe begann durch ihn noch mehr zu schleppen. Eines Abends hörte ich die Band im Radio und war verblüfft über den offensichtlich völlig verwandelten Picard. Am nächsten Morgen rief ich Glenn an und sagte es ihm. »Zum Teufel«, erwiderte er, »das war doch nicht Andy. Das war Moe Purtill. Er spielt seit gestern bei uns.«
Purtill war ein alter Freund von mir und ist es immer noch. Er fiel mir 1936 zum ersten Mal auf, als er ein unbekannter Drummer war und mit der auch nicht wesentlich bekannteren Bob Sylvester Band im *Arkadia Ballroom* auftrat. Ich schrieb eine begeisterte Kritik und bedrängte Red Norvo, er möge Purtill in sein schlagzeugloses Sextett aufnehmen. Red folgte meinem Rat, und Moes sanft swingende brushes waren eine willkommene Ergänzung der Gruppe.

Purtill und Alpert

Bei Glenn zeigte sich Moe wieder ganz anders. Glenns Vorstellung von Swing war grundverschieden von der Norvos; wie sich in vielen Debatten herausstellte, hielt er Reds Subtilität für verweichlicht und kraftlos. Er zog Handfesteres vor, verlangte ständig hartes treibendes knalliges Spiel, und meiner Meinung nach war das der Grund, daß Moe bei Glenn nie so zur Geltung kam wie vorher bei Red. Verglichen mit all seinen Vorgängern — mich selbst nachdrücklich eingeschlossen — war er ein Gigant. Aber Glenn machte es ihm unmöglich, in jene relaxte, swingende Stimmung zu kommen, die in der Norvo Band selbstverständlich war.

Einige Musiker aus der Miller Band stimmen in diesem Punkt völlig mit mir überein. Willie Schwartz sagte: »Wenn Glenn auf Moe Druck ausübte, dann trank Moe mehr und schüttelte seine Haare mehr, aber er swingte nicht mehr.« Und Chuck Goldstein, einer der Modernaires, fügte hinzu: »Wenn Glenn den Bandstand verließ und irgendwo Autogramme gab, swingten Moe und die ganze Band am meisten.« Ich weiß das auch aus eigener Erfahrung, aus der Anfangszeit, als ich mit der Band spielte und ebenso später, als ich in New Haven gelegentlich bei der AAF-Band einstieg: es war sehr schwer, relaxed zu spielen, wenn Glenn mich dabei ansah. Ich hatte immer das Gefühl, er kontrolliere jede meiner Bewegungen — obwohl das angesichts des Niveaus, auf dem ich spielte, vielleicht gar keine dumme Idee gewesen wäre.

Bassist Trigger Alpert meinte: »Ich stand darauf, wie Moe mit dieser Band spielte. Er hatte einen einmaligen Sound; er versuchte, Davey Tough zu kopieren, man hörte aber auch, daß er ein Fan von Sonny Greer war. Er spielte mehr oder weniger in allen Nummern gleich, weil Glenn das so haben wollte. Es machte mir Spaß, mit ihm zusammenzuspielen.«

Heute lebt Moe mit seiner attraktiven neuen Frau in Liberty, New York, wo er unterrichtet und in einem lokalen Club auftritt. Kürzlich kam er auf Besuch zu mir, und wir sprachen über Glenn Miller, von Freund zu Freund und von Drummer zu Drummer. Er selbst fand, daß sich sein Spiel bei Miller nicht so sehr von dem bei Norvo unterschied, wie ich das empfunden hatte, aber wir waren beide einer Meinung, daß Glenns Rhythmusgruppe nicht gut war.

»Das war die einzige Bigband der Welt mit einer Zwei-Mann-Rhythmusgruppe«, meinte Moe ironisch. »McGregor wackelte die ganze Zeit, und unseren Gitarristen Dick Fisher konnte Glenn nicht leiden, darum kam er praktisch nicht zum Spielen. Auf den Platten hört man ihn kaum.« Chuck Goldstein von den Modernaires formulierte es noch drastischer: »Diese Rhythmusgruppe, das war schon was! Jeder spielte für sich selbst.«

Obwohl Purtill Miller sehr bewunderte, weigert er sich noch immer, ihn mit Red Norvo auf eine Stufe zu stellen. »Das war musikalisch die beste Band, die es jemals gegeben hat, und ich könnte heulen, wenn ich denke, daß sie es nicht geschafft hat. Es war die einzige Band, von der ich jemals gehört habe, daß die Musiker nach dem Job darum baten, noch proben zu dürfen.«

Solche Bitten erübrigten sich bei Glenn, denn er probte und probte und probte. »Ich glaube, das Problem war, daß die Band überprobt war«, meint Purtill, »sie machte nie Fehler. Bei fast allen Plattenaufnahmen klappte schon der erste Take. Es war die größte Studioband, die jemals auf Tournee ging.«

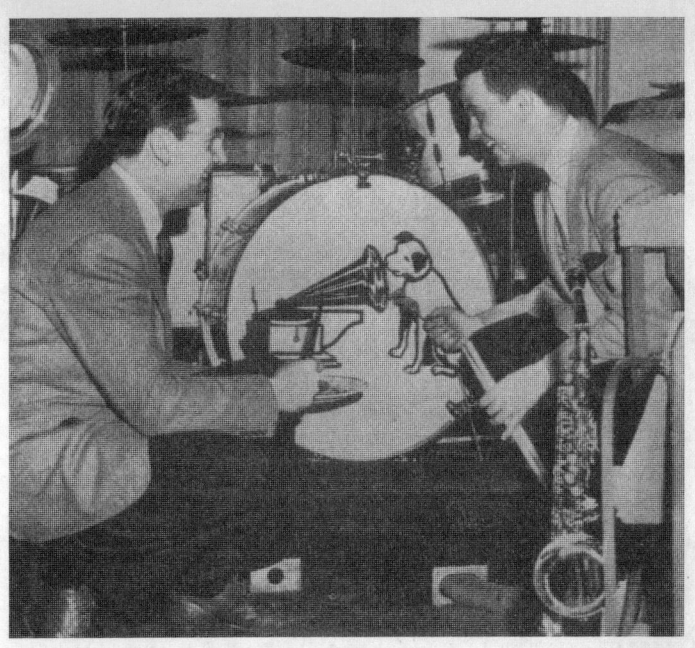

Glenn und Moe füttern den Hund, der sie füttert...

Manche vertreten die Meinung, die Band hätte mit einem anderen Drummer mehr geswingt, und vermuten, Purtill hätte seinen Job deshalb so lange behalten, weil Glenn ihn persönlich gerne mochte. Moe bestreitet gar nicht, daß er mit dem Boß viel besser zurechtkam als viele andere. »Wir verstanden uns von Anfang an. Ich kam von Tommy Dorseys Band, und das war alles andere als eine Pfadfindertruppe: dort wurde schon morgens getrunken, und wer nicht mitmachte, wurde geächtet. Du erinnerst dich, ich bin im *Meadowbrook* zu Glenn gestoßen, und nach dem ersten Set ging ich an die Bar und verlangte einen Drink. Rudy, der Bartender, erwiderte, er dürfe den Musikern keinen Alkohol servieren; Glenn hätte es verboten. Gerade da kam Glenn vorbei und sah sofort, was los war. Ich weiß immer noch nicht warum, aber er erlaubte Rudy, mir einen Drink zu geben.«

In den Tagen seiner Zivilband trank Glenn nur selten, aber ab und zu tat er es doch und dann war meistens Purtill dabei. »Einmal, als wir ein paar Tage in einem Theater in Providence spielten, saßen Glenn und ich nachher an der Bar des Hotels und tranken ein paar Gläser. Glenn würfelte gern und schlug vor, in sein Zimmer zu gehen und dort zu würfeln und noch ein paar Drinks zu nehmen. Wir waren schon ziemlich ›hinüber‹, und Glenn redete sich einiges von der Seele. Er saß da in seinen Shorts und nach einer Weile stand er auf und ging ins Badezimmer, während er die ganze Zeit weiterredete. Ich kam aber plötzlich drauf, daß ich genug hatte, stand auf, ging in mein Zimmer und legte mich schlafen.

Am nächsten Tag im Theater kam der Roadmanager Johnny O'Leary zitternd auf mich zu und sagte: ›Mr. Miller hat gesagt, ich soll dich rausschmeißen. 14 Tage Kündigungsfrist.‹ — ›Sag ihm, ich gehe gleich‹, erwiderte ich. Ich hatte keine Ahnung, was los war, und war stinksauer, gekündigt zu werden, ohne daß mir jemand sagte, warum.

Dann beschloß ich aber, bei der ersten Show doch noch mitzumachen. Wir spielten unsere Fassung des *Bugle Call Rag*, richtig schnell, verstehst du, in der ich ein kurzes Schlagzeugsolo hatte. Aber an diesem Morgen hatte Glenn es wirklich auf mich abgesehen. Er ließ mich spielen und spielen, übernächtigt und verkatert, wie ich war; ich dachte jeden Moment, ich würde zusammenklappen. Endlich war es vorbei; ich hatte keinen trockenen Faden mehr am Leib. Ich stürzte auf Glenn zu und brüllte: ›Was zum Teufel soll das heißen?‹ Er sah mich an, mit diesem harten Blick, den er für Leute hatte, die er nicht mochte, und erwiderte: ›Du verdammter Hurensohn! Letzte Nacht bist du einfach verschwunden, und ich saß wie ein Idiot im Bad und führte Selbstgespräche!‹« Zehn Minuten später nahm Glenn die Kündigung zurück.

Was Alkohol betraf, war Glenn überaus heikel. Wenn er die Musiker im Verdacht hatte, getrunken zu haben, unterwarf er sie einem besonderen Test, wie Purtill erzählte. »In unseren Arrangements waren eine Menge möglicher Kürzungen eingezeichnet, aber üblicherweise warnte er uns rechtzeitig mehrmals, wenn

wir die gekürzte Fassung spielen sollten. Aber eines Nachts im *Sherman Hotel* in Chicago glaubte er, einige von uns seien betrunken und rief alle Kürzungen im letzten Moment aus, um unser Reaktionsvermögen zu testen. Wir schafften es aber.«
Purtill ist überzeugt, im Musikgeschäft habe es nie einen smarteren Typen als Glenn Miller gegeben. »Er wußte Bescheid, ihm konntest du nichts vormachen. Und nicht alle wissen, wie großzügig Glenn sein konnte. Einige Male gab er uns einen 100-$-Bonus, besonders nach Theaterauftritten, wo das Geschäft besonders gut für ihn gewesen war.
Weißt du, wenn du jetzt zurückblickst, wird dir klar, daß Glenn viel mit Sinatra gemeinsam hatte: er war schlau, er war großzügig, und er konnte alles für dich tun — vorausgesetzt, er mochte dich. Glenns einziger Fehler war seine Neigung zu Vorurteilen. Wenn ein neuer Musiker zur Band kam und einen Gang hatte, der Glenn nicht gefiel, dann gefiel ihm gleich alles andere auch nicht.«
Wie Sinatra respektierte Glenn Musiker und nicht nur das: er bestand auch darauf, daß sie von den anderen respektiert wurden, wie Purtill berichtete. »Wenn wir in Hotels engagiert waren, bestand er darauf, daß wir uns zu den Gästen an die Tische setzen durften. ›Die Musiker sind auch Gäste hier‹, pflegte er zu sagen.«
Sein weiches Herz offenbarte Glenn nur Menschen, denen er vertraute; Purtill war einer der wenigen. »Er spielte den harten Mann, aber das war nur eine Pose. Und, weißt du, er liebte Kinder über alles, und es machte ihm sehr zu schaffen, daß er und Helen keine eigenen haben konnten. Ich weiß noch, einmal sagte er, er wolle meinen Sohn John adoptieren. Wir waren im *Wardham Park Hotel* in Washington, und Johnny O'Leary sollte auf John aufpassen. Als O'Leary plötzlich ohne ihn hereinkam, traf mich fast der Schlag: ich dachte, er sei draußen im Swimmingpool ertrunken. Aber O'Leary sagte: ›Oh, ich habe vergessen, es dir zu sagen: dein Junge ist draußen mit Glenn.‹ Und als ich hinauskam, spielten die beiden am Pool und hatten großen Spaß miteinander. ›Weißt du was, Moe‹, sagte Glenn, ›du gibst mir deinen Johnny und ich gebe dir dafür ein Drittel von meiner

Band.‹ Er sagte es im Scherz, aber mit einem ernsten und wehmütigen Unterton. Johnny war damals erst fünf; und weißt du, was er zu Glenn sagte? Er sagte: ›Deine Band ist zu laut. Warum spielst du nicht wie Tommy Dorsey?‹«

Kapitel 16

Das *Glen Island Casino* war immer schon mein bevorzugtes Lokal gewesen, wenn ich tanzen und den Bands zuhören wollte. Sie spielten im ersten Stock in einem großen Raum mit hoher gewölbter Decke; das garantierte gute Akustik und man fühlte sich nie eingeengt, zugleich entstand durch die sanfte Beleuchtung und das unaufdringlich-einfache Dekor eine intime romantische Atmosphäre. Durch die hohen französischen Fenster, die im Sommer geöffnet waren, hatte man einen wunderbaren Blick auf den Long-Island-Sound, und wer Lust hatte, konnte zwischen den Sets mit seinem Mädchen draußen herumspazieren, plaudern, Mond und Sterne betrachten und dem langsamen Rhythmus der Wellen zuhören.
Hierher für den Sommer verpflichtet zu werden, war für eine aufstrebende Band ein Haupttreffer; es steigerte ihr Prestige. Hier traf sich die gesamte Collegejugend aus dem nahegelegenen New York und den vornehmen Villenvororten, von hier wurden unzählige landesweite Radiosendungen übertragen. Die Möglichkeiten waren enorm.
Allerdings war die Konkurrenz, der sich Glenn 1939 gegenübersah, nicht zu unterschätzen. Im *Playland Casino*, etwas weiter den Sund hinauf, feierte Charlie Barnets Band ein Comeback, und drüben in Westchester County hielten Red Norvo und Mildred Bailey hof im *Murray's* in Tuckahoe.
Die Miller Band war in Bestform für die Eröffnung am 17. Mai; das lange Engagement im *Meadowbrook* und die Neuzugänge McMickle und Purtill hatten ihr überaus gutgetan. Der Saal war überfüllt; unter das übliche Studentenpublikum mischten sich Musikverleger, Freunde und Gönner. Erregung und Begeisterung dominierten an diesem Abend im *Glen Island Casino*, und als es vorüber war, fühlte man, Zeuge eines bedeuten-

den Ereignisses von der Sorte »A Star Is Born« gewesen zu sein.
Meine Begleiterin an diesem Abend war eine sehr junge Sängerin, die kürzlich in der Stadt aufgetaucht war und regelmäßig ohne Bezahlung bei der Radiostation *WNEW* auftrat, um Erfahrung zu sammeln und bekannt zu werden. So wie ich von 1937 an Glenns Erfolg prophezeit hatte, lange bevor seine Band bekannt wurde, setzte ich mich auch 1939 für die unbekannte Dinah Shore ein. Ich versuchte sogar, ihr bei Glenn und bei einigen bekannteren Bandleadern einen Job zu verschaffen; aber Dinah hatte anfangs — ähnlich wie Glenn — nicht allzu viele Menschen, die an sie glaubten.
Abgesehen von ihrem scharfen Verstand und ihrem Humor besaß sie eine Eigenschaft, an die ich mich besonders gut erinnere: sie wollte nie über irgend jemanden etwas Schlechtes sagen, sehr im Gegensatz zu Glenn und mir. Als Dinah und ich am Eröffnungsabend direkt vor dem Bandstand tanzten, lehnte Glenn sich herüber und unterhielt sich mit uns. Ich erwähnte, daß soeben Nick Kenny hereingekommen sei, der Radiokolumnist des *New York Mirror;* er komponierte auch und hoffte, die Bands, die er lobend erwähnte, würden seine Songs im Radio spielen. Glenn, nicht gerade ein Kenny-Fan, warf mir einen seiner »Wen-zum-Teufel-interessiert-das-schon«-Blicke zu. Dinah, in ihrem Bemühen, etwas Nettes über Nick zu sagen, meinte daraufhin: »Aber Sie müssen zugeben, er hat viel Sinn für Humor, nicht wahr?« — »Natürlich«, war Glenns Antwort, »den muß man auch haben, wenn man solche Songs schreibt.«
Glenn bot an diesem Abend nicht nur gute stilbewußte Tanzmusik, er führte auch einige kommerzielle Neuerungen ein. Da ihm die Bedeutung von *Glen Island* bewußt war, hatte er ein spezielles Medley von Songs vorbereitet, von denen jeder einzelne mit einer der Bands assoziiert wurde, die von hier aus ihren Weg gemacht hatten. Er präsentierte es am späteren Abend unter dem Motto »Something Old, Something New, Something Borrowed, Something Blue«. Diese Art von Medleys wurde später ein integrierender Bestandteil aller seiner Radioprogramme.
Die zahllosen Coast-to-Coast-Sendungen vermittelten nicht nur

Glenns Musik, sondern auch die enthusiastischen Reaktionen der Tänzer und Zuhörer und waren für Glenns Karriere ein ähnlicher Impetus, wie es vier Jahre davor die Übertragungen aus dem *Palomar Ballroom* für Benny Goodmans Karriere gewesen waren. Es gab nur einen Wermutstropfen: die Gage war lausig. Nachdem sich so viele Bands vor allem wegen der Radioübertragungen darum rissen, im *Glen Island Casino* zu spielen, konnte es sich das Management erlauben, nur den lokalen Gewerkschaftstarif zu bezahlen: $ 35 pro Musiker und ein wenig mehr für den Bandleader. Das hieß, Glenn mußte tief in seine eigene Tasche — oder in die Cy Shribmans — greifen, um die notwendigen Ausgaben für Werbung, Fotomaterial, die Bewirtung von Journalisten und letzten Endes den persönlichen Lebensunterhalt bestreiten zu können.

Dazu kam, daß sich seine Lohnliste ausgeweitet hatte. Ein Roadmanager war dazugekommen. Tommy Mack, ein Collegeabsolvent mit hellem Köpfchen aus Shribmans Bostoner Büro, der Glenn nun viel von dem täglichen bürokratischen Kleinkram abnehmen konnte. Außerdem war Glenn, wie viele andere, so angetan von Bullet Durgoms Enthusiasmus gewesen, daß er ihn überredet hatte, seinen Job an der Börse aufzugeben und Bandboy der Miller Band zu werden. Bullet kümmerte sich um Instrumente, Notenpulte und ähnliche Dinge, aber durch sein Wesen brachte er eine Fröhlichkeit in die Band, die einige Musiker auflockerte, Glenn inbegriffen.

Die finanzielle Situation hätte Glenn belastet, wäre ihm nicht klar gewesen, daß seine Band nun wirklich Erfolg hatte und daß er nach Beendigung des *Casino*-Gigs bei One-nighters und Theaterauftritten endlich verdienen würde. Aber dessen ungeachtet wollte er sich nicht ein weiteres Mal die Finger verbrennen. Geld war nach wie vor knapp, und Glenn hielt es zusammen, wo er nur konnte. Ab und zu versuchten Leute, ihn auszunutzen, aber in seiner barschen kurzangebundenen Art setzte Glenn ihnen rasch den Kopf zurecht.

Dies geschah eines Abends, als ein Reporter nicht nur mit seiner Freundin, sondern auch mit sechs weiteren Bekannten hereinkam. Die Gesellschaft blieb bis zum Schluß; alle hatten Cock-

»Waaas, 75 Dollar!!??«

tails vor dem Essen und einige Runden von Drinks danach. Als der Kellner Glenn schließlich die Rechnung präsentierte, weigerte sich dieser, sie zu akzeptieren. Die meisten meiner Kollegen waren fair genug, ihre Konsumation in solchen Fällen in Grenzen zu halten, besonders, wenn es sich um eine neue Band handelte. Dieser Typ jedoch hatte eine Rechnung von $ 75, was damals eine ganze Menge war, und Glenn dachte nicht daran, sich ausnehmen zu lassen; er zeigte Courage. Mit der Rechnung in der Hand ging er zu dem Tisch des Kritikers und sagte: »Sorry, aber wenn eine gute Kritik von Ihnen so teuer ist, dann kann ich sie mir nicht leisten!«

Zwei Polls im Sommer bewiesen, wie sehr sich die Position der Band verbessert hatte. Der eine war der von Martin Block bei *WNEW*, wo Glenn im Vorjahr überhaupt nicht erschienen war, diesmal aber den 4. Rang belegte, hinter Benny Goodman, Artie Shaw und Tommy Dorsey, aber vor Jimmy Dorsey, Harry James, Count Basie, Sammy Kaye, Gene Krupa, Jimmy Lunceford, Larry Clinton, Charlie Barnet, Richard Himber, Glen Gray und Kay Kyser. Der *Metronome*-Poll sah Glenn an 4. Stelle

bei den Sweetbands, an 5. bei den Swingbands und ebenfalls an 5. bei den »Lieblingsbands«; im Jahr davor war er in diesen Kategorien auf dem 26., 18. und 37. Platz gewesen.
Während des Engagements verstärkte Glenn die Band noch durch den Gitarristen Dick Fisher, einen ruhigen, gutaussehenden Burschen, der von nun an die Karriere der Miller Band mitmachte, unauffällig und arbeitsam, wie viele andere Sidemen, die keine Gelegenheit bekamen, sich hervorzutun.
Ich ging wieder auf Talentsuche. Als ich ein paar Ben-Pollack-Platten zur Besprechung erhielt, erregte ein Trompeter mit ungeheurem Drive und eindrucksvollem Tonvolumen meine Aufmerksamkeit; die Nummer hieß ironischerweise *So Unexpectedly*. Ich recherchierte, fand heraus, daß der Mann Clyde Hurley hieß, und spielte Glenn die Platte vor. Er teilte meine Begeisterung, führte ein Telefonat mit seinem alten Boß Pollack und bald gab es eine Veränderung bei den Trompetern: Clyde Hurley übernahm den Platz des Jazztrompeters. Mickey McMickle wurde an Stelle von Bob Price Leadtrompeter.
Bedauerlicherweise spielte Clyde für Miller nie so gut, wie er es für Pollack getan hatte. Als er in die Band eintrat, versuchte er nach Kräften, alle durch Soli im obersten Register zu beeindrucken. Ich fragte ihn eines Tages geradeheraus, warum er nicht mehr in diesem wundervollen Mittelregisterstil spiele, den ich auf der Platte gehört hatte, und seine Antwort kam mit der gleichen Direktheit: er sagte, die Band inspiriere ihn kein verdammtes bißchen, vor allem Purtills Schlagzeugspiel könne er nichts abgewinnen, und so müsse er sich eben selbst in Erregung versetzen.
Während des Sommers fand ich auch einige Jazzklarinettisten. Stanley Aaronson war zu Will Osborne übergewechselt in der Meinung, dort einen besseren Job zu bekommen, und hätte sich deshalb noch 25 Jahre später am liebsten selbst in den Hintern getreten. An seine Stelle trat Gabe Galinas, der ein guter Satzspieler war; als Jazzsolist war Glenn jedoch weniger mit ihm zufrieden und begann sich nach einem Ersatz umzusehen. Ich weiß nicht mehr genau, wo ich Hal Tennyson aufgetrieben habe, möglicherweise in einem kleinen Nachtclub an der West 59th Street;

Kay Starr

für einige Monate genügte er Glenns Ansprüchen. Aber dann berichtete ich Glenn Anfang August von Jerry Yelverton, einem brillanten Klarinettisten, den ich im *Claremont Inn* entdeckt hatte, gleich neben dem Grant-Mausoleum am New Yorker Riverside Drive; er spielte dort mit der Band von Barry Wood. »Du hast deinen Wagen hier, nicht wahr«, sagte Glenn zu mir, »fahre doch hin und bringe ihn hierher zu einer Probe.« Ich tat es, Jerry stieg ein und Glenn engagierte ihn.

Jerry Yelverton, ein Absolvent des Auburn College, war einer der besten Jazzklarinettisten, die ich jemals gehört hatte. Als Persönlichkeit wirkte er hingegen farblos und schüchtern, etwa wie ein Physikstudent, der sich bei der Schulabschlußfeier freiwillig als Beleuchter zur Verfügung stellt, damit er nicht etwa Mädchen zum Tanz auffordern muß. Er besaß die vollkommenen Manieren eines wohlerzogenen jungen Mannes aus dem Süden, rauchte und trank nicht, und wenn er wirklich sauer war, murmelte er seinen schlimmsten Fluch: »Heiliger Truthahn!« Auf dem Bandstand saß er zwischen Hal McIntyre und Tex Beneke. Hal erzählte mir einmal, er und Tex hätten sich oft in den ob-

szönsten Ausdrücken unterhalten und sich daran geweidet, wie Jerry sich wand. Der Ärmste hatte keine Chance, und obwohl Glenn ihn ab und zu ein Soli spielen ließ, bekam er meiner Meinung nach nie die Anerkennung, die sein Talent verdient hätte.
Während des Engagements im *Glen Island Casino* mußte Glenn auch für etwas mehr als eine Woche auf eine seiner Hauptattraktionen verzichten. Ende Juli brach Marion Hutton vor Erschöpfung auf dem Bandstand zusammen und mußte ins Krankenhaus. In der Zwischenzeit wurde sie von einer vergleichsweise unbekannten Kollegin aus Memphis, Tennessee, vertreten: sie war schüchtern, aber eine überaus lebendige und erregende Vokalistin. Ihr Name war Kay Starr. Sie wirkte auch auf zwei Plattentiteln mit, *Baby Me* und *I'm in Love with a Capital You* und verschwand dann wieder in der Versenkung. Später sang sie mit Charlie Barnets Band, und Ende der 40er Jahre wurde sie eine der populärsten Sängerinnen des Landes. »Ich war damals sehr jung und kam mit meiner Mutter nach New York«, erzählte Kay Starr vor einiger Zeit dem Miller-Historiker John Flower. »Wie Glenn auf mich verfallen ist, weiß ich nicht mehr, aber ich erinnere mich, daß ich Probleme hatte, gehört zu werden; es war schwierig, das Mikrofon niedrig genug für mich anzubringen.«
Parallel zur Popularität der Band stieg auch die Menge ihrer Schallplatten. Bei *RCA Victor* war der strikt kommerziell denkende Eli Oberstein von Leonard Joy abgelöst worden, einem ehemaligen Dirigenten, der gute Musik bewunderte und eine

Seele von einem Menschen war. Er war von der Band so begeistert, daß er am liebsten ihr ganzes Repertoire aufgenommen hätte; immerhin entstanden in den 14 Wochen des *Glen Island*-Gigs 36 Titel. Am erfolgreichsten waren instrumentale Standards wie *Pagan Love Song* und *Isle of Golden Dreams*, sowie Originalinstrumentalnummern wie etwa Glenns *Sold American*, aufgebaut auf dem Singsang des Tabakauktionärs in der Lucky-Strike-Radiowerbung (möglicherweise Glenns Ruf nach einem Sponsor, denn er hatte diese Nummer schon früher für *Brunswick* aufgenommen), *Glen Island Special* und die berühmteste Instrumentalaufnahme der Band, *In the Mood*.

Keine andere Aufnahme illustriert so überzeugend Glenns beachtliches Talent, aus einem Arrangement die unwesentlichen Teile zu entfernen und es zu einem wunderschön konstruierten und leicht ausführbaren Prachtstück zu machen. Der Komponist Joe Garland hatte das Originalarrangement von *In the Mood* ursprünglich Artie Shaw gegeben, dieser jedoch hatte es nicht aufgenommen, weil es die Maximallänge einer 78er Schellack bei weitem überschritt. Ein Rundfunkmitschnitt von Arties *In the Mood*-Version mit einer Länge von 6½ Minuten erschien Jahre später auf einer LP. Die Aufnahme beginnt wie die Miller-Fassung mit dem vertrauten 12taktigen Riff der Saxophone, zweimal gespielt. Dann folgt das nächste Thema, das bei Miller aus zwei ähnlichen achttaktigen Phrasen besteht, über deren Akkordprogression die Solisten anschließend improvisieren. Bei Shaw sind diese 16 Takte hingegen nur die erste Hälfte eines vollen 32taktigen Chorus, dessen zweite Hälfte aus einer 8taktigen Bridge und anschließend aus der Wiederholung der ersten 8 Takte besteht. Glenn eliminierte Bridge und Wiederholung, strich aber auch das anschließende 32taktige Ensemblefinale Garlands; an dessen Stelle ließ er die Saxophone die einprägsame Riff-Figur vom Beginn des Stückes einige Male wiederholen, jedes Mal leiser werdend, bis schließlich die gesamte Band mit dem wohlbekannten lärmend-explosiven Finale hereinbrach.

Obwohl *In the Mood* einer der größten Plattenerfolge Glenns wurde, bekam er dafür keinerlei Tantiemen. Er war immer noch durch seinen alten Kontrakt gebunden; alles, was er für *In the*

Das berühmte Saxophonduett von Beneke und Klink in *In the Mood*

Mood erhielt, waren $ 175!! Kein Wunder, daß *Victor* die Platte immer wieder veröffentlichte. Allerdings gelang es Glenns Nachlaßverwalter David Mackay Ende 1972, mit *Victor* eine neue Vereinbarung zu treffen: demnach verpflichtete sich die Firma, für alle von Glenn aufgenommenen Platten — teilweise sogar rückwirkend — Tantiemen zu bezahlen; auch für *In the Mood*. Schade, daß Glenn davon nichts mehr gehabt hat.

Die Jugend liebte es, zu *In the Mood* Jitterbug zu tanzen. Im Gegensatz zu einigen früheren schnellen »killer-diller«-Nummern der Band hatte dieser neue Publikumshit genau das richtige Tempo dafür: »Nicht zu langsam, nicht zu schnell — einfach halbschnell«, wie Louis Armstrong mit anzüglichem Grinsen zu sagen pflegte.

Über die Tempofrage gab es zwischen Glenn und mir häufig

Diskussionen; viele der Nummern waren meiner Meinung nach unnötig schnell. »Du brauchst es ihnen nicht in den Hals zu stopfen, nur um zu beweisen, daß es swingt«, sagte ich oft zu ihm. Und als es unübersehbar war, wie »groovy« die Tänzer das Tempo von *In the Mood* fanden, hatte ich das Gefühl, diese Runde sei an mich gegangen.

Ein weiterer Streitpunkt zwischen uns war, daß Glenn stur darauf beharrte, die Rhythmusgruppe müsse immer in jedem Takt alle vier Beats akzentuieren. Ich meinte, daß es besonders in Balladen für die Tänzer angenehmer wäre, wenn der Baß nur zwei Beats spielen würde, aber ich konnte Glenn nicht überzeugen. Schließlich knurrte er: »Das Problem mit dir ist, daß du so tanzt wie Smith Ballew.« Ich habe Ballew nie tanzen gesehen und hätte das auch als Kompliment nehmen können, aber es war sicher keines.

Zu den Annehmlichkeiten des *Glen Island Casino* gehörte seine weiträumige Tanzfläche. Manche liebten den Jitterbug, andere wollten eng umschlungene Schleichtänze, wieder andere drängten sich um den Bandstand und sahen nur zu; für alles war reichlich Platz. Ich habe nie wieder ein so begeistertes Publikum erlebt.

Am Mittwoch, dem 23. August, spielte die Band vor 1200 enthusiastischen Fans zum letzten Mal im *Glen Island Casino*, und nach dem letzten Set gab das Publikum den Musikern eine Abschiedsparty. Weder vorher noch nachher hatte irgend jemand solchen Erfolg in diesem Lokal wie Glenn mit seiner Band und seinen Vokalisten. Nun war Glenn Miller eindeutig arriviert.

Kapitel 17

Das einzig Unangenehme im *Glen Island Casino* war die schlechte Bezahlung gewesen. Aber selbst eine noch schlechtere hätte Glenn in Kauf genommen, denn er wußte genau, in dem Moment, wo er wieder auf Tournee ging, würde er seine Verluste mehr als nur hereinbringen. Das Ausmaß und die Schnelligkeit, mit der dies geschehen sollte, hatte allerdings niemand von uns erwartet.
Die ersten Gigs waren dafür ein exzellentes Barometer: *Loew's Capitol Theater* in Washington, D. C., erzielte durch die Band die seit drei Jahren höchste Wocheneinnahme von $ 22 500. »Auf der ersten Tour nach seinem Durchbruch«, berichtete *Variety*, »stoppt Glenn Miller viermal seine eigene Show, verweist drei andere Programmpunkte auf die Plätze und hinterläßt ein überzeugtes und zufriedenes Publikum.«
Nicht nur das musikalische Format der Band, sondern auch die Anzahl ihrer Mitglieder vergrößerte sich. Nun endlich konnte Glenn sich eine Maßnahme leisten, von der er schon lange träumte: die Zahl der Blechbläser von sechs auf acht zu erhöhen. »Dreistimmige Harmonie klingt zu dünn«, erläuterte er. »Mit vier Trompeten und vier Posaunen habe ich zwei voller klingende Sätze.«
Der neue Trompeter Johnny Best entpuppte sich als einer der besten, die die Band jemals gehabt hatte. Zeke Zarchy, der großartige Leadtrompeter, der eine Zeitlang neben ihm saß, meinte, Best hätte »niemals in seinem Leben auch nur einen schlechten Ton gespielt«. Johnny, ein gewandter erfahrener Musiker, brachte Geschmack, Überzeugung und echtes Jazzfeeling in die Band. Seine Armstrong-ähnliche Phrasierung erfreute nicht nur die Kollegen, sondern auch die Fans, zu deren Lieblingen er bald gehörte. Er wirkte scheu und zurückhaltend, nahm jedoch gele-

Der neue Blechsatz. Paul Tanner, Tommy Mack, Glenn, Frank D'Annolfo, Posaunen; Legh Knowles, Johnny Best, Mickey McMickle, Clyde Hurley, Trompeten. Rolly Bundock ist der Bassist

gentlich kein Blatt vor den Mund, wie erst kürzlich gegenüber einem Forscher für *Time-Life Records*.
Johnny war einmal einer von Artie Shaws swingendsten Trompetern und leitet nun mit Erfolg eine Avocado-Ranch in Kalifornien. Mit Glenns kommerziellen Bestrebungen war er nie ganz einverstanden. »Bei Shaw hat es mir besser gefallen«, bekannte er. »Der Unterschied lag darin, daß Glenn menschlich etwas kälter und die Musik etwas steifer war. In Arties Band war alles freier und gelöster. Bei Glenn war alles genau vorgeschrieben, von den Schuhen über den Haarschnitt bis zur Musik.
Glenn Miller blickte zu Artie Shaw auf. Als ich von Shaw zu ihm überwechselte, sagte er: ›Ich möchte, daß du bei mir genauso spielst wie bei Artie.‹ Ich versuchte es, aber in Glenns Band

war die Phrasierung festgelegt. Alles wurde zuerst festgelegt und dann genauso gespielt.«

Mit seinem üblichen scharfen Blick für Wirtschaftlichkeit besetzte Glenn den Platz des vierten Posaunisten zunächst mit seinem Roadmanager Tommy Mack. Erst einige Zeit später engagierte er einen erfahreneren Musiker, Frankie D'Annolfo, für diesen Job. Frankie war nicht nur ein Gewinn für den Posaunensatz, er übernahm auch Glenns Soloparts, wenn dieser nicht auf dem Bandstand war.

Ein weiteres neues Mitglied stieß in Baltimore dazu, wo die Band in der ersten Septemberwoche die Rekordzahl von 19 000 Besuchern in das *Hippodrome Theater* lockte. Schon Wochen davor hatte ich in meinem Autoradio, während ich durch die Stadt fuhr, einen Klarinettisten mit einem phantastisch großen und runden Sound gehört. Ich fand heraus, daß es die Station *WBAL* war, erkundigte mich und erfuhr, es handle sich um einen 18jährigen Burschen namens Jimmy Abato. In New York erzählte ich alles Glenn, und er nahm Kontakt mit Jimmy auf, als die Band kurz darauf in Baltimore spielte.

Ich bezweifle, ob es in der gesamten Geschichte der Miller Band jemals eine so unerfreuliche Beziehung gegeben hat wie die zwischen Glenn und dem gefühlsbetonten und gelegentlich launenhaften Jimmy, der eigentlich Vincent Abato heißt und heute unter seinem wirklichen Namen zu den meistrespektierten Klarinetten- und Altsaxophonsolisten auf dem Gebiet der Klassik gehört. Respekt, so erzählte er kürzlich, sei etwas, das er von Glenns Seite nie auch nur im entferntesten erfahren habe. Offensichtlich hatte hier Glenn wieder einmal in der ersten Sekunde der Begegnung beschlossen, ihn nicht zu mögen.

Noch immer kann Abato nicht ohne Bitterkeit über diese Zusammenkunft im *Lord Baltimore Hotel* sprechen. »Glenns Roadmanager Tommy Mack rief mich an und bestellte mich zum Vorspielen. Als ich hinkam, war der Gitarrist Dick Fisher da, um mich zu begleiten. Wir spielten *Tea For Two*, aber Glenn reagierte überhaupt nicht; er sagte nur: ›Komm morgen ins Theater.‹«

Tanzende Saxophonisten als Publikumsattraktion. Von links: Jimmy Abato, Willie Schwartz, Tex Beneke, Al Klink, Hal McIntyre

Das tat Abato und wartete auf Glenn in dessen Garderobe. »Er kam herein und sprach kein Wort, ich stand da wie ein Idiot. Endlich sagte er: ›Kid‹ — er nannte mich nie beim Namen, immer nur Kid —, es gefällt mir, wie du spielst, aber ich weiß nicht, ob ich dich engagieren soll. Italiener und Juden mag ich nicht in meiner Band; sie machen nur Schwierigkeiten.‹ Ich war so geschockt, daß ich nicht wußte, was ich sagen sollte; so hatte noch niemand mit mir geredet. Später an diesem Abend sprach ich mit meinem Papa, der zwar nicht gut Englisch konnte, aber eine große Menschenkenntnis besaß, und er meinte, in dieser Band würde ich nie glücklich sein. Er hatte recht.«
Jimmy war ein großer Techniker und hatte einen wundervollen Ton, aber er gibt selbst zu, kein besonderer Jazzsolist zu sein und verstand daher, daß ihn Glenn nur selten herausstellte. »Ich war ein guter ›Pirat‹, ich konnte die großen Jazzklarinettisten

imitieren. Aber Glenn war verrückt nach Benny Goodman, und so gut wie der war eben niemand.«
Seinen Frust überspielte er durch Frechheit, wie Rolly Bundock berichtet. Einmal erläuterte Glenn den Saxophonisten eine Passage, und Jimmy zählte alle Akkorde auf. Das paßte Glenn nicht. ›Okay, du Genie‹, sagte er schließlich, ›ich rede hier.‹ Aber Jimmy ließ sich nicht lumpen. ›In Ordnung, lieber Gott‹, erwiderte er sarkastisch.
Während der sechs Monate, die Abato in der Band verbrachte, wurde das Verhältnis zu seinem Chef immer schlechter. »Als ich heiratete und meine Frau ins *Café Rouge* mitbrachte, kamen alle Kollegen an unseren Tisch und gratulierten, aber Glenn ignorierte uns völlig. Dabei hatte er knapp davor, als Paul Tanner geheiratet hatte, ihm und seiner Frau ein wundervolles Hochzeitsgeschenk überreicht.
Schließlich sagte mir Moe Purtill, der mich gerne mochte, er hätte gehört, Glenn wolle mich durch Ernie Caceres ersetzen und ich möge mich besser nach einem neuen Job umsehen. Ich ging zu Paul Whiteman, der im *Strand Theater* auftrat, und er engagierte mich sofort. Gleich bei der ersten Plattenaufnahme stellte er mich als Solisten heraus; bei Glenn bekam ich auf keiner einzigen Platte ein Solo.«
Anscheinend war Whiteman nicht ganz so verrückt nach Benny Goodman.
Die unglückliche Beziehung mit Abato ist ein geradezu klassisches Beispiel für Glenns Sturheit und seine Art, die Welt in Schwarz und Weiß mit nichts dazwischen einzuteilen. Jimmy konnte es ihm nie rechtmachen, was auch immer er tat, und entwickelte begreiflicherweise bald eine ähnliche Einstellung. Wie Purtill kürzlich sagte: »Glenns größter Fehler war seine Neigung zu vorschnellen Urteilen. Vermutlich gefiel ihm Jimmys Art beim Vorspielen nicht, und dadurch hatte der arme Kerl nie eine Chance.«
Unter diesem Aspekt muß auch Glenns Bemerkung über Italiener und Juden gesehen werden. Die Atmosphäre frömmelnder Engstirnigkeit, die für die Protestanten des Mittelwestens am Beginn dieses Jahrhunderts so typisch war, mag ihre Spuren in ihm

hinterlassen haben, und es ist denkbar, daß er in gewissen Momenten der Erregung auf solche Klischees zurückfiel. Ich weiß, daß er über rassische und ethnische Charakteristika nachdachte und gelegentlich seine eigenen entwickelte. »Italienische Trompeter sind selten gute Jazzsolisten«, sagte er einmal, »aber sie sind hervorragende Satzführer.« Und er zitierte gerne Ben Pollacks Ausspruch, in einer guten Band müsse mindestens ein Jude sein.

Aber abgesehen von gelegentlichen gedankenlosen Klischees wie dem vorhin erwähnten war Glenn Miller für mich und alle, die ihn gut kannten, keineswegs so engstirnig, wie er von seinen Gegnern oft hingestellt wurde. Gewiß, nach heutigen Begriffen wirken manche seiner Pauschalurteile kleinkariert und naiv; jedoch wenn er auch manche Menschen vorschnell und oft ungerecht beurteilte, so beurteilte er sie doch fast immer ausschließlich als Individuen. Zum Beispiel hatte er nie ein besonders herz-

liches Verhältnis zu den Protestanten Johnny Best, Al Klink oder Dick Fisher, vertrug sich aber wunderbar mit Juden wie Trigger Alpert, Zeke Zarchy, Stan Aaronson und Willie Schwartz, mit den Italo-Amerikanern Frank D'Annolfo und Jerry Gray sowie — außerhalb der Band — mit Cy Shribman, Charlie Spivak (jahrelang sein bester Freund), Benny Goodman, Gil Rodin und vielen anderen, von denen sich keiner jemals über Vorurteile von Glenns Seite beklagt hat.
Gelegentlich gedankenlos — sicher; aber permanent engstirnig war Glenn sicher nicht.

Nach Baltimore folgte eine ganze One-nighter-Serie mit Rekordbesucherzahlen: bei der *New York State Fair* in Syracuse zog die Glenn Miller Band die größte Zuhörermenge in der Geschichte der Stadt an; am folgenden Abend brach sie den Rekord im *Hershey Park Ballroom* in Hershey, Pennsylvania, den bis dahin Guy Lombardo innegehabt hatte, und wieder einen Abend später entthronte sie Kay Kyser im *Lake Compounce* in Bristol, Connecticut. Kaum sechs Monate davor hätte Glenn sich noch glücklich geschätzt, wenn er ein Viertel der Besucherzahlen dieser beiden Bands erreicht hätte.
Von den meisten Veranstaltern der One-nighter verlangte Glenn 50 bis 60% der Gesamteinnahmen mit einer Garantiesumme von $ 1250; nur jenen, die ihm früher geholfen hatten, kam er jetzt finanziell etwas entgegen. In der ersten Woche nach dem *Glen Island Casino* überschritt er die Garantiesumme jeden Abend, und sein Einkommen erreichte in diesen sieben Tagen knapp $ 12 000 — mehr als sein Gesamtverdienst im Jahre 1938!
Mitte September kehrte die Band in die Theater zurück. Im *State Theater* in Hartford, Connecticut, brach sie wieder alle Besucherrekorde, und kurz darauf kam der größte Theatergig überhaupt: im New Yorker *Paramount*, wo man ihn früher nie gewollt hatte. Das dreiwöchige Engagement zusammen mit den Ink Spots brachte Gesamteinnahmen von über $ 150 000; Glenn erhielt im Schnitt $ 5400 wöchentlich. Er zog mehr Publikum an als Artie Shaw, der im nahegelegenen *Strand Theater* auftrat, und beeindruckte das *Paramount*-Management derart, daß er so-

fort ein Angebot für das folgende Jahr bekam; diesmal mit einer Garantiesumme von wöchentlich $ 6500.

In jenen Tagen waren in den großen Filmtheatern nicht die Filme, sondern die Bands die großen Attraktionen, die die Menschen anzogen. Ihre Namen waren auf den Plakaten oft größer gedruckt als die Filmtitel, und die Direktionen rissen sich um die Spitzenbands ebensosehr wie um die erfolgsträchtigsten Filme. Schon am frühen Morgen stand die Jugend Schlange an den Kassen, um die gewünschten Sitzplätze zu ergattern — nicht wegen des Filmprogramms, sondern um Miller und Shaw und Goodman und den Dorseys möglichst nahe zu sein.

Die Miller Band war nun so populär, daß die Leute auf alle Fälle kamen, wenn sie angekündigt war, ohne Rücksicht darauf, welcher Film gezeigt wurde. So geschah es etwa Anfang November im

Stanley Theater in Pittsburgh bei dem Film *They Shall Have Music*, dessen Star Jascha Heifetz war, also nicht unbedingt ein Favorit der Jitterbug-Freaks.

Joe Colien schrieb darüber in *Variety*:

»Sie brüllten und trampelten während der Musik von Brahms, Heifetz' kristallklarer Geigenklang wurde von Rufen nach Glenn Miller übertönt, und als das Wort ›Ende‹ auf der Leinwand erschien, bebte das Theater vor erwartungsvoller ekstatischer Aufregung. Niemand achtete auf die Dialoge, die symphonische Musik wurde verlacht; die ›Kids‹ wollten nichts anderes als Miller ...

Jedoch der augenblickliche Enthusiasmus für diese Band ist nicht schwer zu verstehen; sie bringt gleichermaßen Sweet und Swing und ist bei beiden exzellent. Der gegenwärtige Cinderella-Mann der Bigbandszene ist ein bescheidener, zurückhaltender Typ mit einer scheuen gewinnenden Art und einer Posaune, die Bände für ihn spricht.«

Von den Bühnenshows floß das Geld herein, von den Onenighters, aber abgesehen von den mageren $ 175 pro Titel kam nichts von den Platten. Glenn war sehr unzufrieden, und das blieb Frank Walker nicht verborgen. Als smarter Geschäftsmann, der er war, wollte er eine seiner Hauptattraktionen zufriedenstellen, zerriß den Vertrag und ließ einen neuen ausfertigen. Die Bezahlung pro Plattenseite wurde auf $ 350 verdoppelt, und dieser Betrag galt als Vorschuß auf 5% Tantiemen; damit hatte Glenn die gleichen Bedingungen wie Goodman, Shaw und Dorsey. Der neue Vertrag garantierte außerdem ein Minimum von 50 Titeln pro Jahr.

Welche Bedeutung der Miller Band nun im Musikgeschäft zugebilligt wurde, beweist die Tatsache, daß sie von der ASCAP* für ein großes Konzert am 6. Oktober in der *Carnegie Hall* nominiert wurde, zusammen mit drei weiteren prominenten Orchestern. Und bei diesem ersten informellen musikalischen Wettstreit erregte Glenn mehr Aufsehen als seine Rivalen Fred Waring, Paul Whiteman und Benny Goodman.

Ein weiteres Zeichen für die Popularität des neuen Miller-Stils war

---

* Vereinigung der Komponisten, Autoren und Verleger, ähnlich wie GEMA oder AKM

sein plötzliches Erscheinen in der ultrakonservativen Radioserie *Lucky Strike Hit Parade*. Mark Warnow, selbst ein überaus kreativer Dirigent und Arrangeur, gab offen zu, daß er Glenns Saxophonsatz mit Klarinettenführung kopierte. Warum? »Weil es gut klingt«, sagte er, »warum soll man das nicht verwenden?«

Auf das *Paramount*-Engagement folgten weitere One-nighter und weitere rekordebrechende Theaterauftritte. Im *Earle* in Philadelphia übertrumpfte die Band Benny Goodmans Premierentag und Kay Kysers Samstagabendrekord, in einem vorwiegend schwarzen Theater in Camden, New Jersey, zog sie mehr Besucher an als Cab Calloway. Aber es war nicht immer so. Ein schlecht angekündigtes Konzert im *County Center* in White Plains, nur ein paar Meilen vom *Glen Island Casino* entfernt, brachte beschämend niedrige Besucherzahlen, und im *Coliseum* von Greensburg, Pennsylvania, erschienen aus keinem erkennbaren Grund nur halb so viele Leute wie bei Hal Kemp.

Auch bei den Platten lief nicht alles nach Wunsch: *Ciribiribin*, ein großer Instrumentalhit für Harry James, wurde in Glenns Version mit Ray Eberle ein Flop; *Careless* wurde ein Erfolg für Dick Jurgens und Eddy Howard, während Glenns und Rays Fassung niemanden interessierte; Orrin Tucker und Wee Bonny Baker feierten Triumphe mit *Oh, Johnny, Oh, Johnny,* und die Platte von Glenn und Marion Hutton verstaubte in den Regalen; Tommy Dorsey, Frank Sinatra und die Pied Pipers erzielten einen Haupttreffer mit *I'll Never Smile Again*, und nicht einmal die treuesten Miller-Fans kannten Glenns Version dieser Nummer.

Mitte November kehrte die Miller Band zu einem ihrer triumphalsten Engagements nach *Meadowbrook* zurück. Das Publikum strömte in Scharen hin, und der Erfolg der Band begann sich nun auch in den Wochengagen der Musiker zu zeigen: nicht mehr $ 35 wie in *Glen Island*. Purtill und drei der Trompeter erhielten nun 100, Beneke 85, alle anderen Musiker und die Sänger jeweils 75 und der Arrangeur Finegan $ 62,50 wöchentlich.

Außer Finegan beschäftigte Glenn nun gelegentlich auch andere Arrangeure auf freier Basis und es war offensichtlich, daß er einen weiteren ständigen Arrangeur benötigte. Als Artie Shaw Mitte November plötzlich seine Band auflöste und nach Mexiko verschwand, griff Glenn blitzschnell zu und holte sich Jerry Gray. Es war einer seiner Meisterstreiche.

Jerry war Arties Chefarrangeur gewesen. Ich kannte ihn schon seit 1933; damals jazzte er auf Geige und Akkordeon in einem Bostoner Lokal und benutzte noch seinen wirklichen Namen Jerry Graziano. Ein paar Jahre danach sah ich ihn wieder als Geiger in Artie Shaws allererster Band. Später sollten wir beide als Mitglieder von Glenns AAF Band ein Zimmer teilen, und Anfang der 70er Jahre traf ich ihn in Dallas, Texas, wo er mit großem Erfolg die Band im vornehmsten Hotel der Stadt leitete und wo wir über die alten Zeiten sprachen.

»Am Tag, nachdem Artie Schluß machte, rief mich Glenn an«, erzählte Jerry. »Ich war noch immer im Schockzustand. Ich hatte Arties Band für die größte von allen gehalten und die von Glenn erschien mir zickig. Sie swingte einfach nicht so, obwohl sie später mehr musikalischen Tiefgang bekam. Also ging ich zu Glenn, aber mein Herz war nicht ganz dabei. Die Band war damals im *Meadowbrook*, und Glenn bezahlte mir 150 die Woche für drei Arrangements. Bei Artie hatte ich jede Woche fünf liefern müssen, trotzdem trauerte ich dieser Band immer noch nach. Aber ich beschloß dann, die Dinge einfach so zu nehmen, wie sie waren, und dann ging es. Wenn ich auch bei Artie musikalisch glücklicher war, persönlich ging es mir bei Glenn besser.«

Zwischen Glenn und Jerry entwickelte sich eine enge Beziehung, deutlich enger als die mit Finegan. Vor allem war Jerry wesentlich fügsamer. Wo Bill an seine musikalischen Vorstellungen glaubte und um sie kämpfte, war Jerry eher bereit, Glenns Wünschen nach kommerzieller Wirksamkeit Rechnung zu tragen; außerdem liebte er wie Glenn einfache rhythmische Riffs mehr als komplizierte ausgefallene Harmonien. Später, als ich mit ihm das Zimmer teilte, merkte ich dann noch deutlicher als anfangs, daß Jerry auch ein geschickter Diplomat war, smart genug, um Vorschläge anderer aufzugreifen und, wenn es dafürstand, anderen auch die Anerkennung für Ideen zu gönnen, die seine eigenen waren.

Einige, die mit der Band zu tun hatten, kritisierten Gray, er hätte Millers Anweisungen stets kritiklos übernommen und — so for-

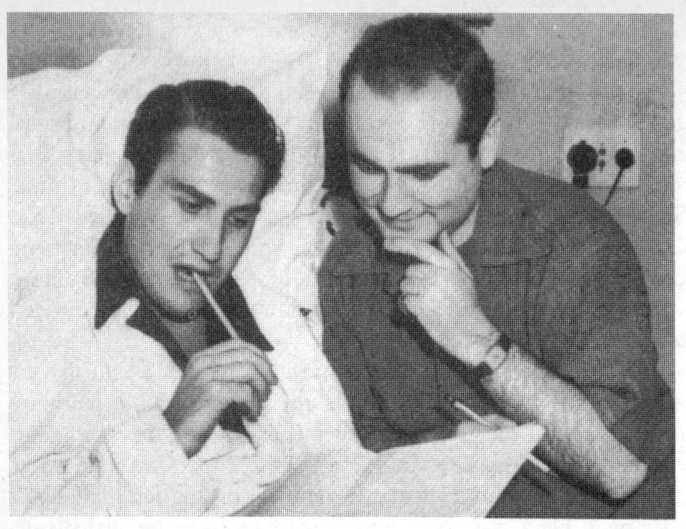

Jerry Gray besucht den kranken Artie Shaw, bei dem er »musikalisch glücklicher« war

mulierte es Arrangeur Billy May — »deshalb hat er so perfekt in die Band gepaßt«. Gray selbst betont jedoch, Glenn hätte auf seine Beiträge keinen Einfluß genommen: »Alles was er tat, war, mir eine Nummer zu geben und zu sagen: ›Mach davon ein Arrangement für uns!‹ Wie, das war meine Sache. Er engagierte mich, weil ihm meine Artie-Shaw-Sachen gefielen; er hatte in seinem Zimmer im *Pennsylvania* Stöße über Stöße von Arties Platten.
Ich fand es so großartig von Glenn, daß er mich immer wieder ermutigte, eigene Nummern zu schreiben; wäre er nicht gewesen, hätte ich es vielleicht niemals getan. Erinnerst du dich an *Pennsylvania* 6-5000. Nun, diese Nummer ist auf folgende Weise entstanden: in meinem Arrangement von *Dipsy Doodle* für die Band hatte ich einen kleinen Backgroundriff für die Saxophonisten geschrieben, und als Glenn das hörte, meinte er: ›Warum machst du daraus nicht eine eigene Nummer?‹ Und so machte ich es. Glenn hatte oft gute Ideen, wie du weißt.«
Jerry fuhr fort, eine ganze Reihe von Originalnummern zu kom-

ponieren: *Caribbean Clipper, Sun Valley Jump, Here We Go Again, The Spirit Is Willing, The Man in the Moon* und die berühmteste von allen, *A String of Pearls*. Jerry erinnert sich noch recht gut, daß »Glenn vorschlug, seinen Namen darin als Mitkomponisten anzuführen. Aber ich konnte es ihm wieder ausreden.«

Daß Jerry dies konnte, ist ein weiterer Beweis dafür, wieviel Glenn bereit war, für jemanden zu tun, den er mochte. Die meisten Bandleader bestanden auf nomineller Co-Autorenschaft bei den Werken ihrer Arrangeure, was deren Tantiemen um 50% reduzierte. Glenn jedoch ließ Jerry das ganze Geld behalten, Finegan hatte dieses Glück jedoch nicht. »Glenn setzte seinen Namen auf all meine Originale«, beklagte er sich. »Ich empfand das als kriminell.«

Finegan war aber kommerziell nie so erfolgreich wie Gray, der eine erstaunliche Anzahl von Miller-Hits arrangierte: *Elmer's Tune, Moonlight Cocktail, Adios, American Patrol, Anvil Chorus, Chattanooga Choo Choo, I've Got a Gal in Kalamazoo* und die endgültige Version von *St. Louis Blues March*, dem größten Hit der AAF Band. Er hatte also großen Anteil am Erfolg der Miller Band.

Jerry selbst pflegt einen Großteil seines eigenen musikalischen und persönlichen Erfolges Glenn zuzuschreiben: »Er gab mir die Sicherheit. Mir gefiel an ihm, daß er ein Geschäftsmann war, der die Musik liebte. Etwas, das er mir beibrachte, war Pünktlichkeit. Einmal, als ich zu spät kam, nahm er mich beiseite und sagte ruhig und freundlich: ›Ist dir klar, daß du uns alle aufgehalten hast und was das kostet?‹ Von da an war ich immer pünktlich. Es klingt vielleicht komisch, aber ich bekam nie Strafen oder so was; ich brauchte nicht einmal in der Army Band mitzumarschieren. Vielleicht war das, weil Glenn Arrangeure mochte.«

Er kann sich nur an eine größere Meinungsverschiedenheit mit Glenn erinnern. »Ich sagte ihm, mich störe bei den Blechbläsern das ewige Gefuchtel mit den Hörnern und Dämpfern. Und weißt du, was seine Antwort war? Er sagte: ›Jerry, jetzt weiß ich genau, daß ich dich nie eine Show für mich inszenieren lassen werde!‹«

Kapitel 18

Die Verpflichtung von Jerry Gray war nur eine von mehreren Maßnahmen Glenns, die positiv veränderte Situation seiner Band in den Griff zu bekommen. Er wußte, bis zum Ende des Jahres konnte die Aktivität leicht zur Hektik ausarten. Zusätzlich zu dem dichtgedrängten Programm von öffentlichen Auftritten sollte seine Band demnächst dreimal die Woche in einer Radiowerbesendung für Chesterfield-Zigaretten spielen. Also ernannte er Mike Nidorf, der ihn bei *General Artists Corporation* vertreten hatte, zu seinem persönlichen Manager und verpflichtete David Mackay auf regulärer Basis für die entsprechend vermehrten juristischen Angelegenheiten.
Es gab noch eine Menge weiterer Arbeit, wie etwa die Beantwortung der von Tag zu Tag umfangreicheren Fanpost. Bis jetzt hatte Helen sich darum gekümmert, aber sie war keine Sekretärin, und die Arbeit konnte eine Person allein nicht mehr bewältigen. Glenn entschied sich, ein Büro einzurichten.
Helens beste Freundin, damals und ebenso in ihrem späteren Leben, war eine entzückende junge Dame namens Polly Davis. Sie war mit Claude Thornhill verheiratet gewesen, ebenfalls ein guter Freund der Millers, und hatte nach der einvernehmlichen Scheidung einen Job an der Westküste angenommen. Aber als Glenn wegen des geplanten Büros mit ihr Kontakt aufnahm, kam sie sofort und übernahm den Job, obwohl ihr Wocheneinkommen dadurch von $ 175 auf 50 schrumpfte. »Anfangs war es ein ganz kleines Büro«, erinnert sich Polly, »aber kaum ein Jahr später war es riesengroß, mit acht Mädchen, und ich verdiente viel mehr als $ 175.«
Polly war eine große Hilfe für Helen und Glenn. Sie leistete nicht nur großartige Arbeit mit der Leitung des Büros, sie konnte auch wunderbar mit Menschen umgehen, Glenn in-

Polly

begriffen. Von all den Menschen, die mit der Band zu tun hatten, wurde niemand mehr geliebt und respektiert als Polly — von den Musikern, den Geschäftsleuten und den Millers selbst.
Sie begegnete Glenn mit einer Mischung aus Ehrerbietung, Toleranz und Verständnis; sie war eingeweiht in alles, was vorging, egal ob es sich um Musiker, Sänger, Manager, Veranstalter, Sponsoren und Fans handelte oder um Glenns persönliche Angelegenheiten. Glenn hatte volles Vertrauen in sie, er schätzte sowohl ihr Talent als auch ihr Taktgefühl. Bei der Beantwortung der Korrespondenz begnügte er sich mit knappen Anmerkungen und überließ alles übrige Pollys Einfühlungsvermögen. In dieser einmaligen Position als Freundin, Vertraute und Büroleiterin war Polly, die später Don Haynes heiratete und in den 60er und 70er Jahren mit Erfolg als Managerin eines führenden Buchgeschäftes an der Westküste tätig war, in der Lage, alle Vorgänge einzuschätzen und tat dies mit erstaunlicher Klarheit und Objektivität. An Glenn bewunderte sie seine Direktheit und Ehrlichkeit, seine Talente als Geschäftsmann und Musiker, seine

Loyalität gegenüber Freunden und seine tiefen Gefühle für Helen. Es blieb ihr aber nicht verborgen, wie sehr der steigende Druck seinen Lebensstil veränderte. Viel von dem, was er angestrebt hatte, war jetzt erreicht, aber Polly notierte an Glenn immer größere Ungeduld und die Unfähigkeit, sich zu entspannen. Ihre grundsätzliche Einstellung zu ihm änderte sich dadurch jedoch nicht. »Er war immer streng geschäftlich, und manche haßten ihn deswegen. Aber er hatte so viele Schläge einstecken müssen, und als nun endlich das Geld hereinströmte, blieb er sehr vorsichtig — so sehr, daß ich eigentlich nicht glauben kann, es hätte ihm jemals wirklich Spaß gemacht. Das ist sehr schade, denn ich weiß noch gut, welchen Spaß wir früher oft gehabt hatten, Glenn, Helen, Claude und ich, in den Tagen bei Ray Noble. Aber wenn du einen derartigen finanziellen Erfolg hast, dann geschieht manchmal irgend etwas mit dir.«

Glenn und Helen liebten Polly. Er nannte sie »Perkins«, nach einer Comic-Strip-Figur namens Polly Perkins. Für Helen blieb sie ihr Leben lang die liebste, engste und vertrauteste Freundin.

Wenige Menschen verstanden Glenn so gut wie Polly, tatsächlich verstanden ihn viele überhaupt nicht. Folgerichtig variierten die Meinungen über ihn auch innerhalb der Band: die Skala reichte von der tiefen Zuneigung des von ihm abhängigen Chummy McGregor bis zum unverhüllten Haß des rebellischen Jimmy Abato.

Chummys Idee war es, Glenn in diesem Jahr mit einem großen Weihnachtsgeschenk zu überraschen. Er arbeitete zusammen mit Hal McIntyre einen Plan aus, Glenn einen nagelneuen Buick zu schenken; Glenns alter Wagen sollte in Zahlung gegeben werden, und jedes Bandmitglied sollte $ 50 beisteuern. Chummy und Hal beriefen eine Musikerversammlung ein, präsentierten ihre Idee und ließen die Kollegen abstimmen. Es war eine offene Abstimmung durch Hebung der Hand, und einer der Musiker, offensichtlich kein großer Miller-Fan, bemerkte sarkastisch: »Es war schwer möglich, nein zu sagen.«

Am frühen Abend des Weihnachtstages spielte die Band im berühmten *Savoy Ballroom* in Harlem und brach dort den Besucherrekord, den bis dahin ironischerweise ausgerechnet Guy

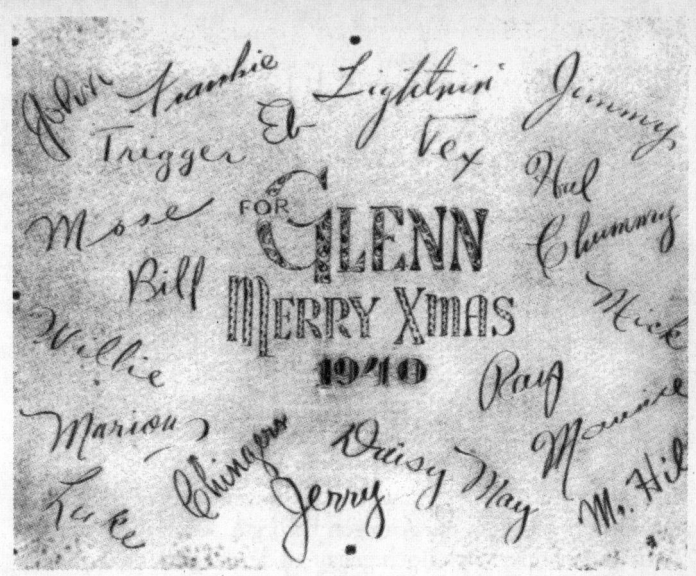

Die Weihnachtskarte mit den Unterschriften. »Lightnin'« ist Paul Tanner, »Eb« Ray Eberle, »Mose« Stan Aaronson, »Chingers« Ernie Caceres und »Daisy May« Billy May. »Luke« und »Hill« sind nicht mehr eruierbar

Lombardo innegehabt hatte. Nachher lotsten die Musiker Glenn in die Lobby des *Pennsylvania*, und dort stand, in Zellophan verpackt, der neue Buick mit der speziell angefertigten Nummernschild »GM-1« und einer besonderen Hupe, die die ersten vier Töne der *Moonlight Serenade* von sich gab. An der Windschutzscheibe steckte ein Weihnachtsbillett: »Für Glenn von den Boys.« Für die meisten der Boys war es das einzige Mal, daß sie ihren Boß, den Mann, den Tommy Dorsey »Old Klondike« nannte, zu Tränen gerührt sahen.

Kapitel 19

»Do you smoke the cigarette that satisfies?« Mit diesen Worten leitete Paul Douglas Glenn Millers Sendereihe *Moonlight Serenade* ein, eine Radiowerbeshow für Chesterfield-Zigaretten, die jeden Dienstag, Mittwoch und Donnerstag über das gesamte *Columbia*-Sendernetz ausgestrahlt wurde, zunächst aus dem *CBS Playhouse* 45th Street. Diese Sendungen waren der vorläufige Höhepunkt eines meteorhaften Aufstiegs, der erst vor etwas mehr als einem halben Jahr begonnen hatte.
Larry Bruff, der in der Show die Werbeagentur Newell-Emmett vertrat und oft auch die Ansagen besorgte, wenn die Show auf Tour war, erinnert sich noch genau an den Beginn dieser Sendereihe: »Es war im Oktober 1939; ich war gerade der Agentur beigetreten. Don Langan, der Chef unserer Radioabteilung, rief mich aus dem Büro von Chesterfield an und fragte, wer meiner Meinung nach besser für die Zigarettenwerbung wäre, Glenn Miller oder Shep Fields. Ich votierte für Glenn, und als Larry später in unser Büro zurückkam, sagte er: ›Okay, wir nehmen Glenn Miller.‹
Niemand war jedoch überzeugt, daß Glenn allein genügend Zugkraft haben würde, und um sicherzugehen, engagierten wir auch noch die Andrews Sisters. Für 15 Minuten Sendezeit war das eine Menge Musik, und so ging ich ins *Pennsylvania*, um Glenn zu treffen. In seinem Zimmer, das nicht annähernd so glanzvoll war, wie ich es erwartet hatte, waren auch McIntyre und McGregor anwesend, und wir besprachen die ersten drei Sendungen. Rechnete man die Werbejingles und Ansagen ab, so blieben jeweils nur 12 Minuten für die Musik, und davon mußten drei Minuten den Sisters gehören; also blieben nur neun Minuten für Glenns Band. Um mehr Nummern unterbringen zu können, entschied sich Glenn, diese ›Something Old — Some-

Chesterfield Show: Glenn mit Agenturmann und Ansager Larry Bruff (li.) und Producer Jeff Hight

Chesterfield Show: Der Maestro verkündet seine Botschaft ...

Chesterfield Show: Glenn und die Andrews Sisters

thing New — Something Borrowed — Something Blue‹-Medleys einzusetzen.«
Um weitere Zeit einzusparen, strich Glenn die Arrangements auf das absolute Minimum zusammen und ging oft direkt von einem Song in den nächsten über, wobei die Ansagen der Titel und Solisten in leisere Musikpassagen eingeblendet wurden. »Die einzigen Texte, die sorgfältig ausgearbeitet wurden«, erinnert sich Bruff, »waren jene, die für die verschiedenen Servicecamps der Armee bestimmt waren.«
Mit Bruff und seinem Producer Jeff Haight arbeitete Glenn gut zusammen. Schwierigkeiten gab es jedoch bald mit den Andrews Sisters. Nicht, daß sie etwa Glenn mehr Sendezeit abtrotzen wollten, was noch irgendwie verständlich gewesen wäre — die Damen hatten untereinander Probleme. Wie Bruff berichtet: »Nach einigen Wochen sprachen die Girls kein Wort mehr miteinander, sie hatten aus irgendeinem Grund Krach, und es war

teuflisch schwer herauszufinden, was sie jeweils singen wollten.«
Aber die internen Querelen von Patti, Maxene und LaVerne Andrews beeinträchtigten die Show nicht lange: nach 13 Wochen war die Agentur überzeugt, Glenn sei allein zugkräftig genug, und die streitbaren Sisters verschwanden.
Von da an lief alles glatt; auch Bruff war der Meinung, es sei leicht, mit Glenn zusammenzuarbeiten. »Ja, sicher, er konnte störrisch sein, wenn es um seine Musik ging, aber er hatte immer einen guten Grund. Er war ein hervorragender Geschäftsmann und einer der feinsten und nettesten Menschen, die ich jemals gekannt habe.
Vor allem war er ehrlich und anständig. Ich weiß noch, daß sein Presseagent sich auf Fakten beschränken mußte; darauf bestand Glenn. Und unangenehm wurde er nur, wenn jemand seinen Job schlecht machte.
In Chicago hatten wir einen schrecklichen Toningenieur. Er behauptete immer, das, was er uns gebe, sei der ›Chicago Sound‹, aber was immer es auch war, es klang scheußlich, und Glenn wollte ihn gerne loswerden. Als die Radiostation meinte, dieser Mann sei der beste, den sie hätten, erwiderte Glenn: ›Wenn das so ist, dann schickt uns morgen euren schlechtesten Mann!‹ Am nächsten Tag kam ein Typ namens Ray Noreen; Glenn erklärte ihm genau, was er wollte, und es zeigte sich, daß er der beste Tonmeister von Chicago war.
Etwas anderes, was ich an Glenn mochte, war seine Bescheidenheit. Er machte nie einen großen Auftritt, er war immer von Anfang an mit den Boys auf der Bühne. Und wenn etwas gekürzt werden mußte, ließ er eher sein eigenes Solo weg als das eines anderen.
Oft kann man hören, Glenn sei humorlos gewesen. Das stimmt nicht. Einmal in Detroit wurde eine unserer Shows früher ausgeblendet, und Glenn sagte den Musikern nichts davon. Sie spielten weiter, aber plötzlich brüllte Glenn: ›Ich mag nicht *Tuxedo Junction* spielen!‹ Alle dachten, jetzt dreht er durch. Erst als ich ans Mikrofon ging und sagte: ›This is the Solumbia Crawbasting Piston‹, begriffen die Burschen, was los war.«
Glenn machte weiterhin regelmäßig Plattenaufnahmen bei *Vic-*

tor, aber auch die Radiomitschnitte dieser Chesterfield-Shows lieferten später reichlich Material für Miller-Alben, die noch heute im Handel sind. Wie Bruff berichtet, bestand Glenn darauf, daß diese Mitschnitte gemacht wurden — und zwar auf Kosten des Sponsors. »Aber wir spielten sie nie«, meinte Bruff, »und darum waren diese Acetatfolien in so gutem Zustand.«

Die Chesterfield-Shows und ein am 4. Januar beginnendes dreimonatiges Engagement im *Café Rouge* des *Pennsylvania Hotels* hielten die Band während des ersten Vierteljahres 1940 sehr in Atem. Aber den Musikern machte das nichts aus, konnten sie doch zum ersten Mal längere Zeit nicht weit von zu Hause arbeiten. Auch Glenn benutzte die Gelegenheit, seine verschiedenen Aktivitäten zu konsolidieren; musikalisch, promotionell und persönlich.

Er arbeitete hart mit Howie Richmond, der immer noch sein Presseagent war und ihn dazu brachte, persönliche Dankschreiben an 2300 Juke-Box-Betreiber zu senden. Er kaufte eine Titelseite im Magazin *Orchestra World* um coole 150 $. Entweder er selbst oder ich — ich weiß es nicht mehr — schrieb für *Metronome* eine Kolumne über die Glenn-Miller-Arrangements, in der dann aber letzten Endes mehr über die Kunst, sich in Szene zu setzen, zu lesen war.

Mit Hilfe von Polly Davis begann er eine rege Korrespondenz mit Discjockeys, von denen viele spezielle Glenn-Miller-Promotionsprogramme spielten; einige berichteten, wie er in ihren Beliebtheitslisten immer den Sieg davontrug.

Jack The Bellboy aus Detroit, einer der Spitzendiscjockeys des ganzen Landes, schrieb im Februar: »Es wird Sie sicher interessieren, daß Sie meine Hörerwunschlisten mit solchem Abstand anführen, daß die Zahl der Wünsche für Platten anderer Interpreten zusammengenommen nicht so groß ist wie die für Ihre. Täglich erreichen mich etwa 1500 telefonische, 125 telegrafische und 50 briefliche Wünsche, und durchschnittlich über 60% davon betreffen Ihre Platten.«

Aber das größte Aufsehen erregte die Band, als sie den Poll des einflußreichen Discjockeys Martin Block gewann, dessen Programm *Make Believe Ballroom* über die New Yorker Radiosta-

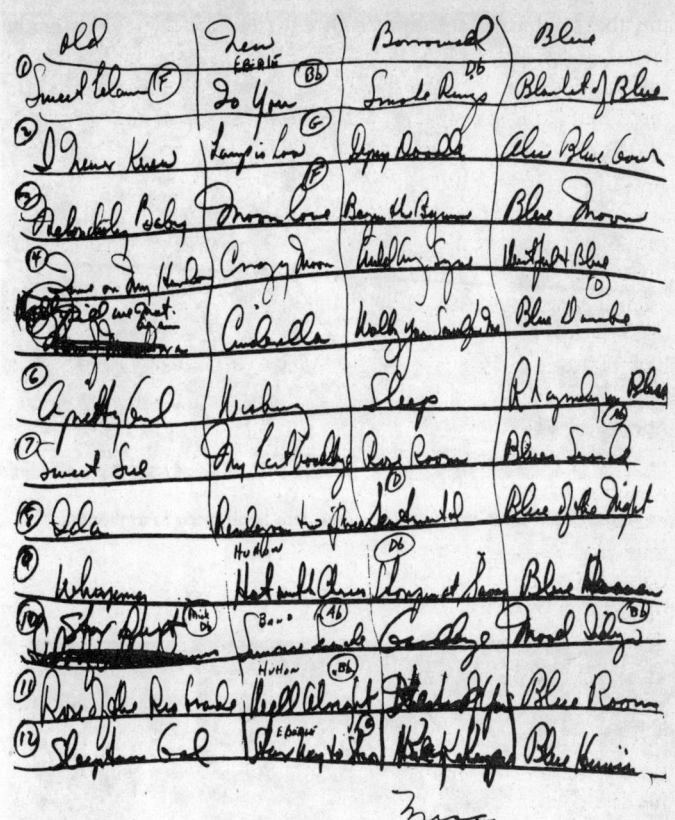

Glenns handschriftliche Notizen für die »Something Old — Something New — Something Borrowed — Something Blue«-Medleys

tion *WNEW* lief. New York war damals mit Abstand der wichtigste Platz für Bigbands, und Glenn war mit seinem Pollsieg die höchste Ehre der Stadt zuteil geworden.

Unter denen, die Glenn zu seinem Erfolg gratulierten, war auch Dale Carnegie, der prominenteste Erfolgsratgeber jener Ära, dessen Buch *Wie man Freunde gewinnt und Menschen beeinflußt* monatelang die Bestsellerliste anführte. Carnegie hatte herausgefun-

Ein stolzer Mr. Miller im *Café Rouge* mit dem berühmten Saxophonsatz

Glenn mit seiner Mutter

den, daß er und Glenn in derselben Gegend von Iowa geboren waren. »Wir besitzen immer noch einen Souvenirteller mit dem Bild des Irrenhauses von Clarinda«, schrieb er an Glenn, worauf dieser erwiderte: »Freut mich, zu erfahren, daß auch Sie ein Produkt von Clarinda, Iowa, sind. Ich weiß allerdings nicht, wie ich Ihre Bemerkung wegen des Irrenhauses von Clarinda interpretieren soll.«

Während des Engagements im *Café Rouge* war auch genügend Zeit, das Repertoire der Miller Band zu erweitern. Nachtproben mit Beginn um 3 Uhr morgens waren die Regel. Ungeachtet seines Erfolges verringerte Glenn keineswegs den Druck auf sich selbst und die anderen, deren Leben sich mehr und mehr seinem ständigen Streben nach Perfektion unterzuordnen schien.

Abgesehen von den regelmäßigen Beiträgen Jerry Grays und Bill Finegans lieferten nun auch Musikverleger Arrangements von Nummern, die sie von der Miller Band gespielt hören wollten. Dies betraf sowohl Jazzinstrumentals als auch die üblichen und vorwiegend langweiligen Popsongs. Finegan weiß noch, daß

Lou Levy, ein sehr hipper und unternehmungslustiger Verleger, ganze Stöße von Arrangements mitbrachte, die von Arrangeuren aus Harlem stammten. »Glenn suchte sich ausnahmslos diejenigen aus, in denen irgendwelche Riffs vorkamen. Ich mußte einige davon überarbeiten, aber ich sage dir nicht, welche — ich will damit nicht in Zusammenhang gebracht werden.«
Die mit Abstand erfolgreichste dieser simplen Riffnummern war *Tuxedo Junction*, von der in der ersten Woche 115 000 Platten verkauft wurden. Die Miller Band war eines Nachts zusammen mit der von Erskine Hawkins im *Savoy Ballroom* aufgetreten, dabei hatte Glenn zum ersten Mal diese Nummer gehört und die Begeisterung des Publikums registriert. Hawkins hatte im vergangenen Sommer eine Platte davon gemacht, die aber lediglich einem Kreis von Insidern bekannt wurde, in dem sich niemand aus Glenns Umfeld befand. Wie Chummy McGregor erzählte, beschaffte sich Hal McIntyre über einen von Hawkins' Saxophonisten die Noten, Jerry Gray skizzierte die Nummer und brachte sie zu einer der nächtlichen Proben mit. Die Musiker hatten Spaß daran und trugen eigene Ideen dazu bei, und das Endergebnis war eine Art kollektiver Kreation, die in der Musikersprache »head arrangement« genannt wird.
Die Band klang immer besser. Mich beeindruckte ganz besonders, wie sie bei den frühabendlichen Dinner-Sessions spielte. In einem Artikel im *Metronome* wies ich im Februar 1940 darauf hin, daß Glenn nun offenbar nicht mehr so darauf aus war, die Leute mit Wahnsinnstempi wie in den »killer-dillers« *Runnin' Wild* oder *Bugle Call Rag* zu beeindrucken, sondern sich eher auf Nummern wie *Tuxedo Junction* oder *In the Mood* verlegte, die relaxed waren, und stellte die These auf, jene rasenden kreischenden Nummern, nach denen kein Mensch tanzen konnte, hätten sich überlebt. Ich nehme an, auch Glenn war der Artikel nicht entgangen, aber er zeigte keinerlei Wirkung. Am späteren Abend und bei jeder Bühnenshow spielte er die rasend schnellen Nummern, und die Kids brüllten sich heiser.
Im Februar verstärkte Glenn sein Personal. Der Posaunist Al Mastren bekam Probleme mit seinem Arm; Howard Gibeling, ein guter Arrangeur, vertrat ihn für eine Weile, und als er wieder

ging, kam Tommy Mack zurück, um so lange einzuspringen, bis Glenn einen permanenten Ersatz gefunden hatte.

Die Suche endete eines Nachts im *Murray's* in Tuckahoe, einige Meilen von *Glen Island* entfernt, wo Tommy Tuckers Band auftrat. »Das war ein toller Job«, erinnert sich Jimmy Priddy. »Wir hatten an die 10 Radioübertragungen die Woche, und ich war der einzige Posaunist in der Band. Eines Nachts kamen Polly und Don Haynes mit Helen Miller vorbei, um mich zu hören; sie baten mich, um drei Uhr ins *Café Rouge* zu einer Probe zu kommen. Als ich hinkam, nahm mich Glenn zur Seite und sagte: ›Nimm dein Horn heraus!‹ Es war ein Ton wie bei einer Tripperuntersuchung. Dann sagte er: ›Spiel mir etwas vor!‹ Ich tat es, und er meinte: ›Du bist kurzatmig. Du hältst die Töne nicht lange genug.‹ Ich hielt mich für den Größten überhaupt, und dieses Vorspielen erschütterte mein Selbstvertrauen; ich wußte nicht recht, ob ich den Job, den er mir schließlich anbot, annehmen sollte oder nicht. Erst später erkannte ich, daß das einfach Glenns Art war, von Anfang an klarzumachen, wer der Boß war.«

Priddy nahm den Job schließlich an, und monatelang fuhr Glenn fort, ihn einzuschüchtern. »Disziplin war für Glenn das allerwichtigste — musikalisch und auch sonst — und er war smart genug, das selbst am besten zu wissen. Auf die Posaunisten hatte er es natürlich besonders abgesehen. Wenn einer von uns bei einem Positionswechsel einen Ton etwas verschliff, sagte er sofort: ›Laß den Lassus* weg, ja?‹«

Nach einer Weile begannen Jim und Glenn sich besser zu vertragen. »Er und ich spielten oft Tennis miteinander. Er war verrückt darauf zu gewinnen, aber ich setzte ihn oft auf den Arsch. Die Kollegen warnten mich; sie meinten, das sei eine sichere Methode, gefeuert zu werden.« Aber ebenso wie McMickle, Purtill und noch einige andere, die sich von Glenn nicht einschüchtern ließen, blieb Priddy bis zum allerletzten Gig der Zivilband, und nicht nur das: bald darauf fand er sich als Satzführer in Glenns AAF Band. »Ich erinnere mich noch genau, wie ich zur Army

---

* bezieht sich auf *Lassus Trombone*, eine verschmierte komische Instrumentalnummer

Ernie Caceres singt mit Marion Hutton und den Modernaires

Band kam. Glenn begrüßte mich schon mit der Mitteilung, ich würde Erste Posaune spielen und gab mir nur Ermutigungen. Er lobte mich oft, wenn etwas gut war; das hatte er in der Zivilband nie getan. Wenn ich Hilfe brauchte, war er für mich da. Ich lernte später, ihn zu bewundern.«

Ein weiterer Bewunderer Millers kam wenige Tage später zur Band: Ernie Caceres. Glenn holte ihn als Ersatz für Jimmy Abato aus Jack Teagardens Band, wo er Erstes Altsaxophon und Jazzklarinette gespielt hatte. Ernie war ein netter kleiner temperamentvoller Mexikaner, dessen Talente Glenn sowohl musikalisch als auch kommerziell interessant erschienen. Maurice Purtill erinnert sich noch genau an die erste Chesterfield-Show, in der Ernie mitspielte. »In der letzten Nummer passierte ihm ein Quietscher auf der Klarinette, und das war etwas, das Glenn absolut nicht ausstehen konnte. Nach der Show brüllte er Ernie nieder, aber der brüllte sofort zurück, er hätte die ganze Nacht Saxophon spielen müssen und keine Zeit gehabt, das Rohrblatt seiner Klarinette zu überprüfen. Diese Erklärung war so stichhaltig, daß Glenn sie akzeptieren mußte.«

Kurz vor seinem Tod berichtete Ernie in einem Brief an den Miller-Fan und -Historiker Leonard White über seine Tage mit der Band. Er erklärte, mit Glenn immer gut ausgekommen zu sein, »vielleicht, weil ich nur mit Dingen zu ihm ging, die mit dem Job zu tun hatten, und auch dann nur zur rechten Zeit. Einmal so um 1941 hatten wir eine Auseinandersetzung, und ich wollte die Band verlassen, aber es endete damit, daß ich eine Gagenerhöhung bekam und blieb. Danach vertrugen wir uns noch viel besser. Glenn bewunderte jeden, der auf eigenen Beinen stehen konnte, geschäftlich und musikalisch.
Er war auch imstande, Talente in dir zu entdecken, von denen du gar nicht wußtest, daß du sie hast. Auf einer Bahnfahrt blödelte ich ein wenig mit Singen herum, und bei der nächsten Probe sang ich auf einmal mit den Modernaires.«
In der Zeit, als Priddy und Caceres einstiegen, hatte die Band gerade einen überfüllten Terminkalender: 54 Auftritte pro Woche, darunter die üblichen 12 Sessions im *Pennsylvania*, drei Proben und drei Sendungen für Chesterfield, sowie 36 Shows in der ersten Woche eines neuerlichen Engagements im *Paramount*.
Vielleicht war es der steigende Druck, vielleicht mutete er sich zuviel zu, vielleicht waren es auch einfach die Nerven oder es war alles zusammen: in der Nacht vor der ersten Show im *Paramount* klappte Glenn zusammen und landete mit einer schweren Grippe und einer Stirnhöhleninfektion im Zustand totaler Erschöpfung im Mount Sinai Hospital. Es war das erste Mal, daß er bei einem Auftritt seiner Band nicht dabei war.
Bob Weitman, der Manager des *Paramount Theater*, war bei allen Bandleadern überaus beliebt, und um ihm und Glenn zu helfen, leiteten seine alten Kumpels vertretungsweise die Miller Band. Tommy Dorsey, der gerade im *Meadowbrooks* auftrat, übernahm die meisten Shows bei Tag; Gene Krupa kam aus der *Fiesta Danceria*, Charlie Barnet vom *Hotel Lincoln* und Dick Stabile vom *Essex House*, um auszuhelfen. Selbst der Ansager Paul Douglas sprang einige Male als Bandleader ein.
In den Chesterfield-Shows, die Glenn versäumte, leitete Jerry Gray die Band, während Charlie Spivak mit seinem nagelneuen Orchester einige Auftritte im *Pennsylvania* übernahm.

Tommy Dorsey leitet die Miller Band im *Paramount*

Glenn dankt Charlie Barnet, Gene Krupa, Dorsey und Dick Stabile für ihre Hilfe während seines Spitalsaufenthaltes

Spivaks Band war die erste von einigen, die Glenn und Cy Shribman finanziell unterstützten. Er war ein großartiger Trompeter mit einem wunderbaren vollen Ton, den er für meinen Geschmack viel zu oft hinter einem Dämpfer versteckte. Später kam ich dahinter, daß hinter der Idee mit dem Dämpfer Glenn steckte; er wollte, daß Charlies Trompete — »The Sweetest Trumpet in the World«, wie es auf den Plakaten hieß — eine ähnliche romantisch-intime Wirkung erzielte wie Tommy Dorseys Posaune. Als Charlie es einmal wagte, in einer Radioübertragung sein wundervolles Horn offen zu spielen, erhielt er von Glenn ein Telegramm, in dem fünfzigmal nur das Wort »Dämpfer« stand.

Ich kannte Charlie damals recht gut, und wir diskutierten oft über das Dämpferproblem. Ich fühlte, daß ein Bandleader mit dem aufregenden Sound einer offen gespielten Trompete große Chancen haben könnte, aber Charlie spielte auf Glenns Betreiben hin hauptsächlich mit Dämpfer. Bald darauf kam Harry James, machte sich mit seiner offenen Spielweise einen guten Namen und verdiente eine Menge Geld, obwohl sein Trompetenton nicht annähernd so schön war wie der Spivaks. Ende der 60er Jahre erinnerte sich Charlie in einem Interview mit John S. Wilson in der New York Times an das diesbezügliche Tauziehen zwischen Glenn und mir und räumte ein, daß ich möglicherweise doch recht gehabt hätte.

Glenn blieb nur einige Tage weg. Viel früher, als es die Ärzte gutheißen, kehrte er zurück, mit wackligen Knien, aber besessen davon, seine Pflicht erfüllen zu müssen, und übernahm etwa ab der Hälfte der *Paramount*-Gigs wieder die Führung.

Am 4. April beendete die Band ihr dreimonatiges Gastspiel im *Café Rouge*, wo sie beachtliche Besucherzahlen erreicht hatte. Glenn hatte einen Prozentsatz der Totaleinnahmen mit einem Minimum von $ 2000 wöchentlich vereinbart, überschritt diese Summe aber in jeder einzelnen der 13 Wochen; sein Einkommen variierte von $ 2030 bis 3054. Mit Hilfe des Geldes aus seinen verschiedenen Aktivitäten — Chesterfield-Show, Verpflichtungen im *Paramount* und anderen Theatern sowie zahlreiche One-nighter — konnte er endlich alle Schulden der letzten drei

Jahre zurückzahlen und darüber hinaus $ 75 000 in Wertpapieren anlegen.

An diesen Tag erinnert sich David Mackay immer noch: »Wir saßen im Büro. Die Tatsache, daß er mit dem Wertpapierkauf zum ersten Mal ein Stück finanzieller Sicherheit erwarb, berührte Glenn; ich merkte, daß er mit den Tränen kämpfte — Tränen der Dankbarkeit, nehme ich an. Als er den Scheck ausgestellt hatte, blickte er mich an und sagte: ›Erinnere dich, David — vor einem Jahr hätte ich noch nicht einmal einen Scheck ausstellen können, auf dem der Dezimalpunkt drei Stellen weiter links war.‹«

Kapitel 20

Die Steigerung seines Einkommens brachte ein neues Problem für Glenn: die Einkommensteuer. Zehn Jahre lang, von 1929 bis einschließlich 1938 hatte er jährlich kaum mehr als $ 6 bezahlt; 1939 kam ein Sprung auf etwas mehr als 200. Nun aber war eine große Steigerung zu erwarten, und David Mackay begann, über steuersparende Maßnahmen nachzudenken.
»Ende März«, berichtete er, »überredete ich Glenn, seinen Wohnsitz nach New Jersey zu verlegen, wo es im Gegensatz zu New York keine staatliche Einkommensteuer gab. Zuerst sträubte er sich, er wollte nicht weg von New York, er liebte die Stadt. Als ich sagte, es müsse sein, meinte er: ›Wann?‹ — ›Heute‹, antwortete ich. Und er starrte mich verwundert an und sagte: ›Wer zum Teufel möchte schon nach Sibirien übersiedeln?‹
Schließlich willigte er ein, in einer Woche überzusiedeln. Zunächst wohnte er mit Helen vier Wochen lang im *Plaza Hotel* in Jersey City. Schließlich fanden sie etwas drüben in Tenafly, das ihnen gefiel: das *Cotswold* an der Byrne Lane, ein altes Gebäude im Stil eines französischen Schlosses, das in Apartments aufgeteilt worden war. Das von Glenn lag im ersten Stock, mit Blick auf den Golfplatz. Die Fahrzeit nach New York betrug zwanzig Minuten.
Nach einer Weile begann er, ›Sibirien‹ zu lieben. Eines Tages kam ich auf Besuch und bemerkte ein wunderschönes Bild an der Wand. Ich fragte Glenn danach und er sagte, es sei ein Präsent des Staates New Jersey. Er meinte damit natürlich, er hätte das Bild um den Betrag erworben, den er in New York an Einkommensteuer hätte zahlen müssen.«
Mackay fand noch andere Möglichkeiten, Steuern zu sparen. Er stellte sicher, daß einige der hereinkommenden Beträge an Helen gingen, die damit Glenn unterstützte — »eine Maßnahme, die wir beim Finanzamt erfolgreich verteidigten«, wie er stolz

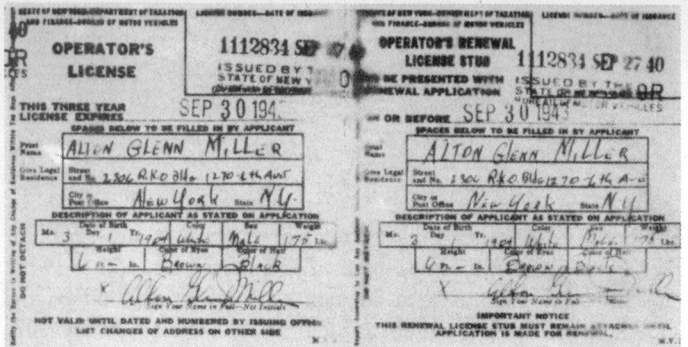

bemerkte. Um das Finanzgebaren »übersichtlicher« zu machen, eröffnete er verschiedene Bankkonten auf die Namen A. Glenn Miller, Alton Glenn Miller, Alton G. Miller und einfach Glenn Miller.

Auch Arbeitsverträge zwischen Glenn und seinen Sängern und Arrangeuren arbeitete Mackay aus. Der für 15 Jahre abgeschlossene exklusive Managementkontrakt mit Ray Eberle sicherte Glenn einen saftigen Prozentsatz von Rays Einkommen, falls es nicht aus der Zusammenarbeit mit der Miller Band stammte. Typisch für Glenns geschäftliche Taktik, seinen Weitblick und seine mißtrauische Natur war eine Klausel, die Ray zum Schadenersatz verpflichtete, falls er den Kontrakt nicht einhielt.

Als Geschäftsmann wandte Glenn eine Menge Zeit, Talent und Energie für ein gutes Verhältnis mit seinem Zigarettensponsor auf. Polly Haynes hat darauf hingewiesen, daß Glenn viele Dinge, die Musiker und andere involvierte Personen irritierten, nur tat, um die Chesterfield-Leute bei Laune zu halten.

»Glenn sorgte immer dafür, daß jedermann Chesterfield rauchte«, erinnert sich Johnny O'Leary. »Als wir in Hollywood an einem Film mitwirkten, spielten unsere Musiker Karten, wenn sie gerade nicht gebraucht wurden, und hatten ihre Zigaretten vor sich liegen — lauter verschiedene Marken. Glenn beauftragte mich, hinüberzugehen und alle Nicht-Chesterfield-Päckchen mit Papier abzudecken. Der Bandboy mußte für Glenn immer Chesterfields bereithalten.«

Glenn versucht Charlie Spivak zu Chesterfields zu bekehren

Bandboy Raoul Hidalgo war genau wie Roadmanager O'Leary bei den Musikern sehr beliebt. Er verfügte über enorme Körperkräfte und transportierte Notenpulte und schwerere Instrumente vom Bus oder Bahnwaggon auf die Bühne und wieder zurück. Zusätzlich erledigte er verschiedene Besorgungen für Glenn, fungierte als dessen Diener und machte sich ganz allgemein sehr nützlich.

Ein guter Bandboy war für die Bigbands eine absolute Notwendigkeit. Er mußte nicht nur kräftig sein, sondern auch taktvoll, geduldig und imstande, sich den verschieden gearteten Persönlichkeiten in jeder Band anzupassen. Nur wenige verrichteten diesen Job mit so viel Hingabe, Freundlichkeit und Würde wie der breitschultrige stiernackige Hidalgo.

Wieder folgte dem Engagement im *Pennsylvania* eine ausgedehnte Serie von One-nighters und wieder brach die Band dabei viele Besucherrekorde, aber Dienstag, Mittwoch und Donnerstag blieb für die Chesterfield-Show reserviert. Die meisten Auftritte fanden diesmal im Süden statt; das Standquartier war das

Wardman Park Hotel in Washington, und aus einem kleinen Theater in der Nähe wurden die Radioshows übertragen. In regelmäßigen Abständen reiste die Band nach New York zu weiteren Plattenaufnahmen.

Ende April entstanden eine der erfolgreichsten und eine der berüchtigtsten Aufnahmen Glenn Millers. Die eine war *Pennsylvania 6-5000*, ein Gray-Original, das die Telefonnummer des Hotels unsterblich machte und von dem gleich in der ersten Woche 40000 Stück verkauft wurden. Die andere Nummer hieß W. P. A.* und war die einzige von Glenn Millers Plattenaufnahmen, die niemals veröffentlicht worden ist. John Hammond, damals wie heute ein Vorkämpfer für die Rechte der Minderheiten, initiierte eine Kampagne gegen diesen Song und hob hervor, daß der Text die Neger diskriminiere. Der Präsident der New Yorker Musikergewerkschaft Local 802 schloß sich Hammonds Ansicht an, und die Folge war schließlich ein Boykott dieser Nummer durch die Gewerkschaft, der auch von den Radiostationen übernommen wurde. Meines Wissens war es das einzige Mal, daß etwas Derartiges geschah.

Hier ist ein Ausschnitt aus dem inkriminierten Text:

> W. P. A., W. P. A.,
> Sleep while you work, while you rest, while you play.
> Lean on your shovel to pass the time away.
> Don't mind the boss if he's cross while you're gay.
> three little letters that make life okay.

Mitten in dem ganzen Durcheinander von Chesterfield-Shows, One-nighters und Plattenaufnahmen fand Glenn noch Zeit, einige Umbesetzungen vorzunehmen. Schon eine Zeitlang hatte er den Wunsch gehabt, den Gitarristen Jack Lathrop wieder in die Band zu holen, ein ehemaliges Mitglied der Vokalgruppe The Tune Twisters, der an der ersten Plattenaufnahme der Band

---

* Abkürzung für Work Progress Administration, ein von Präsident Roosevelt in der Zeit der Depression ins Leben gerufenes Arbeitsbeschaffungsprogramm, das vorwiegend der schwarzen Bevölkerung zugute kam.

für *Decca* teilgenommen hatte. Jack war ein netter schelmischer Bursche, der Dick Fisher, dessen Ablöse er war, weder im Aussehen noch im Gitarrenspiel nahekam. Dafür war er ein Prototyp für jenes »all-American-Boy-next-door-who'd-never-dream-of-kissing-the-girl«-Image, das nach Glenns Meinung dem Gesamteindruck der Band zugute kam. Und da Glenn die Bedeutung der Gitarre ohnehin unterschätzte — man hört sie auf seinen Platten oft kaum —, war Jack mit seinem angenehmen oberflächlichen Gesangsstil eher eine kommerzielle als eine musikalische Beigabe.
Ein anderes Neuengagement war wesentlich bedeutungsvoller. Eine Zyste auf der Lippe von Trompeter Mickey McMickle zwang diesen zu einer mehrwöchigen Pause. Glenn hatte wie viele andere Bandleader schon immer Reuben »Zeke« Zarchy bewundert, der die Trompetensätze Benny Goodmans, Artie Shaws, Bob Crosbys und Tommy Dorseys geführt hatte. Nun bemühte er sich, diesen Mann in seine Band zu bekommen.
»Ursprünglich wollte er mich als Ersatz für Legh Knowles«, berichtet Zarchy, der heute in Los Angeles unterrichtet und immer noch spielt, »aber als Mickey diese Zyste bekam, war Glenn dann wirklich hinter mir her. Er bot mir 175 die Woche und Extrabezahlung für Plattenaufnahmen, und das waren damals sehr gute Bedingungen. Also nahm ich den Job an.«
Zarchy, ein intelligenter freimütiger Mann, der später in der Army Glenns Hauptfeldwebel werden sollte, überlegte sich, es sei am besten, selbst genau herauszufinden, was in der Miller Band los war. Er hatte verschiedene Erzählungen über Glenns Disziplinbesessenheit gehört und fragte ihn einfach selbst, was daran richtig sei. Millers Antwort: »Jeder verdient bei mir mehr als jemals zuvor in seinem Leben, es gibt keine Band, die höhere Gagen zahlt. Ich finde es nicht unfair, streng zu sein und auf gepflegtes Aussehen zu dringen.« Zarchy fügte hinzu: »Kein Zweifel, Glenn gab viel auf die kosmetischen Aspekte der Band.«
Weder musikalisch noch persönlich gab es zwischen Glenn und Zeke Schwierigkeiten. Beide liebten Golf. »Er war ein Fanatiker! Egal, wo wir waren oder wie kurz wir geschlafen hatten: wenn ein Golfplatz in der Nähe war, rief er um elf an und sagte: ›Mach

Ein »swingender« Miller mit Chummy McGregor, Gastgeber Max Kerner und Hal McIntyre im Hintergrund

dich fertig, wir spielen!‹ Willie Schwartz, Ernie Caceres, McMickle und ich waren die Golfer in der Band. Sogar wenn es regnete, wollte Glenn spielen. Dann bezahlte er die Caddies, damit sie Regenschirme über unsere Köpfe hielten.«

Don Haynes, der später Bandmanager wurde und mit Glenn zusammenwohnte, berichtete, daß Glenn manchmal um elf in einer Stadt ankam und eine Dreiviertelstunde später bereits am Golfplatz war. Den einzigen viertägigen Urlaub, den er sich jemals gönnte, verbrachte er auf dem Golfplatz in Pinehurst, North Carolina. Auch während dieses Urlaubs konnte er sich nicht entspannen, er trieb sich genauso an, wie er es sein ganzes Leben lang tat. In dreieinhalb Tagen spielte er 102 Holes, davon 36 in einem Tag; auch Golf war für ihn kein Spiel der Entspannung, sondern ein Ventil, um Spannung, Ärger und Frustration abzulassen und zugleich ein Mittel, sich zu beweisen. »Er wollte möglichst harte Schläge führen und benutzte einen Schläger mit

doppeltem Gewicht*«, erzählte Haynes. »Damit erreichte er Weiten bis zu 300 Yards. Er ging immer schnell und zielbewußt und nahm alles tödlich ernst. Nein, ich würde nicht sagen, daß Golf für Glenn ein Vergnügen war.«
Auch auf andere Weise zeigte sich Glenns Konkurrenzdenken. Er liebte Pferdewetten, aber es war schwierig, nachdem er andauernd unterwegs war. Eines Tages brachten er, Helen und Chummy McGregor miteinander $ 5000 auf und übergaben das Geld einem Mann namens Ray Johnson, damit er für sie Wetten plazierte. Nach einigen Monaten hatte Ray $ 1335,09 verloren, und die Aktion wurde beendet, aber Glenn hatte seinen Spaß gehabt.
Für Johnny Desmond, der mit Millers AAF Band sang, war Glenn einer der kompetitivsten Menschen, denen er jemals begegnet ist. »Einmal spielten wir Fußball, drüben in England. Glenn hatte den Ball, ich griff ihn an, stolperte dabei und prallte mit voller Wucht gegen ihn, so daß wir beide zu Boden stürzten. Ich entschuldigte mich und fragte ihn, ob alles okay sei, und er sagte ja. Aber einige Tage später, als wir wieder spielten, rannte Glenn mich über den Haufen, obwohl ich den Ball gar nicht hatte. Ich nehme an, er wollte es mir zeigen, oder so.«
Aber Glenns Lieblingssport war und blieb Golf. Zarchy spielte lieber mit ihm auf dem Golfplatz als auf dem Bandstand, und als es Sommer wurde, entschloß er sich, bei der Band zu bleiben, auch nach der Rückkehr McMickles. Also mußte Knowles gehen, der ein guter Allroundtrompeter war, aber zu seinem Pech nicht Golf spielen konnte. Einige Wochen später entschloß sich Glenn, noch einen weiteren Trompeter loszuwerden: Clyde Hurley, der sich mit Best die Jazzsoli geteilt und auch ab und zu Lead gespielt hatte, mußte gehen. Das hatte allerdings nichts mit Golf zu tun.
Glenn hatte Hurley nie besonders gemocht, und das beruhte auf Gegenseitigkeit. Wie McMickle erzählte, hatte Clyde eines Nachts bei einem Würfelspiel reichlich getrunken und dann ei-

---

* Das stimmt nicht — er benutzte gewöhnliche Schläger: Wilson Top Notch, um genau zu sein. G. T. S.

nige abfällige Bemerkungen über Glenn gemacht, nicht wissend, daß Glenn im Nebenzimmer war und alles hören konnte. Ein paar Tage später trank Glenn selbst ein wenig über den Durst und geriet so richtig in Stimmung für eine Konfrontation mit Hurley. »So, du hältst mich also für einen Wichser«, schnauzte er ihn an, und im weiteren Verlauf der Debatte feuerte er ihn. »Aber ich muß eines sagen«, fügte McMickle hinzu, »er verschaffte Clyde sofort einen Job bei Tommy Dorsey.« Charlie Frankhauser, ein Alumne von Gene Krupa mit einem voluminösen Ton, übernahm den Platz Hurleys.

Im Mai engagierte Glenn einen weiteren Trompeter, allerdings als Roadmanager. Das war sein jüngerer Bruder Herb, der liebend gern ein erstklassiger Musiker werden wollte, aber genau wußte, daß er für Glenns Band nicht gut genug war. Als Tommy Mack ausschied, wurde Herb sein Nachfolger. In seinem Inneren hoffte er allerdings immer noch, er würde es eines Tages schaffen. Wenn die Band unterwegs war und irgendwo Pause machte, ging Herb oft zur Seite und blies in sein Mundstück — ganz offensichtlich, um seine Lippen in Form zu halten für den großen Moment, wo Glenn ihn einmal brauchen würde. Schließlich begriff Glenn, wieviel seinem Bruder das Trompetespielen bedeutete und verschaffte ihm einen Job in der Band von Charlie Spivak. Eek Kenyon, der in der ersten Band Schlagzeug gespielt hatte, kam als neuer Roadmanager.

Im Juni wurde die Operationsbasis nach Chicago verlegt. Die drei wöchentlichen Chesterfield-Shows kamen aus dem *Civic Theater;* an den übrigen Tagen brach die Band weitere Besucherrekorde bei One-nighters im Mittelwesten, bevor sie für zwei Wochen in den berühmten *Panther Room* des *Sherman Hotels* einzog und dort die höchsten Einnahmen seit Bestehen des Hotels erzielte, mehr sogar, als Ben Bernie und Buddy Rogers, die beiden Lieblinge des Chicagoer Publikums, jemals erreicht hatten.

Die allgemeine Beliebtheit der Miller Band reflektierte in diesem Sommer Martin Blocks Poll, der ursprünglich nur auf die lokale Radiostation in New York beschränkt war. Diesmal vereinbarte Block jedoch mit 20 weiteren Radiostationen im ganzen Land, ihre Hörer mitwählen zu lassen, so daß der Poll den musikalischen Geschmack ganz Amerikas reflektierte. Die ersten Zehn wurden mit ihrer Gesamtstimmenanzahl in *Variety* abgedruckt:

Glenn Miller	44 446
Tommy Dorsey	23 645
Benny Goodman	16 321
Sammy Kaye	13 854
Kay Kyser	11 619
Gene Krupa	10 104
Charlie Barnet	8 469
Jimmy Dorsey	7 537
Artie Shaw	5 532
Jan Savitt	4 377

Neue Besucherrekorde wurden aufgestellt: 5000 im *Municipal Auditorium* in St. Louis; 11 300 in Kansas City; 3500 am Buckeye Lake in Ohio; 4000 im *Fernbrook Pavillon* in Wilkes Barre, Pennsylvania, wo bis dahin Guy Lombardo Rekordhalter gewesen war. Swingbands im allgemeinen und die von Glenn im besonderen waren bei der Jugend so beliebt, daß kein Ersatz dafür akzeptiert wurde. Als einmal W.P.A.-Beamte in Boston kurzfristig ein geplantes Open-Air-Swingkonzert absagten und anstatt dessen eine zickige Blaskapelle mit der *Wilhelm Tell Ouvertüre* und ähnlichem präsentierten, wurden die Kids so sauer, daß Tausende von ihnen zum Bühneneingang des *RKO Theater* marschierten, wo die Miller Band auftrat und erst beschwichtigt waren, als Glenn herauskam, mit ihnen sprach und Autogramme gab.
Trotz des Riesenerfolgs der Band vermißten manche von uns den richtigen Swing an ihr: aus irgendeinem Grund schien ihr Spiel nie wirklich gelöst und relaxed zu sein. Alles war phantastisch präzise, aber, wie Jimmy Priddy einmal bemerkte, »manchmal braucht es ein klein wenig Schlamperei, sonst wird das Ganze steif. Und diese Band war ganz sicher steif.«

Purtill war eine Hilfe; McGregor und Lathrop hingegen hätten genausogut in ein Salonorchester gepaßt. Was Rolly Bundock betrifft, so war er ein exzellenter Bassist, der in späteren Jahren in den Studios der Westküste enormen Drive entwickelte. In der Miller Band hingegen wirkte der nette und freundliche Rolly stets unsicher und nervös. Wie ich selbst und viele andere fühlte er sich unter Glenns Leitung vermutlich nie sicher und entspannt, und mit einem solchen Handikap kann ein Musiker nie wirklich swingen. Rolly entschied sich schließlich, die Band zu verlassen und an der Juilliard School klassischen Baß zu studieren. Glenn engagierte als Ersatz Tony Carlson, den jüngeren Bruder von Woody Hermans berühmtem Drummer Frankie Carlson, der jedoch nur einige Wochen in der Band blieb; dann entdeckte Glenn Herman »Trigger« Alpert.

»Als Trigger zu uns kam, war das ein Unterschied wie Tag und Nacht«, sagte kürzlich Jerry Gray zu mir, »und damit will ich Rolly Bundock keineswegs herabsetzen; ich habe ihn seitdem oft eingesetzt. Aber Trigger hatte einen so leichten Swing, er spielte so locker und ließ nie nach.«

Die Band war für eine weitere Serie von Chesterfield-Sendungen nach New York gekommen, und Trigger Alpert war auch in der Stadt, ein junger Bassist aus Indianapolis, der mit der Band von Alvino Rey im Dachlokal des *Bilmore* spielte.

»Es muß Benny Goodman gewesen sein, der Glenn auf mich aufmerksam gemacht hat«, meinte Trigger, der als einer der besten Bassisten im Lande galt, bis er sich vor wenigen Jahren zurückzog, um sich mit noch größerem Erfolg der Porträtfotografie zu widmen. »Wir hatten eine wunderbare Rhythmusgruppe: Buddy Cole am Klavier und Davey Tough am Schlagzeug, stell dir das vor! Eines Freitagabends kam Benny vorbei, um uns zu hören, und ich glaube, er erzählte Glenn von mir, denn am folgenden Montag erschien Glenn. Knapp danach war der Job vorbei und ich fuhr nach Hause, weil meine Eltern ihren 25. Hochzeitstag feierten. Ich hatte nichts zu tun in New York und ließ mir daher Zeit mit der Rückkehr. Ich hatte damals ein Zimmer im *Astor* und als ich dort hinkam, lagen in meinem Briefkasten an die zehn Mitteilungen, ich solle dringend Bullets anrufen. Ich tat es, und er sagte: ›Wo warst du

Ein Bild mit Miller-Autogramm für Mama Alpert

denn die ganze Zeit?‹, und ich sagte: ›Wer bist du überhaupt?‹ Ich hatte noch nie von ihm gehört. Er erklärte mir, er arbeite für Glenn und versuche seit einer Woche, mich zu erreichen. Ich solle sofort nach Boston fahren, um Glenn zu sehen, aber ich sagte, ich sei pleite. Daraufhin schickten sie mir per Auto Geld und ein Flugticket.
Nun, ich kam an, fuhr direkt zum Hotel und da waren Glenn und Cy Shribman. Sie fragten, ob ich einen Drink wolle und ich sagte ›nein, danke‹, das beeindruckte sie, glaube ich. Dann begann Glenn mich auszufragen: ob ich trank, ob ich verheiratet war, ob ich irgendwelche Verpflichtungen hätte und wer mein Lieblingsbassist sei. Ich sagte, Jimmy Blanton, und das beeindruckte ihn wahrscheinlich auch. Dann fragte er, wieviel Gage ich mir vorstelle, und ich meinte, das überließe ich ihm; das warf ihn beinahe um. So bekam ich den Job, fuhr nach New York zurück, holte meinen Baß und stieg in die Band ein, bei einem Theatergig. Ich weiß noch, ich mußte meinen Part in *Danny Boy* auswendig lernen, weil wir das im Dunkeln spielten.«
Sowohl Glenn als auch die Musiker betrachteten Trigger als

Haupttreffer, weil er nicht nur ein guter Bassist war, sondern auch mitreißenden Optimismus und Lebensfreude besaß. Billy May beschrieb ihn als »einen der unbesungenen Helden. Er brachte richtigen Schwung in die Band, weißt du, er versuchte es immer, aber er achtete trotzdem immer darauf, ob es Glenn auch recht war.«

Aber Glenn liebte Trigger, jeder konnte das fühlen. Wenn er jemals in der Lage gewesen wäre, einen seiner Musiker als den Sohn zu adoptieren, den er sich so sehr wünschte, dann wäre das Trigger gewesen, obwohl ihn auch in diesem Fall seine Komplexe daran hinderten, seine Gefühle offen zu zeigen.

Trigger erwiderte Glenns Gefühle, jedoch auch ihm blieb der gelegentliche Frust, nicht zu wissen, wie er dran war, nicht erspart. »Ich erinnere mich an die letzte Nacht eines Gigs in St. Louis«, berichtete Trigger. »Ich hatte getrunken und spielte wirklich sehr laut und dachte, das sei schon okay, aber Glenn warf mir einen seiner bösen Blicke zu und bedeutete mir, mich zurückzuhalten. Ich war sauer und trank noch einiges mehr, und als wir dann im Zug waren, sagte ich zu Glenn, ich wolle kündigen. Er sah mich nur an und meinte: ›Was denkst du eigentlich, wer du bist, du frecher Bengel?‹ Am nächsten Tag nahm er mich zur Seite und sagte: ›Dein Job ist, der verdammt beste Bassist der Welt zu sein. Du solltest genau das denken, was Artie Shaw über Benny Goodman denkt: Ich werde besser spielen als er!‹

Man konnte nie vorher abschätzen, wie Glenn auf etwas reagieren würde. Einmal spielten wir *Tuxedo Junction*, und ich improvisierte einen kleinen Break. Es war nicht vereinbart, es war ein ganz spontaner Einfall. Glenn sagte nichts, also machte ich es am folgenden Abend wieder und von da an jedes Mal, aber er sagte noch immer nichts. Er sah nicht einmal her zu mir, und ich hatte keine Ahnung, ob es ihm gefiel oder nicht. Als ich dann später in der Armee war, hörte ich die Band im Radio und, weißt du was? Er hatte meinen Break orchestriert, für vier Posaunen. So sehr hat er ihm gefallen und trotzdem hat er es mir nie gesagt.«

Wie typisch für Glenn Miller! Es war ihm beinahe unmöglich, seine Gefühle anderen Menschen gegenüber mit Worten auszudrücken; aber in besonderen Situationen enthüllte er sie immer durch das, was er tat — etwa, als Trigger heiratete. »Du weißt es noch, George«, sagte Trigger kürzlich zu mir, »damals, als wir mit der Air Force Band in New Haven waren und als Connie und ich heirateten, du warst ja dabei. Glenn war unser Trauzeuge, und wir gingen in dieses schmuddelige Büro des Friedensrichters und Glenn meinte, das sei nicht die richtige Atmosphäre, um zu heiraten, und bestand darauf, daß die Trauung im Haus des Richters stattfand.

Und dann, ein paar Tage später, als unsere Eltern da waren, arrangierte er die kirchliche Trauung in der Yale-Kapelle und war wieder unser Trauzeuge. Und die Streicher der Band spielten *Serenade in Blue*, und Tony Martin sang *Dearly Beloved*. Und Glenn schenkte uns zur Hochzeit eine Kriegsanleihe und gab eine große Party für uns.«

Wie kam es, daß der introvertierte stoische Glenn diesen extrovertierten überschäumenden Burschen so gerne hatte? Vielleicht ist es so, wie Marion Hutton kürzlich sagte: »Ich denke, es war, weil Trigger all das hatte, was Glenn selbst gerne gehabt hätte. Er wäre für sein Leben gerne so offen und gesellig, so hemmungslos und lebenslustig gewesen.«

Kapitel 21

Im Herbst 1940 ereignete sich eine ganze Menge — in der Bigband-Arena und in der ganzen Welt.
Japan verbot offiziell den Jazz und wurde Mitglied der deutsch-italienischen Achse; eine hübsche junge Sängerin namens Doris Day wurde Mitglied von Les Browns Band.
Deutschland warf Bomben auf England; Tommy Dorsey warf den öfters betrunkenen Bunny Berigan hinaus.
Der Kongreß beschloß, für den Ernstfall Soldaten zu rekrutieren: Lionel Hampton rekrutierte Musiker und gründete eine eigene Band, während sein Ex-Boss Benny Goodman seine Band reorganisierte.
Die ganze Welt war in Aufruhr; innerhalb der Miller Band jedoch war das Leben heiter, gelassen und zeitweise ziemlich romantisch.
Eines Nachmittags tranken Helen Miller, Polly Davis und ich Kaffee in einem Drugstore im Erdgeschoß des RKO-Gebäudes, wo Glenns Büro lag. Die beiden platzten vor Mitteilungsdrang: »George, wir müssen dir etwas sagen, aber du mußt versprechen, daß du es für dich behältst!« Sie benahmen sich wie High-School-Girls, die unbedingt loswerden wollen, wer sie zur Abschlußfeier eingeladen hat. Schließlich sagte Helen: »Polly wird Don heiraten. Außer uns vieren bist du der einzige, der das weiß.«
Don war Don Haynes, ein ausnehmend gutaussehender Mann mit viel Charme, der nach seinem Studium an der staatlichen Universität von Ohio so erfolgreich Bands vermittelt hatte, daß ihn die GAC von einer Konkurrenzagentur wegengagierte und aus dem Mittelwesten nach New York brachte. Glenn mochte ihn sofort, und Don wurde schnell zum Verbindungsglied zwischen der Band und dem GAC-Büro.
Die Hochzeit war wunderschön und brachte Helen, Polly, Glenn und Don in noch engere Verbindung zueinander. Don wurde spä-

ter Glenns persönlicher Manager und noch später, in der Air Force, sein persönlicher Adjutant. Nach dem Krieg blieb er in Verbindung mit der Miller Band, brach diese Verbindung jedoch nach einigen Mißverständnissen mit Helen und David Mackay ab. Für eine Zeit war er Versicherungsvertreter, dann ging er in den Postdienst, wo er eine wichtige Funktion innehatte, bis er am 4. Juni 1971 an einer schweren Herzattacke starb.

Durch all diese guten und schlechten Zeiten blieben Polly und Don beisammen. Ihre Beziehung erinnerte mich sehr an die zwischen Helen und Glenn; keines der Paare hätte sich etwas Besseres wünschen können.

Die zweite Hochzeit im Jahre 1940 zwischen Marion Hutton und Jack Philbin wirkte ebenfalls wie ein glückliches Ereignis. Jack war Amerikaner irischer Abstammung, relaxed und freundlich, und verehrte Marion seit den frühen Tagen der Band in Boston, als er noch Verlagsvertreter und später zeitweiliger Manager war, und machte nie ein Hehl aus seinen Gefühlen. Die Tatsache der Heirat überraschte daher niemanden, wohl aber ihre Plötzlichkeit.

Glenn wußte von Anfang an über Jacks Absichten Bescheid und zeigte deutlich sein Mißvergnügen. Wie Marion berichtet, warnte er Jack eines Tages mit den Worten: »Wenn du mit meiner Sängerin herumspielst, dann endest du wie ein Katalog von Sears Roebuck.«* Derartige Drohungen hatten allerdings keinen Einfluß auf die Romanze. »Außerdem wollte ich vor allem Hausfrau und Mutter sein«, sagte Marion, »eine Karriere war mir nicht so wichtig. Aber ich wagte nie, das zu sagen; ich dachte damals, wenn jemand nicht Karriere machen will, stimmt mit ihm etwas nicht.«

Marion und Jack verkündeten in Washington eines Tages plötzlich, sie würden heiraten. Glenns Reaktion auf die Neuigkeit war eher von Mißtrauen als von Freude geprägt. »Er fragte mich, warum ich denn heiraten wolle«, erinnert sich Marion. »Ich hatte mich in dieser Band immer wie ein Gegenstand gefühlt, und Glenns Verhalten bei dieser Gelegenheit verstärkte dieses Gefühl noch. Das Ganze war überhaupt nicht besonders lustig, sogar meinen Ehering mußte ich mir selbst kaufen.«

---

* Im Mittelwesten enden diese Kataloge meist auf dem WC

Zusammentreffen im *Café Rouge*. Von links: Manager Cy Shribman. Publizist George B. Evans, Helen und Glenn, Bandleader in spe Charlie Spivak sowie Don und Polly Haynes

Aber wenigstens war Marions Wunsch nun erfüllt: sie hatte einen Ehemann und bald sollte sie auch einen Sohn haben.
Es gab noch weitere weibliche Aktivitäten innerhalb der Band in diesem Herbst. Glenn gründete seinen eigenen Musikverlag, Mutual Music Society, und eine der höchstbezahlten Angestellten dieses Verlags mit $ 600 monatlich war eine gewisse Mrs. Helen Miller. Die Idee, daß ein Bandleader seinen eigenen Verlag besaß, war schon damals nichts Neues; Guy Lombardo und Fred Waring verdienten mit ihren Verlagen schon seit Jahren eine Menge Geld. Tommy Dorsey folgte bald Glenns Beispiel, ebenso Benny Goodman, der seinen Verlag von seinen Brüdern führen ließ.
Wenn ein Musikstück im Radio gespielt wurde, kassierte die ASCAP eine Gebühr von der betreffenden Radiostation; Komponisten, Texter und Verleger erhielten von der ASCAP vierteljährliche Zahlungen, deren Höhe sich nach der Häufigkeit der Rundfunkausstrahlung richtete. Dazu kam, daß die Plattenfirmen den Verlegern und Komponisten der Songs, die sie aufnahmen, Tantiemen von üblicherweise 2 Cents pro Plattenseite bezahlten, die sich Verleger und Songwriter teilten. Oft entdeckten Bandleader Songs, die sie gerne aufnehmen wollten, und wenn der Komponist

keinen Verleger hatte, was bei Neulingen meist der Fall war, dann sandte er ihn zu einem befreundeten Verleger, und dieser machte das Geschäft mit den 50%.

Aber genau darüber begannen einige Bandleader nachzudenken. Warum sollte ein Verleger ohne jede Arbeit das Geld einstreichen? Schließlich war es der Bandleader, der dem Komponisten eine Chance gab; wieso sollte nicht er die 50% kassieren? Also gründeten die schlaueren Bandleader ihre Musikverlage und »überredeten« die Komponisten, ihre Werke bei ihnen zu verlegen.

Manche von ihnen nutzten allerdings die schlechte Verhandlungsposition der Komponisten, die auf Plattenaufnahmen und Radiosendungen ihrer Werke angewiesen waren, schamlos aus. Sie begnügten sich nicht damit, die Songs zu verlegen; sie bestanden außerdem noch darauf, als Mitkomponisten angeführt zu werden.

Dadurch war ein Bandleader, der nur an der Verbreitung, nicht aber an der Entstehung eines Songs beteiligt war, in der Lage, 75% des Profits in die Tasche zu stecken (50% als Verleger und weitere 25% als »Mitkomponist«), während für den Schöpfer des Werkes nur 25% übrigblieben. Und das galt nicht nur für die eigene Aufnahme des Bandleaders (für die er außerdem noch als Performer kassierte), sondern auch für alle übrigen aufgenommenen Versionen von anderen Interpreten.

Diese potentiellen Profitmöglichkeiten eines Musikverlags faszinierten Glenn offensichtlich, und er begann, mehr und mehr Zeit und Energie dafür aufzuwenden. Obwohl er als Chef seines Verlages Leo Talent engagiert hatte, einen alten Kumpel aus den schlechten Zeiten in Boston, übernahm er doch gelegentlich selbst die Rolle der Song Plugger*. Dies zeigt etwa der Brief, den er am 11. November an Bing Crosby schrieb:

> Lieber Bing,
> seit Deinem kürzlichen Besuch in New York redet mir Leo Talent, der Chef unseres Musikverlages Mutual Music Society, ein Loch in den Bauch, ich soll Dir endlich ein Exemplar von *Papa Niccolini* senden.

---

* ein Verlagsangestellter, dessen Job es ist, Bandleadern, Radioleuten etc. die Songs »anzudrehen«.

Hier ist es also; wenn es Dir gefällt, ist es gut, wenn nicht, kannst Du es ja anstatt des Sears Roebuck-Kataloges verwenden...
Herzlichst
Glenn Miller

Abgesehen von Glenns Fixierung auf diesen Katalog enthüllt dieser Brief, wie sehr er im Geschäftlichen engagiert war und wie überraschend und vielleicht sogar peinlich er hier die Art jener Song Plugger annimmt, die auch nicht direkt kommen und sagen, »bitte, bitte, spielt mein Lied«, sondern sich hinter einer fadenscheinigen Erklärung verstecken, ganz so, wie Glenn hier hinter dem angeblichen Drängen Leo Talents.
Die Art der Song Plugger in jenen Tagen erinnerte mich sehr an die der Presseagenten. Sie brachten zunächst ein Thema aufs Tapet, von dem sie annahmen, es gefiele dir, und gerade wenn du dachtest, sie hätten sich jetzt etwas von der Seele geredet, kam der unweigerliche Satz, der mit »Übrigens...« begann. Dann kamen sie auf den Gefallen zu sprechen, den sie von dir erwarteten, in der Annahme, du seiest nun genügend aufgelockert dafür. Und, so traurig es klingt, weder die Song Plugger noch die Presseagenten haben sich seit damals wesentlich geändert.
Die Sache wurde noch dadurch verschlimmert, daß manche Bandleader den Spieß gewissermaßen umdrehten und von den Song Pluggers buchstäblich alles nahmen, was sie kriegen konnten: Theaterkarten, Alkohol, Frauen und manchmal auch Bargeld. Weil jeder von meiner Freundschaft mit vielen Bandleadern wußte, wurden mir öfters Jobs als Song Plugger angeboten. Aber ich lehnte sie alle ab, obwohl ich damit viel mehr verdient hätte als bei *Metronome*. Der Hauptgrund war, daß ich den größten Wert darauf legte, unabhängig zu sein, sagen zu können, was ich sagen wollte und das tun zu können, woran ich glaubte.
Und dennoch, trotz allem waren die Beziehungen zwischen Bandleadern und Song Pluggers — oder, wie man später sagte, »Kontaktleuten« — manchmal warm und herzlich und entwickelten sich sogar zu echten Freundschaften. Glenn, ein Mann mit starken Vorlieben und Abneigungen, dem man deshalb oft vorwarf,

Glenn im *Café Rouge* mit Tommy Dorseys Bandmanager Bobby Burns und Tommy (li.) sowie dem Komponisten Rube Bloom und dem Musikverleger Jack Bregman von Bregman, Vocco & Conn

nur seine Lieblingsstücke zu spielen, war dick befreundet mit Jack Robbins von Robbins Music, Jack Bregman von Bregman, Vocco & Conn und Norman Foley von Feist Music. Das waren altgediente erfahrene Männer, die sich jahrzehntelang unter Musikern bewegt hatten und genau wußten, wie man mit Leuten wie Glenn oder den Dorsey-Brüdern umgehen mußte. Aber manche der Mastdarmakrobaten, die das nicht wußten, wurden von Glenn ziemlich rauh abgefertigt. Zum Glück für beide Seiten hatte er einige Prellböcke eingebaut: dazu gehörten McGregor, McIntyre, später Chuck Goldstein von den Modernaires und der neue Roadmanager Johnny O'Leary. Sie ersparten Glenn viele unangenehme Situationen, und die armen Plugger blieben von Glenns Ungeduld und Sarkasmus verschont.

Kapitel 22

Die Brigade der Song Plugger war sehr aktiv in diesem Herbst, als die Miller Band ihr zweites Engagement im *Café Rouge* antrat. Es war eine hektische Zeit: sechs Nächte die Woche plus die drei Chesterfield-Shows mit je einer Probe. Und dazu kamen noch weitere Proben, um all die vielen neuen Arrangements einzustudieren; darunter auch einige besonders aufregende von Billy May, einem der neuen Trompeter, die bald nach der Premiere im *Café Rouge* zur Band gestoßen waren.

Glenn war mit seinem Trompetensatz nicht glücklich gewesen. Frankhauser bewährte sich nicht so, wie er es erwartet hatte; Zarchy hingegen hatte von Anfang an nicht allzu lange bleiben wollen. Er wurde zuerst durch Phil Rommel und dann durch den Jazzveteranen Max Kaminsky ersetzt, der sich bereit erklärte, einzusteigen, bis Glenn jemanden gefunden hatte.

Es war Bullets, der jemanden fand: einen jungen Burschen namens Ray Anthony, der in Brooklyn mit Al Donahues Band spielte. Bullets brachte Ray zu einer Probe mit und, wie er es formulierte, »Ray blies alles in Stücke«.

Dennoch stand das Engagement Ray Anthonys nicht unter einem besonders glücklichen Stern. Er hatte einen wunderbar üppigen Ton im unteren Register, aber seine persönliche Entwicklung hatte mit der musikalischen nicht Schritt gehalten; er hatte ein unerträglich loses Mundwerk. Wenige Bandmitglieder fanden engeren Kontakt zu ihm, und ganz bestimmt war er weder ein Liebling von Glenn noch von Mickey McMickle, der nach dem Abgang Zarchys meist den Trompetensatz führte und alle hohen Parts übernommen hatte. Ray, der nach dem Krieg seine eigene erfolgreiche Band leitete, war in seinen Tagen bei Miller nach den Worten McMickles »ein lausiger Trompeter und ein vorlauter frecher Bengel. Ich weiß noch, einmal sagte er zu mir: ›Jesus Christus, mit deinem engen

Der neue Miller-Bandstand im *Café Rouge* wird von Bobby Burns und den Bandleadern Charlie Spivak, Les Brown, Larry Clinton, Woody Herman und Sammy Kaye bei der Premiere im Januar 1941 eingeweiht.

Supper Cover Charge
After 10:00 p. m.

Weekdays - - - 75 cents, each person

Holiday Eves and Saturday - -
$1.50, each person

CAFE ROUGE · HOTEL PENNSYLVANIA
New York

Ray Anthony

Mundstück ist es ja leicht, all diese hohen Töne zu spielen.‹ Ich sagte nichts, aber ich tauschte Mundstücke mit ihm und spielte meine hohen Parts genauso wie immer.«

Eine wesentlich bedeutungsvollere Rolle für die musikalische Entwicklung spielte dagegen Billy May. Als er Anfang November zur Band kam, klang sie so steif und routiniert, daß einige der Musiker sich zu langweilen begannen. Billy May änderte das.

Durch seine Arrangements, aber ebenso durch seine unbekümmerte Art und sein übersprudelndes Temperament brachte May Lockerheit und *joie de vivre* in die Band, die diese so dringend brauchte. Die Jazzliebhaber unter den Musikern waren sofort auf seiner Seite. Der koloßartige Riesenkerl mit seinem unwiderstehlichen Enthusiasmus gewann sogar die Sympathie seines reservierten Chefs, der aus irgendeinem Grund bei ihm die Dinge tolerierte, die er bei anderen schärfstens ablehnte. Gewiß, Billy war ein Trinker, aber einer von der fröhlichen Art, so wie alle, die ihr »Basistraining« in der überaus swingenden Charlie Barnet Band absolviert hatten.

»Ich spielte mit Charlie im Frühling 1939 im *Playland Casino* in Rye, und das Geschäft war miserabel, weil Glenn unten im *Glen Island Casino* die ganze Aufmerksamkeit auf sich zog. Ich erinnere mich, Charlie sagte, halb im Scherz: ›Nehmen wir Glenn seinen Job weg!‹ Und dann spielten wir verrückte musikalische Dinge, zum Beispiel *Sunrise Serenade*, einen von Glenns großen Erfolgen; Charlie spielte die Melodie, und wir anderen spielten dazu Duke Ellingtons *Azure*.

Als wir dann im August im *Palomar* in Los Angeles waren, war die Band so richtig eingespielt. Es war überhaupt die erfreulichste Band, mit der ich jemals gespielt habe. In meinen Arrangements schrieb ich meist nur die Einleitung und vielleicht einen Chorus, das übrige entstand spontan, jeder trug etwas dazu bei. Alles war ›free and easy‹.

Bei Glenn hingegen war das ganz anders. Der Unterschied zwischen seiner Band und der von Charlie war, daß du bei Glenn alles tipptopp in Ordnung haben mußtest: Uniform, Krawatte, Socken, Stecktuch; wenn nicht, gab es eine Strafe. Bei Charlie Barnet war das alles viel lockerer. Ich weiß noch, eines Nachts kam der Bassist mit einem falschen Jackett auf die Bühne. Aber anstatt ihn zu bestrafen, machte Charlie eine Show daraus; er holte ihn vor das Orchester und ließ ihn einige Soli spielen; quasi als Gastsolisten.«

Nach Billy Mays Ansicht war Glenn nicht imstande, eine Band so zum Swingen zu bringen wie Charlie Barnet. »Glenn hatte eine Formel entwickelt und in die mußte alles hineinpassen; für spontane Einfälle war kein Platz, sogar die Soli sollten jedes Mal gleich sein. Jerry Gray war der richtige Mann für diese Band; er paßte sich Glenns Vorstellungen perfekt an.

Im Grunde war Glenn ein Geschäftsmann. Ich weiß nur von einem einzigen, den er beneidete: Das war Kay Kyser, denn der war der einzige Bandleader, der mehr verdiente als er.«

Über Glenns raffinierten Geschäftssinn wußte Billy May schon Bescheid, noch bevor er eine einzige Note für dessen Band geschrieben oder gespielt hatte. »Im Oktober 1940 kam Myles Rinker, der Bruder von Mildred Bailey, um für Glenn einen Trompeter aus Charlie Barnets Band zu engagieren. Er entschied sich für Bernie Privin, aber den wollte Glenn nicht haben. Er war schlau; er wollte lieber mich, weil er genau wußte, daß ich auch arrangieren konnte.

Ein exhibitionistischer Miller auf dem Bandstand des *Café Rouge*

Als ich dann mit Glenn über die Gage verhandelte, wollte ich das alte Spiel spielen, du weißt schon, einen gegen den anderen ausspielen, aber dazu war Glenn viel zu smart. Er machte mir sein Angebot und sagte: ›Sag ja oder nein, hier und jetzt!‹ Damit wollte er verhindern, daß ich zu Charlie zurückging und einen gegen den anderen ausspielte.« Billy May akzeptierte Glenns Angebot: $ 150 die

Woche oder Gewerkschaftstarif (das jeweils höhere), plus $ 25 (später 50) für jedes Arrangement.

Billy trat seinen Job bei Glenn in der Wahlnacht an. »Das weiß ich deshalb noch, weil Glenn so stinksauer war. Es durfte kein Alkohol serviert werden und natürlich war kaum Publikum da.« Bald darauf lieferte May sein erstes Arrangement: den alten Standard *Ida*, mit einem Vokalpart für Tex Beneke. Er wußte, wie sehr Glenn die Jimmy Lunceford Band mochte und schrieb deshalb in deren Stil; »sogar den Gesangspart machte ich ähnlich wie bei Lunceford, dort singt Trummy Young, und die ganze Band antwortet immer. Aber Tex wollte es nicht so singen.« Und so wurde eine gute Idee von Billy niemals realisiert.

Billy hatte eine Menge ausgefallener Ideen. Er schrieb eine wunderschöne Balladenversion von *I Got Rhythm*, von der die Musiker noch heute schwärmen, und viele andere unkonventionelle Dinge, aber meistens befolgte er die Anweisung Glenns mit dem Wortlaut: »Schreib so etwas wie...« Auf eigene Faust arrangierte er *Summer Shadows*, eine Komposition, die Hal Dickenson von den Modernaires geschrieben hatte, »aber Glenn spielte sie nicht, weil er auf Hal böse war«. Unter seinen eigenen Kompositionen, die er für die Band schrieb, war *Long Tall Momma*. »Der Titel stammt von Glenn. Dann schrieb ich noch *Daisy Mae* und *Measure For Measure*. Und ich arrangierte eine Menge dieser patriotischen Sachen.«

Billys Eigenkompositionen trugen seinen Namen, allerdings nicht seinen Vornamen. Er hatte als Komponist noch immer einen Vertrag mit Charlie Barnet; auf seine Kompositionen für Glenn schrieb er den Namen seiner Frau, Arletta May. »Später überließ ich ihr diese Nummern als Teil unseres Scheidungsabkommens«, erzählt Billy traurig. »Dann kam der Film *The Glenn Miller Story*, sie verdiente an meinen Nummern etwa $ 12 000, und ich sah in die Röhre.«

Als guter Geschäftsmann versuchte Glenn natürlich, Billy Mays Kompositionen in seinem Verlag Mutual Music Society unterzubringen. »Im September, knapp vor der Auflösung der Band, versuchte Leo Talent mich zu überreden, ich solle einen Kontrakt unterzeichnen. Es war in einem dunklen Studio bei einer Chesterfield-Probe. Leo erwähnte, Charlie Spivak und Hal McIntyre wären untauglich für den Militärdienst und würden daher im Geschäft bleiben, ihre Bands gehörten Glenn und sie würden meine Nummern senden und aufnehmen; er setzte mich richtig unter Druck, aber ich lehnte trotzdem ab. Dann ging plötzlich das volle Licht an und ich bemerkte, daß Glenn ganz in unserer Nähe saß und alles gehört hatte. Von da an war es zwischen uns nie mehr so wie vorher.«

Jahrelang hatte Billy nur bittere Gefühle für Glenn. Nach dem Krieg machte er in einem Brief an Al Klink die sarkastische Bemerkung, er hätte gehört, »Adolf Hitler sei am Leben und spiele in Argentinien Fender-Baß bei Glenn Miller«. Aber seine Erfolge als Leiter einer eigenen Band und als vielbeschäftigter Arrangeur und Orchesterleiter in den Studios der Westküste (er war eine Zeitlang Frank Sinatras Lieblingsarrangeur) halfen ihm, seine Bitterkeit zu überwinden.

Heute ist Billy May in der Lage, mit mehr Objektivität an Glenn zurückzudenken und seinen ehemaligen Boß besser zu verstehen. »Glenn war im Grunde kein schlechter Kerl, er war nur verkrampft und nervös. Später trank er dann mehr und alles wurde lockerer, auch die Band. Er hatte eine Menge zu geben. Ich frage mich oft, wie seine weitere Entwicklung verlaufen wäre, wenn er den Krieg überlebt hätte: Wäre er so zickig wie Lawrence Welk geworden oder so aufregend wie Stan oder Woody? Aber das werden wir nie wissen.«

Kapitel 23

Eines Oktoberabends, als ich das *Café Rouge* betrat, kam Glenn auf mich zu und sagte: »Unterhalte dich einmal mit meinem Roadmanager Johnny O'Leary. So etwas wie ihn hast du noch nie erlebt: er spricht ohne jegliche Interpunktion.«
Nachdem ich O'Leary einige Minuten zugehört hatte, teilte ich diese Meinung. Er war ein enthusiastischer mondgesichtiger Bostoner Ire, dessen Geplapper ohne vorheriges Anzeichen und ohne jede Tempo- und Tonänderung von einem Thema nahtlos ins nächste überging. Es war, als verfolge man ein verbales Drei-Banden-Billardspiel.
Aber der Nonstopquatscher O'Leary erwies sich für Glenn als ein Geschenk des Himmels. Er war detailbesessen und ein Meister der Routine. Als ehemaliger Mitarbeiter von Cy Shribmans Büro kannte er alle Tricks der Veranstalter, und keiner von ihnen hatte bei ihm eine Chance. Er war ein Genie, was die Ermittlung der zahlenden und nicht zahlenden Besucher bei einem Tanzabend betraf und wußte noch vor dem Ende des Abends genau Bescheid über die Gesamteinnahmen, auf deren Basis die Gage der Band berechnet wurde. Mit O'Leary brauchte sich Glenn nie wieder zu sorgen, von einem Veranstalter übers Ohr gehauen zu werden.
Aber Johnny zählte nicht nur Besucher und überwachte Veranstalter; er hatte mehr als das zu bieten. Zu seinem Job als Roadmanager gehörte auch, dafür zu sorgen, daß die Musiker jeweils die richtige Uniform trugen, rechtzeitig im richtigen Hotel landeten und auch rechtzeitig wieder den Bus bestiegen und weitere ähnliche Routineaufgaben, die er alle mit Charme, Geduld und erstaunlicher Würde bewältigte, so daß die Musiker, denen derlei Dinge normalerweise eher auf die Nerven gehen, ihn über alles liebten. »Der feinste Kerl in der ganzen Organisation war

Johnny O'Leary, »der feinste Kerl in der ganzen Organisation«, spielt hier den Freigebigen; Willie Schwartz markiert den Bartender. Die anderen von links: Hal Mcintyre, Paula Kelly, Paul Tanner, Ernie Caceres, Jack Lathrop, Al Klink, Billy May, Trigger Alpert, Mickey McMickle, Jimmy Priddy und Tex Beneke

Johnny O'Leary«, sagte erst vor kurzem Maurice Purtill. »Trotz allem, was er zu tun hatte, verlor er nie die Ruhe. Er war ein Heiliger.«
Johnny selbst führte seinen Erfolg teilweise darauf zurück, daß er kein Musiker war. »Vor meiner Zeit waren einige Musiker als Roadmanager der Band tätig, und die konnten sich manchmal nicht richtig durchsetzen. Einmal sollte die Band nach York, Pennsylvania, fahren, dort übernachten und am nächsten Abend einen One-nighter spielen. Aber die Boys überredeten Tommy Mack, Glenns Anordnungen nicht zu beachten und in Washington über Nacht zu bleiben. Das erzählte mir Glenn selbst; kurz danach verpflichtete er mich als neuen Roadmanager.«
Sosehr Glenns Betonung der Disziplin oft die Musiker verdroß,

so sehr erweckte sie die Bewunderung des praktisch veranlagten O'Leary. »Glenn war bei allem, was er tat, überaus pünktlich. Er begann mit seinen Auftritten genau um neun, und wenn er sagte, ›20 Minuten Pause‹, dann meinte er 20 und nicht 25; während dieser Pausen blieb er üblicherweise auf der Bühne und gab Autogramme. War der Job beendet, so gab Glenn den Musikern eine Stunde Zeit, um zu essen. Einmal, als wir in Omaha spielten, waren einige nicht zeitgerecht fertig. Glenn sagte zu mir: ›Johnny, es ist fünf nach zwei. Wir fahren!‹ Fünf der Musiker blieben zurück, darunter Purtill und Caceres; sie mußten auf eigene Kosten in die nächste Stadt nachfliegen.«

Diese Aktion Glenns betraf Punkt 14 der Vorschriftenliste, die er für seine Roadmanager ausgearbeitet hatte:

>»Es wird auf die Wichtigkeit hingewiesen, daß jeder zur vorgesehenen Abfahrtszeit des Busses fertig zu sein hat. Wer sich verspätet, wird bestraft.«

Außer zahllosen Anweisungen über Verträge, Transport, Verstärkeranlagen, lokale Gewerkschaftsbestimmungen, Gepäck etc. enthielt die Liste folgende zusätzliche Bestimmungen:

>»Alle Bandmitglieder erhalten einen vollständigen Ablaufplan für den Abend des Jobs sowie für den folgenden Morgen mit nachstehenden Details: Abfahrtszeit — Ankunftszeit — Auftrittsort — Beginnzeit — Hotelreservierung — Erreichbarkeit von Roadmanager und Bandleader.«

>»Alle Bandmitglieder müssen informiert werden, welche Uniform sie zu tragen haben.«

>»Mit dem Bandleader sind jeweils die Verhaltensregeln für das Bandpersonal abzusprechen; dies betrifft Rauchen, Trinken und Sprechen auf dem Bandstand etc.«

Wie O'Leary berichtet, hatte Glenn auch ein striktes Limit für die Entfernung zwischen zwei aufeinanderfolgenden Auftritten festgelegt; es betrug 300 Meilen. »Einmal war er stinksauer auf Joe Shribman, weil dieser das Limit überschritten hatte: es waren 304 Meilen. Glenn hatte das mit seinem Cadillac überprüft. Auch für die Eintrittspreise führte Glenn ein Limit ein; er wollte nicht, daß die Kids ausgequetscht werden. Im *Lakeside Park* in Dayton, Ohio, war der Eintritt $ 2,50 und das paßte Glenn gar nicht. Der Veranstalter sagte, die Band sei so populär, die Leute würden das gerne zahlen, und das stimmte auch. Aber Glenn hatte ein Herz für die Kids. Von da an ließ er in alle One-nighter-Verträge eine Klausel aufnehmen, die den Eintritt mit $ 1 plus Taxe limitierte. Ausnahmen bedurften Glenns schriftlicher Genehmigung.«

Glenn machte sich immer Sorgen um sein jugendliches Publikum. Johnny erinnert sich noch genau an den *Sunnybrook Ballroom* in Pottstown, Pennsylvania, wo sich 7 200 Menschen hineindrängten. »Wenn einer aufs Klosett wollte, mußten ihn die anderen über ihre Köpfe hinwegheben; so eng war es da. Und Glenn sagte: ›Hoffentlich bricht der Fußboden nicht durch!‹«

Glenn entwickelte diesen Kids gegenüber ein starkes Verantwortungsgefühl; sie waren wie Brot und Butter für ihn. Möglich, daß ihm diese ständige Diät gelegentlich seelisches Magendrücken bescherte, aber fast immer behandelte er sie mit erstaunlicher Geduld und Großzügigkeit, sehr im Gegensatz zu den meisten seiner Kollegen. Wie Johnny O'Leary es formulierte: »Glenn schlich sich nie aus dem Theater wie manche andere Bandleader; er kam immer beim Bühneneingang heraus und trat seinen Fans gegenüber. Einmal drängte sich eine riesige Menschenmenge vor dem *Paramount* in New York; der Bühnenportier meinte zu Glenn: ›Sie wollen doch nicht etwa da hinausgehen, das ist ja schrecklich!‹ Und Glenn antwortete: ›Schrecklich wäre nur, wenn sie *nicht* da wären.‹«

Glenns fortgesetztes Bemühen um kommerzielle Wirksamkeit begann, sich bezahlt zu machen. *Variety* schätzte seine Jahreseinnahmen 1940 auf $ 700 000 — größer als die aller anderen Bandleader, mit Ausnahme Kay Kysers, der eine runde Million einstrich. Und wohin ging all das viele Geld? $ 26 750 sind als Glenns persönliches Einkommen angeführt, weitere $ 9000 gin-

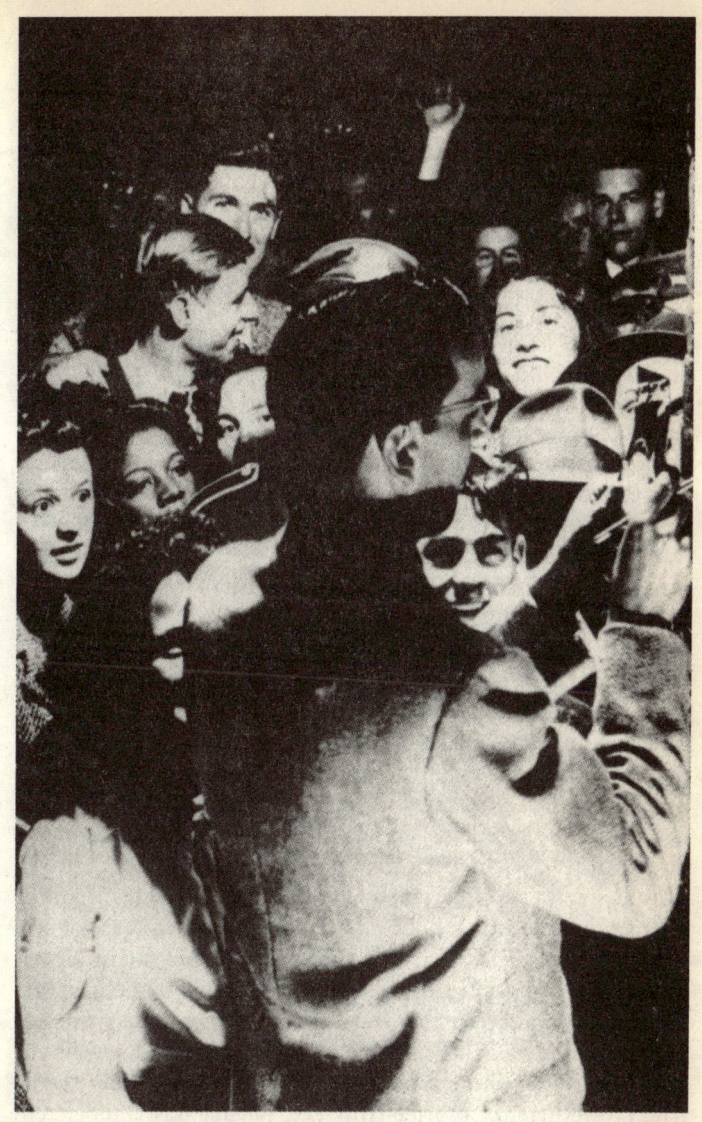

»Schrecklich wäre, wenn sie *nicht* da wären...«

gen an Helen, die Gebühren für die GAG beliefen sich auf etwa
$ 50 000. Michael DeZutter, mit dem Glenn und Cy Shribman
ein verlustbringendes Abkommen geschlossen hatten, damit er
das *Glen Island Casino* den Winter über offenhielt, erhielt dem
Vernehmen nach 30 000; an Shribman gingen 17 500 und an
Glenns zweiten Manager, Mike Nidorf, 12 500. Und dann waren
da natürlich die Musikergagen von insgesamt $ 232 442, sowie diverse weitere Ausgaben für Bus, Bahn, Hotels, Werbung, Büro
etc.
Ganz offensichtlich liebten alle die Miller Band; manchmal taten das sogar einige jazzorientierte Musiker und Kritiker, besonders dann, wenn Glenn seine Boys richtig drauflosspielen ließ,
wie etwa eines Nachts 1940 im *Manhattan Center* in New York
bei einem Mammut-Bigbandwettbewerb, aus dem Glenns Band
unter insgesamt 28 als Zweite hervorging. Und nachdem auf
dem ersten Platz Jimmy Luncefords Band landete, und nachdem
Jimmy niemals von irgendeiner Band geschlagen worden ist,
war dieser zweite Platz durchaus keine Schande — noch dazu,
wo unter den restlichen Konkurrenten Benny Goodman, Count
Basie, Les Brown, Lucky Millinder, Will Bradley und Erskine
Hawkins waren.
Ich war dabei in jener Nacht, und ich glaube nicht, daß ich die
Band jemals so inspiriert erlebt habe. Das lag sicher an der swingenden Konkurrenz, aber auch an dem Trompetenspiel, den Arrangements und dem mitreißenden Enthusiasmus des gerade
neu engagierten Billy May. Auch die Kritikerin Amy Lee, die
über eine Radiosendung der Band aus dem *Café Rouge* in der
übernächsten Nacht berichtete, gestand Billy diesen positiven
Einfluß zu. So wie viele jazzorientierte Kritiker, deren Meinung
Glenn weder zu stören noch zu beeinflussen schien, bezeichnete
sie es als wünschenswert, daß Billy Mays Hemmungslosigkeit
die gesamte Band infizieren möge, denn derzeit werde ihre Musik von den Zuhörern eher mit dem Kopf als mit dem Herzen
wahrgenommen. »Als Ensemble, bei dem jede Nummer bis zur
absoluten Perfektion einstudiert ist, haben Glenn Millers Leute
kaum Konkurrenz«, schrieb Amy Lee, »die Band ist unübertrefflich, was Präzision, Attacca, Schattierungen und Klangfarben be-

trifft. Die Frage ist nur, ob diese Über-Perfektion so wichtig ist, daß sie den unvermeidlichen Verlust des natürlichen musikalischen Feelings rechtfertigt.«
Das ist eine Frage, über die noch heute viele Musikfreunde und auch einige Musiker aus der Miller Band immer wieder diskutieren.

Kapitel 24

Der Krieg breitete sich aus im Januar 1941, als Franklin Delano Roosevelt als erster Präsident der Geschichte zum dritten Mal hintereinander gewählt wurde. Das Musikgeschäft führte inzwischen seinen eigenen Krieg. ASCAP konnte sich mit den Radiostationen nicht über die Höhe der Zahlungen einigen, die diese für die Ausstrahlung der Nummern von Verlegern, die der Gesellschaft angehörten, leisten sollten. Das Ergebnis war schließlich, daß die Rundfunkleute alle ASCAP-Songs aus ihren Programmen verbannten und ihre eigene Gesellschaft BMI* gründeten. Um ausreichend Material zu bekommen, wurden neue BMI-Verlage ins Leben gerufen; außerdem liefen einige der an ASCAP gebundenen Firmen zu BMI über. Darunter befand sich auch Glenn Millers Mutual Music Society.
Aber was bei all dem herauskam, war ziemlich miese Musik im Radio. Die besten Komponisten und fast alle Songs, die jeder kannte und liebte, waren unter Kontrolle von ASCAP. Solange BMI nicht seine eigenen erfolgreichen Nummern vorweisen konnte, hatte es dem äußerst wenig entgegenzusetzen. Um dem Publikum bekannte Melodien bieten zu können, spielten viele Bands Swingversionen von Nummern, die so alt waren, daß ihr Copyright schon abgelaufen war und die daher nicht mehr von ASCAP kontrolliert wurden. Die Radioprogramme wurden einander immer ähnlicher und damit zusehends langweiliger. Es kam der Punkt, wo etwa *I Dream of Jeannie With the Light Brown Hair* so oft von so vielen verschiedenen Bands gespielt wurde, daß Eddie Sauter aus Protest einer seiner Nummern den Titel *I Dream of Jeannie With a Dark Brown Taste in My Mouth* gab.

* Broadcast Music Inc.

Glenn konnte viele seiner großen ASCAP-Hits wie *In the Mood, Tuxedo Junction, Pennsylvania 6-5000* oder *Sunrise Serenade* nicht spielen; nicht einmal seine eigene Kennmelodie *Moonlight Serenade*. Er mußte eine neue verwenden, *Slumber Song*, eine Komposition von Chummy McGregor, die seinem BMI-Verlag gehörte.

Im Januar gab es gute und schlechte Neuigkeiten für die Band. *Down Beat* gab bekannt, Miller sei überlegener Sieger im Sweet Bands Poll des Magazins geworden. Dieser guten Nachricht folgte gleich eine schlechte: nachdem ein Klatschkolumnist berichtet hatte, Marion Hutton bekäme ein Baby, gab die verlegene und tatsächlich schwangere Marion bekannt, sie wolle ab sofort bis zur Geburt des Kindes pausieren.

Das war ein Schock für Glenn, der sofort begann, sich nach einem Ersatz umzusehen. Seine Wahl fiel auf Dorothy Claire, eine schnippische, lebhafte, extrovertierte Blondine, die zusammen mit einigen alten Freunden Glenns bei Bob Crosby gewesen war, bevor sie Bobby Byrnes in seine neue Band geholt hatte. Byrnes kochte vor Wut, als Glenn seiner Sängerin ein Angebot machte; diese nahm es aber trotzdem an, und einige Wochen später reichte Bobby gegen Glenn eine Klage ein.

Wie sich bald herausstellen sollte, standen all diese Mühen vielleicht nicht so recht dafür. Aus irgendeinem nicht erkennbaren Grund kam Dorothys leichte, fröhliche, sorglose Art, die bei Crosby und Byrnes so bezaubernd gewirkt hatte, in Glenns Band nicht recht zur Geltung. Dazu kam, daß auch das persönliche Verhältnis zu ihrem neuen Boss nicht gerade das beste war. Glenn hatte zuviel erwartet: eine attraktive Entertainerin wie Marion, die aber außerdem auch noch gut singen konnte. Nach all den Problemen, die deswegen mit Byrnes entstanden waren, scheute sich Glenn jedoch, seinen Irrtum einzugestehen.

Aber auch die Musiker waren nicht gerade tief beeindruckt. Sie alle liebten Marion wie eine Schwester, und das spielte möglicherweise auch mit. Dorothy war etwas raffinierter und hipper als Marion, aber alles in allem eine attraktive, warmherzige und grundanständige junge Dame, die in den Bands von Crosby und

Dorothy Claire mit der gesamten Band im *Café Rouge*. Hintere Reihe (von links): Johnny Best, Ray Anthony, Mickey McMickle, Billy May, Maurice Purtill, Trigger Alpert, Jack Lathrop, Chummy McGregor. Mittlere Reihe: Paul Tanner, Jimmy Priddy, Frank D'Annolfo, Glenn, Willie Schwartz, Al Klink, Hal McIntyre, Ernie Caceres, Tex Beneke. Vordere Reihe: Ray Eberle, Dorothy und die Modernaires (Bill Conway, Hal Dickenson, Ralph Brewster, Chuck Goldstein)

Byrnes sehr beliebt gewesen war; warum sie es bei Miller nicht war, konnte ich nie verstehen, es war ganz einfach so. Später entwickelte sie sich zu einem Musicalstar am Broadway; in *Finians Rainbow* spielte sie die Hauptrolle. Bei Glenn blieb sie Kleindarstellerin.

Mehr in die Miller-Richtung gingen die Modernaires, vier junge Männer aus Buffalo, die wenige Tage nach Dorothy zur Band stießen. Glenn hatte sich schon längere Zeit eine Vokalgruppe gewünscht, wenn schon aus keinem anderen Grund, dann darum, »um die Leute mehr auf die Band aufmerksam zu machen«, wie er mir einmal sagte. Er hatte sogar einmal in den schwierigen Zeiten am Anfang versucht, aus Tex, Ray, Gail Reese und Paul Tanner ein Gesangsquartett zu formieren, aber das funktionierte nie so richtig. Auch Jack Lathrop verdankte sein Engagement der Hoffnung Glenns, er würde eine Vokalgruppe organisieren; das geschah aber gleichfalls nicht.

Jetzt aber, wo Marion nicht mehr da war, brauchte Glenn dringend eine neue Attraktion. Der gedrungene, ständig Grimassen schneidende, extrovertierte Chuck Goldstein meint, eigentlich sei Discjockey Martin Block an allem schuld. »Wir hatten *Make Believe Ballroom Time* mit Charlie Barnet aufgenommen; diese Platte war Martins Kennmelodie. Dann gingen wir mit Paul Whiteman auf Tour. Aber 1941 wollte Martin eine neue Kennmelodie. Er wünschte, daß Glenn sie aufnehmen sollte, und als Glenn nach einer Gesangsgruppe suchte, schlug Martin uns vor. Wir gingen zur Probe, und ich denke, Glenn war mit uns zufrieden, denn er nahm *Make Believe Ballroom Time* mit uns auf.

Zu dieser Zeit überlegte Whiteman schon, seine Band aufzulösen. Glenn fragte uns, ob wir zu ihm kommen wollten; wir sollten mit ihm auch in Hollywood in einem Film mitmachen. Also baten wir Whiteman, uns früher aus dem Kontrakt zu entlassen, und du weißt ja, was für ein Schatz ›Pops‹ Whiteman war; natürlich durften wir gehen.

Die Mods bestanden aus dem Presbyterianer Hal Dickenson, dem Katholiken Bill Conway, dem Scientisten Ralph Brewster und einem Juden — das war ich. Brewster war Trompeter, und Conway konnte auch Gitarre und Klavier spielen. Wir hatten alle unsere Arrangements im Kopf. Bill nahm die Gitarre oder setzte sich ans Klavier, und so probten wir die Songs. Hal sang immer die Melodiestimme, weil er keine andere behalten konnte. Ich sang manchmal die Baßstimme, manchmal aber auch im Falsett, erinnerst du dich? Viele Leute dachten, wir hätten eine Sängerin dabei.

Auf Tournee bekam jeder von uns $ 125 die Woche und in New York 100; da war aber alles inbegriffen, Platten, Radio-Shows, sogar Filme. Zu Weihnachten gab uns Glenn immer einen Hunderter extra, da freuten wir uns sehr. Du mußt bedenken, das waren andere Zeiten damals; ich konnte jede Woche $ 85 nach Hause schicken!«

Glenn schloß mit den Modernaires einen Zehnjahresvertrag ab, der ihnen ihre Gagen garantierte, der sie aber verpflichtete, ihre eigenen Kompositionen zuerst Glenns Musikverlag anzubieten;

The Modernaires

bei einer Aufführung dieser Nummern durch die Miller Band wurden keine Tantiemen bezahlt.

So hartgesotten Glenn als Geschäftsmann war, so geduldig war er als Lehrer. Er arbeitete viel mit den Modernaires. »Vor allem anderen lehrte er uns, die Melodie hervorzuheben«, erzählte Goldstein. »Oft sagte er: ›Ihr müßt immer zuerst die Melodie verdeutlichen. Dann könnt ihr eure speziellen Sachen machen, aber kommt immer wieder zurück zur Melodie.‹ Das war so ähnlich wie etwas, das Whiteman immer sagte: ›Der Anfang und der Schluß müssen gut sein.‹«

Bei Whiteman war es eher locker zugegangen; bei Glenn war das anders. »Er war immer der Herr General«, sagte Goldstein, »jeder kannte seine Disziplinbesessenheit. Aber manchmal konnte sich das als Bumerang erweisen. Glenn bestand darauf, daß wir unsere Jacketts immer anbehielten. Wir hatten diese Uniformen aus schwerem Kordsamt. Nach einem unserer ersten Jobs bei der Band packten wir sie in einen Koffer, für den Abtransport in die nächste Stadt. Als wir am nächsten Tag den Koffer öffneten, war der Mief nicht auszuhalten. Von da an durften wir immer unsere eigenen Kleider tragen.«

Der überschwengliche, gesellige Goldstein war einer der wenigen Auserwählten, die zu Glenn eine persönliche Beziehung fanden. Aber es bedurfte einer Ausnahmesituation, damit es dazu kam.

»Bei einer der Chesterfield-Shows erwartete mich Paul Douglas am Bühneneingang und sagte, Glenn wolle mich sofort sprechen. Ich ging zu ihm, und er nahm mich zur Seite und sagte, eben sei die Nachricht gekommen, mein Vater hätte einen Schlaganfall erlitten. Er, Glenn, hätte bereits alles vorbereitet, damit ich sofort heim nach Buffalo fliegen könne, aber leider seien alle Flüge wegen schlechten Wetters abgesagt; ich müsse mit der Bahn fahren. Ich kam um 11.30 Uhr in Buffalo an und erfuhr, daß Dad um 10 gestorben war.

Nach dem Begräbnis flog ich nach Washington, wo die Band inzwischen ein Theaterengagement angetreten hatte. Glenn erwartete mich am Bühneneingang und fragte, ob ich arbeiten wolle; ich sagte, ja, sicher. Dann meinte er, nach der letzten Show wolle er mit mir ausgehen.

Wir gingen in den *Variety Club*. Glenn bestellte eine Flasche Bourbon und eine Flasche Roggenwhisky und sagte zu dem Kellner: ›Stellen Sie sie auf den Tisch und stören Sie uns nicht, bis wir Sie rufen.‹ In dieser Nacht war er wie ein Vater zu mir. Er redete mir zu, es nicht so schwer zu nehmen, er war einfach wundervoll.

Nachher, als wir auf die Straße hinausgingen, merkte ich, daß ich völlig ›hinüber‹ war. Ich bestieg ein Taxi und sagte dem Fahrer, er solle mich zu unserem Hotel bringen. Ich konnte nicht verstehen, warum der Kerl lachte, aber dann merkte ich, daß er nur die Straße überquerte und anhielt: Da war das Hotel.

Diese Nacht werde ich nie vergessen. Kein Mensch auf der Welt hätte freundlicher und einfühlsamer sein können als Glenn Miller.«

Kapitel 25

Glenn kümmerte sich um die Musiker, die er gern hatte. Ab und zu ging er dabei so weit, sogar die Disziplin außer acht zu lassen — vorausgesetzt natürlich, niemand erfuhr es.
Tex Beneke ging einmal aus dem All-Star Poll von *Metronome* als beliebtester Sweet-Tenorist hervor. Die obligate alljährliche Plattenaufnahme mit den Gewinnern war für den 16. Januar angesetzt. Glenn war übrigens bei den Jazzposaunisten Zweiter hinter Jack Teagarden geworden und nachdem Jack nicht in der Stadt war, lud ich Glenn und Tex ein, an dieser Aufnahme mitzuwirken. Glenn lehnte jedoch ab; den Grund habe ich nie erfahren. Vielleicht wollte er den Bandstand im *Café Rouge* nicht so früh verlassen; vielleicht scheute er aber auch den Vergleich mit den Jazzgrößen, die in dieser Nacht im *Victor*-Studio zusammentrafen: Benny Goodman, Klarinette; Count Basie, Klavier; Tommy Dorsey, Posaune; Coleman Hawkins, Tenor-, und Benny Carter, Altsaxophon; Charlie Christian, Gitarre; Buddy Rich, Schlagzeug. Dazu kamen noch die Trompeter Ziggy Elman, Harry James und Cootie Williams.
An Stelle von Glenn holte ich J. C. Higginbotham. Was Tex betraf, war ich nicht ganz sicher, ob er kommen würde. Nicht, daß mich das beunruhigt hätte; ich war ohnehin der Meinung, Tex habe unter all diesen etablierten Jazzstars eigentlich nichts zu suchen. Er schaffte es aber doch; in der allerletzten Minute betrat er das Studio. Über das, was sich vorher im *Café Rouge* abgespielt hatte, lachte Tex noch jahrelang. »Glenn wollte einerseits unbedingt, daß ich an dieser Session teilnehmen sollte. Andererseits war da die Disziplin; die Band war ein Team und jeder von uns hatte auf der Bühne zu bleiben, bis die letzte Note gespielt war. Wenn er mir erlaubt hätte, früher wegzugehen, wäre das ein Präzedenzfall gewesen, den er auf alle Fälle vermeiden wollte.

Dann kam ihm ein Einfall. Wenn der letzte Set begann, sollte ich zu meckern beginnen, er würde dann den zornigen Boss mimen und mir sagen, ich solle verschwinden. Gesagt, getan. Als Glenn die erste Nummer ankündigte, murmelte ich verdrossen vor mich hin. Glenn sah mich böse an, sagte aber nichts; Ernie Caceres, der neben mir saß, flüsterte mir zu, ich solle Ruhe bewahren. Bei der nächsten Nummer machte ich das gleiche, und Ernie stieß mich nervös in die Rippen. Endlich bei der dritten Nummer begann ich laut zu nörgeln, ich fände es idiotisch, gerade jetzt diese Nummer zu spielen. Ernie geriet völlig aus dem Häuschen.

Glenn sah mich an und meinte: ›Tex, was hast du gesagt?‹ — ›Nichts‹, erwiderte ich mürrisch. ›Ich habe aber etwas gehört!‹ — ›Also gut, Glenn, wenn du es wirklich hören willst: ich finde es idiotisch, gerade jetzt diese Nummer zu spielen.‹ Mehr brauchte Glenn nicht. ›Okay‹, sagte er und sah so böse drein, wie er konnte, ›wenn dir etwas nicht paßt, dann verschwinde!‹ — ›Mit dem größten Vergnügen‹, sagte ich, nahm meine Instrumente und wollte gehen.

Und weißt du, was dann geschah? Ernie, mit dem ich sehr befreundet war, wurde so zornig, daß er aufstand und schrie: ›Wenn Tex geht, dann gehe ich auch!‹ Er nahm seine Saxophone und wollte ebenfalls gehen. Glenn konnte ihn noch zurückhalten, aber ich glaube, er hat ihm das nie ganz verziehen.«

Mir hat Glenn nie ganz verziehen, daß ich Tex in den sechs Minuten, die für diese All-Star-Aufnahme zur Verfügung standen, nur ein kurzes Solo zuteilte — einen schnellen und ziemlich bedeutungslosen Break am Beginn von *Bugle Call Rag*. Die ausgedehnten Tenorsaxophonsoli gab ich Coleman Hawkins, wie es jeder verantwortungsbewußte Producer getan hätte. Tex, der wie beinahe jeder Saxophonist tiefe Verehrung für Hawkins empfand, gab mir dabei völlig recht, nicht aber Glenn: Tex war schließlich aus seiner Band, und ich hatte ihn schlecht behandelt.

Zwei Tage nach der *Metronome*-Session beendete die Miller Band ihr langes Engagement im *Café Rouge*. Wieder hatte sie beachtliche Besuchermengen angezogen und sogar ihren eigenen Re-

Die *Metronome All Stars* 1941 unter der Leitung von Benny Goodman (ganz rechts, vor Drummer Buddy Rich). Die Saxophonisten waren Tex Beneke, Benny Carter, Toots Mondello und Coleman Hawkins; die Posaunisten J. C. Higginbotham und Tommy Dorsey; die Trompeter Harry James, Ziggy Elman und Cootie Williams. Auch Pianist Count Basie und Gitarrist Charlie Christian (im Bild nicht sichtbar) waren dabei

kord übertroffen. Nach zehn Tagen begann sie mit großem Erfolg im *Paramount*, dann folgten einige Plattenaufnahmen und schließlich eine Tournee durch den Westen.
Im Februar gewann Glenn wieder Martin Blocks *WNEW*-Poll und begann eine neue Serie von Chesterfield-Radioprogrammen. Einem neuen Abkommen zufolge durften diese Shows nun direkt aus den Theatern übertragen werden; bisher hatten die Sendungen in großen Sälen vor eingeladenen, nicht zahlenden Gästen stattgefunden. Dies betrachteten die Theatermanager als unfaire Konkurrenz zu ihren Bühnenshows, für die die Kids Eintritt zahlen mußten. Glenn, dessen Einkommen da-

durch ebenfalls geschmälert wurde, stellte sich auf ihre Seite, kämpfte mit Chesterfield und gewann.

Nach dem Gig im *Paramount* kündigte Glenn Ray Anthony mit zwei Wochen Frist. Ralph Brewster von den Modernaires hatte seine Lippen in Form gebracht, und der stets ökonomisch denkende Glenn wollte ihn auch als Trompeter einsetzen. Natürlich brach dem jungen Anthony das Herz. Wie Johnny O'Leary berichtet, trat die Band kurz danach in Rays Heimatstadt Cleveland auf. Als Ray im *Palace Theater* nicht auf der Bühne erschien, kam sein Vater zu Johnny und fragte: »Was ist geschehen? Hat Ray etwas angestellt?« Johnny vermied es taktvoll, zu erklären, daß Glenn nur sparen wollte.

»Aber ich erzählte Glenn dann von Rays Vater. Glenn hatte inzwischen Ralph Brewster spielen gehört und gemerkt, daß das auch nicht das richtige war. Und so sagte er schließlich, ›Okay, hol den Burschen her‹ und engagierte ihn wieder. Ich freute mich sehr wegen seines netten Vaters, und ich muß Ray eines zugute halten: Er kümmerte sich rührend um seine Eltern.«

Anthony blieb also; Dorothy Claire hingegen nicht. Die Anwälte Bobby Byrnes' übten ständig solchen Druck auf Glenn aus, daß dieser schließlich zur Ansicht kam, es stünde nicht dafür. Eines Abends begegnete er Bobby zufällig in einem Hotel in Columbus, Ohio, und es kam zu einer Aussprache: Glenn erklärte sich bereit, Dorothy freizugeben, wenn Bobby seine Klage zurückziehe. An Dorothys Stelle holte sich Glenn Paula Kelly, die hübsche junge Ehefrau von Hal Dickenson, die früher in Al Donahues Band gesungen hatte. Paula traf gerade rechtzeitig ein, um mit ihrem Mann und der Band den Zug zu besteigen, für eine lange Fahrt von St. Louis nach Hollywood. Dort begannen am 24. März die Dreharbeiten für den ersten Film der Band, *Sun Valley Serenade**.

Jahrelang hatten die Mogule des Filmgeschäfts mit ansehen müssen, wie die Bühnenshows der Bigbands riesige Publikumsscharen in die Filmtheater zogen, selbst dann, wenn die Filme miserabel waren. Also beschlossen sie, in ihren miserablen Fil-

---

* Der deutsche Titel war *Adoptiertes Glück*

men Bigbands mitspielen zu lassen: dann, so überlegten sie, würden die Kids alle Theater stürmen, auch jene, in denen keine Bühnenshows stattfanden. Und so erschienen prominente Bands in allen möglichen stupiden Filmen: Benny Goodman in *Hollywood Hotel*, Artie Shaw in *Dancing Co-Ed*, Tommy Dorsey in *Las Vegas Nights*. Die Auftritte der Bands fanden in typischer Hollywoodmanier statt; also mit einem Maximum an Talmiglanz, dafür mit einem Minimum an Authentizität.

Im Sommer 1941, als der Bigbandrummel schwindlige Höhen erreichte, plagten sich eine ganze Reihe Bands in den Studios von Hollywood ab: Charlie Barnet, Count Basie, Xavier Cugat, beide Dorseys, Goodman, Glen Gray, Woody Herman, Harry James, Sammy Kaye, Gene Krupa, Kay Kyser, Guy Lombardo, Jimmy Lunceford, Freddie Martin, Alvino Rey, Jack Teagarden und andere machten Filme, von denen die meisten zu vergessen waren.

Anders war das freilich bei Glenn Miller und *Sun Valley Serenade*. Als pingeliger Pedant bestand Glenn auf einem durchwegs glaubhaften Drehbuch, und als kluger Geschäftsmann verlangte er überdies, seine Band müsse ein integrierender Bestandteil der Story sein und nicht ohne jeden dramaturgischen Zusammenhang plötzlich irgendwo im Film auftauchen, wie das so vielen anderen Bands so oft geschehen war. Glenn war nun ein Star; er verlangte entsprechende Behandlung und bekam sie auch.

Sonja Henie und John Payne spielten die romantischen Hauptrollen; die weiteren Mitwirkenden waren Milton Berle, Lynn Bari, Dorothy Dandridge, Joan Davis und die Nicholas Brothers. Glenn spielte die Rolle des Bandleaders Phil Corey. Er spielte sie so gut, daß der Kritiker Barry Ulanov, der den Jazz über alles, die Miller Band hingegen überhaupt nicht liebte, im *Metronome* schrieb:

»Er ist in diesem Film überzeugend als Bandleader und, was noch wichtiger ist, überzeugend als Mensch. In seiner Rolle geht es ihm nur um Musik, aber darum dreht sich schließlich der ganze Film, der die Glenn Miller Band hervorragend zur Gel-

Paula und die Mods

Sie warten, um die Miller Band zu sehen und zu hören...

Die Tommy Dorsey Band in dem Film *Las Vegas Nights*. In der letzten Reihe die Pied Pipers mit Jo Stafford, die Sänger Connie Haynes und Frank Sinatra und der Drummer Buddy Rich. Der Pianist ist Joe Bushkin

tung bringt, viel besser als Sonja Henie ihren Körper und ihre Beine mit und ohne Schlittschuhen.

Noch nie zuvor hat ein Film mehr aus einer populären Band gemacht und noch nie zuvor hat ein Film, der eine Band herausstellte, deren Musik mit so viel Geschmack präsentiert. Von den schemenhaften Figuren der Musiker, die den Hintergrund für die Vorspanntitel bilden, bis zu der mit leichter Hand gestalteten Probensequenz mit *Chattanooga Choo Choo* im Mittelpunkt — die Band ist stets brillant geführt, ausgeleuchtet und fotografiert.

Die erste Szene, in der sie erscheint, ist ein Vorspielen. Nach ein paar Takten der *Moonlight Serenade*, die ein glücklich grinsender Miller dirigiert und bei denen das Publikum in den Kinos aus dem Häuschen gerät, wenn es die Band und die Musik erkennt, begleiten Glenn und die Boys Lynn Bari in einem Song... Obwohl sie noch nie vorher mit ihr zusammengearbeitet haben, unterstützen sie sie mit geschmeidiger Perfektion, und die Modernaires harmonieren problemlos mit ihr...

Vom Optischen her gesehen schießen Trigger Alpert und Maurice Purtill den Vogel ab. Trigger hüpft herum wie verrückt und Maurice sieht so aus, wie sich die Filmwelt einen Swingdrummer vorstellt. Dennoch überschreiten sie nie die Grenzen des guten Geschmacks, und auch die übrigen Musiker wirken zufrieden und nicht als Szenenfüller, sondern so, als übten sie eben ihren Beruf aus. Die Story ist glaubhaft und dreht sich vorwiegend um die Band, so daß der ganze Film zu einem Triumph für Glenn Miller und seine Leute wird.«

Die Band machte auf die Leute im Filmstudio einen tiefen Eindruck. »Als wir den Soundtrack aufnahmen«, erinnert sich Chuck Goldstein, »kamen Daryl Zanuck und all die großen Tiere herein und hörten zu. Es war sehr erregend, dort zu arbeiten; die Band klang auf den Platten nie so gut.« Die Platten dieses Soundtracks, die *20th Century Fox Records* viele Jahre später veröffentlichten, bestätigen das.

Chuck gestand erst vor kurzem, daß die Modernaires auf diesem Soundtrack nicht nur die Modernaires waren. »Für *It Happened in Sun Valley* brauchten wir einen voluminöseren Sound. Wir alle standen auf die Gruppe Six Hits and a Miss — besonders auf die ›Miss‹, Pauline Byrne — aber sie standen genauso auf uns. Also luden wir sie ein, mit uns zu singen. Was für ein Spaß! Und was für ein Sound!«

Für Glenn jedoch war der bedeutendste Sound in diesem Film der Sound von *Chattanooga Choo Choo*. Diese Nummer, Glenns größter Plattenhit, war eigens für diese Gelegenheit von Mack Gordon und Harry Warren geschrieben worden und wurde im Film nicht nur — wie auf der Platte — von Tex Beneke, Paula Kelly und den Modernaires dargeboten, sondern außerdem noch von den überragenden Nicholas Brothers und der äußerst hübschen Dorothy Dandridge, in einer langen, brillant getanzten, aber nach heutigen Begriffen etwas »Onkel Tom«-artigen Sequenz.

Wie immer bei Musikfilmen bestanden die Filmmogule darauf, daß die Band ihre Musiknummern zuerst aufnahm und dann zum Soundtrack vor der Kamera agierte. Die meisten Musiker pflegen dabei den dümmlichen Anweisungen beschränkter

Szenen aus *Sun Valley Serenade:* Hauptdarsteller John Payne mit Glenn, Milton Berle und Interesse heuchelnden Bandmitgliedern; die phantastischen Nicholas Brothers in der *Chattanooga Choo Choo*-Sequenz

»Square«-Regisseure zu folgen und schamlos zu übertreiben; die Mitglieder der Miller Band übten da mehr Zurückhaltung, obwohl diejenigen, die wissen, wie Musiker sich bei Liveauftritten benehmen, vieles immer noch übertrieben wirkt.
Trigger Alpert läßt es sich nicht nehmen, daß dieser Film ihn zum Star machte; zumindest in den Augen eines Menschen. »Eine Zeit, nachdem der Film angelaufen war, kamen wir durch meine Heimatstadt Indianapolis. Nachdem ich wußte, daß wir dort einen längeren Aufenthalt haben würden, rief ich meine Mutter rechtzeitig an. Als ich aus unserem Sonderwagen ausstieg, stand sie schon auf dem Bahnsteig, mit einer riesigen Pappschachtel voller Brathühner, Kuchen und anderen Köstlichkeiten. Sie umarmte und küßte mich; dann sah sie den Schaffner und fragte ihn: ›Haben Sie *Sun Valley Serenade* gesehen?‹ Als er bejahte, wies sie mit großer Geste auf mich und sagte: ›Das ist er!!‹ Zehn Sekunden Grimassenschneiden machte aus ihrem Sohn einen Filmstar; das ist eine jiddische Mamme! Sie sagte oft die tollsten Dinge; einmal wollte sie unbedingt, ich solle einen ihrer Kuchen probieren, er sei ›light as a fender‹*«
Die Band ließ es sich in Hollywood gutgehen. Die Gage war so gut, daß sich Trigger und Maurice Purtill in der pompösen Villa von Ben Bernie in Beverly Hills einmieteten. Sie engagierten sogar ein Dienstmädchen und kauften sich um 75 $ einen Ford, Modell T. »Aber in die Arbeit fuhren wir trotzdem mit dem Taxi«, erzählte Alpert, »weil das Ding niemals ansprang. Es war ein Convertible.«
Purtill widersprach: »Nein, es war ein Sedan. Wir ließen nur das Dach herunterschneiden.«
Auch Glenn und Helen residierten königlich in Beverly Hills; zunächst am Roxbury Drive und dann auf 517, North Foothill Road, wo sie oft ihre Freunde empfingen und bewirteten.
Am Tag, bevor die Miller Band ihre letzten Einstellungen für den Film drehte, trat sie ein dreiwöchiges Engagement im berühmten *Palladium Ballroom* in Hollywood an. Das Haus war

---

* Unübersetzbar. Sie meinte »light as a feather« — leicht wie eine Feder. fender = Kotflügel.

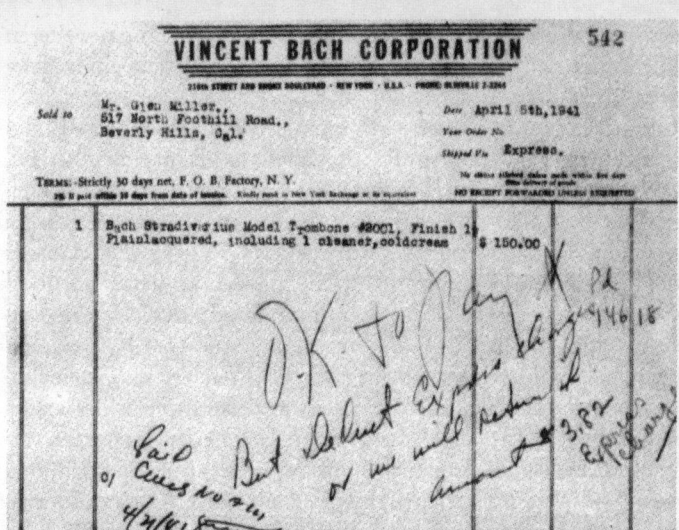

Der sparsame Glenn weigerte sich, die ihm übersandte Posaune anzunehmen, wenn die Firma nicht die Kosten für die Expreßzustellung übernehmen würde

am Eröffnungsabend überfüllt, die Filmprominenz trat sich gegenseitig auf die Füße. Im Gegensatz zu den üblichen Gepflogenheiten mußte jeder, der hereinwollte, Eintritt bezahlen; selbst Kritiker, Reporter, einflußreiche Discjockeys und Musikerfrauen — sogar Mrs. Helen Miller.

Das war natürlich Glenns Idee gewesen. Das Palladium pflegte erwiesene oder erwartete Gefälligkeiten mit Freikarten zu belohnen, und viele Menschen hatten sich welche für die Miller-Premiere aufgehoben. Glenn, dessen Einkünfte von der Anzahl der zahlenden Besucher abhingen, hatte aber darauf bestanden, aus allen »free-bees« bei diesem Anlaß »pay-bees« zu machen. Die Leute vom Palladium waren sauer auf ihn, aber er setzte sich durch.

Die Aktion machte sich für Glenn bezahlt. Aber auch der Besucherrekord, den seine Band aufstellte, konnte das Management des *Palladium* nicht mit ihm versöhnen. Als die Band im folgenden Jahr nach Kalifornien zurückkehrte, um in einem weiteren Film mitzuwirken, umging Glenn die Möglichkeit eines *Palladium*-Auftritts.

Johnny O'Leary erläuterte mir einmal Glenns finanzielle Philosophie: »Er wollte keinen Penny haben, der ihm nicht zustand, aber jeden Penny, der ihm zustand. Nach dem *Palladium* spielten wir eine Reihe One-nighters; einer davon war in Oakland. Vor dem dortigen Veranstalter hatte uns Lou Levy, der Manager der Andrews Sisters, schon gewarnt, dieser Typ hatte ihn übers Ohr gehauen. Glenn stellte daraufhin vor alle sechs Eingänge einen Mann, der die Tickets kontrollieren mußte.

Manche Veranstalter versuchten die übelsten Tricks. Normalerweise notierten wir uns die Registrationsnummern des ersten verkauften Tickets und subtrahierten sie von der des letzten verkauften Tickets; so kamen wir auf die genaue Besucherzahl, und wenn der Veranstalter ehrlich war, dann war das okay. Aber eines Nachts fiel mir auf, daß die Tickets nicht in der richtigen Reihenfolge auftauchten. Ich checkte es nach und kam dahinter, daß der Veranstalter die letzten etwa 100 Tickets von der Rolle genommen und irgendwo in die Mitte hineingeklebt hatte: damit wäre die letzte Nummer, die wir zur Verrechnung benutzen wollten, nicht die höchste gewesen. Glenn veranlaßte daraufhin, daß alle Kontrollabschnitte gezählt wurden, und so kamen wir doch zu unserem Geld.«

Solche Erfahrungen erhöhten nicht gerade Glenns Spaß an One-nighters. Maurice Purtill schilderte die Unerfreulichkeit des ersten Jobs, den die Band nach dem *Palladium* spielte. »Es war oben in Fresno und es stellte sich heraus, daß am gleichen Abend irgendwo in der Stadt ein großes Festival abgehalten wurde. Natürlich beeinträchtigte das den Besuch bei uns. In der Pause kam der Mann, der für uns all diese Gigs an der Westküste veranstaltete, völlig verzweifelt zu Glenn und lamentierte ihm etwas vor. Schließlich sagte Glenn: ›Paß auf, ich sage dir, was wir machen. Ich übernehme die Hälfte des Verlusts von heute abend und wir machen einen neuen Vertrag.‹ Er schlug für den Rest der Tour eine geringere Garantiesumme, aber einen höheren Prozentsatz vor — 70 anstatt bisher 60% — und der Typ war ein-

verstanden. Aber von da an kümmerte sich Glenn selbst in verstärktem Ausmaß um die Werbung; in jeder Stadt, in der wir auftraten, trat er mit persönlichen Auftritten im Radio und bei anderen Gelegenheiten hervor, und schließlich kam viel mehr Geld herein als ursprünglich erwartet. Als der Veranstalter das mitbekam, wollte er wieder die vorherige Vereinbarung in Kraft setzen, aber Glenn ließ ihn abblitzen. Danach machte er an der Westküste keine One-nighters mehr.«

Glenn war ein hartgesottener Geschäftsmann, aber er war auch fair, besonders zu Veranstaltern, die ihn gut behandelten. O'Leary erinnert sich an einen, der Glenn offen und ehrlich im Vorhinein über sein Problem informierte. »Wir haben im Vorverkauf eine Menge Tickets an Leute mittleren Alters verkauft«, sagte der Mann, »könntest du für sie nicht etwas sanfte Musik spielen, vielleicht auch ein paar Walzer?« Mit diesem Veranstalter hatte Glenn immer nur gute Erfahrungen gemacht und fand

daher nichts dabei, diese äußerst unübliche Konzession zu machen und die älteren Herrschaften zufriedenzustellen.
Während die Band im Westen ihre One-nighters absolvierte, hatte im Osten die so rasch aus der Band verschwundene Marion Hutton ihre große Nacht. Am 26. Mai brachte sie das Kind zur Welt, das sie fünf Wochen davor beinahe verloren hätte. Polly Haynes, die sie im Krankenhaus besuchte, war tief davon berührt, wie sehr sich Marion immer noch mit der Band verbunden fühlte. In einem Brief an Helen schrieb Polly: »Marion sprach kaum über etwas anderes als über Dich, Glenn und die Band. Sie liebt Euch alle so sehr und findet es unerträglich, nicht bei Euch sein zu können.«
Glenn hatte wieder einmal ein klassisches Beispiel von kühler Nicht-Kommunikation durchgezogen. Nie hatte Marion von ihm gehört, daß er sie nach der Geburt des Kindes wieder zurückhaben wollte; vermutlich vor allem, weil er nicht sicher war, ob sie selbst darauf Wert legte. Polly schrieb im nächsten Brief, falls Glenn nicht mehr an Marion interessiert sei, solle er sich überlegen, Alice O'Connell zu engagieren; sie sei eine phantastische Sängerin, besser noch als ihre Schwester Helen, der Gesangsstar in der Band von Jimmy Dorsey. Und zehn Tage später kam ein weiterer ziemlich direkter Brief. »Marion möchte sehr gern zurückkommen«, schrieb Polly, »aber sie denkt, du willst sie nicht mehr. Sie hat mir gesagt, sie möchte nicht so schnell weitere Kinder bekommen.« Es dauerte noch sechs Wochen, dann waren beide, Glenn und Marion, endlich überzeugt, für den jeweils anderen erwünscht zu sein, und Marion war wieder Mitglied der Miller Band. Polly Haynes hatte das Kunststück schließlich doch zuwege gebracht.

Kapitel 26

Im Frühling 1941 konnte man in den Tanzorchestern schon deutlich die Spuren der allgemeinen Wehrpflicht erkennen. Tommy Dorsey hatte den Sänger Jack Leonard und den Klarinettisten Johnny Mince, zwei seiner Stars, verloren, Benny Goodman mußte ohne seinen trompetenspielenden Bruder Irving zurechtkommen, und Larry Clinton büßte seinen Tenorstar Tony Zimmers und noch einige gute Musiker ein.
In der Miller Band waren nur Chummy McGregor und Glenn selbst durch ihr Alter vor der Einberufung geschützt, nachdem die Obergrenze bei 35 Jahren lag. Bei Mickey McMickle, dem Glenn den Ehrennamen GOMOTS* verliehen hatte, schien eine Einberufung unwahrscheinlich; später erwischten sie ihn dennoch.
Alle anderen aber mußten täglich damit rechnen: Ray Anthony hatte soeben das Mindestalter von 19 erreicht, Ray Eberle und Jimmy Priddy waren 22, Willie Schwartz und Paul Tanner 23, Trigger Alpert, Billy May und Maurice Purtill 24, Al Klink 25, Tex Beneke, Johnny Best und Hal McIntyre 27, Ernie Caceres 29 und Frank D'Annolfo hatte das reife Alter von 30 erreicht. »Kein Wunder, daß wir uns wie die Kinder benahmen«, sagte Trigger Alpert kürzlich. »Wir *waren* Kinder!«
Trigger, den übersprudelnden Bassisten, erwischte es als ersten; Glenn, der väterliche Gefühle für ihn empfand, konnte nur einen Aufschub durchsetzen. »Das war nicht unpatriotisch von Glenn«, meinte Trigger, »schließlich waren wir ja noch nicht einmal in den Krieg eingetreten.«
Bevor Trigger ging, nahm er Kontakt mit Doc Goldberg auf, der

---

* Grand Old Man of the Trumpet Section = großer alter Mann des Trompetensatzes seinen Platz übernehmen sollte. »Das war hauptsächlich Chummy McGregors Wunsch«, erinnert sich Trigger. »Er hatte Doc bei Will Bradley Boogie-Woogie spielen gehört, und darauf stand Chummy sehr.«

Goldberg war aber nicht sofort abkömmlich. Für die Übergangszeit kam Meyer »Mike« Rubin, der damals die Miller-Fans nicht sonderlich beeindruckte, aber heute zu den gefragtesten Bassisten in den Westküstenstudios gehört. »Es war ein großer Fehler von Glenn, daß er Mike nicht behalten hat«, meinte Chuck Goldstein. »Er war ein großartiger Bassist, außerdem hatte er ›balls‹*; er liebte es, Glenn auf die Schaufel zu nehmen. Ich weiß noch, Glenn sagte ihm, er müsse sich ein Paar dieser schwarzweißen Florsheim-Schuhe kaufen, die wir alle auf der Bühne trugen, und sie immer in ordentlichem Zustand halten. Mike erzählte daraufhin jedem, der es hören wollte: ›Ich zahle jetzt mehr für Schuhstrecker als früher für ein paar Schuhe.‹ Und wenn er ein Baßsolo spielte, meinte er, sie sollten das Spotlight nicht auf ihn richten, sondern auf seine Schuhe; die seien teuer genug gewesen.«

Trigger hatte bei den Baßnoten ein fürchterliches Durcheinander hinterlassen. Wenn Mike einen Part nicht gleich fand und Glenn ihn anschnauzte, sich zu beeilen, Zeit sei schließlich Geld, dann gab ihm Mike zur Antwort: »Okay, vielleicht findest du den Part schneller!« Aber solche Courage kann ein Musiker leichter aufbringen, wenn er weiß, daß er nicht lange bei der Band bleiben wird.

Doc Goldberg kam schließlich und blieb, solange die Band existierte. Sein Spiel war nicht so farbig wie das von Trigger und hatte auch nicht diesen Drive; dennoch waren seine Gewandtheit und sein schöner Ton Pluspunkte der oft kritisierten Rhythmusgruppe.

Drei Tage nach dem Abgang Triggers ging auch Mike Nidorf. Er war in einen permanenten Machtkampf mit Cy Shribman verwickelt, und die ständigen Streitereien der beiden zwangen Glenn schließlich, sich für einen zu entscheiden: das war Shrib-

---

* Hoden, »Eier«, in der Bedeutung von: Mark in den Knochen, mutig

Mike Nidorf kurz vor seinem Abgang, flankiert von Glenn, Bandleader Tony Pastor und Helen Miller

man, sein ehemaliger Förderer und sein Geschäftspartner in der Sache mit dem Winter im *Glen Island Casino* und bei den Bands von Charlie Spivak und Claude Thornhill. Mike Nidorf nahm es sich nicht sehr zu Herzen; er verfolgte seinen eigenen Weg und wurde ein immens reicher und hochangesehener Geschäftsmann.

Die Wintersaison im *Glen Island Casino* erwies sich als finanzieller Flop. Die Kids waren in ihren Schulen, und ihre Eltern zeigten wenig Interesse, in kalten Winternächten am Meeresstrand zu tanzen. Wesentlich besser stand es um die beiden Bands: die von Spivak war inzwischen wohletabliert; die von Thornhill stand ihr nicht viel nach.

Glenns Beziehungen zu den beiden Bandleadern, mit denen er eng befreundet war, unterschieden sich sehr voneinander. Er gab Spivak ständig Anweisungen, machte ihm Vorschläge und versuchte, soviel Kontrolle als nur möglich über die Band zu gewinnen. Charlie schien Glenns aktives Interesse nicht zu stören, im

Bullets Durgom und Glenn: Spaß im Filmstudio

Gegenteil: Manchmal erbat er sich selbst Anweisungen von Glenn.
Mit dem mehr selbstsicheren Thornhill war es ganz anders. Glenn respektierte seinen unfehlbaren Geschmack, seine Fähigkeiten als Arrangeur und seine musikalische Versiertheit so sehr, daß er sich niemals in künstlerische Dinge einmischte. Und es zeigte sich, daß er richtig handelte: Claudes Band entwickelte sich zur musikalischsten in der gesamten Geschichte der Tanzorchester.*
Persönlich war Thornhill zögernd und sanft, im Gegensatz zu dem dogmatischen starrköpfigen Miller, aber eines hatten beide gemeinsam: sie wußten genau, was sie wollten und wie sie es aus

---

* Viele Musiker und Arrangeure, die das Gesicht des Jazz der 50er Jahre wesentlich mitbestimmten, arbeiteten für Thornhill: Gerry Mulligan, Lee Konitz, Gil Evans u. a. W.R.L.

Alec Fila (2. von rechts), »der inspirierendste Musiker, den die Band jemals hatte«, mit Johnny Best, Mickey McMickle, Billy May und Moe Purtill

ihren Musikern herausholen konnten. Nur wenige Menschen auf der Welt hatten eine so gute, auf gegenseitigem Respekt basierende Beziehung zu Glenn wie Claude Thornhill.
Glenns Beziehung zu seinem alten Freund Tommy Dorsey erreichte hingegen im Juni wieder einen ihrer Tiefpunkte. Bullets Durgom, der damals als Schallplattenpromoter für Glenn hervorragende Arbeit leistete, vermutet, daß er daran nicht unschuldig ist: Tommy bot ihm die doppelte Gage, wenn er zu ihm überwechseln würde. Bullets erklärte sich bereit, dennoch bei Glenn zu bleiben, wenn dieser es wünsche, aber Glenn sagte: »Nein, geh nur zu Tommy. Aber ich wünsche nicht, daß du mit ihm über mich sprichst. Und wenn es dir dort nicht gefällt, kannst du wieder zurückkommen.« Wie Bullets betont, habe er Glenns Wunsch vollkommen respektiert. »Als Geschäftsmann ist Glenn der beste Lehrer, den es gibt«, meinte er, »aber als Musiker ist es Tommy Dorsey.«

Anfang Juli verließ Ray Anthony wieder Glenns Band, aber diesmal für immer. An seine Stelle trat ein anderer junger Trompeter, Alec Fila, der vorher bei dem Miller-Imitator Bob Chester und bei Benny Goodman Satzführer gewesen war. Für mich war er einer der größten Leadtrompeter aller Zeiten, mit einem kraftvollen brillant durchdringenden Ton, der einen einfach umwarf. Ich verschaffte ihm immer wieder Jobs, aber in keinem blieb er lange. Nach Meinung von Willie Schwartz war Fila »der inspirierendste Musiker, den die Band jemals hatte. Wenn er die Einleitung von *A String of Pearls* spielte, lief es uns allen kalt über den Rücken.« Bedauerlicherweise hatte dieser junge talentierte Mann ein ebenso lockeres Mundwerk wie der, dessen Stelle er einnahm, und vertrug sich dementsprechend schlecht mit Glenn. Jimmy Abato, Jerry Yelverton, Clyde Hurley, Alec Fila — wenn ich so überlege, war ich eigentlich recht geübt darin, Glenn Musiker zu empfehlen, mit denen er sich nicht vertrug.

Die Boys in der Miller Band gerieten in freudige Erregung, als sie wenige Tage nach Alecs Eintritt einen weiteren Kollegen bekamen, der in punkto melodischer Schönheit und exquisitem Geschmack Maßstäbe setzte, die bis heute gültig sind: Bobby Hackett kam am 10. Juli 1941, allerdings als Gitarrist!! Er ersetzte Bill Conway, der vorher Jack Lathrop ersetzt hatte.

Die Jazzliebhaber waren erbost, als sie erfuhren, Bobby Hackett zupfe in Glenns Rhythmusgruppe die Gitarre, anstatt seine hinreißenden Cornettsoli zu blasen. Aber Glenn liebte Bobbys Horn genauso wie alle anderen. »Tatsächlich«, erinnerte sich Hackett, »genoß er es jedes Mal ungemein, wenn er und ich spätnachts im letzten Set Duette spielten. Er spielte die Melodie auf der Posaune und ich sorgte mit meinem Cornett für die fill-ins. Er nannte uns immer ›The Happiness Boys‹.

Aber zum Zeitpunkt, als er mich engagierte, mußte ich mich einer Kieferoperation unterziehen und konnte mein Horn nicht spielen. Cy Shribman — übrigens einer der nettesten Kerle, die jemals gelebt haben — rief mich eines Tages an; offenbar hatte Ernie Caceres Glenn gedrängt, mich zu engagieren, und Glenn hatte Cy beauftragt, sich darum zu kümmern. Cy fragte mich, ob ich Lust hätte, mitzumachen, und ich sagte, klar hätte ich

Bobby Hackett, Kornettist und Gitarrist

Lust. Aber Cy wußte Bescheid über meine Zahnprobleme und sagte schließlich: ›Okay, dann komm, aber bring dein Banjo mit.‹ — ›Mein Banjo??‹ — ›Also gut, was immer es auch sein mag, bring es mit.‹ Ich fuhr nach New York, borgte mir eine Gitarre und wurde Mitglied der Band.

Nun war es so, daß Glenn mich eigentlich gar nicht brauchte. Er hatte vier ausgezeichnete Trompeter, und ich war reiner Luxus für ihn. Aber er wollte mir helfen. Er war wundervoll zu mir, und ich habe es immer als große Ehre angesehen, für ihn zu spielen.

Glenn sorgte sich um die Probleme anderer. Ich hatte zu der Zeit, als ich zu ihm kam, $ 2300 Schulden bei MCA und keine Ahnung, wie ich das jemals zurückzahlen sollte. Glenn wußte davon, und eines Tages rief er Bill Goodheart von MCA an und sagte: ›Hör zu, wenn ihr auf der vollen Summe beharrt, bekommt ihr möglicherweise gar nichts von ihm. Warum begnügt ihr euch nicht mit, sagen wir, 1000?‹ Sie waren einverstanden und ich bezahlte schließlich. Aber das ist ein Beispiel, wie Glenn sich um andere kümmerte.«

Als Gitarrist, meint Hackett, habe er äußerst wenig beigetragen. »Jeder Ton, den ich spielte, war umsonst; man hörte mich gar nicht. Bei den Plattenaufnahmen stellten sie mir ein Mikrofon hin, aber es war nie eingeschaltet.« Bobby hält sich für keinen guten Gitarristen, obwohl sein Können für die Ansprüche von Glenns Rhythmusgruppe mehr als ausreichend war. »Die Gitarre ist das schwierigste Instrument der Welt, wenn du sie wirklich gut spielen willst. Später kaufte ich mir ein tolles Instrument und jede Menge Instruktionsbücher, aber mein Spiel war trotzdem so, als hätte ich Boxhandschuhe angehabt. Ich wünsche mir immer noch, ordentlich Gitarre spielen zu lernen.

Glenn wollte immer, daß ich Soli auf einer Elektrogitarre spiele — da kannst du sehen, wie weit er seiner Zeit vorausdachte. Aber mich interessierte das nicht. Ich kaufte mir zwar einen Verstärker, er muß an die 60 Pfund gewogen haben, und ich schleppte ihn durch das ganze Land, aber ich schaltete ihn nie ein.«

Vielleicht hatte Bobby recht: in der brillanten Trompetergruppe

von Fila, May, McMickle und Best wurde er wirklich nicht unbedingt gebraucht; jedoch um so dringender brauchte die Band, die gelegentlich steril zu werden drohte, seine wunderbaren Soli auf dem Cornett. Sobald seine Zähne wieder in Ordnung waren, stellte Glenn ihn als Solisten heraus; in den übrigen Nummern mußte er allerdings weiterhin Gitarre spielen.
Seine denkwürdigsten Soli auf den Schallplatten der Miller Band blies Bobby Hackett in *Rhapsody in Blue* und *A String of Pearls*. Besonders das letztere der Soli ist in die Geschichte der Swingbands eingegangen und gilt heute als »classic«.

Für Bobby war es ursprünglich »nur eine kleine Übung. Bei der Probe für die Plattensession improvisierte ich es über die Akkorde meines Gitarrenparts. Nach der Probe kam Glenn: ›Hey, Hack, weißt du noch, was du jetzt eben gespielt hast?‹ — ›Ja, ich glaube, so ungefähr.‹ — ›Nun, ich finde, du solltest das immer so spielen!‹ Das war übrigens das einzige Mal, daß er so etwas zu mir sagte. Ich habe dann dieses Solo so oft auf die gleiche Art gespielt, daß es schon langweilig wurde. Als ich es einmal in England mit einem großen Streichorchester aufnahm, spielte ich es von hinten nach vorne; ein andermal spielte ich von der Mitte bis zum Ende und wieder zurück. Wenn das möglich wäre, hätte ich es auch seitwärts gespielt.«

An der Miller Band bewunderte Hackett immer »die Intelligenz und die guten Arrangements. Es war eine wundervolle Formation — bis auf die Rhythmusgruppe; die konnte einfach nicht swingen. Als Glenn dann später in der Army war, besuchte ich ihn bei einer seiner Radioshows und wir unterhielten uns. Er hatte eine phantastische Rhythmusgruppe — Mel Powell am Klavier; Carmen Mastren, Gitarre; Trigger Alpert, Baß, und Ray McKinley, Schlagzeug. Ich sagte zu ihm: ›Aber *jetzt* verstehst du, was ich gemeint habe, nicht wahr?‹ Und Glenn sagte nur: ›Ja, ja.‹

Glenn und ich verstanden uns von Mann zu Mann immer ausgezeichnet. Ich glaube, ich kannte ihn recht gut. Mir wird erst jetzt klar, daß er doch kein so guter Orchesterleiter war, wie manche Leute glaubten, denn er behandelte seine Leute oft nicht richtig. Ein guter Orchesterchef — das habe ich seitdem gelernt — kommandiert nicht; er lädt ein, er fordert auf, er ermutigt. Es ist nicht gut, Musiker nervös zu machen, mit dem Finger auf sie zu zeigen, wenn sie dran sind. Man kann auch mit den Augen Zeichen geben. Und wenn einer etwas besonders gut macht, dann sagt man es ihm. Das hat Glenn nie getan. Vielleicht war ihm die Disziplin zu wichtig.« Bill Finegans Erklärung ist nüchterner: »Glenn schien anzunehmen, ein Musiker, den man lobt, verlange sofort mehr Gage.«

Zurück zu Bobby Hackett: »Wenn jemand die Disziplin verletzte, konnte Glenn äußerst unangenehm sein. Ich werde nie einen Gig in einem Theater in Buffalo vergessen. Die Nacht vor der Premiere hatte ich ziemlich viel getrunken; genauer gesagt, es waren einige Nächte gewesen, die ich mit Fats Waller durchgemacht hatte. Glenn wußte, daß ich schlecht beisammen war. Hätte ich nur Gitarre spielen müssen, wäre alles okay gewesen. Aber bei der ersten Show erschien Jack O'Brian, damals Kritiker und großer Jazzliebhaber, und bat Glenn um ein Cornettsolo von mir. Ich wollte gerade mit meiner Gitarre auf die Bühne schleichen, da kündigte Glenn *Rockin' Chair* an, eine Nummer, in der ich ein Fünfminutensolo zu spielen hatte. Wie gesagt, Glenn wußte über meinen Zustand genau Bescheid, aber das war seine Art, darauf zu reagieren. Ich weiß nicht mehr, wie ich es schaffte; ich weiß nur noch, daß ich am ganzen Körper zitterte und mich an ein Leitungsrohr anlehnen mußte, um nicht umzufallen.

Apropos Fats Waller: als wir in Boston waren, spielte Fats im *Tic Toc Club*. Jede Nacht nach unserer letzten Show trafen wir einander und blieben oft bis fünf oder sechs Uhr beisammen. Am Ende der Woche sah mich Glenn an und sagte: ›Junior, ich hätte nicht gedacht, daß du es durchhältst!‹«

Glenns Ärger über Bobbys alkoholische Exzesse wurde durch seine Bewunderung für dessen einmaliges Musikantentum gemildert; außerdem benahm sich Bobby auch in betrunkenem Zustand fast immer anständig und so kam es nur selten zu Konfrontationen. Auf der anderen Seite berichtet Bobby: »Glenn trank selten, aber wenn, dann wurde er zum Berserker. Eines Nachts auf der Bühne war er stockbesoffen und ich lachte. Er fragte, warum ich ihn auslache, und ich erwiderte, ich hätte ihn nicht aus-, sondern angelacht. Daraufhin brüllte er: ›Möchtest du wieder bei *Nick's* in Greenwich Village spielen?‹ Und ich antwortete: ›Warum? Möchtest du mit mir dort spielen?‹«

Wer weiß, vielleicht hätte Glenn das wirklich gerne getan. Hackett meint: »Glenn war mehr als alles andere ein frustrierter Jazzmusiker. Ich glaube, er hätte mit Freuden all sein Geld hergegeben, um wie Jack Teagarden Posaune spielen zu können.

Es war nur wenigen klar, wie sensibel er unter seiner rauhen Schale war. Ich weiß, viele Musiker haben ihn heruntergemacht, aber das tun sie mit so vielen Bandleadern, und oft ist es nur Neid auf den finanziellen Erfolg.

Dieselben Leute machten übrigens auch mich herunter, als ich bei Glenn spielte und endlich einmal anständig verdiente: sie sagten, ich würfe meine Perlen vor die Säue. Komisch, nicht wahr; für manche ist es offenbar unanständig, Erfolg zu haben.«

Kapitel 27

Mehr als zwei Jahre lang war das Tempo mörderisch gewesen; die Band hatte ohne Unterbrechung gearbeitet, und Glenns einzige freie Tage waren jene gewesen, die er Anfang März 1940 im Krankenhaus verbracht hatte.
Jetzt waren zum ersten Mal Bandferien geplant; sie sollten im Anschluß an ein zweitägiges Engagement im *Surf Beach Club* in Virginia Beach am 25. und 26. Juli beginnen und 19 Tage dauern. In dieser Zeit plante Glenn, nicht nur Golf zu spielen, sondern auch das Johns-Hopkins-Krankenhaus aufzusuchen. Er litt an einer Hautinfektion am ganzen Körper, die besonders an seinen Händen so schlimm war, daß er — zum Schutz und auch zum Verbergen — Handschuhe trug.
Jedoch aus den Ferien wurde nichts. Der Grund geht aus einem Brief hervor, den Don Langan, kaufmännischer Leiter der Newell-Emmett-Agentur, am 27. Juli an den Vizepräsidenten Benjamin Few richtete, der auch für die Chesterfield-Werbung zuständig war.

»Lieber Mr. Few,
ich hoffe, dieser Brief erreicht Sie noch, bevor Sie Montag Miller treffen, denn ich habe das Gefühl, wir sind dem jungen Mann eine Erklärung schuldig. Als er Freitag nachmittag hier ankam, war er völlig schockiert über eine Mitteilung aus New York, die er erhalten hatte: Sie besagte, daß er keine weiteren Chesterfield-Programme mehr bekommen würde, wenn er die in New York angesetzten nicht plangemäß durchführe. Es ist klar, daß hier ein unglückliches Mißverständnis vorliegt.
Miller hatte sich auf Anraten seines Arztes für einen Termin im Johns-Hopkins-Krankenhaus vormerken lassen, den er

erst nach seinem Gespräch mit mir endgültig fixieren wollte. Natürlich wußte ich über seine Beschwerden Bescheid, nahm aber an, es wäre nicht ganz so schlimm; er hätte sich durch den Arzt etwas in Panik versetzen lassen und ich würde ihn überreden können, doch nach New York zu gehen und den Terminplan einzuhalten, anstatt etwas zu tun, das alles durcheinanderwirft.
Miller leidet an einer Hautinfektion, die mit einem Ausschlag beginnt und zur Blasenbildung führt. Er hat es am ganzen Körper, aber am schlimmsten sind Unterschenkel und Füße befallen, wie er sagt. Bei unserem Zusammentreffen am Freitag konnte ich aber feststellen, daß seine Hände schlimm angeschwollen waren und sein Gesicht wie abgeschält aussah. Diese physischen Beschwerden und dazu noch die seelische Belastung durch die Mitteilung aus New York — ich konnte mir nicht helfen, er tat mir schrecklich leid. Natürlich war er zum Zeitpunkt, als wir uns trafen, bereits entschlossen, nach Ende des hiesigen Engagements nach New York zurückzugehen und die Sendungen zu machen; wenn es nicht anders geht, auf Krücken, wie er sagte (es schmerzt ihn natürlich, längere Zeit zu stehen, Schuhe zu tragen etc.). Wörtlich sagte er: ›Sie wissen genau, daß mir nichts so wichtig ist wie meine Radiosendungen.‹«

Also verzichtete Glenn wegen Chesterfield auf die geplanten 19tägigen Ferien. In den folgenden drei Wochen spielte die Band aber nur jeden Dienstag, Mittwoch und Donnerstag die Sendungen aus New York, die restlichen Tage waren frei. »Schon darüber waren wir sehr glücklich«, meinte Paul Tanner.
Als die Miller Band am 15. August wieder ihr volles Arbeitsprogramm aufnahm, war Glenns Hautkrankheit verschwunden — wie sich herausstellte, war es nur nervliche Überbelastung gewesen —, dafür war etwas wesentlich Angenehmeres eingetroffen: Marion Hutton war wieder da. Leider gab es auch schlechte Neuigkeiten: Pops, der niedliche Boston-Terrier der Millers, der sie zehn Jahre lang ein wenig für ihre Kinderlosigkeit entschädigt hatte, starb. Glenn und Helen waren sehr betroffen, und der

Don Wilson und Glenn in der Chesterfield-Show

Die Modernaires, Marion Hutton, Tex Beneke, Ray Eberle und Glenn

sonst wortkarge stoische »Klondike« machte diesmal kein Hehl aus seinen Gefühlen. Erstaunlich, aber auch ein wenig traurig, daß ein kleiner Hund bei Glenn so viel unverhüllte Emotionen hervorrief wie kaum irgend jemand oder irgend etwas sonst.

Das Weltgeschehen war nicht gerade dazu angetan, Glenns Depressionen zu lindern. Seine eigene Karriere blühte und gedieh weiter, aber als patriotischer Amerikaner, geboren und aufgewachsen im isolationistischen Herzstück seines Landes, litt er unter der immer bedrohlicheren politischen Situation; es schien unausbleiblich, daß die USA in den Zweiten Weltkrieg hineingezogen werden würden. Das alarmierende Treffen zwischen Roosevelt und Winston Churchill hatte bereits stattgefunden, die Drohgebärden der Japaner wurden immer deutlicher und der Kongreß hatte einer beschleunigten Aufstockung der Armee zugestimmt; das hieß, mehr und mehr junge Männer, darunter viele von Glenns Freunden, mußten jederzeit mit ihrer Einberufung rechnen.

Je dunkler die Wolken des Krieges wurden, um so verdrießlicher wurde Glenn, meinte Bill Finegan. »Er machte sich echte Sorgen um sein Land. Für mich war er immer der sentimentale Patriot.« Auch um das Wohlergehen seiner Band sorgte Glenn sich immer mehr; als gewiefter Geschäftsmann ahnte er die Knappheit von Plastikmaterial voraus. »Und weißt du, was er machte«, erzählte kürzlich Tom Sheils, der damals in seinem Büro arbeitete, voller Bewunderung, »er sandte mich nach Chicago, um 250 Stück Shastock-Dämpfer für unsere Blechbläser zu besorgen. Die kamen in ein Lagerhaus, und wenn er welche brauchte, ließ er sie bringen.«

Als Patriot begann Glenn sich auch über das Wohl und Wehe der Soldaten in den Ausbildungslagern Gedanken zu machen. Für sie initiierte er die Radiosendereihe *Sunset Serenade*. Für jedes Programm wählte er fünf Camps aus, deren Insassen Polls für ihren Lieblingssong durchführten. Die gewählten Nummern wurden im Radio gespielt, die Zuhörer wurden eingeladen, daraus ihren Favoriten zu wählen, und jenes Camp, daß den siegreichen Song vorgeschlagen hatte, erhielt einen Radioapparat mit Plattenspieler und dazu 50 Schallplatten — nicht nur Aufnahmen der Glenn Miller Band.

Marion, Glenn, Willie, Al, Moe, Tex, Ernie, Bobby, Ray, Billy und der Hörerwunsch der Soldaten von Lowry Field

Das erste dieser Radioprogramme wurde vom *Steel Pier* in Atlantic City ausgetragen, wohin Glenn offensichtlich ohne sein Wissen für das Wochenende vor dem Labour Day gebucht worden war. Dies bestürzte George Hamid, den Eigentümer des Konkurrenzunternehmens *Million Dollar Pier*, der Glenn regelmäßig verpflichtet hatte, auch schon vor der großen Karriere.

Hamids Sohn, George jr., der später das Unternehmen weiterführte, erzählte mir von diesem seltsamen Wochenende: »Wir waren schrecklich enttäuscht, daß Glenn sich entschieden hatte, bei der größeren Konkurrenz zu spielen. Natürlich wußten wir, daß er dort besser bezahlt wurde, aber wir hatten mit seiner Loyalität gerechnet. Schließlich hatten wir ihn schon verpflichtet, als ihn noch niemand kannte, und Glenn war bekannt dafür, immer loyal zu seinen Freunden zu sein.

Wir wohnten nicht weit von unserem Pier entfernt, und am Spätnachmittag des ersten Konzertes am *Steel Pier*, wer tauchte da plötzlich in unserem Haus auf? Glenn Miller! Er war schon

früher öfters dagewesen, wenn er bei uns gespielt hatte. Kam einfach herein, sagte ›Hello‹, setzte sich und meinte, er sei schrecklich geschafft und wolle ein wenig ausrasten.
Mein Vater verstand die Welt nicht mehr: Glenn spielte bei der Konkurrenz und kam zu uns, um sich auszuruhen. Schließlich hielt Dad es nicht mehr aus und fragte Glenn geradeheraus. Glenn war fassungslos. Er hatte es für selbstverständlich genommen, daß er wieder bei uns auftreten sollte, und als ihm nun klar wurde, daß Mike Nidorf ihn für *Steel Pier* gebucht hatte, bekam er einen Wutanfall. Natürlich mußte er seine Verpflichtung erfüllen, aber er sagte zu Dad: ›Paß auf, ich werde das wieder gutmachen: nächstes Jahr spiele ich nicht nur einmal, sondern zweimal bei euch.‹ Und er hielt sein Wort: im Sommer 1942 trat die Glenn Miller Band zweimal bei uns auf. Ich glaube nicht, daß Glenn das jemals für irgendeinen anderen Veranstalter getan hat. Für uns war er immer ein sehr anständiger und ehrenwerter Mann.«
Im Herbst 1941 blühte das Bigbandgeschäft. Allein in New York war soviel los wie einige Monate davor in den Studios von Hollywood. Als Glenn am 6. Oktober sein drittes Engagement im *Café Rouge* antrat, konkurrierte er mit mindestens 20 Spitzenbands in und um die Metropole. Man betrachte die folgende Liste:

Mitchell Ayres	— *Blue Gardens*
Blue Barron	— *Hotel Edison*
Count Basie	— *Café Society Uptown*
Tommy Dorsey	— *Meadowbrook*
Eddie Duchin	— *Hotel Waldorf Astoria*
Benny Goodman	— *Hotel New Yorker*
Harry James	— *Hotel Lincoln*
Art Jarrett	— *Hotel Biltmore*
Sammy Kaye	— *Essex House*
Ray Kinney	— *Hotel Lexington*
Andy Kirk	— *Famous Door*
Little Jack Little	— *Pelham Heath Inn*
Guy Lombardo	— *Hotel Roosevelt*

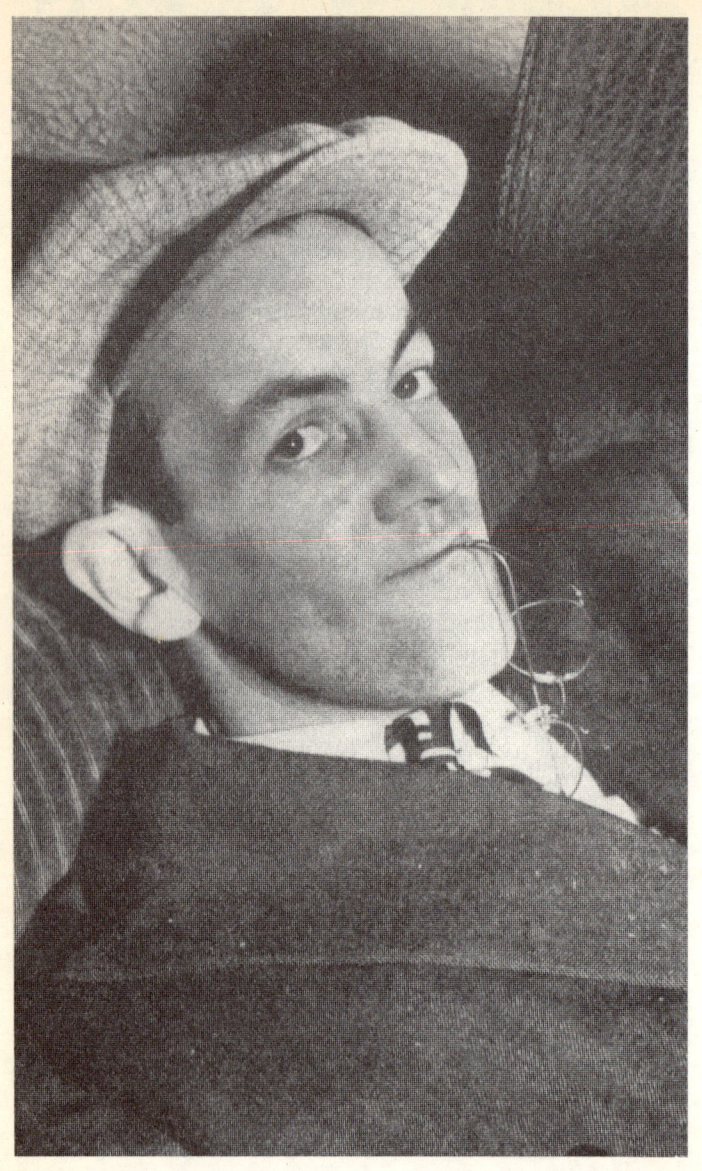

Vincent Lopez — *Hotel Taft*
Johnny Messner — *Hotel McAlpin*
Vaughn Monroe — *Hotel Commodore*
Teddy Powell — *Rustic Cabin*
Muggsy Spanier — *Arcadia Ballroom*
Claude Thornhill — *Glen Island Casino*
Tommy Tucker — *Colonial Inn*

Außerdem spielten namhafte Bands in Theatern wie *Paramount, Strand, Loew's State, Apollo* und *Capitol* und in Ballrooms wie *Roseland, Savoy* und *Golden Gate*. Und Hunderte weiterer Bands zogen Millionen begeisterter junger Fans im ganzen Land in Ballrooms, Hotels, Theater und Collegeturnhallen. Aber unter allen diesen unzähligen Bands war es die von Glenn Miller, die von den Kids am meisten geliebt und bewundert wurde.

Solche Berühmtheit brachte viel Druck mit sich. Neben seinem mörderischen Arbeitspensum mit der Band wurde Glenn ständig bedrängt, hier und dort persönlich zu erscheinen, diesem alten Freund jenen besonderen Gefallen zu tun und jedem Reporter, der darum ersuchte, ein Interview zu gewähren; von *Time Magazine* bis *P.S. 162 News*. Und im Gegensatz zu anderen Bandleadern, die solche Dinge eher auf die leichte Schulter nahmen, erfüllte Glenn gewissenhaft, was er als seine Pflicht seinen Freunden und der Öffentlichkeit gegenüber ansah.

Mit mir sprach er eines Abends über diese Dinge. »Ich weiß wirklich nicht, wie ich das alles schaffen soll. Manchmal komme ich mir wie ein Schwindler vor. Aber ich kann nichts machen. So viele Menschen bitten mich um so viele Dinge, und ich würde gerne einige davon tun, aber ich habe einfach nicht die Zeit dafür. Es ist schrecklich. Oft tue ich etwas, wofür ich mich schäme: Ich erfinde irgendwelche Geschichten, um die Gefühle der Menschen nicht zu verletzen. Du weißt genau, wie sehr ich das hasse; ich weiß aber, daß die meisten die einfache simple Wahrheit nicht verstehen würden! Ich habe einfach keine Zeit. Ich fürchte, in meiner jetzigen Position kann ich nicht der bleiben, der ich sein möchte.«

Don, Glenn und das durch Glenns Schuß unsterblich gewordene 9. Loch in Pinehurst

Um seine Bürde etwas zu erleichtern, beschloß Glenn, einen Full-Time-Manager zu engagieren, der sich nicht nur um seine Band, sondern auch um die beiden anderen kümmern sollte, die Glenn lanciert hatte und zu denen bald eine dritte kommen sollte. Seine Wahl fiel auf den gutaussehenden jungen Mann, der ihm bei GAC schon so gute Dienste geleistet hatte und der Polly ein so guter Ehemann war.
»Wir machten es im *Pennsylvania* perfekt«, erzählte Don. »Ich glaube, Glenn wollte mich, weil ich ihm bei der Band nie dreinredete.«
Das ist ein wenig zu bescheiden: Glenn wollte Don, weil er seinen Job beherrschte und gut mit Menschen umgehen konnte, Glenn selbst inbegriffen. Er besaß ein natürliches kaufmännisches Talent, jahrelange Erfahrung im Bandgeschäft, und man konnte sich darauf verlassen, daß er stets den richtigen Zeitpunkt abwartete und sich dann um alle Details kümmerte. Er war auch klug genug, Glenn niemals zu drängen, ihn aber bei allem unaufdringlich und wirksam zu unterstützen. Vermutlich arbeitete niemand so gut und eng mit Glenn zusammen wie er, auch nicht Cy Shribman und Mike Nidorf.
Dazu kam noch, daß seine Frau Polly Glenns Sekretärin und Helens beste Freundin war. Die vier verbrachten oft die karge Freizeit miteinander. Und überdies war Don ein guter Golfspieler; er war dabei an jenem legendären Tag in Pinehurst, North Carolina, als Glenn den Ball mit einem Schlag ins neunte Loch beförderte. Solche Dinge vertiefen die Freundschaft.
Nun, mit der Unterstützung von Don, der sich um die Geschäfte kümmerte, dehnte Glenn seine Aktivitäten noch weiter aus. Nachdem er bereits den Bands von Charlie Spivak und Claude Thornhill Starthilfe gegeben hatte, lancierte er nun eine dritte Band.
Hal McIntyres Frau sagte, Glenn hätte ihrem Mann schon eine ganze Zeit hindurch immer wieder eine eigene Band versprochen gehabt, und eines Abends hätte er zu ihm gesagt: »Mac, du bist gefeuert. Du stehst jetzt auf eigenen Beinen. Du bekommst deine eigene Band, und ich wünsche, daß du sie in zwei Wochen beisammen hast.«

Glenn und der scheidende Hal McIntyre

Hal konnte in den zwei Wochen kaum schlafen, wie seine Frau erzählte. »Ich mußte ihm jede Nacht den Rücken massieren, weil er so nervös war.« Offensichtlich war das eine wirkungsvolle Maßnahme, denn Hal stellte seine Band blitzschnell zusammen und ging auf Tournee; oben in New England absolvierte er die gleiche Runde durch die von Shribman kontrollierten Lokale wie die Miller Band drei Jahre davor.

Es war eine gute Band. Die Rhythmusgruppe war zwar schwach, ähnlich wie bei Glenn, aber es gab einige interessante Arrangements von Howard Gibeling und später von Dave Matthews, der sehr »ellingtonisch« schrieb. Darüber hinaus schenkte Glenn dem frischgebackenen Bandleader 40 Arrangements, die er kaum jemals spielte, weil sie nicht mehr so gut in den Miller-Rahmen paßten. Darunter waren einige von Billy Mays liebenswerten Kompositionen, vor allem das genüßlich swingende *Daisy Mae*, das McIntyre später für *RCA* auf Platte aufnahm.

Die Beziehung zwischen Miller und McIntyre, die einst auf

Freundschaft basiert hatte, war nun streng geschäftlich. Glenn brachte die Band bei der William-Morris-Agentur unter, die sich damals gerade bemühte, auch Glenn unter ihre Fittiche zu bekommen und ihm daher von McIntyres 10% ein Drittel überließ. Außerdem kassierte Millers Büro eine Managergebühr für Glenns, Dons, Pollys und Helens Dienstleistungen — die von Helen standen zumindest auf dem Papier. Es war eine ausgesprochen fragwürdige Investition.

Am Tag, nachdem Hal McIntyre die Miller Band verlassen hatte, gründete ein weiterer ehemaliger Miller-Musiker seine eigene Band: Ray Anthony. Er war nach seinem Ausscheiden zunächst zu Al Donahue zurückgekehrt und hatte dann genug finanzielle Unterstützung zusammengekratzt, um sich auf eigene Beine stellen zu können. Beide Bands hatten Niveau, was sicher teilweise auf die Lehrzeit ihrer Leader bei Glenn Miller zurückzuführen war, und reflektierten deren Persönlichkeit. Die von Ray war intensiver und wurde später kommerzieller, die von Hal war lockerer, »easygoing« und musikalisch einfallsreicher. Hal fehlte jedoch Rays Drive, und obwohl er dank der Beziehungen von Don in vielen erstrangigen Lokalen arbeitete, hatte er dennoch nie mehr als mäßigen Erfolg.

Hal McIntyres Platz in der Miller Band wurde kurzzeitig mit Ben Feman besetzt, einem wunderbar frei phrasierenden Saxophonisten, den ich immer schon in Larry Clintons Band bewundert hatte, von dem Glenn aber offensichtlich nicht so sehr begeistert war.

Ben blieb etwa einen Monat, und dann nahm Glenn eine interessante Umstellung vor. Er gab seinem Lieblingstenoristen Tex Beneke den Platz des Satzführers, wo dieser Altsaxophon spielen mußte, und holte sich als Tenorsolisten Babe Russin, einen alten Freund aus den Tagen bei Red Nichols. Babe hatte kurze Gastspiele bei Tommy Dorsey und Benny Goodman absolviert, anschließend mit ziemlich geringem Erfolg seine eigene Formation geleitet, und nun spielte er seine erregenden Jazzsoli in Glenns Band. Seine Anwesenheit war allerdings noch kürzer als die Femans. Niemand kam je dahinter, ob Babe in der Miller Band oder Tex mit dem Altsaxophon unglücklich war; fest steht

Radioprogramm der New Yorker *Herald Tribune*

Einer der Radiophonographen, die jede Woche auf Glenns Kosten an ein Ausbildungscamp der Armee gingen

lediglich, daß Russin ausschied und wieder eine eigene Band gründete. Glenn inszenierte ein Tauschgeschäft mit seinem alten Kumpel Benny Goodman: er bekam den Saxophonisten Skip Martin, der auch arrangieren konnte und dessen erdhafter Ton dem Saxophonsatz eine Kraft verlieh wie nie zuvor — und er gab dafür seinen Trompeter Alec Fila, der bei Goodman mit einer kranken Lippe eintraf. »Tausch wurde Flop für Benny«, berichtete *Metronome*. Bobby Hackett verließ die Rhythmusgruppe und nahm Filas Platz bei den Trompetern ein, während Modernaire Bill Conway die Gitarre übernahm. Immer mehr wurde die Band in ihr eigenes Bäumchen-wechsle-dich-Spiel involviert. Und kurz nach Beginn des dritten Engagements im *Café Rouge* gab es auch Probleme mit dem Management des *Pennsylvania Hotel*.
Am 4. Oktober begann Glenn vom *Café Rouge* aus mit einer Serie von Samstagnachmittagssendungen seiner *Sunset Serenade*.

Die Kids bezahlten ihren Eintritt mit staatlichen Sparmarken, die Glenn in seinem Bemühen, die Moral der Truppen zu stärken, an die Armee weiterleitete. Außerdem sandte er weiterhin Schallplatten und Plattenspieler an die Ausbildungscamps.
Der Erfolg dieser Sendungen war so überwältigend, daß bald Komplikationen einsetzten. *Variety* berichtete:

»Glenn Miller und die Verantwortlichen des *Pennsylvania* beraten diese Woche über eine Beschränkung der Besucherzahlen bei Millers Army-Benefizkonzerten am Samstagnachmittag. Das Hotel wehrt sich gegen die Menschenmassen, die zu diesen Veranstaltungen strömen und verweist auf ruinierte Möbel und andere Sachschäden, deren Behebung durch die Einnahmen keineswegs gedeckt ist.
In einem Raum, der normalerweise 400 Personen faßt und durch bestimmte Maßnahmen für 625 eingerichtet werden kann, spielte Miller letzte Woche vor 1340 Menschen. Das bedeutete, daß Wachen rund um den Bandstand aufgestellt werden mußten, um die Menge auf sichere Distanz zu halten.«

Das war schon ein kleiner Vorgeschmack auf die Rockkonzerte der 60er und 70er Jahre. Der Artikel erwähnt nicht, daß die meisten Beschwerden von den Kellnern kamen. Die Kids bezahlten ihren Eintritt in Sparmarken, saßen da, hörten zu und bestellten nichts, und wenn doch, dann gaben sie keine Trinkgelder.
Aber diese Veranstaltungen waren für niemand ein Geschäft. *Down Beat* vermutete, daß jedes dieser Konzerte Glenn $ 1000 kostete, denn er bezahlte die Schallplatten und Radiophonographen, die er den Soldaten senden ließ, aus seiner eigenen Tasche — »er kaufte sie bei Macy's, wie jeder andere«, berichtete das Magazin. Aber allen, die ihm nahestanden, wurde immer klarer, daß Glenn in zunehmendem Maße Unruhe wegen eines möglichen Eintretens der USA in den Zweiten Weltkrieg empfand. Nur wenige Wochen später sollte sich zeigen, daß seine Befürchtungen durchaus begründet waren.

Kapitel 28

Die beliebteste Freizeitbeschäftigung für die meisten Bigbands war Softball*. Viele waren stolz auf ihre Teams und prahlten mit ihren Siegen. Einmal engagierte Tommy Dorsey, dessen Starslugger** der stets betrunkene Bunny Berigan war, als Teamcoach den berühmten Pitcher*** Grover Cleveland Alexander, der auf ähnliche Art wie Bunny »trainierte«. Der Starpitcher des Count-Basie-Teams war Tenorsaxophonist Lester Young; bei Goodman hatte Harry James diese Funktion. Später, als Harry seine eigene Band hatte, unterbrach er oft die Fahrten zu One-nighters mit spontanen Spielen auf einer Wiese neben der Straße.

Aber in der Miller Band war kaum Zeit für solche Vergnügungen; Proben waren Glenn viel wichtiger. Vielleicht hätte seine Band lockerer und zufriedener gewirkt und mehr geswingt, wenn er nicht diesen Drang nach absoluter Perfektion gehabt hätte.

Das Traurige daran war, daß Glenn den Sport liebte. Er war auf der Highschool ein hervorragender Schlußmann des Footballteams, dann spielte er Tennis und schließlich wurde er geradezu süchtig auf Golf. Aber er spielte so, wie er arbeitete: immer unter Höchstspannung, als ob alles im »Spiel des Lebens« — Golf, Tennis, Bridge, Pingpong, Würfeln und sogar das Leiten einer Band — beileibe nicht zum Vergnügen da wäre, sondern einzig und allein, um zu gewinnen.

Er blieb ein glühender Sportfan, er liebte es, Footballspielen zuzusehen. Dan Topping, der Gatte von Sonja Henie, mit dem er sich während der Dreharbeiten zu *Sun Valley Serenade* angefreundet hatte, war Teilhaber des neuen Footballteams Brooklyn

---

*   eine Variante von Baseball
** schlägt den Ball mit dem Schlagholz
*** wirft den Ball

Softball-Fanatiker Harry James und Ansager Mel Allen

Ebbets Field, Brooklyn

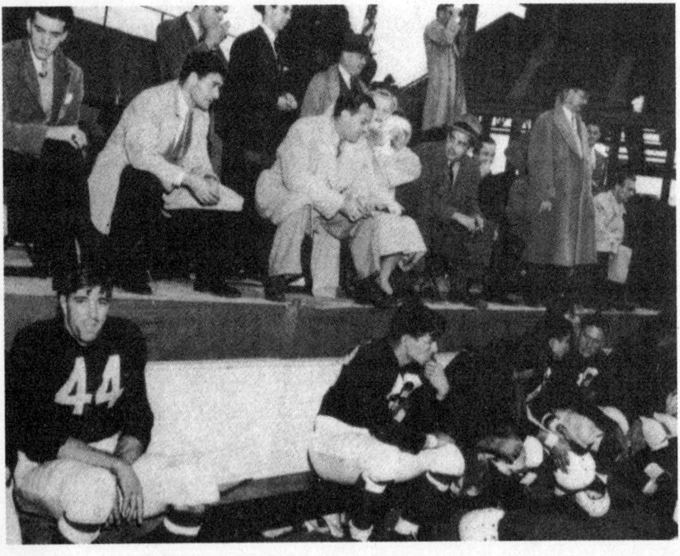

Dodgers geworden. Um Zuschauer anzulocken, engagierte er die Miller Band für ein Konzert auf dem Ebbets Field. Knapp zwei Wochen, nachdem Mickey Owens von den Baseball Dodgers den legendären dritten Schlagfehler begangen hatte, der zum Sieg der New York Yankees führte, unterhielt die Miller Band am gleichen Platz von einem eigens aufgebauten Podium auf der 50-Yard-Markierung aus 12 000 Footballfans. Für den frustrierten Sportler Miller war es erregend; ein Teil der Musiker hatte seinen Spaß, der andere Teil, der lieber in *Charlie's Tavern* gegangen wäre, langweilte sich tödlich.

Während des Gigs im *Café Rouge* nahm die Band im *Victor*-Studio unten an der East 24th Street neue Platten auf, der berühmteste und erfolgreichste Titel war Jerry Grays *A String of Pearls* mit dem herrlichen Solo von Bobby Hackett. Natürlich war Jerry mit dem Resultat sehr zufrieden, aber, wie er mir anvertraute, gefiel ihm Benny Goodmans Arrangement seiner Nummer besser als sein eigenes. »Weißt du«, sagte er, »ich ging immer hinüber zum *New Yorker*, wo Benny spielte, nur um es zu hören.«

Am 8. Dezember, einen Tag nach dem japanischen Angriff auf Pearl Harbor, nahm die Band weitere sechs Nummern auf. Eine davon war von Jerry Gray und hatte in den Radiosendungen *That's Where I Came In* geheißen, aber Glenns Patriotismus sorgte für eine Titeländerung. Instrumentalnummern haben selten Texte, sie bekommen höchstens welche im nachhinein, wenn sie sehr erfolgreich sind, und können daher beliebig betitelt werden. Ich erinnere mich an eine Aufnahmesession von Bob Crosby, wo eine Debatte darüber entstand, wie man eine Instrumentalnummer nennen sollte. Ich wollte einen Witz machen und schlug ohne jeden Zusammenhang *Three Cent Stomp* vor, und dieser Vorschlag wurde freudig akzeptiert. Glenn dachte sich jedoch etwas bei seinem Titelvorschlag für Jerrys Nummer; er nannte sie *Keep 'Em Flying* und machte damit eine Verbeugung vor der Luftwaffe, nicht ahnend, wie bald er selbst ihr angehören würde.

Glenn, der sich immer mehr seiner Verantwortung als Leader der beliebtesten Band des Landes bewußt wurde, übernahm den

Vorsitz der Bandleadersektion im Fonds zur Bekämpfung der Kinderlähmung. Er nahm eine besondere Nummer auf, *At the President's Ball*, und ließ alle ihm daraus zustehenden Tantiemen an den Fonds überweisen.

Ende Oktober 1941 kam es endlich doch zu einem Abkommen zwischen ASGAP und den Rundfunkstationen, und Glenn konnte zum ersten Mal seinen *Chattanooga Choo Choo* durch den Äther schicken. Bei einem seiner *Sunset Serenade*-Programme wurde die Nummer von allen fünf Camps gewählt, ebenso von den Hörern. Glenn blieb nichts anderes übrig, als Plattenspieler und Schallplatten an alle fünf Camps zu senden. Der Patriotismus begann, ins Geld zu gehen.

Chattanooga Choo Choo wurde zum ersten Schallplatten-Millionenhit seit Gene Austins Version von *My Blue Heaven* vor beinahe 15 Jahren. Es wurde so populär, daß Woody Herman davon eine Karikatur aufnahm, die er *Ooch Ooch Agoonatach* taufte — sein Zug fuhr rückwärts. Um Glenns großen Verkaufserfolg zu würdigen, überreichte ihm *RCA* eine goldene Schallplatte. Dieses Beispiel machte Schule, und die amerikanische Plattenindustrie begann, den Künstlern, von deren Platte eine Million Exemplare verkauft wurde, ein Exemplar in Gold zu präsentieren.

Glenn Millers Karriere entwickelte sich weiter. Chesterfield verlängerte neuerlich seine Radio-Show, und im *Café Rouge* erzielte er in 14 Wochen ein Nettoeinkommen von $ 41 750,03; davon allein in der letzten Woche $ 3582,63. Nicht schlecht für einen Bandleader, der noch vor kaum drei Jahren sogar einen Verlust in Kauf genommen hätte, nur um dort spielen zu können und die wertvolle Radiosendezeit zu bekommen.

Er brach Theaterrekorde in Toronto, ebenso in Detroit, wo er in einer Woche $ 21 693 persönliche Einnahmen erzielte. Anschließend kehrte er wieder in das *Paramount* zurück, dem seine Auftritte Wocheneinnahmen von $ 73 000, 52 000 und 42 000 verschafften.

Barry Ulanov begann seinen Bericht im *Metronome* mit der Feststellung, Miller sei »eine Institution auf der Bühne des *Paramount*. Seine Show zeigte die Summe aller Gründe, die ihn zu einer solchen Institution machen.«

Wally Early *(RCA Victor)* überreicht Glenn die Goldene Schallplatte für *Chattanooga Choo Choo;* links Chesterfield-Ansager Paul Douglas

Nach der Aufzählung einiger Nummern aus dem Repertoire der Band setzte Ulanov fort:
»*A String Of Pearls* war ohne Zweifel der musikalische Höhepunkt der gesamten Show. Die Duette der Altsaxophonisten Skippy Martin und Ernie Caceres und der Tenorsaxophonisten Al Klink und Tex Beneke waren angenehm zu hören und zeigten smarte Showmanship. Bobby Hacketts kurzes Kornettsolo war hübsch aufgebaut, und die Überleitungstakte von McGregors Piano waren sehr effektvoll.
Effektvoll ist auch die richtige Bezeichnung für Marion Hutton in *Sun Valley* und genauso für die ›fliegenden‹ Auftritte und Abgänge der Modernaires, die wie auf einer Kindergartenparty herumtobten. Das Publikum tobte ebenfalls — vor Begeisterung.
Chattanooga Choo Choo begann mit der Projektion eines abfah-

renden Zuges auf den Theaterhintergrund; schon da begannen die Leute zu brüllen. Als es vorüber war und die Band in den Orchestergraben ging, brüllten sie wieder. Diese geschickte Präsentation bewies einmal mehr, welch großartige Formel Miller gefunden hat, um den musikalischen Geschmack unserer Zeit auszudrücken. Ein hübsches Mädchen, ein angenehm klingendes Voicing der Saxophone und militärische Präzision in der Ausführung der Arrangements, der Bewegung auf der Bühne und dem Timing der Auftritte und Abgänge — das alles wirkt zusammen, um diese Band zu einer Rakete der Populärmusik zu machen.«

Wieder gewann Glenn den Poll von Martin Block, ungeachtet der Tatsache, daß auch seine drei Hauptkonkurrenten große Plattenerfolge hatten: Tommy Dorsey mit *This Love Of Mine* und *Embraceable You* mit den Sängern Frank Sinatra bzw. Jo Stafford; Harry James mit *You Made Me Love You* und *I Don't Want to Walk Without You,* in denen Helen Forrest sang; Jimmy Dorsey mit Nummern wie *Green Eyes, Amapola* und *Tangerine,* lauter Gesangsduette von Bob Eberley und Helen O'Connell.

Musikalisch verstärkte er die Band durch den kraftvollen Leadtrompeter Steve Lipkins aus Artie Shaws Band, was Bobby Hackett, der kein guter Satzspieler war, ermöglichte, zu seiner Doppelrolle als Kornettist im Vordergrund und Gitarrist im Hintergrund zurückzukehren.

Aber ungeachtet all dieser Erfolge, die jeden anderen in heitere Gelassenheit versetzt hätten, wurde Glenn zusehends ruheloser. Während des *Paramount*-Gigs sagte er mir und anderen immer wieder, er wolle sich mehr für Amerikas Kriegsvorbereitungen engagieren. Knapp vor Ende dieser Verpflichtung, am 15. Februar, ließ er sich bei der Einberufungskommission in Bergen County, New Jersey, für den Militärdienst registrieren. Dieser Schritt wirkte etwas theoretisch, denn Glenn war verheiratet und fast 37, also zu alt, um einberufen zu werden. Dennoch begann er, Pläne für seinen Eintritt in die Army zu machen — auf seine Art.

Kapitel 29

Im März 1942 konnte man in der Aussendung eines Glenn-Miller-Fanclubs lesen: »Die Band hatte im Anschluß an den Gig im *Paramount* vier Tage frei, mit folgenden Resultaten: Ray Eberle verbrachte die meiste Zeit in Glen Island bei Hal McIntyre, der übrigens Glenn in der *Sunset Serenade* vertrat und gute Arbeit leistete. Modernaire Ralph Brewster begab sich zum Zahnarzt (autsch!), Doc Goldberg zum Arzt, Marion Hutton zur Schneiderin, Tex Beneke mit Bahn und Flugzeug ins berühmte Choo-Choo-Land und wieder zurück und Miller selbst zum Golfspiel nach Pinehurst, N. C., wo er mit einem einzigen sensationellen Schlag gegen den Wind den Ball ins Loch beförderte. Wow!! Was für ein Urlaub!!«

Der Enthusiasmus dieser Fanclubs war unglaublich. Im Februar 1940, als die Chesterfield-Shows begannen, gab es 64 davon; diese Zahl stieg bis 1943 auf 524. Manche dieser Clubs hatten mehr als 500 Mitglieder, andere nur zwei. In Arkansas, Connecticut, Florida, Georgia, Illinois, Indiana, Kalifornien, Maryland, Massachusetts, Minnesota, Missouri, Nebraska, New Jersey, New Mexico, New York, Ohio, Pennsylvania, Rhode Island, Tennessee, Utah, Virginia und Wisconsin, sogar in Windsor, Ontario, und in England existierten Miller-Fanclubs. Sie alle überschwemmten Glenn mit Briefen voll überspannt-hysterischer Begeisterung, die von Polly Haynes und ihren acht Mitarbeitern pflichtgetreu beantwortet wurden.

Die meisten dieser Mitarbeiter waren ausschließlich mit der Beantwortung von Teenagerpost beschäftigt.

Als die Miller Band ein Engagement in *Loew's Capitol Theater* in Washington antrat, fehlte vor Beginn einer Bühnenshow plötzlich der ansonsten absolut verläßliche Chummy McGregor. Nach der vorhergegangenen Show war er nach vorne gegangen,

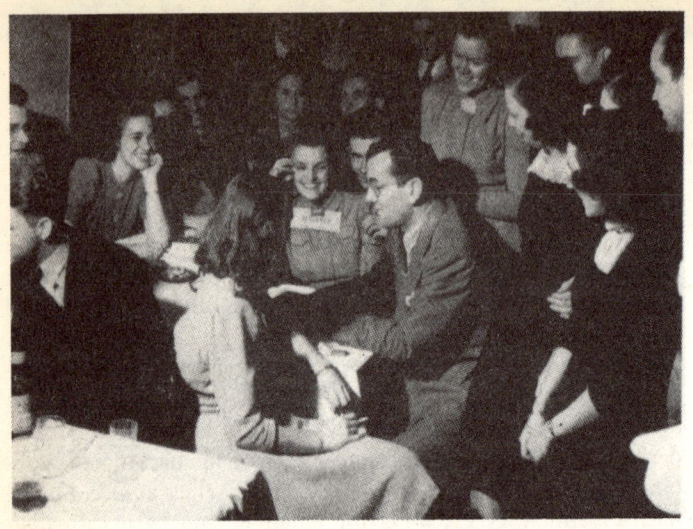

Fans im *Meadowbrook* in Cedar Grove, New Jersey, und am Bahnhof von Omaha, Nebraska

um sich den Film anzusehen, aber der war inzwischen längst vorbei. Die Show begann. Glenn trat an das Mikrofon und gab mit gespielter Ernsthaftigkeit bekannt, die Band vermisse ihren Pianisten; jeder Zuschauer möge aufmerksam seine Nachbarn betrachten und, falls er dabei einen schlafenden Pianisten entdecke, möge er so gut sein und ihn wecken. Später stellte sich heraus, daß Chummy gar nicht im Theater war. Er hatte die Pause für einen Arztbesuch benutzt und das hatte länger als vorgesehen gedauert.

Bevor Glenn sich für einen weiteren Film nach Hollywood begab, holte er sich einen Arrangeur aus der Band von Sunny Dunham, reorganisierte den Plan für seine Chesterfield-Shows und begann eine große Auseinandersetzung mit seiner Agentur.

Der Arrangeur war George »The Fox« Williams, der später für Gene Krupa und Jackie Gleason arbeitete und den Glenn besonders im Hinblick auf die kommende Filmarbeit engagierte. Der neue Sendeplan der Chesterfield-Shows verlegte die Dienstagsendung auf den Freitagabend, nachdem am Dienstagabend der ungemein populäre Bob Hope zur gleichen Zeit im Radio zu hören war und Chesterfield nicht mit ihm konkurrieren wollte. Der Plan wurde einige Monate danach erneut umgestoßen; der Freitag wurde fallengelassen und der Dienstag wieder angesetzt, jedoch alle drei Shows auf 19.15 Uhr vorverlegt, um für die Jugend noch attraktiver zu sein.

Was die Auseinandersetzung mit der Agentur betraf, war Glenn zu der Ansicht gelangt, seine Band sei nun so etabliert und demzufolge die Arbeit der Agentur so reduziert, daß die 15%ige Provision nicht mehr gerechtfertigt erscheine. Im Staat New York war kurz davor eine neue Bestimmung in Kraft getreten, die Provisionen für Agenturen auf 5% limitierte, und diese Bestimmung versuchte Glenn für sich in Anspruch zu nehmen. Um der GAG zu zeigen, daß er es ernst meinte, weigerte er sich, mehr als 5% abzuliefern. Als Gegenmaßnahme hielt die GAG Gelder zurück, die Glenn zustanden, und brachte eine Beschwerde bei der Gewerkschaft ein, der stattgegeben wurde.

Als nächsten Schritt versuchte Glenn, die Agentur zu umgehen und die Buchungen für seine Band direkt durch Don Haynes

vorzunehmen, aber wieder rief die GAG die Gewerkschaft an, und wieder bekam Glenn unrecht.
Am 17. März traf die Band per Bahn in Hollywood ein und begann mit den Dreharbeiten zu dem Film *Orchestra Wives*, in dem Glenn und seine Leute wieder in die Handlung eingebaut waren und nicht nur als musikalischer Aufputz dienten.
Die Filmmogule waren nach wie vor auf dem Bigband-Trip. Sammy Kaye, einer von Glenns Golfpartnern, war zur gleichen Zeit für den Film *Iceland* beschäftigt, den ebenfalls die *Twentieth Century Fox* produzierte. Den Streich, den ihm Glenn spielte, hat er nie vergessen: »Wir hatten unseren Soundtrack aufgenommen und sollten nun die Sequenz filmen, die mit unserer Kennmelodie unterlegt war. Du weißt ja, wie das gemacht wird; man versucht, die Aktion vor der Kamera dem fertigen Soundtrack anzupassen. Du hörst dreimal ›Klick‹ und dann fängst du an. Nun, das Klicken kam, ich zählte unser Thema ein und was, glaubst du, kam aus den Lautsprechern. Nicht unsere, sondern Glenns Kennmelodie! Er hatte die Boys in der Tonkabine dazu gebracht, die *Moonlight Serenade* einzulegen. Was sollte ich nun tun. Ich hatte keine Ahnung, ich stand das erste Mal vor einer Kamera. Schließlich machte ich einfach weiter.«
Der Film *Orchestra Wives* handelte von Bandmusikern und ihren Frauen und gipfelte in einer Streiterei, die beinahe zur Auflösung der fiktiven Band führte. George Montgomery spielte den trompetenden Helden, zu hören war allerdings Johnny Best, und wo man Chummy McGregor hörte, war im Film Cesar Romero in der Rolle des Bandpianisten zu sehen. Jackie Gleason grimassierte sich mit der akustischen Unterstützung Doc Goldbergs durch die Rolle des Bandbassisten, wurde jedoch in der wichtigen *Variety*-Kritik mit keinem Wort erwähnt.
Ann Rutherford spielte die weibliche Hauptrolle; Lynn Bari und Carole Landis hatten weitere bedeutende Parts. Wieder tanzten die Nicholas Brothers und wieder sorgten Harry Warren und Mack Gordon für eine bemerkenswerte Filmmusik, die große Miller-Erfolge wie *At Last, Serenade in Blue* und *I've Got a Gal in Kalamazoo* enthielt.
Obwohl die Existenz der Miller Band in Wirklichkeit nie durch

Szenen aus dem Film *Orchestra Wives:* Glenn fängt Bullets Durgom auf, nachdem ihn der Charme Marions beinahe zu Fall gebracht hat; Jackie Gleason schneidet eine nach Vorstellung eines Filmregisseurs typische Bassistengrimasse; Lynn Bari, Glenn, George Montgomery, Cesar Romero und Gleason spielen eine Szene vor der Band

Bandleader Harry James, Glenn Miller und Sammy Kaye mit dem Songwriterteam Harry Warren und Mack Gordon im Filmstudio

galante Auseinandersetzungen gefährdet wurde, gab es doch einige eigensinnige Ehefrauen in ihr. Der innere Kreis bestand aus Helen Miller, Janet Eberle (ihre oftmalige Bridgepartnerin), Marguerite Beneke, Bunny Tanner, June McIntyre und Polly Haynes, die die lockerste von allen war und sich gerne als den »Prellbock der Band« bezeichnete.

June, deren Sohn Hal jr. nun sein eigenes Orchester leitet, erinnert sich, daß Helen genauso starrköpfig sein konnte wie ihr Ehemann. »Helen und Glenn kamen die meiste Zeit sehr gut miteinander aus, aber ich erinnere mich an etwas, über das sie sich zehn Jahre lang nicht einigen konnten. Eines Nachts, als ich gerade da war, gerieten sie sich darüber schrecklich in die Haare. Und soll ich dir sagen, worum es ging? Es ging um die Frage, ob das Toilettenpapier vorne oder hinten an der Rolle herunterhängen soll.«

Mattie, Glenn und Helen Miller — drei Menschen mit starkem Willen

Polly Haynes fand es sehr bemerkenswert, daß zwei so eigensinnige Menschen wie Glenn und Helen so gut miteinander auskamen. »Ich habe nie ein Paar gekannt, das besser aufeinander einging. Jeder wollte seinen Willen haben, aber sie unterstützten einander immer, außer natürlich bei unseren regelmäßigen Bridgespielen, wo immer Glenn und ich gegen Helen und Don spielten. Glenn und Helen wollten nicht miteinander spielen, weil es dann zu viele Debatten gegeben hätte. Aber eines Nachts hatten die beiden großen Krach miteinander; das war auf einer Party im Penthouse des *New Yorker Hotels*. Das Gastgeberpaar hatte ein kleines Baby. Helen ging zufällig in die Küche und bemerkte, daß die Mutter die Babynahrung direkt aus dem Kühlschrank nahm und sie dem Kind gab, ohne sie vorher anzuwärmen. Sie kam zu Glenn und forderte ihn auf, den Eltern zu sagen, die Nahrung müsse zuerst angewärmt werden, aber Glenn weigerte sich mit der Begründung, das stünde ihm als Gast nicht zu. Helen war darüber sehr zornig, und schließlich entstand ein so heftiger Streit, daß die Party sich auflöste. Don mußte Helen nach Hause bringen, und Glenn brachte mich nach Hause.
Helen neigte immer dazu, sich um andere Menschen zu kümmern und zu sorgen, aber an diesem Abend übertrieb sie es ein wenig; vermutlich, weil sie zuviel Champagner erwischt hatte.«
Helen und Polly waren eine große Unterstützung für ihre Männer, ebenso Bunny Tanner und June McIntyre. Andere gingen darin noch weiter. Janet Eberle hatte Rays Finanzen fest in der Hand, besonders in späteren Jahren, als er seine eigene Band leitete. Kay Finegan verschaffte sich immer genauen Überblick über Bills Arbeit und trieb ihn an, wenn wieder einmal ein Ablieferungstermin drohend näherrückte. Und Marguerite Beneke machte Tex' Karriere so sehr zu ihrer eigenen Angelegenheit, daß sie eine ausgesprochen feindselige Haltung gegenüber Leuten einnahm, die Tex als liebenswürdigen Menschen schätzten und ihn zu wenig als erfolgreichen Musiker bewunderten.
Als Marion Hutton wieder da war, hörte Hal Dickensons Frau Paula Kelly zu singen auf und konzentrierte sich auf die Rolle einer »Orchesterfrau«. Kürzlich wurde sie in Merv Griffins

Die echten Orchestra Wives während der Filmarbeiten. Hintere Reihe (von links): Hal McIntyres June, Johnny Bests Helen, Jack Lathrops Barbara, Chuck Goldsteins Ruth, Tex Benekes Marguerite, Paul Tanners Bunny, Mickey McMickles Dorothy.
Vordere Reihe: Ginny, Frau des Bandkopisten Charlie Grean, Jimmy Priddys Betty, Hauptdarsteller John Payne, Al Klinks Pat, Ralph Brewsters Marie

TV-Show gefragt, ob der Film *Orchestra Wives* ein realistisches Bild gezeichnet hätte. »Nein, es war eine Menge Blödsinn«, erwiderte sie.
Das, was Paula für Blödsinn hielt, war neun Wochen lang, abgesehen von den Chesterfield-Shows und ein paar Plattenaufnahmen, die einzige Aktivität der Band. Glenn benutzte die Gelegenheit, auf der 55-Morgen-Ranch zu arbeiten, die er sich an der Fish Canyon Road im nahegelegenen Monrovia gekauft hatte. Diese Investition erwies sich bald auch als willkommene Erklärung dafür, knapp bei Kasse zu sein, wenn verschiedene »alte Freunde«, die er kaum kannte, ihn anzuschnorren versuchten.
Natürlich versuchte die Leitung des *Palladium*, Glenn wieder zu verpflichten. Aber die Erinnerung an die Schwierigkeiten beim vorigen Mal und Terminprobleme ließen es nicht dazu kommen; die einzige Ausnahme war ein Militärball zugunsten eines örtlichen Lazaretts, zu dem 7300 Besucher erschienen.

Die vermehrte Freizeit gab Glenn auch die Möglichkeit, einmal Musik als Zuhörer zu genießen. »Als wir *Orchestra Wives* drehten«, erzählte Bobby Hackett, »ging ich jeden Abend in ein Lokal, wo Louis Armstrong spielte, und blieb oft bis zum Morgen. Eines Nachts entdeckte ich auf einmal Glenn in einer Ecke. ›Du auch?‹ sagte ich, und er meinte nur einfach: ›Das ist das Größte, das der Musik jemals zugestoßen ist!‹«

Unter den Platten, die die Band im April im Westküstenstudio von *Victor* aufnahm, war Jerry Grays Arrangement der *American Patrol*, ein weiteres Beispiel für musikalischen Hurra-Patriotismus; im Mai folgten drei Nummern aus *Orchestra Wives: I've Got a Gal in Kalamazoo, At Last* und eine der wunderbarsten aller Miller-Aufnahmen, *Serenade in Blue*, deren Einleitung zu den schönsten Passagen gehört, die jemals irgendeine Band gespielt hat. Wie Johnny Best erzählt, war Bill Finegan die ganze Nacht aufgeblieben, um jene ausgedehnte ätherische impressionistische Introduktion zu kreieren, die Glenn haben wollte. Aber der komplexbeladene Finegan schaffte es nicht, seinen Boss zufriedenzustellen. Nach Bests Bericht ließ Glenn daraufhin Billy May holen, »und in einer halben Stunde hatte er genau das, was er wollte«.

Bevor die Band Hollywood verließ, gab Glenn am Abend des letzten Drehtages ein großes Fest im *Beverly Wilshire Hotel* für alle am Film Beteiligten. Es war eine großartige Sache und eine der wenigen Gelegenheiten, wo es keinerlei Barrieren gab und jeder sich rückhaltlos und köstlich amüsieren konnte.

Jeder — außer Chummy McGregor, wie sich Johnny O'Leary erinnert. »Glenn war Chummys Idol; er paßte immer auf ihn auf und sorgte sich um Glenns Geld, als ob es sein eigenes wäre. Es störte ihn, daß Glenn für diese Riesenparty so viel verschwendete.«

Nach dieser Nacht begann wieder der Ernst des Lebens: die Band ging auf Tour. In Kansas City spielte sie den größten One-nighter in ihrer Geschichte (und in der Geschichte der Stadt): Glenn nahm in dieser Nacht $ 5616,31 ein. In den ersten vier Nächten dieser Tournee verdiente er beinahe $ 14 000; mehr als zehnmal soviel wie vor etwas mehr als drei Jahren für eine ganze Woche.

Kapitel 30

Es war ein großes Geheimnis: Bis heute wissen nur ganz wenige Menschen davon. Aber am 20. Juni richtete Glenn Miller einen formellen Bewerbungsantrag als Offizier der Marinereserve an den Kommandanten des 9. Marinedistriktes. Beigelegt waren eine Aufstellung seiner bisherigen geschäftlichen und professionellen Aktivitäten, eine geschätzte Aufstellung seiner Vermögenswerte und einige Referenzschreiben.
Eines dieser Schreiben war von Bing Crosby, der unter anderem schrieb:

> »In den vielen Jahren, die ich Mr. Miller kenne, habe ich ihn als einen hochgesinnten jungen Mann voller Einfallsreichtum und Intelligenz schätzen gelernt, der mir für Aufgaben der Menschenführung und Organisation sehr geeignet erscheint. Ich weiß nicht, welchen Wert meine Empfehlung hat, aber ich betrachte es als Privileg, sie abgeben zu dürfen.«

Sein Vermögen gab Glenn in der folgenden Liste an:

Bargeld	$ 165 000
Regierungsanleihen	$ 63 000
Ranch in Kalifornien	$ 75 000
Automobile, Büroinventar (gebraucht)	$ 5 000
Außenstände	$ 11 000
Wohnungseinrichtung (gebraucht)	$ 8 000
Versicherungen	$ 10 000
Neue Radiophonographen (Depot)	$ 7 000
	$ 344 000

Wertpapiere um $ 75 000 sind in dieser Aufstellung nicht berücksichtigt, da deren Ertrag anderen Personen zufließt.

Bing Crosby
Hollywood

June 22, 1942

To Whom It May Concern:

    Mr. Glenn Miller advises me that there's a possibility of his being selected for training, with the ultimate result a commission in the United States Navy, and that he is desirous of securing letters of recommendation from friends of his that might be of some value.

    It is a great privilege for me to make this recommendation for whatever it is worth, as in the many years I've known Mr. Miller I've found him to be a very high type young man, full of resourcefulness, adequately intelligent and a suitable type to command men or assist in organization.

Bing Crosby

BC:rc

David Mackay sagte kürzlich, nachdem er diese Aufstellung gesehen hatte, Glenn hätte hier ziemlich untertrieben. Aber es ist durchaus denkbar, daß Glenn nicht alle seine Geheimnisse mit der Navy und dem Fiskus teilen wollte. Aus seiner gesamten beruflichen Karriere machte er indessen kein Geheimnis.*
Glenn begann auch, verschiedene Maßnahmen für den Fall zu treffen, daß er plötzlich einberufen würde. So schloß er etwa einen neuen Vertrag mit Tex Beneke ab, der diesem eine Wochengage von $ 200 im ersten und 150 in den beiden darauffolgenden Jahren garantierte, plus einem Bonus von $ 10 000, der am 15. Februar 1945 auszuzahlen war.

* siehe Bildteil (Seite 325)

GLENN MILLER ORCHESTRA

CHESTERFIELD CIGARETTES
VICTOR BLUEBIRD RECORDINGS

Business and Professional Experience

(1) 1937 to Present Time
   Employed By Self as Director of my Orchestra

(2) 1935 to 1937
   Employed By Ray Noble (Orchestra Leader) as Trombonist and Arranger.

(3) 1934 to 1935
   Employed By The Dorsey Brothers Orchestra as Trombonist and Arranger.

(4) 1932 to 1934
   Employed By Smith Ballew (Orchestra Leader) as Trombonist, Arranger and Business Manager.

(5) 1930 to 1932
   Employed By Various and Numerous Persons to perform in a musical capacity (known as Free Lance work)

(6) 1929 to 1930
   Employed By Red Nichols (Orchestra Leader) as Trombonist and Arranger

N. J. OFFICE
COTSWOLD-BYRNE LANE
TENAFLY, N. J.

(OVER)

N. Y. OFFICE
R K O BLDG.
NEW YORK CITY

(7) 1928 - 1929 Free Lanced as Musician
(8) 1924 - 1928
   Employed By Ben Pollack (Orchestra Leader) as Trombonist and Arranger.
(9) Prior to 1924 Free Lanced as Musician after leaving University of Colorado.

Ray und Glenn vor dem »Mißverständnis«

Ansonsten konnte er nun, da er seinen Schritt unternommen und seinen Antrag gestellt hatte, nichts anderes tun als abwarten, welche Entscheidungen andere über ihn treffen würden. Und nachdem er ein kraftvoller dogmatischer Mensch war, gewohnt, selbst die Entscheidungen zu treffen, machte ihn diese Zeit der Unsicherheit und des Wartens immer gereizter. Das könnte eine Erklärung dafür sein, daß sich sein Zorn während eines überaus erfolgreichen Engagements im *Panther Room* des *Sherman Hotels* in Chicago so plötzlich über Ray Eberle entlud.

Die näheren Umstände von Rays Ausscheiden aus der Miller Band wurden von verschiedenen Leuten verschieden geschildert. Glenns eigene Version, die von einigen Musikern der Band bestätigt wurde, gab als Grund Rays starken Alkoholkonsum an; außerdem hätte dieser in einem Branchenmagazin die übertriebene Disziplin und die schlechte Bezahlung in der Miller Band kritisiert. Ray selbst sagte kürzlich: »Ich wurde nicht entlassen; ich ging von selbst, weil Glenn mir für *Orchestra Wives* nichts bezahlen wollte. In Chicago bekamen alle Musiker ihren Scheck für den Film, und als ich Glenn fragte, wo meiner wäre, meinte er, ich hätte auf Grund meines Vertrages mit ihm keinen Anspruch auf ein Extrahonorar.«

Daß Ray zu dieser Zeit nicht gerade in bester Verfassung war, wurde aber von einigen bestätigt. Marion Hutton sagte geradeheraus: »Ray nahm sich Dinge heraus, die kein anderer gewagt hätte. Hätte Glenn ihn behalten, wäre eine Revolution in der Band ausgebrochen.«

Chummy McGregor meinte, die Trennung sei indirekt auf Rays Verhalten und direkt auf einen Vorfall zurückzuführen, an dem Ray nicht schuld gewesen sei.

Ray sei zu spät zu einer Chesterfield-Probe erschienen, weil er durch die geöffnete Zugbrücke über den Chicago River aufgehalten worden und nachher im Verkehr steckengeblieben sei. Glenn hätte jedoch diese legitime Entschuldigung nicht akzeptiert, sondern Ray sofort gefeuert.

All das habe sich aber schon vorher abgezeichnet, wie Maurice Purtill berichtet. »Unsere Shows im *Panther Room* dauerten jeweils eine Stunde. Die Schlußnummer war immer der *Bugle Call Rag*, und davor war ein großes Feature für Ray und die Modernaires. Eines Abends war Rays Frau Janet mit ihrer Familie da, und als Rays großer Auftritt fällig gewesen wäre, ließ Glenn die Nummer entfallen und ging gleich auf den *Bugle Call Rag*. Ray wurde schrecklich wütend, er trank ein paar Gläser und schwor, er würde Glenn umbringen.«

Purtill glaubt zwar nicht, daß das eine bewußte Aktion von Glenns Seite war, aber retrospektiv betrachtet wirkt das schon eher wie eine jener typischen Disziplinierungsmaßnahmen Glenns. Früher war er von dem jungen Sänger so angetan gewesen, daß er mir gegenüber beteuert hatte, für Ray würde immer Platz in seiner Band sein. Eine Spur dieses Gefühls schien bei Glenn nach Rays Ausscheiden noch immer vorhanden zu sein, denn, so erzählte Tom Sheils von Millers Büro, »als Ray sich dann selbständig machte, nahm Glenn keinerlei Prozente von ihm, obwohl er vertraglich immer noch dazu berechtigt gewesen wäre«.

Jahre später telefonierte ich mit Ray, der jetzt in Florida lebt, und

Skip Nelson

er betonte, Glenn nichts nachgetragen zu haben. »Er war zu mir immer wie ein großer Bruder. Meine Gefühle, als er starb, kann ich nur mit dem vergleichen, was viele von uns empfanden, als wir erfuhren, John F. Kennedy sei ermordet worden.«

Ray ist es in all den Jahren nicht schlecht ergangen, wenn auch seine finanzielle Lage nicht mit der anderer Bandsänger von damals, etwa Sinatra oder Como, zu vergleichen ist. Eine Zeitlang leitete er mit mittelmäßigem Erfolg seine eigene Band, dann ging er dazu über, als Solist in verschiedenen Clubs zu arbeiten. Er sieht viel besser aus als früher, trägt einen eindrucksvollen Schnurrbart in seinem reifen Gesicht und freut sich seines nun alkoholfreien Lebens. »Es ist hübsch, morgens aufzuwachen und zu wissen, wo man ist«, sagt er. »Ich stehe auf, trete aus meinem Haus und gehe fischen.«

Nach dem Krach mit Glenn ging Eberle zu Gene Krupa; seinen Ersatzmann holte Glenn auf Empfehlung seines ehemaligen Chefs Ben Pollack aus der Chico Marx Band. Der neue Mann war

Skip Nelson*, ein Musiker-Sänger, der auch Klavier und Gitarre spielte und gerade rechtzeitig eintraf, um an den letzten Plattenaufnahmen der Band für *Victor* teilzunehmen. In drei aufeinanderfolgenden Aufnahmesessions nahm Glenn 13 Nummern auf; wie viele andere Bandleader wollte er noch rasch seine Schäfchen ins trockene bringen, bevor die von Gewerkschaftsboß James C. Petrillo für 1. August angedrohte Aufnahmesperre wirksam wurde.

Nelsons erste Platte war *Dearly Beloved;* sie brachte seine Vorzüge gut zur Geltung, wurde allerdings nicht so populär wie *That Old Black Magic*, das er zusammen mit den Modernaires sang. Der größte Hit unter diesen letzten 13 Nummern wurde *Juke Box Saturday Night*, wenn sich auch die Hersteller und Betreiber dieser Geräte verspottet fühlten und sich beklagten. Das Geld, das die Nummer in den Juke Boxes einspielte, besänftigte sie jedoch. Als letztes machte die Band eine ihrer schönsten Aufnahmen überhaupt: Bill Finegans großartiges Arrangement über ein Thema aus George Gershwins *Rhapsodie in Blue*, mit einem ganz besonders gelungenen Kornettsolo von Bobby Hackett.

Möglicherweise wurde Glenns steigende Unruhe durch das Ergebnis des neuesten Martin-Block-Polls noch vergrößert. Zum ersten Mal seit mehreren Jahren landete seine Band nicht auf dem ersten Platz; sie erhielt 67 216 Stimmen, und das waren um einige Tausend weniger, als dem Sieger Harry James zufielen. Harry schwamm damals mit großem Erfolg auf der »Boy Misses Girl«-Welle, die angesichts der Einberufungen zum Militärdienst sehr aktuell war; seine Aufnahmen von Songs wie *He's My Guy* oder *I Cried For You* fanden reißenden Absatz. Sogar in der Radioserie Coca Cola Spotlight, in der die jeweils meistgefragten Nummern der Woche live dargeboten wurden, hatte James die Führung übernommen. Ironischerweise wurde Glenn zwei Jahre später, lange nach der Auflösung seiner Zivilband, noch einmal Sieger im Poll von Martin Block.

Ein ernstes Kommunikationsproblem mit den Presse- und Radioleuten von Philadelphia trug zu einer weiteren Verschlechterung

---

* Ihr eigentlicher Name war Scipione Mirabella

von Glenns Stimmung bei. Was er in jenem vertraulichen Gespräch mit mir angedeutet hatte, war nun zur vollen Realität geworden: sein Terminkalender war so gedrängt voll — er spielte täglich bis zu sieben Shows im *Earle Theater* und zusätzlich noch sechs Chesterfield-Shows pro Woche, drei reguläre und drei Wiederholungen für die Westküste —, daß es ihm schon rein physisch unmöglich war, all die Interviews zu geben, die man von ihm verlangte. Weil sich aber niemand die Mühe gemacht hatte, das im vorhinein den Journalisten zu erklären, reagierten diese natürlich sauer. Sid Gathrid von den *Daily News* schrieb: »Wenn er keine Zeit für die Menschen hat, die ihn zu dem gemacht haben, was er heute ist, dann werde ich eben in Zukunft keine Zeit mehr haben, seinen Namen in meiner Kolumne zu erwähnen.«

Reaktionen wie diese waren für Glenn nicht ganz neu, besonders in Philadelphia, wo die Kritiker schon immer außerordentlich empfindlich waren. Glenn bemühte sich um Verständnis für ihre Probleme, erwartete aber andererseits auch das gleiche von ihnen. Seine Einstellung kommt sehr deutlich in einem Brief an Hal Tunis zum Ausdruck, einem Discjockey aus Philadelphia, der sich über Glenns »mangelnde Kooperation« beklagt und gedroht hatte, er werde in seinen Programmen keine Miller-Platten mehr spielen.

Glenns Erwiderung war knapp, scharf und sachlich:

»Wenn ich in eine Stadt komme, beauftrage ich die Telefonzentrale des Hotels, sämtliche Anrufer mit dem Bandmanager zu verbinden und aus keinem wie immer gearteten Grund Gespräche in mein Zimmer zu legen. Der Grund ist, daß unsere Bühnenarbeit und das ständige Reisen sehr anstrengend sind. Würde ich jeden Anruf selbst entgegennehmen, dann bliebe mir weder Zeit zum Arbeiten noch zum Ausruhen, noch für sonst irgend etwas ...

Was den Einsatz unserer Platten in Ihren Programmen betrifft, so glauben Sie mir bitte, daß Sie von einer falschen Voraussetzung ausgehen. Ein berühmter Kollege von Ihnen, der eine ähnliche Sendung wie die Ihre gestaltet, vertritt die Meinung, die Bands, deren Platten er spielt, seien ihm in keiner

Weise verpflichtet; er profitiere durch ihre Platten ebensosehr wie die Bands durch die Publicity der Radioausstrahlung. Ohne die Schallplatten der besten Bands des Landes, so meint er, wären seine Sendungen nicht viel wert.
Verstehen Sie mich nicht falsch: ich freue mich über die viele Zeit, die Sie unseren Platten in Ihren Programmen eingeräumt haben. Aber ich habe Sie niemals darum gebeten, und wenn Sie beschließen sollten, es fortan nicht mehr zu tun, dann werden Sie von mir keine Beschwerden hören.
Zweifellos haben Ihre Sendungen uns in dieser Gegend zu mehr Popularität verholfen; ebenso zweifellos aber haben unsere Platten dazu beigetragen, daß Sie in Philadelphia eine Institution geworden sind. Mit anderen Worten: Glenn Miller verdankt seinen Erfolg zum Teil Hal Tunis, aber auch Hal Tunis verdankt seinen Erfolg zum Teil Glenn Miller...«

Während Glenn mit der Reaktion auf die wachsende Zahl kritischer Äußerungen beschäftigt war, war die Marine mit der Reaktion auf die noch mehr wachsende Zahl von Anträgen auf Einstellung als Reserveoffizier beschäftigt. Am 1. August reagierte sie auf den Antrag von »Mr. Alton Glenn Miller, Sherman Hotel, Chicago, Illinois« mit einem Schreiben, in dem es unter anderem hieß:

Es wird Ihnen mitgeteilt, daß das Bureau sich nach sorgfältiger Prüfung nicht in der Lage sieht, Ihrem Antrag stattzugeben. Die Gründe sind: Es ist Ihnen nicht möglich gewesen, das Marinedepartment davon zu überzeugen, daß Ihre besonderen Qualifikationen Sie für einen Dienstposten in der Reserve geeignet erscheinen lassen.

Randall Jacobs
Personalchef

Das war eine Entscheidung, die die Navy später noch mehr bedauern sollte, als es nun der zutiefst enttäuschte Glenn Miller tat. Daran konnte auch ein mitfühlender Brief an Don Haynes nichts ändern, der von Korvettenkapitän Eddie Peabody kam, jenem berühmten freundlich grinsenden zickigen Banjospieler: »Sag Glenn, er soll die Ohren steif halten und sich nichts draus machen, denn solche Dinge geschehen sehr oft, und das hat nichts mit seiner Person und seinen Qualitäten zu tun; es ist einfach Platzmangel zur Zeit. Sag ihm auch, er soll sich ruhig an seinen Freund, den General wenden, so, als ob nichts geschehen wäre.«

Exakt so, als ob nichts geschehen wäre, verhielt sich der stoische Miller, und die Musiker ahnten nicht, daß ihr Boss soeben eine Riesenabfuhr kassiert hatte. Glenn dachte auch nicht daran, jemanden darüber zu informieren. Statt dessen begann er, einen Brief an »seinen Freund, den General« aufzusetzen. Er hoffte verzweifelt, dadurch die Chance zu bekommen, etwas zu tun, das ihm inzwischen wichtiger geworden war, als die erfolgreichste Band des ganzen Landes zu leiten.

Kapitel 31

Am 12. August erhielt Brigadegeneral Charles D. Young den folgenden Brief von Glenn Miller:

Sehr geehrter Herr General,

in Ihrem letzten Brief an mich erwähnten Sie, wie wünschenswert es wäre, unserer gegenwärtigen Militärmusik ein wenig »Stromlinienform« zu verpassen. Dies berührt ein Thema, das mir sehr am Herzen liegt und über das ich mich mit einiger Autorität äußern kann.
Ich wollte, Sie könnten einige der Briefe lesen, die ich in den letzten Monaten erhalten habe und in denen unsere Männer in den Ausbildungslagern ihre Begeisterung über unsere verschiedenen Liveauftritte in den Camps und unsere USO-Sendungen* zum Ausdruck bringen. Ich wollte auch, Sie könnten einige der Zeitungsberichte lesen, in denen die Soldaten in Australien und anderen weit entfernten Ländern in Interviews immer wieder darum bitten, daß die Radioprogramme aus der Heimat doch einen großen Anteil von unserer Musik enthalten mögen. Dies alles weist darauf hin, daß das Interesse unserer Boys auf moderne populäre Musik gerichtet ist, gespielt von einem Orchester wie dem unseren, und nicht auf jene Musik, die ihre Väter in den Tagen des Ersten Weltkrieges gehört haben und die die meisten Armeeorchester immer noch unverändert spielen.
Diese vielen Wünsche betreffend Sendungen, Platten, Programme, Widmungen und Arrangements erfreuen mich sehr, erwecken aber auch den Wunsch in mir, etwas Konkretes tun

---

*United Service Organisations

zu können, im Sinne eines Plans, der es unserer Musik ermöglichen würde, unsere Soldaten hier und im Ausland mit einem gewissen Ausmaß von Regelmäßigkeit zu erreichen. Ich habe das Gefühl, daß derartige Maßnahmen viele Schwierigkeiten des Armeelebens lindern könnten.

In den letzten drei oder vier Jahren hat unser Orchester enorme Popularität erreicht und wir sind nun auf einem Punkt angelangt, wo wir wöchentliche Gesamteinnahmen von $ 15 000 bis 20 000 erzielen. Ich brauche nicht darauf hinzuweisen, daß dies für mich persönlich sehr profitabel war und ist und ich mich auch weiterhin darum bemühen werde, derartige Einkünfte zu erzielen, aber ich frage mich, ob es in Zeiten wie diesen nicht richtiger wäre, dieses Geld der USO, etwa dem Army Relief Fonds oder einer anderen USO-Institution zugänglich zu machen. Wenn es — durch eine Serie von Benefizkonzerten oder andere geeignete Maßnahmen — möglich wäre, zumindest einen Teil dieses Geldes zur Hebung der Armeemoral zu verwenden, so wäre das ganz in meinem Sinne. Gleichzeitig könnten nach sorgfältiger Planung regelmäßige Radioprogramme für die Armee installiert werden, von denen ich überzeugt bin, daß sie mehr Schwung in die Füße unserer marschierenden Truppen und mehr Freude in ihre Herzen bringen würden.

Mit solchen Gedanken möchte ich gerne in die Armee eintreten, wenn ich dort Gelegenheit bekäme, die Verantwortung für eine zeitgemäße Armeeband zu übernehmen; ich fühle, daß ich mich für die Armee auf dem Gebiet der modernen Musik wirklich nützlich machen könnte. Ich bin 38 Jahre alt und in bester gesundheitlicher Verfassung. Ich habe mich für den Militärdienst registrieren lassen, wurde aber nicht klassifiziert. Nachdem ich seit 12 Jahren verheiratet bin, nehme ich an, daß ich nach den derzeit gültigen Bestimmungen mit 3A klassifiziert würde. Ich erwähne dies nur deshalb, weil ich klarstellen möchte, daß meine Vorschläge dem ernsthaften Wunsch entspringen, gute Arbeit für die Armee zu leisten, und nichts mit persönlichen Einberufungsproblemen zu tun haben.

Ich bin in Clarinda, Iowa, geboren und in Colorado aufgewach-

sen. Meine Eltern sind beide in Amerika geboren. Ich habe Volksschule und High School absolviert und zwei Jahre lang die Universität von Colorado besucht. Meine Verbindung zur Musik besteht nicht erst seit kurzem; ich habe seit meiner Zeit an der High School immer gespielt und arrangiert.
Ich hoffe sehr, Sie kommen zu der Ansicht, daß es eine Funktion innerhalb der Armee gibt, die ich ausfüllen kann. Wenn dies der Fall ist, bitte ich Sie, zu veranlassen, daß eine geeignete Person mit mir Kontakt aufnimmt und mich über die weiteren erforderlichen Schritte instruiert.
Mit den besten persönlichen Wünschen und Dank für Ihr Interesse verbleibe ich

Ihr sehr ergebener
Glenn Miller

General Youngs rasche und ermutigende Antwort würdigte Glenns »Bereitschaft, für die Dauer des Krieges ein persönliches patriotisches Opfer zu bringen«. Glenn reagierte darauf mit einem schnellen Trip nach Washington, wo er seinen offiziellen Antrag einreichte.
Am 24. August unterzog er sich der medizinischen Untersuchung, besorgt, daß seine Sehbehinderung zu Schwierigkeiten führen könnte; jedoch sein »myopischer Astigmatismus« war durch Brillen kompensierbar, und die Ärzte erhoben keinen Einwand. Der Befund erwähnte eine »Narbe über der Glabella*«, die mir nie aufgefallen war und die, wie es hieß, auf eine Kindheitsverletzung zurückzuführen sein dürfte; abgesehen davon und von einer Narbe nach einer Blinddarmoperation war alles normal.
Am 10. September traf in Glenns Büro, Room 1001, RKO Building, 1270, 6th Avenue, New York, ein offizielles Telegramm aus Washington ein:

ERNENNUNG ZUM CAPTAIN BEKANNTGEGEBEN.
MELDUNGSDATUM 7. OKTOBER. DETAILLIERTE ORDERS
FOLGEN. GRATULATION UND BESTE WÜNSCHE
HOWARD C. BRONSON MUSIKDEPARTMENT

* die weiche Haut über der Nase zwischen den Augenbrauen

In der Zwischenzeit waren einige unter den Musikern argwöhnisch geworden. Glenn hatte zwar versucht, seine militärischen Aktivitäten geheimzuhalten, aber dennoch war etwas durchgesickert, und die Musiker, besorgt sowohl um ihre als auch um Glenns Zukunft, begannen, Fragen zu stellen. Während einer Chesterfield-Probe sagte Glenn zu Johnny O'Leary: »Ich möchte, daß alle außer den Musikern den Raum verlassen.« Dann setzte er fort: »Meine Herren, ich bin nun Captain in der Armee der Vereinigten Staaten.« Er bat die Musiker, bei ihm zu bleiben, bis er seinen Dienst antreten würde; danach, so hoffe er, werde er es arrangieren können, daß diejenigen, die es wollten, auch in der Armee bei ihm arbeiten konnten.

Nur ein Musiker verließ die Band sofort: das war Trompeter Steve Lipkins, der erst vor kurzem eingetreten war und ein Angebot von Jimmy Dorsey in der Tasche hatte. Glenn machte ihm keine Schwierigkeiten, um so mehr, als Bobby Hacketts Lippe nun wieder völlig geheilt war.

Als es sich herumsprach, daß Glenn zur Armee gehen werde, wurden seine Musiker von allen Seiten mit Angeboten überschüttet. Schließlich gingen alle drei Posaunisten zu Charlie Spivak, und Benny Goodman holte sich die Saxophonisten Al Klink und Ernie Caceres. Johnny Best trat Bob Crosbys Band bei, Mickey McMickle und Skippy Martin dem Orchester der NBC. Billy May begann, für Les Brown zu arrangieren; nebenbei schrieb er wie bisher für Alvino Rey weiter.

Bobby Hackett gründete seine eigene kleine Jazzgruppe, Moe Purtill löste in Tommy Dorseys Band Buddy Rich ab, Skip Nelson ging zurück zu Chico Marx, und Willie Schwartz ging zur Marine; auch Doc Goldberg trat in die Armee ein. Marion Hutton, Tex Beneke und die Modernaires unternahmen auf eigene Faust eine Theatertournee; auf den Plakaten stand »GLENN MILLER PRESENTS: THE SINGING STARS OF HIS FAMOUS ORCHESTRA FEATURED IN *ORCHESTRA WIVES*.« Chummy McGregor wurde Mitarbeiter von Glenns Musikverlag.

Das alles war aber erst später; vorläufig mußten Glenn und die Band noch ihre Verpflichtungen erfüllen. Glenn war sehr darauf bedacht, seine persönlichen Angelegenheiten zu regeln und einige

Zeit zu Hause zu verbringen; aus diesem Grunde versuchte er, aus einem für die letzte Woche gebuchten Gig im *Central Theater* in Passaic, New Jersey, auszusteigen. Er hatte jedoch gerade dort schon einmal abgesagt, und das Management war nicht gewillt, ihm das ein zweites Mal durchgehen zu lassen. Schließlich einigte man sich, die geplanten sieben Tage auf vier zu reduzieren.
Bei der letzten Chesterfield-Show am 24. September von der Bühne des *Central Theater* gab es eine besondere Überraschung. In der Nummer *Juke Box Saturday Night* wurden verschiedene populäre Interpreten imitiert, darunter auch der Trompeter Harry James. Nach dieser Nummer wandte sich Glenn an die Radiohörer und sagte: »Unser Harry-James-Imitator war heute besonders großartig, und wissen Sie auch, warum? Es war Harry James selbst! Harry, komm her und sag etwas!« Harry kam und sagte etwas, das wie »Guten Abend« klang, und dann setzte Glenn fort: »Harry, natürlich fällt es uns allen schwer, nach dieser langen Zeit und nach dieser guten Zusammenarbeit mit Chesterfield unsere Show aufzugeben, aber ich habe demnächst ein Rendezvous mit Uncle Sam, und ich sage es ganz offen: du bist mir als Nachfolger in dieser Show lieber als jeder andere, den ich kenne. Du bekommst einen guten Sponsor und ein wunderbares Produkt, und ich weiß, du und Helen Forrest und deine Band, ihr werdet es alle großartig machen. Also dann, nächsten Dienstag, pünktlich zum Job, Maestro!«
Bis zu seinem Tode war Harry Glenn dankbar, daß er ihn als Nachfolger vorgeschlagen hatte. Polly Haynes berichtet, Glenn hätte Mr. Carmichael aufgesucht, den Präsidenten von Liggett & Myers, um die Frage der Nachfolge zu besprechen. »Aber er schlug keine seiner eigenen Bands vor — weder Spivak noch Thornhill, noch McIntyre: er wollte Harry James.«
Allgemeine Unsicherheit breitete sich aus, als der letzte Auftritt der Band herannahte. Selbst jene Musiker, die immer am meisten über die Steifheit der Band und über Glenns Disziplinbesessenheit gemeckert hatten, waren nun tief berührt. Die einen brauchten eine Menge Alkohol, bevor sie es fertigbrachten, die Bühne zu betreten, andere versuchten, den Stoizismus ihres Chefs zu imitieren und sich nichts anmerken zu lassen. Aber es

Die letzten Tage im *Café Rouge*

wurde eine feuchte Nacht — nicht nur von Whisky, sondern auch von Tränen.
Wie Johnny O'Leary erzählt, hatte Don Haynes sich etwas einfallen lassen, um die Stimmung zu heben. »Ich trug immer eine Zigarre bei mir, aber ich zündete sie nie an, und alle wußten das. Dons Idee war, ich solle während der letzten Show mit einem alten Art-Carney-Hut auf dem Kopf, aufgerollten Hosen und der Zigarre im Mund auf die Bühne kommen. Ich tat es, ging auf den Komiker Wally Brown zu, der mit uns auftrat, und sagte: ›Gib mir Feuer!‹ Wally fummelte endlos mit einer riesigen Küchenschachtel Streichhölzer herum und setzte endlich meine Zigarre in Brand. Nun, das gab ein Gelächter in der Band!«

»Harry, ich weiß, du wirst es großartig machen...«

Aber aus dem Gelächter wurde schließlich ein Geschluchze. Je näher das Ende der Show rückte, desto schwerer fiel es den Boys, zu spielen. *Down Beat* berichtete darüber:

»Glenns letzte Show im *Central Theater* von Passaic, New Jersey, wurde nicht richtig abgeschlossen; der Vorhang fiel mitten in die Kennmelodie, und zu dieser Zeit waren Miller und Marion Hutton nicht mehr auf der Bühne. Die Sängerin unterbrach mitten in *Kalamazoo*, begann zu weinen und ging ab. Den Blechbläsern ging es am Beginn der darauffolgenden Nummer nicht viel besser. Miller selbst, berühmt für seine Selbstdisziplin, wandte sich von seinen Musikern ab, um nicht selbst zusammenzubrechen, und sah sich einem weinenden Publikum gegenüber. ›Alles konnte ich ertragen‹, sagte er später, ›sogar den Schmerz, etwas aufgeben zu müssen, das wir in so langer Zeit mühsam aufgebaut hatten — aber ich konnte diese Kids nicht ansehen!‹«
Hinter der Bühne stand Johnny O'Leary, die Zigarre ungeschickt in der Hand. »Während die Band das Schlußthema spielte«, erinnerte er sich, »kam Glenn von der Bühne, und als er an mir vorbeiging, sagte er: ›Oh, Johnny, ich hoffe, es ist richtig, was ich da mache!‹«

VIERTER TEIL
Die Army Air Force Band

Kapitel 32

»In der Schule mache ich gute und regelmäßige Fortschritte, und wenn auch nicht viel von Musik die Rede ist, so bekomme ich doch viel vom Wesen der Armee und den richtigen Verhaltensweisen mit; es ist manchmal mehr, als ich verarbeiten kann, aber ich versuche, soviel als nur möglich zu lernen.
Ich kann schon mein Armeebett machen, den Dreck darunter hervorkehren, meine Schuhe selbst putzen und in geschlossener Formation zur Latrine marschieren, mit exzellenten Resultaten...

Herzlichst
A. Glenn Miller
Captain, A. S. C.«

A. S. C. ist die Abkürzung für das Army Specialists Corps, dem Glenn sofort zugeteilt wurde, nachdem er sich befehlsgemäß am 7. Oktober in New York zur Einschulung gemeldet hatte. Das Zitat entstammt einem der vielen Briefe, die er an Freunde zu Hause schrieb, so wie es die meisten Einberufenen taten.
Er fühlte sich nicht sehr glücklich in der Offiziersschulung. Der Abstieg vom gefeierten und bewunderten Star zu einem Befehlsempfänger unter vielen anderen war nicht leicht zu verkraften, auch nicht für einen anscheinend so ruhigen und selbstbeherrschten Menschen wie Glenn. Zudem war er physisch und psychisch nicht in bestem Zustand; die lange Zeit der ständigen Nachtarbeit und des Schlafmangels machten sich ebenso bemerkbar wie die seelische Belastung durch das Aufgeben seiner glanzvollen Karriere, und so war es nicht verwunderlich, daß sich sein Körper und sein Geist gegen Konditionstraining,

Glenn tritt in die Armee ein

Schießübungen, Marschieren und andere militärische Dienstobliegenheiten wehrte. Er empfand all dies als störende Verhinderung seiner Pläne für die Verbesserung der Musik und damit der Kampfmoral der Armee. Wie es typisch für ihn war, wollte er die Dinge rasch und auf seine Weise in Angriff nehmen; jedoch, wie es typisch für die Armee war, mußte er zuerst lernen, Befehle entgegenzunehmen, bevor er selbst welche erteilen konnte.

Er meldete sich beim Hauptquartier des 7. Militärkommandos in Omaha, Nebraska, zum Dienst, wurde aber rasch wieder in den Osten transferiert: zum Offizierslehrgang nach Fort Meade, Maryland. Sein Bemühen, »ein guter Soldat« zu werden, wurden immer wieder durch seine angeborene Ungeduld und Intoleranz beeinträchtigt, und bald beklagte er sich bei seinen Freunden über die antiquierten Vorstellungen der Armee, was Musik betraf. Sogar den Luxus des Selbstmitleids gestattete er sich. In einem Brief an den Bandleader Sammy Kaye schrieb er: »Was tut sich im Bandbusiness? Ich erinnere mich vage, auch einmal da-

zugehört zu haben. Wenn du einmal etwas Zeit hast, dann schreib mir und berichte mir den neuesten Klatsch...«
Unzufriedenheit und ständige innere Spannung suchten sich schließlich ein körperliches Ventil: Glenn landete mit einer schweren Halsinfektion im Krankenhaus. Nach zehn Tagen kehrte er in die Ausbildung zurück und schloß diese endlich am 4. Dezember erfolgreich ab. Er reiste nach Omaha zurück, nur um dort seine Versetzung zum Army Air Corps zu erfahren und seinen Marschbefehl nach Maxwell Field, Alabama, entgegenzunehmen, wo er seinen ersten offiziellen Posten als Stellvertretender Special-Services-Offizier antrat.
Diese Versetzung von der regulären Armee in das Air Corps erwies sich als bedeutender Coup der AAF, die es fertigbrachte, den prominenten Captain durch ein simples, scheinbar harmloses Routineersuchen in ihre Fänge zu lotsen. Offensichtlich hatte irgendein schlauer Offizier Glenns kaum benutzten ersten Vornamen dazu verwendet und die Überstellung eines gewissen Alton G. Miller zur AAF beantragt. Die Vorschriften sprachen nicht dagegen und nur wenige Tage später hatte die reguläre Armee den berühmten Glenn Miller offiziell an die AAF verloren.
Glenn blieb einige Wochen in Maxwell Field. Anfang 1943 wurde er zum Technischen Ausbildungskommando der AAF nach Knollwood, North Carolina, versetzt.
Jetzt, so dachte er, nachdem er seine Ausbildung abgeschlossen und den richtigen Posten erhalten hatte, wäre es an der Zeit, seine Pläne zu verwirklichen und etwas Neues und Aufregendes für die Musik und Moral der AAF zu tun. Er beabsichtigte, einige hervorragende Bands aus dienstverpflichteten Musikern zusammenzustellen; jede sollte imstande sein, sowohl inspirierende anfeuernde Marschmusik als auch hervorragende Tanzmusik zu spielen. Seine hochentwickelten Kenntnisse dessen, was der durchschnittliche Amerikaner gerne hörte, würden seiner Meinung nach von unschätzbarem Wert für die Truppen sein, er würde die steifen sturen Klänge der amerikanischen Marschmusik, unverändert seit Generationen, endlich durch zeitgemäße Klänge ersetzen, die für die Millionen von jungen Rekruten ak-

WAR DEPARTMENT
The Adjutant General's Office
Washington

GMP 1348

In Reply
Refer To   AG 201 Miller, Alton Glenn
           (11-23-42)PR-A

November 23, 1942

SUBJECT: Temporary Appointment.

TO: Mr. Alton Glenn Miller,
           Byrne Lane,   A 0-505273
           Tenafly, New Jersey.
           Temp. Add: Seventh Service Command,
                      Omaha, Nebraska.

                    (Temp. Appointed Captain AUS)

   1. By direction of the President you are temporarily appointed and commissioned in the Army of the United States, effective this date, in the grade and section shown in the address above. Your serial number is shown after A above.

   2. This commission will continue in force during the pleasure of the President of the United States for the time being, and for the duration of the war and six months thereafter unless sooner terminated.

   3. There is inclosed herewith a form for oath of office which you are requested to execute and return promptly to the agency from which it was received by you. The execution and return of the required oath of office consitute an acceptance of your appointment. No other evidence of acceptance is required.

   4. This letter should be retained by you as evidence of your appointment as no commissions will be issued during the war.

                                    By order of the Secretary of War:
Inclosure:
Form for oath of office.

CERTIFIED TRUE COPY

R E Daley

Lt. Col. R. E. Daley, AC   Major General.
                                            The Adjutant General.

zeptabel waren. In einem Brief an Jerry Gray, einen der Arrangeure seiner Zivilband, schrieb er: »Wir haben die Genehmigung, ein 14köpfiges Team von Arrangeuren für die AAF zu bilden, und falls Du Dir von Uncle Sam einen Anzug anmessen läßt, würde ich Dich gerne mit dieser Aufgabe betrauen.« Aber Glenns Pläne schienen nicht realisierbar zu sein; immer

wieder warfen ihm dienstältere Offiziere Steine in den Weg. Glenn hatte nicht mit der eingefleischten Abneigung der Armee gegen jegliche Veränderung gerechnet, ebensowenig mit dem Mißtrauen unsicherer Karriereoffiziere gegenüber allem, was vielleicht ihre Autorität in Frage stellen könnte. Ihre Eifersucht, Ängstlichkeit und oft blanke Stupidität erstaunten Glenn zu Beginn, später trieben sie ihn zur Weißglut, aber er konnte nur sehr wenig dagegen ausrichten. Der einst so mächtige Anführer auf dem Gebiet amerikanischer Musik sah sich den Befehlen von Leuten unterworfen, die einer der zu Soldaten gewordenen Musiker einmal als »eine Horde von Mickey-Mouse-Majoren« bezeichnete.

Ein Projekt, das Glenn schließlich doch durchboxen konnte, war die Formierung einer Super-Band für die AAF. Nachdem viele der Rekruten, besonders die aus der Gegend von New York, ihre Grundausbildung in Atlantic City, New Jersey, erhielten, wurde Glenn dorthin verpflichtet. Knollwood blieb jedoch sein Hauptquartier, und hier geschah es auch, daß er schließlich zum Leiter der Bandausbildung für die AAF ernannt wurde.

Natürlich wollte er einige seiner früheren Musiker wiederhaben. Aber zwei seiner Lieblinge, Tex Beneke und Willie Schwartz, waren bereits in die Marine eingetreten. Glenn war enttäuscht, aber wie es seine Art war, verbarg er seine Gefühle und reagierte sich lediglich durch halb scherzhafte Briefe ab, von der Art, wie sie ein Geschäftsmann an einen abtrünnig gewordenen Stammkunden richten mag. »Ich war sehr froh, zu erfahren«, schrieb er an Tex, »daß Du Dich gut eingerichtet hast, selbst wenn es in der Marine ist. Du weißt natürlich, daß es das Air Corps sein wird, das den Krieg gewinnt, und ich hatte so sehr gehofft, Du würdest dabeisein.« In einem Brief an Schwartz hieß es: »Wenn Du jetzt in dieser stinkenden Marine festsitzt, dann hab ich keine Zeit mehr für Dich, tut mir leid. Trotzdem freue ich mich, wenn Du mir weiterhin schreibst und mich auf dem laufenden hältst.«

Er bemühte sich um andere ehemalige Mitarbeiter. Bill Finegan erinnert sich, daß Glenn ihn zum Essen einlud. »Ich sagte ihm gleich, daß ich Pilot werden wolle, und er versuchte mir das auszureden, indem er mir die schrecklichsten Flugzeugabstürze schilderte. Aber schließlich respektierte er meine Wünsche.«

Das gleiche Verständnis von seiten Glenns fand Posaunist Paul Tanner. »Ich sagte ihm, daß ich bereits einen guten Posten in Delaware hätte, wo ich unter dem großen Dirigenten Walter Heindl arbeiten konnte. Glenn begriff, wie wichtig das für mich war und wünschte mir alles Gute.«

Bei anderen Musikern seiner ehemaligen Band hatte Glenn mehr Erfolg: Posaunist Jimmy Priddy, Arrangeur Jerry Gray, Trompeter Zeke Zarchy und Bassist Trigger Alpert, der immer schon persönlich und musikalisch zu seinen Lieblingen gezählt hatte. In dem Ansuchen an Alperts Kommando schrieb Glenn halb scherzhaft: »Ich möchte, daß dieser Mann, der gegenwärtig in Stout Field Dienst tut, mir unterstellt wird, und bin bereit, dafür vier Reifen (etwa 5000 Meilen gefahren), ein Heftchen Benzincoupons und überhaupt beinahe alles außer meiner Frau einzutauschen.« Schließlich lief es darauf hinaus, daß Alperts Vorgesetzter zehn (!) andere Musiker im Tausch für Alpert verlangte — und bekam.

Manchmal bekam Glenn die Musiker, die er wollte, durch di-

```
                    ARMY AIR FORCES
         HEADQUARTERS TECHNICAL TRAINING COMMAND
                   KNOLLWOOD FIELD, N.C.
```

April 20, 1943

Pvt. George Simon
29th AAF Band
BTC No. 7
Atlantic City, N.J.

Dear George:

      Be patient.

                Sincerely,

                A. GLENN MILLER,
                Captain, Air Corps,
                Director of Bands.

AGM/mfd

Typische Armeekorrespondenz zwischen einem einfachen Soldaten, der wissen will, wann sich endlich etwas tut, und einem Captain, der es selbst nicht weiß

rekte Anforderungen auf dem offiziellen Dienstweg; öfter geschah es jedoch, daß er direkt mit Musikern in Verbindung kam, deren Einberufung kurz bevorstand. Der Vorgang war simpel: der Betreffende informierte Glenn brieflich über die Details seiner Einberufung, Glenn zog an einigen Drähten und sorgte rechtzeitig dafür, daß er seinem Kommando unterstellt wurde. Diese Leute erhielten ihre Grundausbildung in Atlantic City, und Glenn reservierte sie dann entweder für seine geplante Super-Band, die er an der Yale University in New Haven organisieren wollte, oder er sorgte für eine Verwendung in einem der übrigen AAF-Orchester.

Einer, auf den Glenn besonders reflektierte, war sein alter Golfpartner und ehemaliger Trompetensatzführer Zeke Zarchy, der

```
             TWENTY-NINTH ARMY AIR FORCE BAND (*)
             BASIC TRAINING CENTER NUMBER SEVEN
             ARMY AIR FORCE TECHNICAL TRAINING CORPS
             ATLANTIC CITY, NEW JERSEY
```

Captain A. Glenn Miller
Director of Bands
Army Air Forces Technical Training Corps
Knollwood Field, North Carolina.

Dear Sir:

       O. K.

          Respectfully yours,

          Private George T. Simon
          ASN. 32791159

GTS/gts

(*) Fourth Floor

schon länger eingezogen war und in einem Camp in Florida Dienst schob. Zeke war schlauer und gewandter als die meisten Musiker; Glenn war der Meinung, er könnte einen guten Ersten Sergeanten abgeben und sandte nach ihm.

Zeke meldete sich wie befohlen im *Knights of Columbus* Hotel in Atlantic City, wo Glenn residierte, und erlebte dort, wie er berichtete, daß die alte »Es-ist-nicht-wichtig-wer-du-bist-sondern-wen-du-kennst-Regel, die in allen großen Organisationen dominiert, auch in der Armee Gültigkeit hat.«

»Als ich hinkam, müde von der langen Autofahrt, wirkte ich sicher nicht besonders glanzvoll und sie behandelten mich wie den letzten Dreck. Als der Sergeant vom Dienst mich fragte, ob ich irgend jemanden hier persönlich kenne, sagte ich, natürlich, ich kenne Glenn. Sie glaubten mir kein Wort und begannen ein großes Frage- und Antwortspiel mit mir. Plötzlich rief einer triumphierend: ›Also, hier ist er jetzt!‹ Glenn war hinter mir eingetreten, wir fielen einander in die Arme und plötzlich änderte sich die Szene. Anstatt mich wie einen dümmlichen Soldaten zu behandeln, brüllte der Sergeant vom Dienst: ›Hey, Sergeant Libby, nehmen Sie das Gepäck von Sergeant Zarchy und bringen Sie es auf sein Zimmer!‹ Und dann gingen Glenn und ich zusammen essen.«

Auch für mich gab es ein Wiedersehen mit Glenn in Atlantic City. Ich war Anfang Januar eingezogen worden und hatte wie vereinbart sofort an Glenn geschrieben, wobei ich herausstrich, daß ich in letzter Zeit sehr viel Schlagzeug geübt hätte, um mich für seine Band zu qualifizieren und nun derart vorzüglich das Tempo halten könne, daß ich mich als »No-Budge Simon«* bezeichnen könne. Glenn antwortete, er würde es begrüßen, mich in seiner Band zu haben, konnte es aber nicht lassen, hinzuzufügen: »Was Deine Selbsteinschätzung als ›No-Budge Simon‹ betrifft: könnte es sein, daß Du dabei an Tennis und nicht an Schlagzeug gedacht hast?«

Zusammen mit einigen anderen Miller-Rekruten meldete ich mich im *Hotel Ambassador* in Atlantic City zur Grundausbildung. Abgesehen von dem ständigen Treppensteigen vom Keller in den 2. Stock des Hotels war sie nicht übermäßig anstrengend: die üblichen Schießübungen, Lehrfilme über das Thema, wie man es vermeidet, sich einen Tripper zu holen, und Übungen für das Marschieren in Formation. Und die ganze Zeit versuchten sie ihr Bestes, uns mit dem Geist des Army Air Corps zu infizieren. Ich erinnere mich, wie lächerlich es mir erschien, am Steel Pier vorbeizumarschieren, wo so viele der Musiker gespielt hatten und als Helden gefeiert worden waren, und dabei gezwungenermaßen Lieder wie *Off We Go Into the Wild Blue Yonder*

---

* der Gag bezieht sich auf den damals weltberühmten Tennisspieler Don Budge oder *Someone's in the Kitchen With Dinah* oder sonst irgendeine patriotische Arie hinauszubrüllen, während ein dümmlicher Ausbilder neben uns hermarschierte und von Zeit zu Zeit in anfeuernde Rufe ausbrach (»Singt, Gott verdammt noch mal, singt doch!«), damit alle zufällig des Weges kommenden Offiziere sofort erkennen konnten, welch hervorragende Arbeit er bei der Hebung der Truppenmoral leistete.

Zugegeben, das Wissen um die Tatsache, daß wir sehr bald in der Miller Band spielen und nicht mehr unsere Zeit mit Gewehren und brüllenden Sergeanten verplempern würden, machte die Grundausbildung wesentlich erträglicher. Aus irgendeinem unerfindlichen Grund wollte ich mir selbst beweisen, daß ich ein guter Soldat sein konnte und nahm das Ganze so ernst, daß ich beinahe alles verdorben hätte. Ein Beispiel war der Maschinenschreibtest, der feststellen sollte, wer sich für den grandiosen Job eines Schreibstubenhengstes qualifizierte. Als die Reihe an mir war, wollte ich beweisen, wie gut ich tippen konnte und raste in der Gegend von 150 Worten pro Minute voran, bis mir plötzlich meine Dummheit schlagartig bewußt wurde: ich war im Begriff, mir einen Job als Schreiber einzuhandeln, anstatt auf den versprochenen in der Miller Band zu warten. Also saß ich den Rest der Zeit mit erhobenen Zeigefingern vor der Maschine und war darauf bedacht, auf keinen Fall mehr als fünf Worte pro Minute zu Papier zu bringen.

Eine meiner lebhaftesten und zugleich traurigsten Erinnerungen an Atlantic City betrifft einen äußerst scheuen, aber sehr herzlichen jungen Soldaten, der mir erzählte, er sei Arrangeur und hoffe, Glenn würde in New Haven einen Job für ihn haben. Er hätte schon einiges für die Bands von Claude Thornhill und Randy Brooks geschrieben, sei aber noch viel zuwenig bekannt. Wir verbrachten viele Abende zusammen, gingen am Meer spazieren und dankten huldvollst den stramm salutierenden Rekruten, die die Lyra auf unseren Kappen mit Offizierslitzen verwechselten. Aber unglücklicherweise kam dieser junge wohlerzogene Mann, der Glenn ganz sicher sympathisch gewesen wäre, nicht in die Super-Band in New Haven. Zu schade; ich bin sicher, Henry Mancini hätte wunderbar in Glenn Millers AAF Band gepaßt.

Kapitel 33

Wir sahen nicht viel von Glenn in jenen frühen Tagen in New Haven. Er verbrachte einen Großteil seiner Zeit unten in Knollwood, wo er Programme zur Modernisierung der Militärmusik organisierte; außerdem versuchte er die Hindernisse, die ihm die änderungsfeindliche Mehrheit der Offiziere in den Weg legte, zu umgehen und vielleicht gelegentlich Zeit für ein paar Runden seines geliebten Golfspiels zu finden. Überzeugt von Zarchys Sergeantenqualitäten hatte er ihn nach Yale geschickt, um dort die Mannschaftsbaracke zu inspizieren, die sich als hölzernes Fachwerkhaus mit vielen kleinen Räumen entpuppte; sie lag am Lake Place, also praktisch auf dem Collegegelände. Eine Vorhut der Band traf im März dort ein, ein weiteres großes Kontingent im Mai.
Um diese Zeit funktionierte der Kern der Band bereits. Von Yale war ein so großer Teil in ein Trainingscenter für Kadetten der Air Force umgewandelt worden, daß gelegentlich auftauchende nicht uniformierte Studenten wie Eindringlinge wirkten. In den ersten Monaten ihrer Existenz war die Hauptfunktion der Band, zu spielen, wenn die Kadetten zum Morgenappell und zum abendlichen Zapfenstreich marschierten; gelegentlich lieferten wir ihnen Tafelmusik à la Glenn Miller.
Einige Musiker nahmen die Sache überaus ernst. Wir hatten einen Tambourmajor namens Hal Winter, der die Marschroutine im kleinen Finger hatte; manche von uns marschierten schwungvoll, andere eher stupid hinter ihm her. Natürlich nahmen wir uns zusammen, wenn Glenn da war, aber das kam anfangs nur selten vor, und wir machten oft viel Unsinn, wie echte Jazzmusiker. Ich pflegte mir eine Kuhglocke unter mein Hemd zu stopfen: auf dem Rückweg vom Zapfenstreich holte ich sie dann heraus und schlug latin beats gegen die martialische Marschmusik. Irgendwie paßte es dazu, fand ich — manchmal zumindest.

Die Band spielt für marschierende Kadetten auf dem Rasen von New Haven

Aber ich war nicht der einzige in unserer Band, der sich etwas in sein Hemd stopfte. Der brillante Pianist Arnold Ross, der die Armee von allen, die ich kannte, am wenigsten ernst nahm, übertraf mich noch: aus seinem Hemd drangen die gedämpften Klagen eines Kätzchens hervor. Er brachte es nicht übers Herz, es im Quartier allein zu lassen.

Der Pianist Arnold Ross und der Bassist Trigger Alpert fungierten in unserer Militärband beide als Trompeter. Ihre Lippen waren in guter Form, und sie begeisterten uns durch Stratosphärentöne, die weit jenseits der beim Militär üblichen Höhe lagen. Dazu kam noch, daß sie sich weitgehend unbeeindruckt vom Armeeprotokoll zeigten; wenn sie das richtige Feeling überkam, dann improvisierten sie irgend etwas an Stelle der vorgeschriebenen Parts.

»Eines Tages stand ein großer Empfang für einen General bevor«, erinnerte sich Alpert, »und sein Adjutant verlangte von Zeke das vorgeschriebene Trompetensignal. Niemand von uns kannte es. Schließlich meldete ich mich und sagte, ich könne es spielen. Und dann spielte ich irgendeine heiße Riff-Figur über etwa 18 Takte, bis mir jemand das Horn aus der Hand riß. Eines

Tages kam dann Glenn nach New Haven und belauschte Arnold und mich mit all unseren hohen Tönen. Er nahm uns sofort aus der Marschkapelle heraus.«

Ross, ein überragender Musiker, der laut Alpert an die 20 Flaschen mit Kölnischwasser in seinem Zimmer hatte (»es war immer zum Lachen, wenn ein Offizier sein Zimmer inspizierte«), verschwand nicht nur aus der Marschband, sondern bald überhaupt aus New Haven. Nachdem er auch arrangieren konnte, hatte Glenn ihn gleich bei seiner Ankunft beauftragt, ein Arrangement über *Honeysuckle Rose* zu schreiben. Nach sechs Wochen rief ihn Glenn in sein Büro und erkundigte sich, wo das Arrangement sei. »Den ersten Chorus habe ich schon«, erwiderte Arnold stolz. »Den ersten Chorus??« Glenn wurde zornig. »Nur einen Chorus in sechs Wochen. Was zum Teufel hast du die ganze Zeit gemacht?« — »Um die Wahrheit zu sagen«, antwortete Ross ungerührt, »es war so schrecklich viel zu tun. All das Haareschneiden und so. Ich hatte wirklich wenig Zeit.« Ein paar Tage danach wurde er nach St. Louis versetzt.

Arnold war aus der Band von Harry James gekommen und war nur einer unter vielen Spitzenmusikern, die Glenn aus den besten Bands des Landes rekrutiert hatte: da waren Pianist Mel Powell, Saxophonist Chuck Gentry und Trompeter Steve Steck von Benny Goodman; Trompeter Bernie Privin und Saxophonist Hank Freeman von Artie Shaw; die Saxophonisten Jack Ferrier und Gabe Galinas von Jan Savitt; Bassist Marty Blitz und Drummer Gene Lemen von Claude Thornhill; Gitarrist Carmen Mastren von Tommy Dorsey; Klarinettist und Saxophonist Peanuts Hucko von Will Bradley; Saxophonist Steve Madrick von Les Brown; Trompeter Bobby Nichols von Vaughan Monroe; und schließlich Drummer Ray McKinley mit einigen Musikern seiner kürzlich aufgelösten Band: Trompeter Jack Steele, Posaunist Jim Harwood, Pianist Lou Stein und Arrangeur Perry Burgett. Und dazu kamen natürlich noch Glenns eigene Alumnen: Alpert, Gray, Priddy und Zarchy.

Zeke war Glenns wichtigster Kontaktmann zu den Musikern. Ihre enge persönliche und musikalische Beziehung hatte auch in dieser Umgebung Bestand, zumindest so weit, wie es zwischen

Mitglieder von Glenns Zivilband und anderen namhaften Orchestern stoßen zur AAF Band. Hintere Reihe: Hank Freeman (Artie Shaw), Zeke Zarchy (Miller), Trigger Alpert (Miller), Ray McKinley (McKinley), Jerry Gray (Miller). Vordere Reihe: George Ockner (NBC-Symphonieorch.), Carmen Mastren (Tommy Dorsey), Johnny Desmond (Gene Krupa)

einem Offizier und einem einfachen Soldaten möglich war. Denn der nach wie vor disziplinierte Glenn hielt zu den meisten von uns Distanz — vielleicht wegen des Protokolls, vielleicht auch, weil er es so wollte.

Ab und zu setzte er sich abends mit einigen von uns zusammen. Er wohnte im *Taft Hotel* im Zentrum von New Haven und hatte kaum Freunde unter den anderen Offizieren. Manchmal lud er Zeke zu einem späten Imbiß in ein Restaurant ein und gelegentlich kam ich auch mit. Mir tat Glenn irgendwie leid; seine Frustration war nicht zu übersehen. Nicht nur, daß ihm von ganz oben immer wieder Steine in den Weg gelegt wurden, auch einige Ausbildungsoffiziere opponierten gegen ihn, weil sie jede Modernisierung der Militärmusik ablehnten.

Wie immer blieb er unnachgiebig. Er glaubte felsenfest an seine Rolle als Musikerzieher und Verbesserer der Armeemoral und war überzeugt, den marschierenden Kadetten das zu geben, was sie wollten: inspirierende aufregende Musik an Stelle der alten abgedroschenen Sousa-Arrangements. Aber er stieß immer wieder auf Hindernisse. »Zeke«, sagte er eines Abends mit einer Mischung von Verachtung und Frust, »ich könnte jeden einzelnen dieser idiotischen Offiziere kaufen und wieder verkaufen.« Wahrscheinlich hatte er recht. Obwohl sein Grundgehalt nur $ 200 monatlich betrug — später wurde es auf $ 275 erhöht —, erhielt er am 28. Februar 1943 $ 60 000 als halbjährliche Tantiemenabrechnung. Aber weder sein Geld noch seine Berühmtheit konnten ihm helfen, und öfters mußten wir unseren aus Gram betrunkenen Captain nach Hause bringen, in sein Zimmer im *Taft*, dem führenden Hotel von New Haven, für das er ganze $ 3,50 pro Nacht bezahlte.

Wenn ich mit Glenn allein war, was selten genug geschah, kamen wir recht gut miteinander aus. Aber im Gegensatz zu Jimmy Priddy, der empfand, Glenn sei in der Armee viel lockerer und umgänglicher als früher, fühlte ich eine neue Spannung in unserer Beziehung. Ich werde nie vergessen, wie wir einmal zu seinem Wagen gingen und ich ihm beim Einsteigen den Vortritt lassen wollte. Er schnauzte mich kalt und unpersönlich an: »Steig schon ein! Weißt du nicht, daß ein Soldat links von einem Offizier zu sitzen hat?« Wie verschieden war das doch von früher, wo wir Witze über Drehtüren und darüber gemacht hatten, wer von zwei Männern besser dran sei, der erste oder der zweite, und schließlich zur Entscheidung gelangt waren, der wirkliche Parasit sei in diesem Fall der mittlere von drei Männern.

Was die gemeinsame Arbeit betraf, harmonierten wir jedoch. Ich nahm meine alte Rolle von 1937 wieder auf, als Glenn seine erste Band zusammengestellt hatte und half ihm, die richtigen Leute für seine AAF Band aufzuspüren und zu bekommen. Ich nahm rege Korrespondenz auf, sowohl mit Musikern als auch mit dem Hauptquartier in Knollwood und führte in Glenns Namen viele Telefonate, darunter auch mit dem Gemüsegeschäft von Johnny Desmonds Vater in Detroit, um Johnny zu fragen, ob er nicht zur Band stoßen wolle.

Natürlich spielte ich auch in der Marschband — neben Ray McKinley, meinem früheren Idol — und wie in den alten Zeiten durfte ich einige Male bei der Tanzband mitmachen. Aber nun

war alles ganz anders. Vielleicht brauchte Glenn mich nicht so dringend wie damals im Jahre 1937, vielleicht war mein Spiel auch wirklich schlecht. Wie auch immer, Glenn begann, mir seine berühmten »Was-zum-Teufel-treibst-du-da«-Blicke zuzuwerfen und ich konnte nun jene Musiker, die sich oft so bitter über seine Intoleranz beklagt hatten, recht gut verstehen. Ich fragte nicht mehr, ob ich mitspielen dürfe, und Glenn forderte mich auch nicht mehr von sich aus dazu auf; er fragte mich auch nicht, ob ich in dem großen Orchester mit Streichern und Sängern, das er für eine geplante Radioserie organisierte, mitmachen wolle. Wie es schien, war er mit meinem Schlagzeugspiel nicht annähernd so zufrieden wie mit meinen organisatorischen und journalistischen Fähigkeiten — ich fungierte auch als sein Pressechef — und, ganz ehrlich gesagt, konnte ich es ihm auch nicht übelnehmen; ein bißchen vielleicht, aber nicht sehr.
Auf der anderen Seite machte es mir großen Spaß, neben Ray McKinley in der Marschband zu spielen. Ray war auch nicht gerade begeistert von meinem Getrommel und murmelte anfangs sarkastische Bemerkungen vor sich hin, wenn ich auch nur den kleinsten Fehler machte. Schließlich wurde ich sauer auf ihn, und nach einem zugegeben besonders unerfreulichen Marsch schnauzte ich ihn an, ich bemühe mich schließlich, mein Bestes zu geben und ob er nicht, zum Teufel noch mal, endlich seine große Klappe halten wolle. Das tat Ray von da an und bewies damit, daß er wesentlich toleranter war als unser Captain.
Diese große Militärband war eine Wucht; die lockerste swingendste Marschband, die es jemals gegeben hatte. Das anerkennende Grinsen der Kadetten, wenn sie an uns vorbeimarschierten, machte uns klar, daß wir nicht nur zu unserem eigenen Vergnügen spielten. Glenn und seine Arrangeure hatten in die banalen alten Märsche ein paar swingende Synkopierungen eingefügt, die Bläser spielten mit schwungvoller Begeisterung und jazzmäßigen Phrasierungen, und McKinley entwickelte phantasievolle Beats, die auch die Halbprofessionellen wie ich mit Feuer und Präzision ausführen konnten.
Überhaupt, McKinley leistete einen großen Beitrag zu dieser Band. Eines Tages, als er mit dem Arrangeur Perry Burgett, der

Trigger Alpert und Ray McKinley zeigen ihre Meinung über die Trommelkünste des Autors

früher in seiner Zivilband gearbeitet hatte, am See vor dem Haus saß, hatte Ray plötzlich eine revolutionäre Idee: »Warum nehmen wir nicht einen Blues und geben ihm einen Marschbeat. Verstehst du, eine Nummer wie zum Beispiel den *St. Louis Blues;* lassen wir das Schlagzeug unter der ersten Phrase beginnen und sehen wir, daß wir das Ding zum Swingen bringen!« Er summte die Anfangstakte des *St. Louis Blues* und fügte am Ende der Phrase den Drumpart hinzu, »darum-a-dum, darum-da-dum, darum-de-de-de-de-de-dum-da-dum«. Perry griff die Idee sofort auf, wie McKinley erzählt. »Er schrieb es wie eine Art von Trompetensignal, wir spielten es und allen gefiel es. Glenn beauftragte Jerry Gray, ein Arrangement für die ganze Band daraus zu machen.« Und das war die Entstehungsgeschichte der erfolgreichsten Nummer der AAF Band.

Die Idee, swingende Marschversionen von Jazznummern zu spielen, begeisterte uns alle, Glenn inbegriffen, und bald gab es ähnlich geartete mitreißende Fassungen von *Blues in the Night* und *Jersey Bounce*. Das Grinsen der Kadetten wurde breiter und breiter, ihre Schritte schwungvoller als jemals zuvor.

Einige der Offiziere, die ihren Erinnerungen an die guten alten West-Point-Zeiten nachhingen, rebellierten jedoch gegen diesen schroffen Bruch mit der Sousa-Tradition. Sie entstammten einer anderen Generation als die Kadetten und lehnten alles, das neu und anders war, entschieden ab, noch dazu, wenn es nicht aus ihrer Mitte, sondern von einem jener neugeschaffenen Offiziere kam, die sie mit schneidender Verachtung als »instant captains« bezeichneten.

Der Ausbildungsleiter der Kadetten brachte beim Standortkommandanten eine geharnischte Beschwerde gegen Glenn ein und verlangte eine scharfe Zurechtweisung. Miller wurde vorgeladen und mit einer Mischung aus Traditionsverehrung und sarkastischer Verachtung alles Nichtmilitärischen attackiert. »Sehen Sie, Captain Miller«, knurrte der Major, »im letzten Krieg spielten wir diese Sousa-Märsche so, wie sie geschrieben wurden, und sind damit eigentlich recht gut gefahren; ist das richtig?« »Jawohl, Herr Major«, erwiderte Glenn in ähnlichem Ton, »aber gestatten Sie mir eine Bemerkung: wir fliegen auch nicht mehr die gleichen Flugzeugtypen wie im letzten Krieg.«

Und die Band fuhr fort, ihre swingenden Bluesmärsche zu spielen.

Auch andere Dinge begannen Glenn auf die Nerven zu gehen. »Das Golfspiel ist hier beschissen«, schrieb er an einen Freund, »und ich überlege mir schon, schwarze Bälle zu verwenden, damit man sie im Schnee sieht.« Selbst einige seiner selbst ausgewählten Musiker bereiteten ihm Schwierigkeiten, besonders eine Gruppe von Nonkonformisten, für die jegliche Armeetradition ein Greuel war. Trompeter Bernie Privin, einst ein Star in Artie Shaws Band, gibt offen zu, zu jenen gehört zu haben, die gegen Glenns strikte Disziplin opponierten; andere waren nach Privins Bericht der Pianist Mel Powell, der Bassist Joe Shulman, der Klarinettist Peanuts Hucko, der trotz harter Bemühungen (und als sein Zimmergenosse weiß ich, wieviel Mühe er sich gab) kaum jemals pünktlich sein konnte, sowie ein brillanter Waldhornspieler namens Addison Collins jr.

Diese fünf schienen besonders allergisch auf das zu reagieren, was schon in den Tagen der Zivilband viele Musiker gestört hatte: Glenns Betonung der Disziplin um der Disziplin willen. Die meisten anderen Bandmitglieder versuchten, aus der Situation das jeweils Beste zu machen. Aber als Glenn eines Tages aus Gründen, die niemand begreifen konnte, plötzlich den Musikern das Tragen von Schnurrbärten verbot, waren wir alle, auch die glattrasierten Bandmitglieder, stinksauer auf ihn. Für einige, die ihre Bärte jahrelang liebevoll gehegt und gepflegt hatten, war das eine regelrecht traumatische Erfahrung; für die betroffenen Blechbläser ergaben sich ernsthafte Probleme beim Spielen. Von allen Maßnahmen, die Glenn jemals verfügt hat, erschien mir diese immer als die sinnloseste und am wenigsten einfühlsame. »Die einzige Erklärung, die er uns gab«, meinte der ohne Schnurrbart obszön nackt wirkende Privin, »war, daß wir mit den Schnurrbärten wie die Gangster aussähen.«

Als Ganzes betrachtet sah die Band recht frisch und ordentlich aus, ausgenommen die Streicher, von denen einige eher wie eingetrocknete alte Kartenspieler als wie Soldaten wirkten.

Wahrscheinlich der bestaussehende Soldat des ganzen Haufens war Tony Martin. Bevor er zu uns gestoßen war, hatte er sich bereits bei Film, Radio und Schallplatte einen Namen gemacht. Leute mit seinem Status wurden von den Musikern oft abgelehnt, aber Tony legte keinerlei Starallüren an den Tag und war bei allen sehr beliebt. Als Berühmtheit wurde er zu unzähligen Parties gebeten, aber er sorgte stets dafür, daß auch einige von uns mit eingeladen wurden.

Konzert in der *Yale Bowl*

Auch Glenn mochte Tony und verbrachte öfters seine Freizeit mit ihm. Er wußte, daß über Tonys Eintritt in die Armee eine dunkle Wolke von Mißtrauen hing; er hatte sich um ein Offizierspatent bei der Marine bemüht, und dabei war, wie manche behaupteten, nicht alles mit rechten Dingen zugegangen. Als Tony sich dann, möglicherweise, um seinen Kritikern den Wind aus den Segeln zu nehmen, für den Offiziersanwärterlehrgang der AAF bewarb, fand er bei Glenn volle Unterstützung. Später, als Tony seinen Lehrgang mit bestem Erfolg absolviert hatte, wurde seine Ernennung im allerletzten Moment von höherer Stelle aus offensichtlich reiner Rachsucht torpediert; Glenn aber unterstützte ihn mit dem ganzen Gewicht seiner Persönlichkeit und führte seinetwegen Gespräche mit verschiedenen Offizieren an der Spitze.
Unter Glenns persönlichen Dokumenten findet sich ein handgeschriebener fünf Seiten langer Brief von Martin, der offenbar unter dem unmittelbaren Eindruck dieser Geschehnisse geschrieben wurde:

»Nun, es hat wenig Sinn, über Vergangenes zu reden; ich nehme es auf mich und werde damit fertigwerden. Schließlich haben wir Krieg und meine Zurückweisung ist angesichts dessen, was überall geschieht, nur ein winziges Atom. Ich lasse mich bei Deinen Freunden und den vielen Offizieren bedanken, die für mich ihren Kopf hingehalten haben... Nein, Captain, ich bin nicht niedergeschlagen; ich wünsche mir nur, daß die Herren da oben mich ›hinauflassen‹, wie Mel Powell zu sagen pflegt...
Du hast Dich mir gegenüber großartig verhalten und ich werde Dir immer dafür dankbar sein. Auch wenn viele Jahre vergehen werden: hier ist einer, der immer die Güte eines gewissen Glenn Miller preisen wird.«

Glenns Freundlichkeit und Verständnis wird auch in einem weiteren Brief aus seinem Nachlaß reflektiert. Dieser kam von Sol Meyer, einem Autor der Radioabteilung, dessen Frau gestorben war und den Glenn daraufhin in unaufdringlicher Weise unterstützte, damit er aus persönlichen Gründen vom Militärdienst entbunden wurde.
Sol, ein äußerst sensibler Mensch, der wie fast alle in unserer Organisation niemals Glenns emotionelle Barrieren zu durchbrechen imstande war, schrieb später:

»Wir hatten außerdienstlich wenig Kontakte, unglücklicherweise, denn ich bin überzeugt, ein paar zwanglose Minuten ab und zu hätten zu besserem Verständnis und engerer Zusammenarbeit geführt. Aber all das ist Wasser, das schon längst unter der alten Brücke durchgeflossen ist.
In einigen Wochen gehe ich nach Kalifornien und weiß nicht, wann unsere Wege sich wieder kreuzen werden. Ich möchte Sie aber vorher wissen lassen, daß ich es als Ehre betrachtet habe, für Sie zu arbeiten. Sollte es jemals etwas geben, das ich für Sie tun kann, so wird es mir ein Vergnügen sein.
Ich sage es Ihnen ganz ehrlich: Sie haben für mich mehr getan, als irgend jemand sonst in der Armee, besonders, als ich Mitgefühl und Verständnis brauchte, und es gibt unter allem

in meiner Macht nichts, das nicht zu Ihrer Verfügung steht. Viel Glück, und Gott segne Sie!«

Warum bedurfte es erst eines Todesfalles, damit Glenn die Schranken vor seinen Gefühlen öffnete. So war es früher in seiner Zivilband gewesen, und so war es jetzt noch immer. Bedauerlicherweise schien das militärische Protokoll, das eine Kluft zwischen Offizieren und Soldaten aufriß, in diesem Punkt seinem Wesen entgegenzukommen.
Als Tony Martin mit seinem Offizierslehrgang begann, benötigte Glenn einen anderen Sänger für die geplante Radiosendung. In seiner Organisation befanden sich zwar noch Bob Houston und Bob Carroll, offenbar schien ihm aber keiner der beiden für diesen Zweck geeignet zu sein. So entledigte er sich der beiden auf eine, wie ich fand, ziemlich brutale Weise und bemühte sich um Johnny Desmond.
Um es präzise zu sagen: Ich war es, der auf Weisung von Glenn eines Nachmittags zum Telefon griff und Johnny im Gemüsegeschäft seines Vaters in Detroit anrief, wo er seinen zehntägigen Urlaub verbrachte. Es scheint, daß Glenn es für einen Offizier nicht passend fand, einen gemeinen Soldaten persönlich anzurufen und ihn zu fragen, ob er in der Band mitmachen wolle.
Johnny, der später Schauspieler beim Film und am Broadway wurde, hatte schon vor Monaten Kontakt mit Glenn aufgenommen. »Ich war in Enid, Oklahoma, stationiert und las im *Down Beat*, daß Glenn auf der Suche nach Leuten aus den Bigbands war. Früher, während ich mit Gene Krupa unterwegs gewesen war, hatte ich Glenns Band gehört und mir immer gewünscht, eines Tages mit ihm arbeiten zu können. Ich hatte Glenn einmal in Chicago kennengelernt, und nach diesem Artikel beschloß ich, ihm zu schreiben und ihn zu fragen, ob er Verwendung für mich hätte. Meine Frau Ruth und die Boys in der Band in Enid hielten mich für verrückt, und lange Zeit schien es, als ob sie recht hätten, aber ich hatte schließlich nichts zu verlieren. Endlich kam dann ein Brief von Glenn; er war an mir interessiert.«
Nun folgte ein typisches Armeedurcheinander verlorengegange-

ner Befehle und sinnloser Korrespondenzen, und als dessen Ergebnis wurde Johnny nach Chanute Field außerhalb von Chicago transferiert, wo er langsam die Hoffnung aufzugeben begann — bis zu jenem schicksalhaften Telefonanruf im väterlichen Geschäft.

»Wie fast alle hatte ich Angst vor Glenn«, erzählte Johnny weiter. »Er konnte oft sehr nett sein, zu anderen Zeiten war er wieder eiskalt. Ich fühlte mich bei ihm wie ein Kind, dessen Vater es nicht mag oder ihm zumindest niemals zeigt, daß er es mag. Trotzdem muß ich sagen, daß er sich um mich kümmerte, auch wenn ich das, was er tat, damals kaum zu schätzen wußte. Gleich als ich in die Band kam, tauchte das Problem des Haarschnitts auf. Als er mich in Chanute Field besuchte, hatte ich einen Crew Cut*, aber bis ich nach New Haven kam, waren die Haare wieder nachgewachsen, und das gefiel ihm nicht, er verlangte einen neuen Haarschnitt. Ich ließ mir einen machen, aber Glenn waren meine Haare immer noch zu lang, und er schickte mich zum Friseur zurück, um sie noch weiter zu kürzen. Der Friseur muß mich für verrückt gehalten haben, aber er tat, was ich verlangte. Und jetzt rate, was dann geschah: Glenn fand meine Haare immer noch nicht kurz genug und schickte mich ein zweites Mal zum Friseur zurück; du kannst dir vorstellen, was der dachte, als ich zum dritten Mal innerhalb von zwei Stunden hereinkam. Später gab mir Glenn eine Erklärung: die Band mußte in Aussehen und Verhalten noch disziplinierter sein als jede andere Einheit, weil all die höheren Offiziere nur darauf lauerten, etwas zu finden, das sie Glenn zum Vorwurf machen konnten.«

Desmonds Debüt mit der Band stand unter keinem guten Vorzeichen; noch bevor er seinen Mund zum Singen geöffnet hatte, wurde er in rasender Eile mit Verdacht auf Blinddarmentzündung ins Krankenhaus gebracht. Bei der genauen Untersuchung konnte jedoch nichts gefunden werden. Knapp vor dem nächsten geplanten Auftritt klappte Johnny wieder zusammen; diesmal wurde akute Gastritis diagnostiziert, aber auch sie hielt einer genauen Untersuchung nicht stand. »Damals habe ich es nicht er-

---

* kurzer Armeehaarschnitt

Geiger Phil Cogliano und Gitarrist Carmen Mastren jammen: Ray McKinley, Mel Powell, Jerry Gray und Frank Ippolito hören zu

Von links: Die Crew Chiefs (Gene Steck, Murray Kane, Steve Steck, Artie Malvin, Lynn Allison) und Ray McKinley

kannt«, meinte Johnny, »aber heute weiß ich: es waren nur die Nerven!«
Beim dritten Anlauf klappte Johnny Desmonds Debüt. Er war mit sich sehr zufrieden, und als ihn Glenn nach der dritten Radioshow zu einer Unterredung bat, ging Johnny voller Selbstvertrauen hin. Und dann fiel die Axt.
»Sag einmal, Desmond«, begann Glenn, »wie beabsichtigst du denn nächste Woche zu singen?« Johnny verstand kein Wort, und Glenn wurde deutlicher. »Sieh einmal: in der ersten Woche hast du wie Bing Crosby gesungen, in der Woche darauf wie Tony Martin und diese Woche wie Frank Sinatra. Nun, wenn ich Martin so gerne als Sänger hätte, dann hätte ich einen Weg gefunden, ihn hierzubehalten. Wenn ich Bing wollte, dann hätte ich Bob Houston behalten; der klingt so ähnlich wie er. Und wenn ich Sinatra wollte, könnte ich ihn kriegen; ich habe gehört, er soll demnächst eingezogen werden.* Dein Problem ist«, fuhr Glenn fort, »daß du nicht wie Johnny Desmond singst. Ich habe dich kommen lassen, weil ich dich will und nicht die Kopie von irgend jemand anders. Merke dir eines: solange man das Original bekommen kann, ist niemand an einer Imitation interessiert.« Von da an sang Johnny Desmond ausschließlich wie Johnny Desmond.
Um diese Zeit war die Rolle des Bandsängers in Millers AAF-Organisation sehr wichtig geworden. Mitte 1943 war Glenns Plan einer wöchentlichen Radioserie endlich Realität. Unter dem Titel *I Sustain the Wings* brachten die Sendungen die Musik des vollen Orchesters mit Streichern und Vokalisten, abwechselnd mit dramatisierten Episoden über die Aktivitäten des Technischen Ausbildungskommandos der AAF. Der Zweck dieser Programme war, Freiwillige anzulocken.
Im Juni hatte Glenn einige Testsendungen direkt von Yale aus gemacht, die über den Sender WEEI in der Gegend von Boston zu empfangen waren. Ab Mitte Juli begann die landesweite Ausstrahlung, zuerst über das Sendernetz der CBS. Nach 7 oder 8 Wochen übernahm NBC die Programme und behielt sie für die nächsten 11 Monate. Zu diesem Zeitpunkt hatte Glenn bereits ein volles Ra-

---

* Sinatra wurde wegen einer Trommelfellverletzung zurückgestellt

dioproduktionsteam organisiert. Es bestand aus einigen Autoren, dem Ansager Leutnant Donald Briggs, einem ehemaligen Radiosprecher, der später verantwortlicher Offizier des Teams wurde, sowie dem Producer und Regisseur George Voutsas, der jahrelang Programme mit klassischer Musik für NBC produziert hatte.
Seine jahrelange Zusammenarbeit mit den weltbesten Dirigenten der sogenannten Ernsten Musik machte es begreiflich, daß Voutsas Glenns Fähigkeiten als Dirigent zunächst ziemlich skeptisch gegenüberstand; als er Glenn jedoch zum ersten Mal in Aktion erlebte, wandelte sich sein Skeptizismus in Bewunderung. George, der nach dem Krieg wieder zu NBC zurückkehrte und dort als Producer von *Monitor* eine Lebensstellung fand, sagte erst kürzlich zu mir: »Ich stelle Glenn auf eine Stufe mit den großen Dirigenten unserer Zeit. Er besaß eine unglaubliche Fähigkeit, aus den Arrangements und den Musikern alles herauszuholen. Er war, wenn er dirigierte, ein Meister der feinen Schattierungen. Er studierte jede Partitur sehr sorgfältig, bis er wußte, wie sie klingen sollte, und dann sorgte er dafür, daß sie genauso klang. Nicht einmal die Arrangeure selbst kannten das, was sie geschrieben hatten, so gut wie er.«
Natürlich hatte Glenn auch ausgezeichnete Leute, mit denen er arbeiten konnte. Die Streicher kamen vom Orchester der NBC, vom Cleveland Symphony Orchestra und von anderen führenden Klangkörpern. Das Blech war kraftvoll, sauber und genau, mit zwei hervorragenden Satzführern: dem Trompeter Zeke Zarchy und dem Posaunisten Jimmy Priddy (Captain Miller hielt sich an das Protokoll und spielte kaum jemals selbst mit). Die reeds wurden von Hank Freeman angeführt, und Peanuts Hucko brillierte auf der Klarinette; Bernie Privin und Bobby Nichols lieferten die Jazztrompetensoli, und der mitreißende Drive kam von einer Rhythmusgruppe, in der Ray McKinley Schlagzeug, Trigger Alpert Baß, Carmen Mastren Gitarre und Mel Powell Klavier spielten. Außerdem gab es noch den hochbegabten Waldhornisten Addison Collins und ein Gesangsquartett, das sich The Crew Chiefs nannte.
Der Hauptsänger war Tony Martin, bis er auf seinen Lehrgang mußte. Der farbigste und bekannteste unter den Schauspielern war der große stämmige Broderick Crawford, bereits ein bekann-

ter Filmstar. Er vertrug große Mengen von Alkohol, und es war bekannt, daß er von Zeit zu Zeit einige Stunden mit dem Captain verbrachte, wenn beide gerade in einer etwas weniger militärischen Stimmung waren. Crawford war von Glenn und der Radioserie so angetan, daß er, als er sich den Arm brach, auf die ihm zustehenden Entlassung aus dem Dienst verzichtete und ausdrücklich erklärte, er wolle lieber weitermachen.
Glenn war wiederum von Brods offenkundiger Loyalität begeistert und sorgte dafür, daß die hohen Tiere im Pentagon davon erfuhren. In einem Brief vom 31. Juli 1943 schrieb er: »Obwohl sein Arm mit ziemlicher Sicherheit für immer geschädigt bleiben wird*, vertritt er den Standpunkt, er könne hier dennoch nützliche Arbeit leisten und will von einer krankheitsbedingten Entlassung nichts wissen.«
Die allmächtigen Herren in Washington setzten den Termin für den Beginn der Radioserie für den 10. Juli fest. Ein Problem ergab sich daraus, daß die Sendungsmanuskripte vorher genehmigt werden mußten; etwas, das es üblicherweise nur bei den Sponsoren kommerzieller Radioshows gibt. Glenn sehnte sich vermutlich nach Chesterfield und »the smoke that satisfies«. Die Serie begann mit einwöchiger Verspätung, und während ihrer gesamten elfmonatigen Dauer hing das Damoklesschwert über ihr, daß irgendein nervöser Offizier in Washington plötzlich alles wieder über den Haufen werfen würde.
Im Oktober war die Rede davon, die Show nach New Haven zu verlegen. In einem Brief aus dem AAFTC-Hauptquartier wurde einer der Gründe angegeben: »Alle wären viel glücklicher, wenn der Trip nach New York eliminiert werden könnte. Falls unterwegs mit einem der Lastwagen etwas passiert, würden wir große Angriffsflächen und viel Anlaß für Gerede bieten.« Da zeigten ja sogar manche Werbeagenturen mehr Rückgrat.
Schließlich begann die Air Force die Werbewirksamkeit der Radioprogramme so hoch einzuschätzen, daß sie sich entschied, Glenn von seinen Aufgaben als Banddirektor der AAFTC zu entbinden, damit er sich voll auf die Sendungen konzentrieren

* Glücklicherweise stimmte diese Diagnose nicht

konnte. Glenn, der sich noch immer mit unmusikalischen Vorgesetzten herumschlagen mußte, hatte nicht das geringste dagegen einzuwenden. In einem Brief vom 5. November an Mary Dillon, seine ehemalige Sekretärin in Knollwood, schrieb er: »Mit dem miesen Musikprogramm der AAFTC habe ich nichts mehr zu tun; das ist jetzt eine reine G.I.-Angelegenheit.«

Aber die Schwierigkeiten waren noch nicht beendet. Hochrangige Offiziere begannen nun, auf seinen Radioprogrammen herumzuhacken. Drei Tage nach dem Brief an Mary Dillon feuerte Glenn eine bittere Breitseite an Oberstleutnant Richard F. Daley im Hauptquartier. Die emotionelle Skala reichte von Drohungen bis zum Selbstmitleid:

> »Was ich ausdrücken möchte, ist: wenn wir weiterhin von verschiedenen hochgestellten Persönlichkeiten Schwierigkeiten zu erwarten haben, nur weil wir unsere Arbeit nach bestem Wissen und Gewissen verrichten wollen, dann wäre es mir persönlich lieber, irgendeine militärische Routinefunktion zu übernehmen, wo ich mit dieser Art von Opposition nicht dauernd konfrontiert bin.
>
> Diesen Herren scheint nicht klar zu sein, daß im Rundfunkwesen durch ihre Aktionen so viel dringend benötigte Zeit verlorengeht, daß die vorgesehene Sendezeit wahrscheinlich längst vorbei ist, bis irgend jemand irgendeine Entscheidung zu treffen bereit ist.
>
> Wie Sie wissen, ist mit meinen Bemühungen, diese Einheit zum Erfolg zu führen, keinerlei Bedürfnis nach persönlicher Publicity verbunden. Ich habe nicht die Absicht, nach dem Krieg wieder eine Band zu leiten und will mir daher auch nicht auf diese Weise einen Namen machen oder dergleichen. Alles, was ich möchte, ist, PR-Arbeit für die Air Force zu leisten, und zwar so gut ich kann. Ich verstehe nicht, warum so viele Leute es mir so schwer machen wollen.«

Kapitel 34

Glenn hatte seine Drohung mit der »militärischen Routinefunktion« offensichtlich nicht ernst gemeint: obwohl die Schwierigkeiten keineswegs aufhörten, plante und arbeitete er an weiteren Neuerungen.
Eine der aufsehenerregendsten präsentierte er am 28. Juli in der *Yale Bowl* im Rahmen einer gigantischen Werbeveranstaltung für die Kriegsanleihe: seine modernisierte Militärband. An Stelle der üblichen Dutzende marschierender Trommler mit Snare- und Balitrommeln gab es lediglich zwei Perkussionisten, ausgerüstet mit je einem kompletten Schlagzeug, wie es in Swingbands üblich war. Dazu noch zwei Kontrabassisten, etwas, das es gleichfalls noch nie in einer Militärband gegeben hatte, und das war die ganze Rhythmusgruppe, die nicht mit dem Rest der Band mitmarschierte, sondern auf dem Verdeck von zwei Jeeps mitrollte.
Der Anblick und der Sound elektrisierten das zahlreiche Publikum. Applaus brandete auf, als die Band vorbeizog. Die Kadetten marschierten mit einer vollkommen neuen Begeisterung. Noch nie hatte man Militärmusik, besonders die Sousa-Märsche, in dieser Qualität gehört.
Allerdings konnte man im *Time*-Magazin lesen: »Altgedienten Armeekapellmeistern standen die Haare zu Berge.« Der Artikel kommentierte Glenns Versuch, einige Sousa-Märsche zum Swingen zu bringen, mit Formulierungen wie »militärisches rugcutting« oder »die Armee schwingt die Hüften anstatt der Beine« und witzelte über einen »versteckten Afrosachsen«. Glenn wurde wörtlich wie folgt zitiert: »Es hat bisher keine erfolgreiche Militärband im ganzen Land gegeben.« — »Wir müssen mit den Soldaten Schritt halten.« — »Es ist gar keine Frage: jeder kann Sousas Märsche verbessern.«

Das Debüt der Miller Marschband in der *Yale Bowl*

Abfällige Bemerkungen über Sousa waren in jenen Tagen etwa mit der Behauptung gleichzusetzen, die örtliche Pfadfindertruppe rauche Marihuana. Trotz seiner heftigen Dementis, ein derartiges Statement abgegeben zu haben, wurde Glenn mit Vorwürfen überschüttet, besonders von Sousa-Nachfolger Edwin Franko Goldman. Einem Telegramm an *Time*, in dem er eine Richtigstellung verlangte, fügte er die Worte bei, die er seiner Behauptung nach wirklich gesagt hatte: »Im zivilen Leben hat es in den letzten fünf oder sechs Jahren keine erfolgreiche Band militärischen Charakters gegeben. Ich finde, durch zeitgemäße Harmonien können die inspirierenden Melodien der Sousa-Märsche sehr gewinnen.«

Glenn fand einen namhaften Unterstützer aus dem Bereich des amerikanischen Musikestablishments. Marshall Bartholomew, der hochangesehene Leiter des *Yale Glee Club*, stellte in einem langen Brief an *Time* fest, daß »viel getan werden könnte, um den Status der Militärmusik in den USA zu verbessern; die Schwierigkeiten liegen jedoch nicht in New Haven, sondern in Washington. Ich ziehe meinen Hut vor einem jungen Mann wie Capt. Glenn Miller, der auf den Glanz und das Einkommen ei-

> To William Johnson
> Time Magazine
> Time and Life Bldg.
> New York City.
>
> ~~Dear you~~
> ~~St...~~
> ~~...~~ Statements attributed to me by
> ~~the...~~
> Times Reporter inaccurately quoted in
> Time 8 Sept 1943. Correct statement
> follows Quote There has not
> been a successful military type
> band in civilian life for
> the past 5 or 6 years etc. I
> feel modern harmony would
> greatly improve the inspiring
> melodies of the Sousa Marches
> Unquote. Suggest you advise your
> readers of correct quotation.
> ~~Glenn...~~
> Jordan AC

Entwurf von Glenns Antwort an das Magazin *Time*

ner professionellen Karriere verzichtet und für normalen Sold die keineswegs aufregende Routine einer Armeeband auf sich genommen hat, daraus aber mit Energie, Enthusiasmus und Können etwas geschaffen hat, das jedem in Hörweite einen beschleunigten Puls und ein fröhliches Herz beschert.«

Wie nicht anders zu erwarten, gab der *Time*-Artikel den Traditionalisten neuen Anlaß, auf Glenn herumzuhacken. Das Hauptquartier entsandte einen für Bandausbildung verantwortlichen lispeln-

den Leutnant, um Millers Marschband zu überprüfen. Wir haben nie verstanden, daß Glenn dem Mann nicht einfach ins Gesicht lachte, als dieser zu ihm sagte: »Captain Miller, ich finde ihre Mußik ßenßaßio-nell, aber ich finde, die Mußiker ßeigen nicht genug Sßowmanßip. Die Poßaunißten ßind beim Marßieren immer außeinander; einer hat seinen Zßug hier, einer da. Warum können sich nicht alle ihre Züge gleichßeitig auf die gleiche Art bewegen?«
Wenn Glenn zu dieser Zeit schon leicht paranoid zu werden begann — wer konnte es ihm verübeln. »Ich bin im Besitz einer authentischen Information, die mich verdammt geärgert hat«, schrieb er an seinen Freund Colonel Daley im Februar 1944 und berichtete ihm über ein Komplott, die V-Disc*-Aufnahmen seiner Band zu limitieren. Wie Glenn behauptet, hätte ein Oberst angeordnet: »Nehmt von der 2. AAFTC-Radio Unit keine V-Discs mehr auf; wir sind nicht daran interessiert, Miller aufzubauen.« Sarkastisch kommentierte Glenn: »Das scheint mir eine hervorragende Methode zu sein, um den Krieg zu gewinnen. Ich wäre bereit, darauf zu verzichten, daß mein Name auf den V-Discs genannt wird, aber schließlich werden die Namen aller anderen auch genannt... Dieser Colonel verdient einen Orden für die Großherzigkeit und Offenheit seiner Personalpolitik.«
In seinem früheren Brief an Colonel Daley hatte Glenn hervorgehoben, es sei nicht seine Absicht, nach dem Kriegsende wieder eine Band zu haben; aber das war unzweifelhaft nur ein taktisches Manöver, um seine Position zu stärken; keiner von uns nahm an, daß er seine Karriere nicht fortsetzen wolle. Billy May behauptete sogar, Glenn habe einmal zu ihm gesagt: »Ich werde in diesen Krieg ziehen und als eine Art Held zurückkommen.«
Hätte er wirklich nach dem Krieg keine Band mehr haben wollen, dann hätte er auch nicht so heftig auf die Drohung reagiert, keine V-Discs mehr aufnehmen zu können. Die Musikergewerkschaft hatte zu dieser Zeit sämtliche Aufnahmeaktivitäten für kommerzielle Firmen unterbunden, und die V-Discs waren für einen Bandleader die einzige Möglichkeit, den Fans seine Musik

---

* V-Discs (V = victory = Sieg) waren 30-cm-Vinylschallplatten mit 78 U/min, die ausschließlich für die US Army produziert und direkt an die Soldaten versandt wurden. Heute sehr begehrte Sammlerstücke.

und seinen Namen in Erinnerung zu rufen. Und offensichtlich war es genau das, was Glenn wollte.

Ein weiterer Beweis ist ein Brief, den Glenn Anfang 1944 an den Musikverleger Jack Robbins richtete, wo er seinen Stolz über sein neues vergrößertes Orchester betont und wo es schließlich wörtlich heißt: »Nach dem Krieg plane ich, auf ähnliche Art weiterzumachen.«

Man hätte beinahe denken können, Glenn habe eine masochistische Ader entwickelt, denn ungeachtet der ständigen Nadelstiche und Schwierigkeiten durch seine Vorgesetzten entwickelte er immer neue revolutionäre Ideen zur nutzbringenden Verwendung seiner Musik. Er bot dem OWI* seine Dienste an und schlug Propagandaaufnahmen seiner Band vor, die mit Ansagen in der jeweiligen Landessprache in Richtung der feindlichen Länder ausgestrahlt werden sollten. Er machte sich erbötig, eine Radioserie für die WAC**-Rekrutierung schreiben und produzieren zu lassen, unterlegt mit romantischer Musik seiner Streichergruppe und seines Sängers Johnny Desmond, und, wie es in seinem schriftlichen Vorschlag heißt, »unter Mitwirkung prominenter weiblicher Persönlichkeiten wie Kate Smith, Helen Hayes, Margaret Sullivan, Katherine Cornell oder Gertrude Lawrence in interessanten dramatischen Sketches über die WACs und deren Aktivitäten.« Ein weiterer seiner Vorschläge war, in seine regelmäßigen wöchentlichen Radioshows Livereportagen aus London einzublenden, um ein Gefühl der Verbindung mit dem Kriegsschauplatz zu schaffen.

Es war klar zu erkennen, daß Glenn vollkommen in der Truppenbetreuung aufging. Unglücklicherweise schienen nur wenige seiner Vorgesetzten mit seinen modernen imaginativen Vorstellungen zu sympathisieren. Seine Vorschläge blieben unberücksichtigt; seine Frustration wuchs und wuchs.

Sein größter Traum war, seine Band nach Europa zu bringen und dort live vor den Soldaten zu spielen. Immer wieder hatte er in dieser Sache Anträge an die Verantwortlichen im Kriegsministerium gerichtet; er war sogar nach Washington gefahren, um seinen Plan

---

* Office of War Informations
** Women Army Corps

Kriegsanleihenkäufer

persönlich vorzubringen. Immer wieder war er zurückgewiesen worden. Wie sein Freund Jerry Gray erzählte, war er manchmal so entmutigt, daß er sagte: »Jerry, ich denke, ich gebe es lieber auf.« Was Glenn nicht klar gewesen sein mag oder was er sich zumindest nicht eingestehen wollte, war, daß er durch seine erfolgreichen Auftritte bei Kriegsanleiheveranstaltungen so viel Geld hereinbrachte, daß das Pentagon diesen Job möglicherweise für wichtiger hielt als den eines potentiellen Unterhalters und Anfeuerers der kämpfenden Truppe in Übersee. Die Gesamteinnahmen bei Veranstaltungen mit Auftritten der Miller Band waren gewiß beeindruckend: an einem Abend in Garden City ka-

Glenn, Stevie und Helen vor ihrem Heim in Tenafly, knapp vor Glenns Abreise nach Übersee

men $ 2 300 000 herein; zwei weitere Veranstaltungen wenige Wochen danach, in St. Louis und Chicago, erbrachten mehr als $ 4 000 000 pro Nacht.
Und dennoch, ungeachtet all dieser zur Schau getragenen Begei-

```
Chicago, Illinois                                    June 10, 1944
I Sustain The Wings                                  Saturday
Service Men's Center                                 NBC-5:00 P.M.
```

I SUSTAIN THE WINGS
(Capt. Glenn Miller-J. C. MacGregor-Pvt. Sol Meyer-M/Sgt. Norman Leyden)
     Lt. Don Briggs: I Sustain The Wings.---I Sustain The Wings. The Army
       Air Forces present the Band of the Training Command under the direction
       of Captain Glenn Miller. And now Captain Glenn Miller.
Captain Glenn Miller: Thank you, Lieutenant Don Briggs and good evening everybody.
It's been a big week for our side. Over on the beaches of Normandy our boys
have fired the opening guns of the long awaited drive to liberate the world.
And over here the folks who are backing up those boys are staging another big
push of their own, the Fifth War Loan Drive. To lend a hand with the band we're
swinging around the countryside ourselves to do what we can to keep those
invasion dollars moving over to the fighting front where they're needed in the
shape of guns, tanks and planes. And tonight we're at the Service Men's Center
here in Chicago where already over twelve million service men and women have
been guests of the city of Chicago. Now to get a little music here are the boys
with their rocket gun version of Flying Home.
FLYING HOME
(From "Swinging A Dream")
(DeLange-Benny Goodman-Lionel Hampton)
Captain Glenn Miller: Now here's Sergeant Johnny Desmond.
LONG AGO AND FAR AWAY
(From the film "Cover Girl")
(Jerome Kern-Ira Gershwin)(Norman Leyden arrangment)
    Vocal refrain by Sergeant Johnny Desmond
AIR FORCE COMMERCIAL---INCIDENTAL MUSIC AND SOUND EFFECTS

I SUSTAIN THE WINGS AM, POP. MUSIC END-390-1174   Victor SPA-7-17
(Capt. Glenn Miller-J. C. MacGregor-Pvt. Sol Meyer-M/Sgt. Norman Leyden)
    Captain Glenn Miller: This is Captain Glenn Miller saying so long
    for all our gang. Next week I Sustain The Wings will be brought to
    you by another band of the Training Command of the Army Air Forces
    with Captain Bob Jennings the C.O. and the music under the direction
    of Sergeant Harry Bluestone. We've enjoyed playing for you and we
    hope you've enjoyed listening to us.

Manuskript von Glenns letzter Radioshow in den USA

sterung, nach Übersee zu gehen und für die Truppen zu spielen, kann Glenn dabei nicht ganz wohl gewesen sein. Denn Helen und er hatten im Frühjahr 1943 endlich die Erfüllung ihres allergrößten Wunsches erlebt: ein eigenes Kind.

Was ihnen die Natur versagte, erhielten sie von einer Gesellschaft zur Betreuung von Waisenkindern in Evanston, Illinois. Schon zwei Jahre davor hatten sie einen Adoptionsantrag gestellt und endlich, nach langem Warten, vielen Besprechun-

gen und einer Menge Bürokratismus, bekamen sie ihren kleinen Stevie.
Zu manchen Erwachsenen verhielt Glenn sich unbeugsam, kalt und emotionslos wie ein Fisch; aber nicht zu seinem Stevie. Noch nie hatte er so viele Emotionen gezeigt, noch nie hatte ihn etwas derart tief berührt wie dieses Kind. Wann immer er ein paar Stunden frei hatte, fuhr er in sein Haus nach Tenafly, um seinen neuen Sohn zu sehen — um mit ihm zu spielen, ihn umherzutragen, ihn liebzuhaben.
Und wie jeder Vater, der es sich leisten kann, kaufte Glenn seinem Sohn Spielzeug über Spielzeug. Tom Sheils, der sich teilweise um Glenns Geschäfte kümmerte, seit dieser in der Armee war, berichtete: »Jeden Samstag, wenn Glenn für seine Radioshow nach New York kam, war im Kofferraum seines Wagens ein Geschenk für unseren Tommy — und ganz genau das gleiche für seinen Stevie. Glenn war auch sehr sorgsam in der Auswahl des Spielzeugs, es waren meist Lederwürfel oder ähnliches, also Dinge, mit denen sich die Kinder kaum verletzen konnten.«
Als Stevie seinen ersten Geburtstag feierte, kamen Glenn und Helen zur Überzeugung, daß sie gute Eltern wären, und stellten einen neuen Antrag bei der Gesellschaft in Illinois, diesmal um ein Schwesterchen für Stevie. Und wieder begann das Warten. Aber daran war Glenn inzwischen auf allen Gebieten gewöhnt.
Endlich, nach all seinen Bemühungen im Kriegsministerium, die Genehmigung wegen Europa zu bekommen, sickerten ein paar erfreuliche Neuigkeiten durch, spärlich und sehr langsam. Anfang Mai fuhr Glenn wieder nach Washington, und diesmal wandte er sich an Oberst Ed Kirby, einen überaus einflußreichen Offizier im Pentagon. Kirby liebte die Musik der Band und bewunderte Glenns Talente und Ideen. Was aber von noch größerer Bedeutung war: der hippe Oberst hatte direkte Verbindung mit General Eisenhower, der für den Truppeneinsatz in Europa verantwortlich war: das hieß, er konnte, wenn er es für nötig befand, all jene leitenden AAF-Offiziere, die bisher Glenns hochfliegende Pläne torpediert hatten, umgehen — sogar den obersten Chef, General »Hap« Arnold persönlich. Auf einmal schienen die Räder der militärischen Maschinerie etwas weniger zu knirschen.

Zusätzliche Unterstützung für Glenn kam von einem weiteren wichtigen Offizier, General Walter Weaver, dem Leiter des Technischen Ausbildungskommandos der AAF, der Glenn schon bei der Installierung des Radio-Produktionsteams behilflich gewesen war. Am 9. Mai richtete Glenn ein Schreiben an den General, in dem er sich für erwiesene Gefälligkeiten bedankte; darin heißt es wörtlich: »Es sind gewisse Maßnahmen im Gange, die dazu führen könnten, daß wir in Kürze nach Übersee gesandt werden. Wie Sie wissen, ist das seit sehr langer Zeit unser Ziel, und es wäre mein schönster Augenblick, wenn ich Ihnen melden könnte, daß unser Antrag auf Einsatz in Übersee positiv erledigt worden ist.«

Nicht alle von uns in New Haven sollten an diesem Einsatz teilnehmen. Als die 2. AAFTC Radio Unit einige Monate davor zusammengestellt worden war, hatte Glenn sich jene Soldaten dafür ausgewählt, die ihm für den Aufbau der Truppenmoral am geeignetsten erschienen waren: sie waren in erster Linie mit der Radioserie befaßt. In dieser Einheit waren Musiker, Arrangeure, Sänger, Manuskriptautoren, Schauspieler und Regisseure zusammengefaßt; auch ein eigener Mann für das allfällige Reparieren von Instrumenten gehörte dazu. All diese Leute unterstanden zunächst dem Hauptquartier-Sonderkommando in Yale. Durch eine Order vom 30. April 1944 wurden sie als eigene Einheit Glenn direkt unterstellt.

Nun, da er die Einheit fest unter seiner Kontrolle hatte, schien für Glenn der Zeitpunkt gekommen zu sein, das Überseeunternehmen präzise zu planen. In einem Brief an Oberst Kirby listete er die Namen und Aufgaben der 62 Mann auf, die er mitnehmen wollte. Darüber hinaus forderte er noch zwei weitere Soldaten an, die ihm für sein Projekt als wichtig erschienen: den berühmten Gitarristen Vicente Gomez und den »Beinahe-Offizier« Tony Martin. Keinen von beiden bekam er.

Wie üblich vergaß Glenn bei seinen Planungen kein Detail. In seinem Brief an Kirby schlug er vor, »dem Transportproblem Vorrang einzuräumen und besondere Sorgfalt zu widmen, weil sonst die erfolgreiche Arbeit der Einheit in Frage gestellt werden würde. Dies betrifft sowohl das sehr umfangreiche Notenmaterial als auch die Instrumente. Jeder Mann besitzt sein eigenes Instrument und manche sind äußerst wertvoll; die meisten Mitglieder der Streichergruppe spielen auf Instrumenten, die $ 3000 oder 4000 wert sind.«

Ende Mai begann sich in New Haven die Neuigkeit herumzusprechen, daß es nun Ernst würde mit Übersee. Ich wußte seit langem von Glenns brennendem Wunsch und hatte keinen Zweifel gelassen, daß ich gerne dabeisein wollte. Obwohl ich nicht der Radio Unit angehörte, hatte ich angenommen, Glenn würde mich als Autor, Reporter, PR-Mann und Ersatzdrummer verwenden können. Als ich meinen Namen nicht auf der Liste fand, fragte ich Glenn nach dem Grund, bekam aber nie eine direkte Antwort von ihm. Jemand — ich glaube, es war Don Haynes — versuchte mir begreiflich zu machen, Glenn möge mich persönlich so sehr, daß er es für sicherer hielt, wenn ich in den USA bliebe; er konnte mich aber nicht überzeugen. Überzeugt war ich hingegen, daß die Beziehung zwischen Glenn und mir viel an Intimität und gegenseitigem Vertrauen verloren hatte. Ich wußte nicht recht, warum, aber das werde ich wohl nicht mehr erfahren.

Don Haynes, im zivilen Leben enger Freund und persönlicher Manager Glenns, war später eingezogen worden als die meisten von uns. Auf Drängen Glenns hatte er einen Offizierslehrgang absolviert und war, nachdem er sein Patent erhalten hatte, der Einheit in New Haven als Administrationsoffizier zugeteilt worden.

Er hatte einen der knffligsten Jobs von allen; er war für etwas verantwortlich, von dem die meisten Musiker überhaupt nichts hören wollten: militärische Disziplin. Dazu kam noch, daß er vor allem Geschäftsmann war und ihm manche der Musiker schon allein deshalb mißtrauten. Don hatte es wirklich nicht leicht.

Für mich war Don immer ein überaus anständiger und warmherziger Gentleman. Diese Meinung teilten die anderen Musiker, die ihn nur als pingeligen disziplinbesessenen Bürokraten kannten, überhaupt nicht, und ich muß gestehen, daß ich eines Morgens, als Don unsere Stuben inspizierte, selbst meine Zweifel bekam. Aus irgendeinem Grund fuhr er mit seinem Finger über die Oberkante der Tür meines Schranks und fand ein wenig Staub. »Sieh zu, daß du das sauber kriegst«, schnauzte er mich mit todernstem Gesicht und ging hinaus, während ich darüber nachdachte, ob er mich

Mel Powell, Zeke Zarchy, Don Haynes und ein ohne Schnurrbart nackt wirkender Bernie Privin

hatte verarschen wollen oder ob er doch ein »sturer Kommißschädel war«, wie einige der Musiker meinten.
Wie auch immer, der Vorfall beeinträchtigte unsere Freundschaft nicht. In New Haven verbrachte er die meiste Zeit mit Glenn und der Radio Unit, und ich hatte nicht viel Kontakt mit ihm. Als die Band dann nach Übersee ging, führten wir eine rege Korrespondenz, und als Don später zurückkehrte, trafen wir einander oft.
Kurz vor seinem Tod im Juni 1971 verbrachte ich mit ihm und seiner Frau Polly einen wunderbaren Abend. Wir sprachen über alte Zeiten, über die glücklichen Tage mit Helen und Glenn, und Don erzählte mir viele Details über den Einsatz der Band in Europa. Ich erfuhr, daß er drüben ein Tagebuch geführt und sorgsam aufbewahrt hatte. Als ich Polly nach etwa einem Jahr wiedertraf, bot sie mir freundlicherweise eine Kopie davon an und gestattete mir, den Inhalt für dieses Buch zu verwenden. Sowohl der Leser als auch der Autor dieses Buches schulden also Don und Polly Haynes Dank für viele detaillierte Informationen auf den folgenden Seiten.

Kapitel 35

»Ihre Organisation, Captain Miller, ist das beste Mittel zur Hebung der Kampfmoral unserer Burschen, abgesehen von Post aus der Heimat.« Diese Worte sprach General Jimmy Doolittle nach einem der 71 Konzerte, die die Band während ihres 5½monatigen Aufenthaltes in England gab.
Glenn sah keinen Grund, ihm zu widersprechen. Er war stolz auf seinen Beitrag zur Stimmung in der Armee. In einem Brief an mich schrieb er: »Wir sind hierhergekommen, um unseren Soldaten, die hier schon jahrelang ihren schweren Dienst versehen, ein langentbehrtes Stück Heimat zu bringen. Die Burschen hungerten geradezu nach echter lebendiger amerikanischer Musik.« Dann beschrieb er seine eigenen Empfindungen angesichts der frenetischen Begeisterung der G.I.s und meinte, »der wichtigste Sound, der bei diesen Konzerten entstehen kann, ist das vieltausendstimmige, ohrenbetäubende, beinahe hysterische Freudengeheul nach jeder Nummer«.
Glenn war der Band nach London vorausgeflogen. Am 18. Juni, zehn Tage nach der letzten Sendung von *I Sustain the Wings*, zu der auf sein Betreiben seine Mutter und Schwester aus Colorado gekommen waren, traf er in der englischen Hauptstadt ein. Fünf Tage davor hatten die Deutschen begonnen, ihre ersten V-1-Raketen auf London zu schießen, die insgesamt fast 5000 Menschen das Leben kosten sollten.
Am 19. Juni wurde die gesamte Radioeinheit von New Haven nach Camp Kilmer, New Jersey, verlegt, wo alle Beteiligten eine Serie von Impfungen und eine besondere Schulung bekamen. Die Marschorder, in mysteriösem Militärchinesisch abgefaßt, verfügte den Abtransport der Einheit nach Europa »via NY 8245«, was immer das auch sein mochte. Am 21. Juni, knapp vor Mitternacht, verließen sie Kilmer, kamen eine

RESTRICTED

HEADQUARTERS COMMAND SHAEF
APO 757, U. S. ARMY

SPECIAL ORDERS)   1 July 1944
NUMBER   125)   E X T R A C T

*   *   *   *   *

26. VOSC, Captain ALTON G. MILLER, 0505273, AC, Hq Comd, WPGV to Bedford, England, o/a 2 July 1944 to carry out the instructions of the Supreme Commander. TCNT. Reimbursement for quarters and rations is authorized in accordance with Circular 63, Hq ETOUSA, 5 June 1944, for such times as government quarters and messing facilities are not available. TDN. 60-136-P 432-02 A 212/50425.

27. VOSC, 1 July 1944, the following named enlisted men are attached unassigned to Hq Co, Hq Comd:

M/Sgt Norman F. Leyden, 20112112	M/Sgt Rubin Zarchy, 14083172
T/Sgt Paul Dudley, 32967492	T/Sgt Generoso Graziano, 31354534
T/Sgt Raymond F. McKinley, 36420383	T/Sgt John W. Sanderson, 20126109
S/Sgt Herman T. Alpert, 35161800	S/Sgt Henry Freeman, 20126120
S/Sgt Harry Katzman, 14083150	S/Sgt George Ockner, 32413903
S/Sgt Mel Powell, 32001024	S/Sgt James R. Priddy, 35652920
S/Sgt Carl B. Swanson, 11056322	S/Sgt George Voutsas, 36367412
S/Sgt Ralph N. Wilkinson, 32903779	Sgt Vincent H. Carbone, 32868252
Sgt William R. Crawford, 39267223	Sgt Johnny A. Desemone, 18094162
Sgt John R. Halliburton, 34564410	Sgt Harry Hartwick, 12092497
Sgt David D. Herman, 32907667	Sgt Michael A. Hucko, 32287826
Sgt James B. Jackson, 32861212	Sgt Carmen N. Mastandrea, 32863218
Sgt Robert J. Nichols, 32886031	Sgt Bernard Privin, 32967251
Sgt David Sackson, 32230674	Sgt David Schwartz, 35301352
Sgt Stephen Steck, Jr., 33462453	Sgt William L. Thomas, 34172407
Sgt Emanuel Wishnow, 18121658	Cpl Eugene Bergen, 14084522
Cpl Morris P. Bialkin, 32684329	Cpl Henry Brynan, 31248742
Cpl Philip A. Cogliano, 31360218	Cpl Addison S. Collins, Jr., 18126025
Cpl Earl R. Cornwell, 18102660	Cpl Paul A. Dubov, 32889468
Cpl Milton A. Edelson, 30642741	Cpl John E. Ferrier, 32886327
Cpl Frederick G. Guerra, 31311614	Cpl Stanley Harris, 14084447
Cpl Murray Kane, 32962615	Cpl Nathan Kaproff, 14083236
Cpl Ernest S. Kardos, 35266657	Cpl Arthur S. Malvin, 32785992
Cpl Richard W. Motylinski, 14084526	Cpl Robert L. Ripley, 14084517
Cpl Joseph Shulman, 32702640	Cpl Julius Zifferblatt, 32900168
Pfc James L. Allison, 36601310	Pfc Thomas P. Cochran, 13141822
Pfc Lawrence Hall, 32719514	Pfc Francis J. Ippolito, 34546411
Pfc Joseph J. Kowalewski, 31335483	Pfc Fredy Ostrovsky, 32626828
Pfc Veto S. Pascucci, 36413244	Pfc Nathan Peck, 32907040
Pfc Jack M. Rusin, 32792603	Pfc Eugene Steck, 33603187
Pfc James J. Storle, 35090229	Pfc Mannie Thaler, 32812461

28. VOSC the following named Enlisted Men, attached unassigned, Hq Co, Hq Comd, WPGV to Bedford, England, o/a 2 July 1944 to carry out the instructions of the Supreme Commander. TCNT. Reimbursement for rations is authorized in accordance with Circular 63, Hq ETOUSA, 5 June 1944, for such times as government messing facilities are not available.

- 1 -

RESTRICTED

Stunde später auf einem Rangiergleis im Hafen von Jersey City an und bestiegen eine Barkasse, die sie den Hudson River aufwärts zu einem riesigen Ozeandampfer brachte, der am Pier 90 vertäut war. Und um 1.15 Uhr gingen sie endlich an Bord von »NY 8245«: es war, wie sich herausstellte, die *Queen Elizabeth*. Wie Don Haynes in seinem Tagebuch schrieb: »Ein Anblick, an den ich mich lange erinnern werde, waren all diese Musiker, die während der vergangenen zehn Tage wenig Gelegenheit zum Ausrasten gehabt hatten, wie sie über die Leitern und Planken an

Helen und Glenn

Bord von ›NY 8245‹ kamen, mit ihren von den vielen Injektionen schmerzenden Armen ihr Gepäck, ihre Ausrüstung und ihre Instrumente trugen, zerrten und schoben, während die Karabiner auf ihren Schultern in alle erdenklichen Richtungen zeigten.«
Während der sechstägigen Atlantiküberquerung gab es ziemlich rauhe See, und viele der Bandmitglieder verbrachten ihre Zeit abwechselnd damit, für die 17 000 Soldaten an Bord zu spielen und dann an der Reling Gott Neptun ihr Opfer darzubringen. »Es müssen 7 oder 8 Shows pro Tag gewesen sein, die wir spielten«, meint Ray McKinley. »Kaum hatte eine Zuhörerschaft den Ballroom des Schiffes verlassen, kam schon die nächste herein. Ich weiß bis heute nicht, wie die Lippen der Blechbläser das aushielten.«
Als das Schiff endlich im schottischen Firth of Clyde Anker warf, wurden die Männer von einem übermüdeten Glenn empfangen, der ihnen sofort über die ständigen V-1-Angriffe der Nazis auf London berichtete; er hätte nur sporadisch in einem Luft-

schutzraum unter dem Gebäude der BBC* geschlafen, alles andere wäre zu gefährlich gewesen.
Die Musiker konnten sich sehr bald davon überzeugen, daß Glenn keineswegs übertrieben hatte. Sofort nach ihrer Ankunft in London wurden sie von einem Bombenalarm begrüßt und konnten mit eigenen Augen die verheerenden Folgen eines Einschlags in nur einer halben Meile Entfernung beobachten.
Das Quartier der Band war das Haus Nr. 25 am Sloane Court, wo auch zahlreiche Militärpolizisten untergebracht waren. Wie es hieß, war diese Gegend die Einflugschneise für 90% aller V-1 und wurde daher »buzz bomb alley« genannt. Glenn bereitete das viel Kopfzerbrechen; besorgt um das Wohl seiner Männer, von denen er viele selbst ausgewählt hatte, begann er sich sofort um eine andere weniger bedrohte Unterkunft für sie umzusehen.
Aber auch die Männer fühlten sich nicht sicher. In der ersten Nacht, in der mindestens alle Viertelstunde eine V-1 herunterkam, blieben nur vier von ihnen im Quartier; die anderen flohen wie die Zivilbevölkerung und die meisten übrigen Soldaten in die überfüllten Luftschutzkeller. Gleich nach der Ankunft waren einige auf das Dach ihres Quartieres geklettert, um die Bomben sehen zu können. »Ich hatte das verrückte Gefühl, solange ich sie sehe, könnten sie mich nicht treffen«, berichtete Johnny Desmond. Jedoch fast alle anderen, die die schreckliche Wirkung dieser Bomben gesehen hatten, zogen es vor, sich so weit wie möglich unter die Erdoberfläche zu begeben.
Die Sergeanten Desmond, Zeke Zarchy und Paul Dudley und der Corporal Tommy Cochran dachten anders. Mit der Begründung, die schlechte Luft in den Schutzräumen nicht ertragen zu können, verbrachten sie die Nacht im Quartier. Don Haynes, der am Morgen mit Glenn zurückkehrte, fand die »Furchtlosen Vier« eng aneinandergedrückt in einem Zimmer im ersten Stock.
»Glenn zog nun alle Drähte, um die Boys hier schnell wegzubekommen. Wir gingen zum SHAEF** und telefonierten mit

* British Broadcasting Corporation
** Supreme Headquarters of the Alliierten Expeditionary Forces = Hauptquartier des Alliierten Expeditionskorps

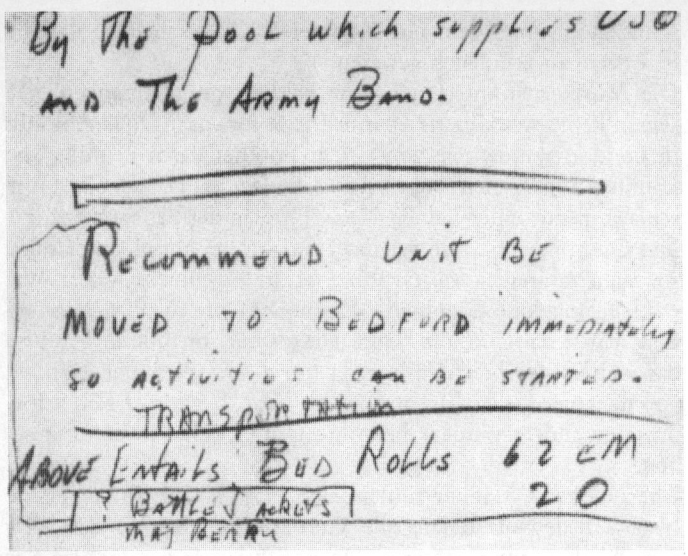

Glenns Vorschlag zur Übersiedlung nach Bedford

mehr als einem Dutzend von US-Luftwaffenbasen; schließlich trieben wir zwei Busse auf, die die Musiker zwei Tage später nach Bedford transportierten.«

Zwei Tag später war ein Sonntag, und einige der Musiker beschwerten sich bitterlich, an ihrem freien Tag ihre eben ausgepackten Sachen wieder einpacken zu müssen; andere wieder hatten sich auf London gefreut und wollten es sich ansehen und nicht in ein kleines Dorf 50 Meilen weiter nördlich gefahren werden. Die Mehrheit erkannte jedoch die Wichtigkeit dieser Maßnahme: abgesehen davon hatte kaum einer seit der Ankunft eine Nacht durchschlafen können.

Das alles geschah am Sonntag, dem 2. Juli. Am folgenden Tag begann die gesamte Band, in Bedford ein Gebäude, das einmal eine Porzellanfabrik gewesen war und seit dem Beginn der Bombardements als Ausweichquartier der BBC fungierte, in ein musiktaugliches Studio umzuwandeln: das bedeutete, die schallreflektierenden Ziegelwände in mehrtägiger Arbeit mit Leinensäcken

Co-Partners Hall in Bedford, wie sie heute aussieht

25 Sloane Court nach dem Einschlag einer V-1

und Militärdecken zu verkleiden, wie es für den typischen Sound der Platten und Sendungen in den 40er Jahren erforderlich war.

Glücklicherweise war die Leitung zur BBC in London schon verlegt worden, so daß die Band nach wenigen Tagen mit den Sendungen beginnen konnte. Die Musiker tauften ihr neues Studio »8 H«, zu Ehren des großen NBC-Studios daheim in New York, aus dem die Sendungen des NBC-Symphonieorchesters unter Arturo Toscanini und Benny Goodmans berühmtes Samstagabendprogramm *Let's Dance* übertragen wurden.

Am Morgen nach der Übersiedlung schlug eine von Hitlers bestgezielten V-1-Raketen nur wenige Meter vor der Haustür der ehemaligen Bandunterkunft am Sloane Court ein. Wie Haynes in seinem Tagebuch notierte, wurde »die gesamte Vorderfront eingedrückt und das Haus war ein Trümmerhaufen«. Es gab 25 Tote und 78 Verwundete; dank Glenns Beharrlichkeit waren keine von seinen Leuten darunter.

Glenn war geschockt, aber zugleich unendlich dankbar. Seit Jahren hatten er und Don immer die stehende Redewendung vom »typischen Miller-Glück« gebraucht, bezogen auf eine Serie von glücklichen Umständen im Laufe ihrer Zusammenarbeit, und Glenn hatte immer gesagt: »Solange es uns treu bleibt, haben wir nichts zu fürchten.« Die V-1 auf Sloane Court verstärkte seinen Optimismus.

Offensichtlich waren einige führende Offiziere des ETO* sehr davon beeindruckt, die Band nun unter ihrer Jurisdiktion zu haben. Schon eine Woche nach ihrer Ankunft wurde sie umbenannt und hieß nun »Captain Glenn Miller and his American Band of the SAC**«.

Nachdem das Studio in Bedford funktionsfähig war, konnte die Band ihre erste Sendung in den Äther schicken. Sie wurde über zwei große Sendernetze gleichzeitig ausgestrahlt: über das Allied Expeditionary Forces Network für die Truppen in England und auf dem europäischen Kontinent; und über das der regierungseigenen BBC, die einzige Rundfunkanstalt für die Bewohner Großbritanniens.

Mit seinem schlauen Sinn für Publikumswirksamkeit und seinem großen Organisationstalent entwickelte Glenn eine ganze Serie von Programmen — insgesamt 13 pro Woche. Es gab Sendungen mit dem gesamten großen Orchester samt dem großen

---

* European Theater of Operations = Europäischer Kriegsschauplatz
** Supreme Allied Command = Alliiertes Oberkommando

Glenn mit Ray McKinley und Mel Powell

Streichersatz und allen Vokalisten. In *Swing Shift* war eine 17köpfige Tanzband unter der Leitung von Ray McKinley zu hören, die sowohl die bekannten Miller-Erfolge als auch Nummern spielte, die Ray mit seiner eigenen Zivilband im Repertoire gehabt hatte. *Uptown Hall* brachte eine kleine Jazzformation unter der Leitung des Pianisten Mel Powell, in der Klarinettist Peanuts Hucko und Trompeter Bernie Privin die Soli spielten. Der Sänger Johnny Desmond hatte sein eigenes Programm namens *A Soldier and a Song*, in dem er mit einer kleinen Streichergruppe, mit Jackie Russin am Klavier und Addison Collins am Waldhorn zu hören war. Und schließlich gab es noch eine Sendereihe *Strings with Wings* mit allen Streichern, die der Geiger George Ockner leitete und die so wundervolle Musik brachte, daß auch die Musiker, die nichts damit zu tun hatten, sich im Studio versammelten, nur um zuzuhören, wie Bernie Privin erzählte.
Die Sendungen über die Sender der Alliierten Streitkräfte dauerten die ganzen fünf Monate an, die die Band in England stationiert war; die über die Sender der BBC dauerten genau eine Woche.

Am Abend des 13. Juli erhielt Glenn einen Anruf, er habe sich am nächsten Vormittag um 11 Uhr im BBC-Gebäude in London zu melden. Als er zusammen mit Don Haynes dort eintraf, wurde er in das Büro von Maurice Gorham gebracht, der der Verbindungsmann der BBC zu den amerikanischen Streitkräften war. Gorham war geradezu eine Karikatur des »typischen britischen Verwaltungsbeamten« mit einem dicken Walroßschnurrbart, der seine Sprache schwer verständlich machte. In Anwesenheit mehrerer leitender Angestellter der BBC informierte er Glenn, es seien Beschwerden von Hörern aus Gebieten mit schlechterem Radioempfang eingegangen, sie könnten nur die lauteren Passagen in der Musik der Band hören; es sei während leiserer Stellen der Eindruck entstanden, der Sender der BBC sei ausgefallen. Der »Fachmann« Gorham hatte auch schon eine praktische Lösung des Problems parat. »Ich muß also darauf bestehen, Captain Miller«, sagte er, »daß Sie in Zukunft immer auf gleichmäßige Lautstärke achten.«

Glenn, der noch nie sehr freundlich auf Kritik reagiert hatte, blickte Gorham mit gespielter Verständnislosigkeit an und bat ihn, das Gesagte zu wiederholen; dieser tat es. »Dann habe ich also doch richtig gehört«, meinte Glenn und versuchte, die Bedeutung der Dynamik in seiner Musik zu erklären; daß der klangliche Kontrast ein wesentlicher Bestandteil des Stils seiner Band war, daß die leisen Stellen keine Fehler, sondern Absicht waren. Und je mehr er dem verständnislosen Beamten erklärte, der offensichtlich völlig unvertraut mit der Miller-Musik und den Gründen ihrer ungeheuren Popularität war, desto frustrierter und wütender wurde Glenn. Schließlich blickte er Gorham kalt ins Gesicht und sagte sehr langsam: »Ich glaube, ich weiß eine Lösung des Problems. Wir sind hierhergekommen, um für die Truppen zu spielen, und nicht für die Hörer der BBC. Tun Sie uns und sich doch den Gefallen und setzen Sie die Ausstrahlung unserer Sendungen ab.« Damit drehte er sich um und verließ den Raum. Und die Band war fortan nicht mehr über die Sender der BBC zu hören.

Die Reaktionen ließen nicht lange auf sich warten. Eine der vorgesehenen Missionen der Band bei ihrem Einsatz in Europa,

Konzert auf einem Flugplatz

Irgendwo unterwegs

nämlich die Verbesserung der britisch-amerikanischen Beziehungen, konnte infolge von Glenns starkem Abgang aus der BBC wohl abgeschrieben werden. Britische Hörer, die nur wenige Tage Sendungen der Band, die sie für die allergrößte hielten, genießen konnten, sandten Wagenladungen voller empörter Briefe. Zeitungskommentare stimmten in die allgemeine Empörung ein, aber beides kümmerte weder Glenn noch die BBC. Einer der Sturköpfe der BBC kreierte schließlich, wie Haynes berichtete, auf dem Gipfelpunkt seiner Frustration jenen berühmten Satz, der sich vermutlich nicht allein auf die Miller Band, sondern auf die amerikanische Truppenpräsenz im allgemeinen bezog: »You're over-paid; you're over-fed; you're over-sexed — and you're over here!«*

»Over here« war die Band in unübersehbarer Weise. Zusätzlich zu ihren regelmäßigen Radioauftritten begann sie bald auch damit, die Truppen an ihren verschiedenen Stationierungsorten auf den Britischen Inseln live zu unterhalten. Während ihres Aufenthaltes gab sie insgesamt 71 Livekonzerte vor einem enthusiastischen Gesamtpublikum von 247 500 — dies geht aus einer Statistik von Sergeant George Voutsas hervor, der die Radioshows betreute und die täglichen Tätigkeitsberichte verfaßte. Einmal jede Woche spielte die Band außerdem eine Livesendung vor englischen Zivilisten in einer großen Halle in Bedford. Diese Halle steht noch heute und heißt immer noch wie damals *The Corn Exchange;* die Musiker tauften sie spontan um in *Lombardo Hall*, zu Ehren des Bandleaders Guy Lombardo**.

Einige der Auftritte auf den Stützpunkten brachten durchaus dramatische Akzente mit sich. Wie Bernie Privin erzählte, suchten oft während der Konzerte sowohl die Zuhörer als auch die gerade unbeschäftigten Musiker den Himmel nach heimkehrenden Flugzeugen ab. Tauchte tatsächlich eines auf, dann wurde es mit Freudengeheul begrüßt. Die übermüdeten Soldaten stützten bei diesen Freiluftkonzerten oft ihr Kinn auf den Karabiner. »Ein Typ hat sich auf diese Weise erschossen«, berichtete Privin.

* als Wortspiel unübertragbar. Bedeutung: Ihr seid überbezahlt, überfüttert, übersexualisiert und (leider) hier bei uns

** Lombardos Musik empfinden feinfühligere Musikfreunde als »corny« = zickig

Glenn mit den Komikern Hal Monty und Peter Sinclair in einer Radioübertragung aus dem *Queensberry Club*

Bei ihren Abstechern startete die Band meist von der Thurleigh Air Base, sechs Meilen von Bedford entfernt, und landete bei der Rückkehr in Twinwood Farm, nur drei Meilen von ihren Quartieren entfernt — auf demselben Rollfeld, von dem aus Glenn im Dezember zu seinem unglückseligen Flug nach Paris starten sollte.

Sehr zu Glenns Mißvergnügen wurden diese Flugreisen bald zu einer täglichen und oft zeitraubenden Selbstverständlichkeit. Zeke Zarchy, der Erste Sergeant der Band, schätzt, daß die Band für die Hin- und Rückreisen zu den Konzerten insgesamt an die 600 Flugstunden zusammenbrachte. Die Rückkehr erfolgte meist bei Nacht; oft waren unerfahrene Piloten nicht gleich imstande, den Flugplatz zu finden, und die Männer verbrachten bange Stunden in dem herumkurvenden Flugzeug, bis sie endlich landeten. Zeke erinnert sich an einen besonders gefährlichen Moment: »Wir waren knapp vor dem Aufsetzen, als plötzlich ein grellrotes Leuchtsignal direkt vor uns aufflammte. Beinahe wären wir in eine eben startende Staffel hineingedonnert; es ging um Haaresbreite.«

Die Band reiste mit einem C-47 Airbus

Wo immer die Band auch hinkam, wurde ihr ein begeisterter Empfang bereitet. Die G.I.s reagierten mit genau der Art von wildem Geheul und Gejohle, das Glenn erwartet hatte. Sie trampelten mit den Füßen, klatschten wie verrückt und brüllten sich die Kehlen heiser. Die Konzerte fanden meist in großen Flugzeughangars statt, in denen die Soldaten provisorische Bühnen aus großen Lattenkisten errichtet hatten, möglichst hoch, damit so viele wie nur möglich die Band sehen konnten. Und dann swingten Glenn und die Boys richtig los und präsentierten ihre brillanten Sounds mit nie erlahmender Begeisterung und jener Showmanship, die schon in den Tagen der Zivilband das Publikum begeistert hatte.

Die Begeisterung erfaßte nicht nur die Amerikaner, die an zu Hause erinnert wurden, sondern in gleicher Weise auch neue britische Anhänger, darunter auch solche, deren blaues Blut durch die provokativen Klänge der Miller Band schneller durch die Adern kreiste.

Eines Tages in Bedford wurde Don Haynes der Königin von England vorgestellt, die soeben die Einrichtungen des Roten Kreuzes inspiziert hatte. Haynes notierte in sein Tagebuch: »Die Königin schüttelte mir die Hand, lächelte und sagte: ›Leutnant Haynes, lassen Sie mich Ihnen, Captain Miller und allen Mitgliedern Ihrer Organisation meine Anerkennung aussprechen für die großartige Arbeit, die Sie hier leisten. Die Prinzessinnen Elizabeth und Margaret Rose sind leidenschaftliche Anhänger der Glenn Miller Band und hören regelmäßig ihre nächtlichen Radiosendungen.‹«

Es stellte sich bald heraus, daß die Band noch einen weiteren sehr prominenten Fan hatte: General Dwight D. Eisenhower, den damaligen Oberkommandierenden der gesamten Alliierten Streitmacht in Europa. Wie Haynes berichtet, ließ Ike es sich nicht nehmen, am Schluß einer von ihm erbetenen Veranstaltung der Band Glenn persönlich für seinen immensen Beitrag zur Hebung der Truppenmoral zu danken.

Solche Anerkennung war Balsam auf Glenns Seele. Nach langem Warten geschah nun endlich genau das, was er sich vorgestellt hatte, als er im Sommer 1942 dem Kriegsministerium seine Dienste anbot. Als ihm John Harding, der Manager des Militär-Unterhaltungszentrums *Queensberry All Services Club*, den Vorschlag machte, ein wöchentliches Konzert für die Soldaten im bombengeschüttelten London zu spielen, sagte Glenn begeistert zu.

Paul Dudley, Sergeant und bald Stabsfeldwebel, vor dem Krieg Producer der Radioserie *Coca Cola Bandstand* und nun ein neues Mitglied von Glenns Gruppe, berichtete, daß am 30. Juli 2000 junge Soldaten in Uniform bei der ersten Show den Zuschauerraum füllten. Weitere 2000 warteten voller Hoffnung vor der Tür, obwohl man ihnen mitgeteilt hatte, es würde keine zweite Show geben. Während des Programms gab es plötzlich Bombenalarm. Harding sauste hinaus und versuchte verzweifelt, die Wartenden in die Schutzräume zu scheuchen. Jedoch, nach den Worten Dudleys, »die Tommies und die G.I.s, die WRENs* und WACs blieben, wo sie waren, voller Hoffnung und Entschlossenheit«. Als Glenn davon erfuhr, machte er sich sofort erbötig, für diese tap-

---

* britisches Äquivalent zu den amerikanischen WACs

Glenn, Ray McKinley, Don Haynes und Tommy Corcoran irgendwo an der englischen Südküste

feren jungen Fans eine weitere Show zu bringen. Von da an wiederholte die Band ihr Programm, wann immer Bedarf war.
Ungeachtet seiner Abneigung gegen Flugzeuge flog Glenn fast immer mit seinen Leuten — zu den Camps von AAF und RAF und gelegentlich auch zu Lazaretten. Für diesen Zweck bildete er bewegliche kleine Formationen, die in den verschiedenen Abteilungen spielen konnten. Wie Haynes berichtete, »ging Glenn von Abteilung zu Abteilung, gab Autogramme und tat sein Bestes, um die Kranken und Verwundeten aufzuheitern. Die Boys waren unendlich dankbar. Selbst diejenigen, die nicht applaudieren konnten, zeigten durch ihren Gesichtsausdruck, wie glücklich sie waren.«
Nach einer besonders gefährlichen Situation auf dem Hendon Airdrome nahe London bemühte Glenn sich allerdings, die Luftreisen einzuschränken. Haynes notierte in seinem Tagebuch: »Als wir gerade zur Landung ansetzen wollten, flammten rote Warnsignale zu beiden Seiten des Flugzeugs auf, und wir machten uns fast in die Hosen. Sie signalisierten, nicht zu landen; der Pilot zog die Landeklappen ein, gab Gas und die Maschine schüttelte

sich und stotterte knapp über dem Boden dahin, bis sie endlich wieder an Höhe gewann. Wir dachten alle, jetzt ist es aus. Hätten wir die Landung wie vorgesehen durchgeführt, so wären wir direkt in eine startende B-17 hineingesaust.«

Das »typische Miller-Glück« funktionierte also nach wie vor. Aber das ständige Fliegen und Situationen wie die vorhin geschilderte blieben nicht ohne Auswirkungen auf Glenn. Er wurde immer reizbarer und ärgerte sich über Kleinigkeiten. Haynes erwähnte auch Probleme, die Glenn mit seinen Ohren hatte. Damals gab es noch keinen Druckausgleich in den Maschinen, und Glenns Ohren klangen oft noch 24 Stunden nach einem Flug.

Bei den Flügen der Band hatte Glenn als Leader Anrecht auf den Sitz des Co-Piloten. Er blieb aber selten dort. »Er war zu nervös, um stillzusitzen«, meinte Haynes, »schon nach kurzer Zeit stand er auf und ging umher. Er litt schrecklich auf diesen Trips.

Was ihm besonders auf die Nerven ging, war der schlechte Zustand von einigen dieser Flugzeuge. Natürlich machte er sich ständig Gedanken über Sicherheit, sowohl über die seiner Leute als auch über seine eigene, und es war ihm völlig unverständlich, wie man uns diese alten, vom Krieg ausgeleierten Mühlen zur Verfügung stellen konnte. ›Wie können Sie ständig das Leben all dieser Musiker riskieren‹, meinte er oft gegenüber einigen AAF-Offizieren, ›sind sie nicht viel mehr wert als die Bomben, die in den guten Flugzeugen transportiert werden?‹«

Einige Male, wenn Glenn es vermeiden konnte, mit der Band zu reisen, saß er in Bedford mit George Voutsas zusammen, der die Radioübertragungen leitete und bei Liveauftritten nicht gebraucht wurde.

»Erst bei diesen Gesprächen kam ich dahinter, wie Glenn wirklich war«, erzählte mir Voutsas kürzlich. »Wir sprachen immer unter vier Augen, und obwohl er seine ›Komm-mir-nicht-zu-nahe‹-Attitüde niemals ganz ablegte, fand ich ihn überaus warmherzig. Von allen Offizieren und G.I.s kannte ich keinen, der so heimwehkrank war wie Glenn. Ray McKinley erzählte immer, daß Glenn während eines speziellen Konzerts für General Eisenhower sich neben ihn stellte, als er sein großes Schlagzeugsolo spielte, und ihm ins Ohr flüsterte: ›Spiel ordentlich, Mac, viel-

Das Modell von *Tuxedo Junction*, Glenns geplantem Heim in Kalifornien

leicht schicken sie uns dann nach Hause.‹ Wenn wir zusammen vor dem Kamin saßen, sprach er immer wieder über seine Frau und seine Kinder zu Hause, obwohl er seine Tochter noch gar nicht gesehen hatte, oder er machte Pläne für seine Zukunft. ›Wenn dieser Krieg endlich vorbei ist‹, sagte er einmal, ›werde ich all diesen Burschen einen Job in meiner Band anbieten, egal, ob sie mich mögen oder nicht.‹ Er wußte genau, daß er bei einigen der Musiker nicht besonders beliebt war. Dann erläuterte er mir auch, wie er seinen Musikern finanziell helfen wollte, falls sie sich ein Haus bauen wollten.

Auch über seine persönliche Zukunft sprach er gern; er wollte sein Geld in eine Coca-Cola-Auslieferung in drei Bundesstaaten und in eine Motelkette investieren, seine Band würde sechs Monate im Jahr Radiosendungen, Platten und Filme machen und weiterhin Theatergigs, aber auch Konzerte spielen. Da kannst du sehen, wie weit er vorausdachte, denn Bands wie seine spielten damals selten Konzerte. Aber später, wie du weißt, waren es gerade Konzerte, womit die Bands eine Menge Geld verdienten.

Er hatte ein Modell seiner geplanten Ranch; Carl Swanson, einer von den Streichern, und Gene Steck von den Crew Chiefs hatten ihm geholfen, es zu bauen. Es war sehr eindrucksvoll geworden, und er war glücklich, wenn er es betrachtete.

Eines Nachts bei einem dieser Gespräche war Glenn besonders deprimiert und voller Heimweh. Er hatte wieder über die Zukunft nach dem Krieg gesprochen, aber plötzlich blickte er mich an und sagte: ›Jesus Christus, ich weiß wirklich nicht, warum ich meine Zeit damit verbringe, solche Pläne zu machen.‹ In seiner Stimme war so viel Emotion, wie ich es noch nie zuvor erlebt hatte. Ich fragte ihn, was das heißen solle, und er antwortete: ›Weißt du, George, manchmal habe ich das schreckliche Gefühl, ihr werdet alle ohne mich nach Hause fahren und mich wird es in einem von diesen gottverdammten Flugzeugen erwischen.‹«

Kapitel 36

Die ganze Zeit über versorgte ich die Band von den Staaten aus mit Neuigkeiten, die Don Haynes in Bedford am Schwarzen Brett auszuhängen pflegte. In Yale hatte ich von Captain Fiveash, mit dem Glenn während seiner Zeit in Yale befreundet gewesen war, eine Neuigkeit erfahren, die gerade offiziell bekannt geworden war: mit Wirkung vom 17. August 1944 war Glenn zum Major befördert worden.
Natürlich nahm ich an, daß Glenn als Betroffener schon verständigt worden sei, aber so ist das nicht immer in der Armee. Ich fügte meinem nächsten Brief einige gratulierende Bemerkungen an und war dann sehr überrascht, als ich hörte, daß Glenn erst von seiner Beförderung erfuhr, als mein Brief an jenem Schwarzen Brett in Bedford hing. So erwies es sich für ihn doch als Vorteil, mich zu Hause gelassen zu haben; der Vorteil für mich selbst war allerdings noch größer.
Captain Bob Vincent, verantwortlich für die Produktion der V-Discs, hatte Probleme mit dem Sergeanten, der die meisten Aufnahmesessions betreute. Ein gemeinsamer Freund erzählte Vincent von mir, und einige Monate später wurde ich von New Haven nach New York versetzt, wo meine Soldatenpflicht darin bestand, Plattenaufnahmen zu machen, mit wem immer ich wollte; vorausgesetzt natürlich, ich konnte die Betreffenden dazu bringen, fürs Vaterland umsonst zu spielen. Glücklicherweise hatte ich aus meiner Zeit bei *Metronome* viele Freunde, und dieser Umstand, der Vincent keineswegs entgangen war, sowie die allgemein vorherrschenden patriotischen Gefühle machten es mir leicht, Aufnahmen mit Stars wie Benny Goodman, Louis Armstrong, Harry James, Ella Fitzgerald, den Dorseys, Lionel Hampton und vielen anderen zu machen.
Viele Radioshows gestatteten uns außerdem, ihre Proben und

Captain John Woolnough gratuliert Major Glenn Miller zur Beförderung. Das Bild wurde auf der Toilette des Offiziersclubs aufgenommen, laut Woolnough »der einzige Platz, wo wir Ruhe hatten«

Glenn mit Dinah Shore

manchmal auch ihre Sendungen mitzuschneiden. Schon bevor ich mich um diese Dinge kümmerte, war jemand erfreulicherweise so klug gewesen, Proben- oder Sendungsaufnahmen nahezu aller *I Sustain the Wings*-Folgen der Miller Band anzufordern. Das ist der Grund dafür, daß so viel Musik dieses wundervollen Orchesters zunächst auf V-Disc erschien; später brachte *RCA* dieses Material in einer 5-LP-Kassette auf den Markt.

In England wurden wegen der herrschenden Metallknappheit nur wenige Programme der Band aufgenommen, und das ist der Grund, warum von Glenns Musik aus der Zeit in England nur sehr wenig konserviert worden ist; darunter aber eine denkwürdige Session vom 30. August mit Bing Crosby, der damals für die USO Europa bereiste, und eine weitere vom 16. September mit Dinah Shore, die für den gleichen Zweck über den Atlantik gekommen war.

Crosby war von der Band so restlos begeistert, daß er seine wunderschöne handgemalte Krawatte abnahm und sie den Boys mit einer Widmung überreichte: »Für Glenn Millers AAF Band — das Größte in der Musik seit der Erfindung des Dämpfers.«

Die Musiker wiederum waren restlos von Crosby begeistert, besonders von seiner lockeren informellen Art, die in starkem Kontrast zu Glenns Überbetonung der Disziplin stand. Trompeter Bernie Privin, einer von jenen Rebellen, die sich nie damit abfinden konnten, berichtete: »Ich weiß noch, Glenn kam herein und sagte sofort: ›Okay, Leute, wir beginnen.‹ Aber Bing sagte: ›Hey, warte einen Augenblick. Das ist doch ein Extrajob für die Burschen, nicht wahr?‹ Und er holte für jeden von uns eine Flasche Whisky. Ich kann dir sagen, an diesem Tag spielten wir so gut wie nur selten.«

Nicht nur die Bandmitglieder erinnern sich gern an Bing Crosby, auch Bing erinnert sich an sie und an Glenn. Ich schrieb einen Brief an Bing, in dem ich ihn bat, einige seiner Reminiszenzen für dieses Buch niederzuschreiben. Hier ist seine Antwort:

> In England sind damals einige amüsante Dinge geschehen. Eines Nachts nach einem Konzert aßen wir in einem Restaurant in Soho, Glenn, Brod Crawford und ich. Das Lokal lag im ersten Stock, und unten auf der Straße versammelte sich eine Men-

Bing Crosby mit Jerry Gray und Glenn

schenmenge und verlangte stürmisch ein Lied. Ich ging ans Fenster und sagte, ich würde ein Lied für sie singen, wenn sie dann weggehen würden — wegen der Bombenangriffe waren Versammlungen im Freien damals verboten. Die Leute waren einverstanden. Ich sang *Pennies From Heaven*, und sie verschwanden alle blitzartig. Möglich, daß es ihnen nicht gefallen hat...
Ich weiß noch, in dieser Nacht fiel dichter Nebel ein und wir krochen auf allen vieren in unser Hotel zurück; wir tasteten uns mit den Händen die Bordkante entlang.
Ein paar Tage später mußte ich weiter nach Frankreich, und Glenn bot mir an, er würde mir seinen Pianisten Jack Russin für meine Begleitgruppe nachsenden. Er kam mit einem späteren Flugzeug nach, aber wir kamen nie zusammen. Ich

glaube, Jack hat viel Spaß dabei gehabt, in ganz Frankreich nach mir zu suchen; er lernte viele militärische Einrichtungen und eine Menge Lokale kennen.

Mit den besten Wünschen
Bing Crosby

Je länger die Band in England war, desto größer wurde ihre Popularität und desto häufiger die Anforderungen für Live-Auftritte in allen Teilen des Landes. Um diesen Anforderungen entsprechen zu können, mußten Glenn und seine Leute viele ihrer Radioprogramme im vorhinein aufnehmen, weil sie zum Zeitpunkt der Ausstrahlung irgendwo ein Konzert spielten. Die Belastung war schon fast so stark wie in den Tagen der Zivilband, damals im Winter 1940, als die regelmäßigen Auftritte im *Paramount* und im *Pennsylvania*, die regelmäßigen Chesterfield-Shows und die regelmäßigen Plattenaufnahmesessions die Musiker bis an die Grenzen ihrer physischen Leistungsfähigkeit und Glenn schließlich ins Krankenhaus brachten.

In den ersten beiden Septemberwochen mobilisierten die Musiker ihre Kraftreserven, um genügend Radioprogramme vorzuproduzieren, damit sie ihren Konzertverpflichtungen nachkommen konnten. In einem Zeitraum von sechs Tagen nahmen sie zwanzig Sendungen auf; zehn weitere in nur zwei Tagen — und das alles neben den Live-Auftritten.

Verschlimmert wurde die Situation noch durch den Einbruch von kaltem Wetter; die Konzerte wurden aber dessen ungeachtet im Freien oder in Hangars abgehalten. In einem dieser Hangars, in Hardwicke, direkt an der Nordsee gelegen, war es derart kalt, daß die Musiker Handschuhe tragen mußten; die Blechbläser fürchteten, ihre Lippen würden ihnen an den Mundstücken ihrer Instrumente festfrieren.

Und schließlich, wie nicht anders zu erwarten, erwischte es Glenn wieder: der gedrängte Terminkalender und das rauhe feuchte Klima waren zuviel für ihn. Eine schwere Nebenhöhlenentzündung und hohes Fieber zwangen ihn, alle Verpflichtungen abzusagen; sofort nach der Aufnahmesession mit Dinah Shore am 16. September gab er den Musikern vier Tage frei —

zum ersten Mal, seitdem sie in England eingetroffen waren — und legte sich zu Bett, um sich auszukurieren.
Mir war zu Hause in den Staaten immer wieder von Glenns zunehmender Reizbarkeit berichtet worden, aber dennoch war ich keineswegs auf einen Brief wie den vorbereitet, den er mir am 25. September schrieb, nachdem er eine Kritik der Band im *Metronome* gelesen hatte. Einer unserer Korrespondenten, Obergefreiter David Bittan, hatte sie uns übersandt:
»In einem Lager der 8th Air Force in England präsentierte Glenn Miller die 20köpfige Ausgabe seines berühmten Orchesters und bewies, daß er aus einem Haufen G.I.s eine smarte, sauber klingende Band formen kann, die jedoch mit seiner Band früherer Tage nicht vergleichbar ist ...
Millers Band ist ohne Zweifel die populärste unter den Soldaten, und deren Enthusiasmus zeigte Glenn, daß er diese Popularität keineswegs verloren hat.
Die Band begann mit dem unvermeidlichen *In the Mood*, mit zwei

mittelmäßigen Tenoristen: einer war ein gewisser Carbone, der so klang wie Georgie Auld an einem schlechten Abend; der andere, Jack Ferrier, war früher bei Jan Savitt und in einigen anderen Bands gewesen, hatte dort aber zu Recht kaum Soli gespielt. Man hatte also von Beginn an das Gefühl, der Band fehle etwas ...
Es folgte Arrangement auf Arrangement, von *Choo Choo* über *Black Magic* bis zu *Anvil Chorus*. Die Rhythmusgruppe mit Mel Powell, Carmen Mastren, Trigger Alpert und Ray McKinley sorgte für einen guten Beat, wenn auch Mel infolge eines katastrophalen Lautsprechersystems kaum zu hören war ...
Der Höhepunkt des Abends war Peanuts Hucko aus der Bradley-McKinley Combo, der allerdings Altsaxophon spielte und dem unoriginellen Carbone die Tenorsoli überließ. Er überraschte zwar in *Stealin' Apples* mit einem wundervollen Klarinettensolo, aber das konnte sein fehlendes Tenorspiel auch nicht ersetzen ...
Powell, McKinley, Alpert, Privin und Hucko sind großartig, und die G.I.s in England und Frankreich freuen sich sehr, daß sie Glenn bei sich drüben haben. Der Schreiber dieser Zeilen ist allerdings der Meinung, daß die Band mit dem Personal, das Glenn zur Verfügung hat, wesentlich besser sein könnte. Zweifellos ist sie eine der besten Armeebands, die es je gegeben hat; der Verfasser wartet jedoch schon ungeduldig auf Gelegenheit, die Navy Band unter Sam Donahue zu hören, deren Erscheinen angekündigt wurde. Er erhofft sich davon wirklich aufregende musikalische Erlebnisse an Stelle ständig wiederholter Arrangements, gespielt in genau jener präzisen, aber uninspirierten Art, die für Miller seit dem Beginn seiner Karriere charakteristisch ist.«
Ich fand manches zutreffend, was Bittan geschrieben hatte, wenn auch bei weitem nicht alles; bei *Metronome* war es jedoch immer schon Brauch gewesen, daß jeder ohne Einmischung von oben frisch von der Leber weg seine Meinung schreiben konnte.
Mit diesem Brauch war Glenn offensichtlich nicht einverstanden; noch weniger mit der Meinung Bittans. Seine Reaktion offenbarte allerdings nicht nur die alte Empfindlichkeit gegenüber jeder Kritik, sondern auch den Stolz eines Mannes auf die Arbeit, die er und seine Leute leisteten. Hier ist sein ungekürzter Brief:

Ray McKinley, Trigger Alpert und Peanuts Hucko gefielen dem Kritiker Bittan

Lieber George,
ich wollte Dir schon lange schreiben, aber wir haben sehr viel zu tun, seit wir hierhergekommen sind. Im August spielten wir an 35 verschiedenen Stützpunkten, und in unserer »Freizeit« machten wir 44 Radiosendungen. Obwohl die Boys total erschöpft sind, reißt sie die Begeisterung des Publikums doch immer wieder zu Glanzleistungen mit.
Wir erfahren gelegentlich Neues aus Yale durch die dortige Wochenzeitschrift *The Beaver*, und einige unserer Musiker bekommen Post von dortigen Freunden.
Ich muß diesen Brief dazu benutzen, um Deine Aufmerksamkeit auf einen Artikel zu lenken, der im *Metronome* erschienen ist. Du weißt, was ich davon halte, von Leuten kritisiert zu werden, die keine Ahnung von Musik haben, aber dieser Beitrag stellt alles in den Schatten.
Wir sind nicht hierhergekommen, um musikalische Neuentwicklungen zu lancieren, sondern um den Burschen, die hier seit Jahren Dienst tun, ein langentbehrtes Stück Heimat zu bringen. Diese Burschen, die hier ihren schweren Dienst versehen, hungerten geradezu nach echter lebendiger amerikanischer Musik, und sie kennen und lieben die Nummern, die populär waren, bevor sie hierherkamen. Um ihretwillen spielen wir nur unser altes Repertoire. Du kennst die Musiker gut genug, um zu wissen, daß wir liebend gern lauter neue Nummern spielen würden. Ich vermute, der betreffende »Kritiker« erwartete lauter neue Arrangements und Chorusse à la *Town Hall Concert*.
Wie spielten wie üblich in einem Hangar, auf den Ladeflächen von zwei Lastwagen, und diesem Idioten fällt nichts besseres ein, als unser Lautsprechersystem zu kritisieren. Alles, was nur so aussieht wie ein funktionierendes Lautsprechersystem, wird hier drüben nachts in einen Safe eingeschlossen und dort verwendet, wo es wirklich gebraucht wird: an der Front. Auch die Klagen, daß Hucko nicht Tenor spielt, sind grotesk: wer, wenn nicht er, sollte bei uns Leadklarinette spielen, frage ich Dich? Und wo sollte er überhaupt ein Tenorsaxophon hernehmen?

Glenn, die Band und die G.I.s, für die sie spielten. Zum Teufel mit den Kritikern!

Dieser Bursche hat weder die geringste Ahnung, unter welchen Bedingungen wir hier arbeiten, noch, warum wir es tun. Ich bin überrascht, daß *Metronome* dieses Zeug abgedruckt hat; wenigstens die Leitung des Magazins sollte Bescheid wissen, was hier los ist, wenn es ihr »Kritiker« schon nicht tut. Während er hier Dingen zugehört hat, die ihn musikalisch nicht befriedigten, versäumte er den wichtigsten Sound, der bei solchen Konzerten entstehen kann: das vieltausendstimmige, ohrenbetäubende, beinahe hysterische Freudengeheul der G.I.s nach jeder Nummer.

Was mich betrifft, so bin ich jedenfalls entschlossen, nie mehr meine Zeit mit *Metronome* zu verschwenden. Ich kann und will die Leute von diesem Magazin nicht daran hindern, über irgendeine Zivilband von mir zu schreiben, was sie wollen; wenn sie aber über diesen wunderbaren Haufen von

G. I.-Musikern herziehen, die hier gute und wichtige Arbeit leisten, dann hört der Spaß auf.

Ich bin so sehr davon überzeugt, daß diese Boys hier großartig sind, daß ich jedem von ihnen einen Job in meiner Zivilband geben würde, falls ich nach dem Krieg eine haben sollte, ohne Ansehen seines musikalischen Könnens.

Wenigstens kennst Du, lieber George, jetzt meine Meinung zu diesem Thema. Schreib mir, wenn Du Zeit hast, aber nichts von *Metronome* — das interessiert mich nicht.

Herzlichst
Glenn Miller

Kapitel 37

Nicht nur das Spielen, auch das Leben wurde für Glenn und seine Leute im Laufe des Oktober noch intensiver und spannungsgeladener. Die Deutschen hatten die Reichweite ihrer Raketenbomben erhöht und Bedford war nun auch nicht mehr sicher. Obwohl keine Bomben direkt auf die Stadt fielen, schlugen einige doch nahe genug ein, um Fenster zu zertrümmern.
Der Ruhm der Band wurde größer und größer. Bis zu diesem Zeitpunkt waren die Live-Auftritte außerhalb von Bedford auf Konzerte für Soldaten beschränkt gewesen; das Verlangen der britischen Bevölkerung, die Band auch live erleben zu können, wurde jedoch immer dringlicher. Schließlich wurden Glenn und die Boys zu einem allgemein zugänglichen Jazz Jamboree eingeladen, das im *Stall Theater* in der Kingsway-Gegend von London abgehalten wurde und dessen Einnahmen zur Gänze wohltätigen Zwecken zugeführt wurden. Das Konzert war in kürzester Zeit völlig ausverkauft.
Auf dem ganzen europäischen Kriegsschauplatz wurde die Band mehr und mehr bekannt, nicht nur wegen ihres Beitrags zur Kampfmoral der Truppen, sondern ebenso wegen der Qualität ihrer Musik, sehr im Gegensatz zum offiziellen Armeeorchester. Als den Herren im Pentagon, die zwar weniger an Musik, um so mehr aber an Propaganda interessiert waren, dieser Sachverhalt klar wurde, beschlossen sie zu handeln. Der mächtige General George C. Marshall in Washington war enttäuscht und meinte, etwas müßte getan werden, um verlorenes Terrain zurückzugewinnen. Als er von dem Erfolg der Miller Band erfuhr, beauftragte er Generalleutnant Walter Bedell »Beetle« Smith, Eisenhowers Personalchef, mit Glenn Kontakt aufzunehmen.
Als Glenn den Befehl erhielt, zu einem Gespräch mit Smith nach Versailles zu kommen, hatte er nicht die leiseste Ahnung,

Glenn gratuliert dem Nachwuchsschlagzeuger Victor Feldman, der später in die USA emigrierte und einer der bekanntesten Jazzmusiker der West Coast wurde

Glenn mit britischen Bandleader-Kollegen Jack Parnell und Vic Lewis

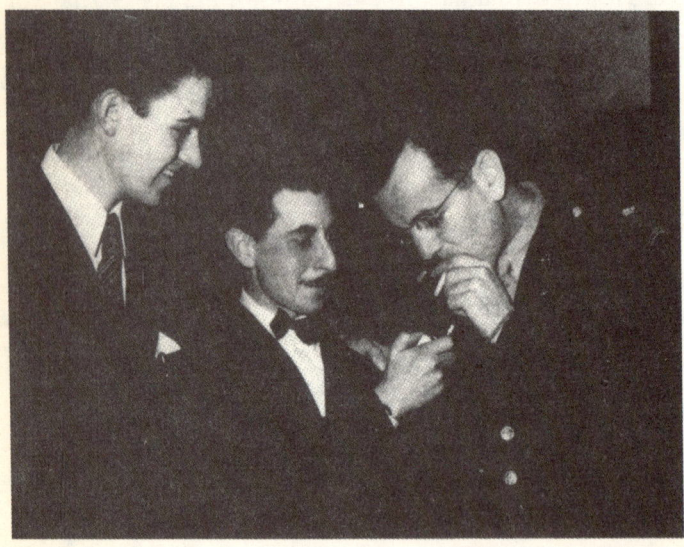

Generalleutnant Walter Bedell »Beetle« Smith

was man von ihm wollte. Natürlich wußte er, wer Smith war, aber angesichts des Gesprächs zwischen den beiden Offizieren ist es kaum anzunehmen, daß Smith jemals von *In the Mood, Moonlight Serenade, American Patrol* oder überhaupt von Glenn Miller gehört hatte.

Bei seinem Eintreffen in Smiths Büro erwies Glenn dem General eine stramme Ehrenbezeugung und hielt sie fast für die Länge eines halben Chorus, so lange, bis Smith, ein kleiner drahtiger Mann, der für seine rauhe knappe Art bekannt war, aufblickte und ihm bedeutete, bequem zu stehen. Das Gespräch war kürzer, als Glenns Ehrenbezeugung gewesen war.

»Wie würde es Ihnen gefallen, das US-Armeeorchester zu dirigieren?« fragte Smith.

»Überhaupt nicht, Sir«, erwiderte Glenn schnell.

»Und warum nicht, Major?«

»Weil ich von dieser Art Musik nichts verstehe, Sir.«

»Danke. Das ist alles, Miller.« Und das Gespräch war vorüber.

Etwas später machte ein irgendwie perplexer General Smith Glenn ein unfreiwilliges Kompliment. Wie erzählt wird, soll er gesagt haben: »Dieser Hurensohn Miller weiß zumindest, was er will.« Erstaunlich, wie es ihm gelang, Glenn in nur 15 Sekunden richtig einzuschätzen.

Für diejenigen, die ihn näher kannten, war Glenns Reaktion keineswegs überraschend. So wie er in New Haven immer frustrierter geworden war, weil es ihm nicht gleich gelang, mit seinen Leuten nach Übersee zu gehen, so brannte er nun vor Ungeduld, die Band nach Paris hinüberzubringen, um direkt für die Fronttruppen zu spielen. Er trieb seine Musiker bis an die Grenzen ihrer körperlichen Leistungsfähigkeit und begann sogar mit einer neuen Radiosendereihe für reine Propagandazwecke, die direkt nach Deutschland gestrahlt wurde und eine Besonderheit besaß: alle Worte, auch Glenns Ansagen und Johnny Desmonds einschmeichelnder Gesang, waren in deutscher Sprache.

Desmond hatte sich zu einem echten Star entwickelt. Sein Gesang war wesentlich besser geworden, und das verlieh Johnny wiederum neue Selbstsicherheit, die den gutaussehenden Sergeanten weit über einen üblichen Bandvokalisten hinaushob. Er bekam den Spitznamen »The Creamer«, den manche voller Naivität auf den weichen fließenden Klang seiner Stimme bezogen; viele verstanden jedoch die taktile Bedeutung dieses Wortes.*

Johnny kann sich noch gut an Glenns immer mehr steigende Reizbarkeit erinnern. »Besonders ärgerte ihn, wenn irgendein Oberst oder General zu ihm kam und witzig sein sollende Bemerkungen machte, etwa: ›Ich möchte wetten, es hängt Ihnen schon zum Hals heraus, dauernd *In the Mood* spielen zu müssen.‹ Glenn antwortete dann meist: ›Ich wünsche Ihnen, daß Sie eines Tages irgend etwas finden, das so gut für Sie ist, wie es *In the Mood* für mich war.‹ Nach einer Weile sahen wir nicht mehr allzuviel von Glenn. Er wohnte im *Mount Royal Hotel* in London und verbrachte viel Zeit dort. Aber er schien überhaupt nicht glücklich zu sein.«

Wenn er sich nicht im *Mount Royal* aufhielt, dann war Glenn oft

---

* cream = Sahne. Unübersetzbares Wortspiel mit »absahnen«

The Creamer

im *Langham Hotel* zu finden, genau gegenüber vom Gebäude der BBC. Dort teilten er und Paul Dudley sich ein Büro im 5. Stock. Im Nebenraum residierte Cecil Madden, Englands angesehenster Radio producer, der für alle über die Sender der BBC ausgestrahlten Shows verantwortlich war.

Heute, nach einer großen TV-Karriere, genießt Madden seinen wohlverdienten Ruhestand und pflegt seine Erinnerungen; auch die an »den Major. Er war ein überaus liebenswerter Mensch, äußerst charmant. Wir wurden gute Freunde. Ich besitze immer noch ein Buch mit Cartoons von George Price, *It's Funny to Be People*, das er mir geschenkt hat.«

Nicht nur die gemeinsame Arbeit brachte Madden und Miller einander näher; oft fanden sie sich während der Luftangriffe Seite an Seite im Keller-Konzertsaal der BBC, einem der sichersten Luftschutzräume von ganz London. Bei einem Besuch in London war ich auch im Gebäude der BBC, das mir als eines der solidesten Bauwerke erschien, die ich jemals gesehen habe. Bei dieser Gelegenheit erzählte mir Madden: »Manchmal waren hier an die 300 Menschen; sie mußten übereinanderklettern. Oft waren auch bekannte Sänger dabei, und wenn es lange dauerte, sangen sie für die Menschen.«

Eine oft anwesende Berühmtheit war David Niven, der in einem aufsichtführenden Quartett die RAF vertrat; die anderen Mitglieder waren Madden und Gorham von der BBC sowie Ed Kirby von der AEF. »Wir hatten drei hervorragende musikalische Organisationen: die von Miller, die der Canadian Air Force unter der Leitung von Robert Farnon* und die der britischen AEF unter Major George Melachrino.«

Das musikalische Niveau dieser Formationen muß beachtlich gewesen sein. Jedoch den tiefsten Eindruck hinterließ bei Madden jene Nacht, in der die Miller Band, die US-Navy Dance Band unter Sam Donahue und das englische Tanzorchester von Geraldo ihre Kräfte und Talente in einer atemberaubenden Version von Count Basies *One O'Clock Jump* vereinigten, einer der großen Nummern der Kriegsjahre. »Donahue spielte uns in dieser Nacht an die Wand«, berichtete Bernie Privin, »auch Glenn machte sich da nichts vor, und er bemühte sich immer um eine Revanche, aber dazu kam es nicht. Das war vielleicht eine Band!!«

Madden hat noch weitere Erinnerungen an Glenn Miller. »Ich sehe ihn noch vor mir, in seiner Uniform, wie er sich bei einem Stand mit Fish & Chips in der Reihe anstellte, wie jeder andere auch. Und dann trat er auf die Straße und aß sie gleich. Er liebte das.«

Die schmerzlichste Erinnerung Maddens ist jedoch die an sein letztes Gespräch mit Glenn, ein paar Tage vor dessen schicksalhaftem Flug. »Ich versuchte alles, um es ihm auszureden, aber er erklärte mir, er hätte versprochen, drüben bei einem Empfang zu erscheinen, und er wollte unbedingt sein Wort halten. Er war so verdammt starrköpfig.«

---

* Robert Farnon gilt heute als einer der herausragendsten und meistbewunderten Arrangeure und Dirigenten der Welt

Glenn mit einigen von seinen und einigen von Sam Donahues Musikern

Kapitel 38

Anfang November gab der Marquis von Queensberry, in dessen Club die Band mindestens einmal die Woche spielte, eine Party für alle Musiker; es war mehr ein Galadiner als eine Party. Nachher lud der berühmte englische Bandleader Jack Hylton Glenn, Don Haynes und noch einige andere auf ein paar späte Drinks in seine Wohnung ein. Hylton bewegte sich in den höchsten Kreisen. Unter seinen Gästen war diese Nacht auch A. V. Alexander, der britische Marineminister.
Nach einigen musikalischen Darbietungen, während derer auch der Minister sang und Klavier spielte, begannen sich die Hemmungen aller Anwesenden langsam in Alkohol aufzulösen, und Alexander zitierte einige erschreckende Statistiken über die Zerstörungen, die die deutschen Raketenbomben London und seinen Bewohnern zugefügt hatten. Und dann warf der Minister ein paar Sätze in die Konversation, die auf die Anwesenden wie eine Bombe wirkten: die USA entwickelten eine neue Waffe, die sogenannte Atombombe, deren Zerstörungspotential angeblich jenseits aller menschlichen Vorstellungskraft lag. Der Rest der Menschheit erfuhr von der Existenz dieser Bombe erst acht Monate später, als sie auf Hiroshima abgeworfen wurde.
Solche Neuigkeiten über den wachsenden Horror des Krieges waren nicht gerade dazu angetan, den immer deprimierteren und einsameren Major aufzuheitern. Wie Haynes und andere feststellten, waren Glenn seine Müdigkeit und Erschöpfung deutlich anzumerken. Die englische Küche war nicht nach seinem Geschmack, und so aß er wenig. Italienische Küche liebte er besonders, das *Villanova* in New York war sein Lieblingsrestaurant gewesen, aber England hatte auf diesem Gebiet kaum etwas zu bieten. Auch Steak und Roastbeef aß Glenn gern, aber nicht so, wie es die Engländer zubereiteten. Schon immer war er überaus heikel gewesen, was das Essen

betraf; Huhn aß er nur, wenn vorher sämtliche Knochen entfernt worden waren. Außerdem trank er gern zu jeder Mahlzeit zehn bis zwölf Glas Eiswasser, das in England sehr schwer zu bekommen war. Wie Haynes berichtete, war Glenns Gesundheit »nicht besser als sein Appetit. Er litt immer wieder unter Anfällen von Nebenhöhleninfektion und verlor eine Menge Gewicht. Seine maßgeschneiderten Uniformen, die er sich auf der 5th Avenue hatte machen lassen, paßten ihm bald nicht mehr; sie hingen an ihm herum.
Schon an der Art, wie er ging, konnte man seine Nervosität und Ruhelosigkeit erkennen. Man konnte kaum mit ihm Schritt halten — er rannte beinahe, ganz so, als hätte er eine Unmenge Dinge zu erledigen und viel zuwenig Zeit.«
Zwei Nächte, nachdem sie von der Atombombe erfahren hatten, nahmen Glenn und Don an einer »heißen« Pokerrunde im Offiziersclub teil. »Glenn gewann fast immer«, erzählte Haynes, »egal ob beim Pokern oder beim Würfeln; er wählte auch immer die richtigen Hits aus. Es schien, als ob er alles, was er berührte, in Gold verwandelte.«

An diesem Abend jedoch, zum ersten Mal, seit Haynes sich erinnern konnte, ließ Glenn das »typische Miller-Glück«, auf das bisher immer Verlaß gewesen war, vollkommen im Stich. Er zog eine schlechte Karte nach der anderen, und am Ende des Abends hatte er 18 Pfund verloren; die schlimmste Niederlage Glenns, die Haynes jemals miterlebt hatte.

Auf dem Weg nach Hause begann Glenn plötzlich in einer fatalistischen Art und Weise zu sprechen, die Haynes nicht an ihm kannte. »Don«, sagte er, »ich habe das starke Gefühl, ich werde Helen und Stevie nie wiedersehen. Ich weiß, das klingt seltsam, aber ich habe dieses Gefühl schon eine ganze Weile. Du weißt, das Miller-Glück war in den letzten fünf Jahren phänomenal, aber ich fürchte, damit ist es vorbei.« Und nach einer Pause fügte er hinzu: »Ich denke schon seit einiger Zeit, daß auf einer dieser Raketenbomben mein Name geschrieben steht.«

Eine Woche später hätte sich Glenns Vorahnung beinahe bestätigt. Er saß mit Don in seinem Zimmer im *Mount Royal*, als plötzlich eine neue Art von Raketenbombe, eine V-2, die schneller als der Schall flog und deren Anfluggeräusch daher erst nach der Explosion zu hören war, in gefährlicher Nähe einschlug und das Hotel in seinen Grundfesten erschütterte.

Am 15. November wurde Glenn erneut nach Versailles ins SHAEF-Hauptquartier beordert. Das nahegelegene Paris, seit zehn Wochen befreit, wimmelte nun von Soldaten, die hier ihren Urlaub verbrachten, und im Hauptquartier vertrat man die Meinung, die Burschen könnten eine Aufmunterung vertragen. »Was halten Sie davon, Ihre Band im nächsten Monat hier herüberzubringen und für die G. I.s und die Verwundeten in den Lazaretten zu spielen?« wurde Glenn gefragt.

Glenn zeigte sich begeistert von der Idee; genau das hatte er sich all die Monate gewünscht. Es war ihm jedoch klar, daß der Plan nur dann realisierbar war, wenn es ihm und seinen Männern gelang, vorher genügend Sendungen zu produzieren, damit die Radioshows für die Truppen nicht unterbrochen wurden. Die verschiedenen Einheiten spielten inzwischen insgesamt 17 Shows die Woche live; das hieß, die Männer würden in den folgenden

Wochen zusätzlich zu den Liveshows noch insgesamt 102 Shows vorproduzieren müssen.
Sofort nach seiner Rückkehr aus Versailles konfrontierte Glenn seine Musiker mit diesem Plan und fragte sie nach ihrer Meinung. Alle waren bereit, die ungeheure Belastung auf sich zu nehmen.
Eine große Hürde war allerdings noch zu überwinden. Die Aufzeichnungen gingen so vor sich, daß die Band in ihrem Studio in Bedford die Sendung abwickelte und diese über eine direkte Leitung ins BBC-Gebäude überspielt und dort auf Acetatfolien mitgeschnitten wurde. Diese Platten waren jedoch jetzt im Krieg Mangelware, wie viele andere Produkte auch. Als Glenn in der BBC seine Aufnahmepläne vorbrachte, legte sich der walroßbärtige Maurice Gorham, mit dem er schon im Juli aneinandergeraten war, quer: es sei der BBC vollkommen unmöglich, eine derart große Menge von Folien zur Verfügung zu stellen.
Wieder einmal trat Glenn, der Organisator, in Aktion. Er meldete sofort ein Telefongespräch mit seinem alten Freund Oliver Nicoll an, dem Produktionsleiter der American Broadcasting Station in Europa. »Ollie«, sagte er, »ich brauche 500 Acetatfolien, und zwar sofort. Geht das...? Gut... Schicke sie einfach an die BBC, zu Händen von Maurice Gorham. Er weiß Bescheid.«
Und am folgenden Tag begann die mörderischste Serie von Aufnahmen, die jemals eine Musikergruppe in- oder außerhalb der Armee über sich ergehen lassen mußte. An manchen Tagen begannen die Boys schon früh am Morgen, und es wurde 2 Uhr nachts, bis sie endlich todmüde mit geschwollenen Lippen und Blasen an den Fingern das Studio verließen.
George Voutsas, der die Aufnahmen vom Kontrollraum aus leitete, berichtete über die kriegsbedingt schlechte Qualität der Folien, die eine zusätzliche Belastung der Musiker darstellte. »Oft, wenn wir eine Sendung beinahe fertig hatten, kam plötzlich ein Anruf vom Tonmeister der BBC: ›Sorry, Freunde, Plattenfehler!‹ und wir mußten mit der ganzen Sendung noch einmal von vorne beginnen.«
Verglichen mit den Aufnahmegepflogenheiten von heute wirken die Leistungen dieser Musiker schon rein physisch betrachtet monumental. Es ist heute selbstverständlich, daß eine Rockband für die Produktion eines Plattenalbums Wochen, manchmal auch

Die Band bei Aufnahmen

Monate benötigt. Die professionellen, hervorragend trainierten und disziplinierten Musiker der Miller Band nahmen damals innerhalb von 18 Tagen das Äquivalent von 85 Plattenalben auf, und das neben ihren regelmäßigen Live-Auftritten.
Als die Aufnahmen fertig waren, teilte Glenn dies Gorham mit. »Sehr gut«, erwiderte dieser, »und nun sehen Sie zu, daß Sie mit Ihren Leuten heil nach Frankreich und wieder zurückkommen. Wir brauchen Euch hier!« Glenns kaltschnäuzige Antwort war: »Was machen *Sie* sich Sorgen? Sie haben ja die Aufnahmen.«
Glenns Depressionen nahmen immer mehr zu, und er versuchte vergeblich, sie hinter der Maske seines Stoizismus zu verbergen. David Mackay, immer noch sein Anwalt, aber zugleich Oberst der Armee mit guten Verbindungen zum Pentagon, hatte Mitte August in einem Brief an Don Haynes gemeint: »Ich bin schon sehr neugierig auf die Geschichten, die Ihr erzählen werdet, wenn Ihr heimkommt, was ganz sicher nicht mehr lange dauern wird — obwohl Glenn in seinem Pessimismus das Gegenteil annimmt.«

Am 26. November ließ Glenn in einem Brief an Mackay seinen Gefühlen freien Lauf. Nachdem er über seine Steuersituation geschrieben hatte, schloß er mit den Worten: »Laßt mich nur nach Hause kommen, dann kann die Regierung all mein Geld haben — mir ist es egal.«

Eines frühen Morgens machten sich Glenns verdrängte Ängste und Aggressionen auf andere Art Luft. Er berief für 8 Uhr ein Treffen aller Musiker ein und begann, völlig ohne ersichtlichen Anlaß, ein verbales Raketenbombardement, das sich gewaschen hatte und dem kaum einer entging. Einer der wenigen war Ray McKinley, der sich noch gut daran erinnert: »So etwas hatten wir noch nie erlebt. Er machte einige von den Boys so richtig zur Sau, zum Beispiel den armen Mel Powell, der nicht wußte, wie ihm geschah. Es war wirklich schlimm.«

»Er drohte einigen an, sie zur Infanterie versetzen zu lassen«, fügte Bernie Privin hinzu und George Voutsas meinte: »Was es besonders arg machte, war, daß er die Leute einen nach dem anderen vortreten ließ und sie vor versammelter Mannschaft abkanzelte.«

Ohne Zweifel war die unmenschliche Belastung durch die vielen Aufnahmen weder an Glenn, noch an den anderen spurlos vorübergegangen. Gewiß hatte Glenn früher noch ärgere Belastungen ertragen, aber da hatte er Helen an seiner Seite gehabt, da waren keine Raketenbomben vor seinem Hotelzimmerfenster explodiert und da war er auch nicht der ständigen Drohung des Fliegens ausgesetzt gewesen. Möglicherweise wurden nun seine Zweifel an sich selbst immer stärker und vielleicht begann er sich selbst zu hassen, weil er es immer schwerer fertigbrachte, seine Gefühle zu verbergen, wie es seiner puritanischen Mittelwestlerherkunft entsprach — auch nicht das »verächtlichste« aller Gefühle: die nackte Angst.

Kapitel 39

Ende November flog Don Haynes nach Paris, um für die Band ein akzeptables Quartier ausfindig zu machen. Er fand es auf der Place Clignancourt, im Herzen des farbenfrohen Stadtteils Montmartre. Das *Hôtel des Olympiades* war klein, schmalbrüstig und nicht übermäßig modern, schien aber bequem und zweckmäßig.
In Paris traf er zufällig mit Oberst Baesell zusammen, der ein Freund von ihm und Glenn war. Norman F. Baesell war einer der leitenden Offiziere der nahe an Bedford gelegenen Milton-Ernest-Garnison, mit der die Band ein Arrangement getroffen hatte: sie spielte in ihrer Freizeit Konzerte für die Offiziere und Mannschaften der Garnison, und dafür bekamen die Musiker dort in der Kantine regelmäßig zu essen. Baesell liebte Musik und genoß offensichtlich sein Leben, obwohl ihn manche Bandmitglieder nicht ausstehen konnten; Johnny Desmond bezeichnete ihn als »pain-in-the-ass*, einer von der Art, die sich auf Parties einen Lampenschirm aufsetzen und unbedingt in der Band Schlagzeug spielen wollen«.
Baesell flog oft nach Paris und kannte hier die »richtigen Leute«. Er besuchte mit Don einige führende Parfumerien, führte ihn zum Lunch in das protzige *Hôtel Raphael* und zum Dinner in das stinkfeine *Crillon;* anschließend folgten eine Show mit nackten Mädchen im *Casino de Paris* und schließlich noch einige Drinks in einer Bar nahe der Rue de la Paix. Am nächsten Vormittag machten sie eine weitere Runde durch die Parfumerien von Paris. »Schiaparelli's, mit samtverkleideten Wänden und Plafonds, mit 5 Zoll tiefen Teppichen und einem Duft, der einem überall hin folgt; die tollste Parfumerie, die ich jemals gesehen habe«, no-

---

* wörtlich: Schmerz im Arsch, in der Bedeutung von: Nervensäge

tierte Haynes in seinem Tagebuch. Anschließend gingen die beiden wieder ins *Raphael* zum Mittagessen; »nichts als das Allerbeste«, kommentierte Haynes. Offensichtlich wußte Baesell genau, wie man sein Leben genießt und wie man das dafür nötige Geld auftreibt. Kein Wunder, daß Baesell so oft in Paris zu finden war — und kein Wunder, daß viele der schlechtbezahlten G.I.s, die das mit ansahen, Typen wie ihn nicht leiden konnten.

In der Zwischenzeit war die Band in Bedford in Klausur und absolvierte ihr Monsterprogramm an Voraufzeichnungen der Radioshows. Glenn war dabei nicht immer persönlich anwesend: er hielt sich oft in seinem Hotelzimmer oder in seinem Büro auf. Etwa eine Woche vor dem geplanten Termin seiner Abreise nach Paris schlug jene V-2 in der Nähe des *Mount Royal* ein. Einige Zivilisten wurden so zerfetzt, daß man ihre Leichen nicht mehr identifizieren konnte. Der Horror des Krieges rückte Glenn immer dichter auf den Leib.

Am Morgen des Dezember beendete die Band ihre letzte Aufnahme. Abends spielte sie zum letzten Mal im *Queensberry Club*, und der Marquis ließ es sich nicht nehmen, alle Musiker anschließend zu einem Abschiedsessen einzuladen. Von da an hatten die Boys nichts mehr weiter zu tun, als ihre persönlichen Habseligkeiten und die über 5000 Pfund schwere Ausrüstung der Band für die bevorstehende Abreise der Band zu verpacken.

Unter Glenns Dokumenten wurde später eine »Transportliste« gefunden, auf der 36 verschiedene in Kisten, Schachteln und Koffern verpackte Posten eingetragen sind: Trommeln, Becken, Notenständer, Instrumente, Aufnahmegeräte und Verstärker, das komplette Notenmaterial von Miller und von McKinley, Notenpapier, Radiomanuskripte und Reparatursets für die Instrumente.

Diese Reparatursets waren ein weiterer Beweis für Glenns Weitblick und erwiesen sich als Segen für die Band. Hier in England waren nicht nur Ersatzteile für Instrumente rar, sondern ebenso Handwerker, die sie einbauen konnten. Zwei dieser Leute hatte Glenn in weiser Voraussicht rekrutiert. Der eine, Julie Zifferblatt, hatte der Band schon in den Staaten gute Dienste geleistet; den anderen, Vito Pascucci, ergatterte Glenn erst im letzten Mo-

ment vor der Abreise. Pascucci übte seinen Job wie ein Jazzmusiker aus, er war ein Genie der Improvisation. Auf einer der Flugreisen war Bernie Privins Trompete aus dem Futteral geglitten und von verrutschenden Gepäckstücken zerquetscht worden. Bis heute weiß niemand, wie das möglich war, aber Pascucci gelang es, das Horn innerhalb von 24 Stunden so wunderbar zu reparieren, daß Privin schwor, es funktioniere besser als vorher. Pascuccis Talent kam später auch ihm selbst zugute: heute ist er der hochangesehene und wohlhabende Präsident einer der größten Instrumentenerzeugungsfirmen der Welt.
Maurice Gorham von der BBC schrieb an Glenn einen Abschiedsbrief, zwei Tage vor dessen geplanter Abreise nach Paris. Darin hieß es:
»Ich möchte Ihnen auf diesem Wege alles Gute für Ihre Reise wünschen und bin sicher, Sie werden auch in Paris großartige Arbeit leisten. Wie ich höre, haben Sie hier bei der Vorproduktion Wunder vollbracht, aber ich hoffe sehr, daß es möglich sein wird, einige Shows aus Paris zu übertragen, um das Programm zu beleben. Wie Sie wissen, denke ich dabei vor allem an den Weihnachtsabend, und ich hoffe, wir können auch für Silvester etwas arrangieren.
Ich hoffe sehr, wir treffen uns in absehbarer Zeit drüben. Nehmen Sie inzwischen meine besten Wünsche entgegen.«
Aus dem Hauptquartier des Herzogs von York traf ein Schreiben ein, aus dem die Gefühle der Menschen, die Glenn in England zurücklassen sollte, wesentlich deutlicher hervorgingen:

Lieber Major,
glücklicherweise heißt es »au revoir« und nicht »good-bye«. Ich nehme die Gelegenheit wahr, mich für die viele Freude zu bedanken, die Sie unseren Soldaten in den letzten Monaten bereitet haben. Der Gradmesser dafür war der Andrang zu Ihren Konzerten und ebenso der donnernde Applaus, der Ihnen und Ihren Leuten zuteil wurde.
Sie haben Großes geleistet, und im Namen der Truppe möchte ich Ihnen und jedem einzelnen Mitglied Ihrer Organisation herzlich dafür danken.

Das letzte Bild, aufgenommen am 12. Dezember 1944: Paul Dudley, Glenn und Don Haynes

Was mich persönlich betrifft, so wissen Sie, daß ich ein großer Fan Ihrer Musik bin und daß niemand Sie mehr vermissen wird als ich.
Ich wünsche Ihnen für Ihre neuen Aufgaben alles erdenklich Gute und hoffe, daß alles gutgehen wird und daß Sie bald und sicher zu uns zurückkehren.

Glenns offizielle Reiseorder, derzufolge er »am oder um den 14. Dezember 1944 mittels Militärflugzeug« nach Frankreich abreisen und »nach erfüllter Aufgabe an seinen derzeitigen Dienstort zurückkehren« sollte, trug den Vermerk: »Auf persönlichen Befehl von General Eisenhower.«
Ursprünglich war die Order, ein paar Tage vor der Band abzureisen, an Don Haynes erteilt worden, aber in letzter Minute hatte der immer ungeduldigere Glenn entschieden, er wolle selbst vorausfliegen, und die Papiere waren auf seinen Namen abgeändert worden.
Glenn wollte am Morgen nach der Abschiedsparty fliegen, und Don übernachtete deshalb in London; er wollte ihn auf den Flug-

platz bringen. Das Wetter an diesem 13. Dezember war jedoch so schlecht, daß kein Flugzeug starten konnte. Don informierte Glenn über alle nötigen Details, mit wem er in Paris Kontakt aufnehmen sollte, nannte ihm auch den Namen des Managers des Hotels, wo die Band wohnen würde, und machte sich dann auf den Weg nach Bedford. »Der Nebel war so dicht«, schrieb er in sein Tagebuch, »daß die Schaffner der großen Doppeldeckerbusse knapp vor den Fahrzeugen hergingen und den Chauffeuren mit Taschenlampen den Weg wiesen, damit sie nicht auf den Bürgersteig gerieten oder mit anderen Wagen zusammenstießen. Ich habe noch nie einen solchen Nebel erlebt. Die Fahrt nach Bedford dauerte viermal so lange wie gewöhnlich.«

Am folgenden Tag, dem 14. Dezember, traf Don beim Mittagessen im Offiziersclub mit Baesell zusammen, der ihm erzählte, er fliege am nächsten Morgen in General Goodrichs Privatflugzeug nach Paris: Don möge doch mitkommen und sie könnten wieder etwas gemeinsam unternehmen. Don erwiderte, er sei wegen des bevorstehenden Transportes der Band unabkömmlich; Glenn würde aber sicher gerne mitfliegen. Baesell schlug vor, Glenn im Hotel anzurufen und die notwendigen Vereinbarungen zu treffen. Was weiter geschah, notierte Haynes in seinem Tagebuch:

»Wir riefen Glenn an und erfuhren, daß er festsaß und wenig Hoffnung für ihn bestand, am nächsten Morgen wegzukommen; die reguläre Transportmaschine war 5 Tage nicht geflogen, und selbst gutes Flugwetter am nächsten Tag würde ihm nichts nützen, denn auf der Warteliste standen mehrere Offiziere mit höherem Rang als er. Er freute sich über Baesells Einladung und bat mich, ihn am nächsten Tag abzuholen.

Ich fuhr sofort nach dem Lunch nach London und war um 4 im *Mount Royal;* Glenn wartete bereits auf mich mit fertigem Gepäck, und wir fuhren gleich wieder zurück nach Bedford, wo wir im Offiziersclub mit Oberst Baesell zum Abendessen verabredet waren. Nach einigen Runden Poker mit Baesell, Major Koch und Stabsfeldwebel Earlywine beschlossen wir, zu Bett zu gehen; der Oberst wollte schon frühmorgens abfliegen, sobald das Wetter es erlaubte.

Glenn und ich saßen jedoch dann noch bis halb vier am Kamin und plauderten; er war in gesprächiger Stimmung, und obwohl er vorher gesagt hatte, er wolle sich ausschlafen, wirkte er ruhelos und überhaupt nicht müde. So saßen wir, sprachen und planten.
Wir sprachen über seine geplante Band nach dem Krieg, über Steuern usw. und beschlossen, nur sechs Monate pro Jahr zu arbeiten: den Rest der Zeit wollten wir Golf spielen, mit einem Wohnwagen in den Nordwesten hinauffahren und im Columbia River Lachse fischen, auf Glenns kalifornischer Ranch ›*Tuxedo Junction*‹ Orangen züchten, vielleicht gelegentlich ein paar Aufnahmen machen und natürlich viel Zeit mit unseren Familien verbringen.
Glenn wollte Polly und mir auch einen Teil seines ›*Tuxedo Junction*‹-Grundstückes schenken, damit wir uns darauf ein Haus bauen konnten, außerdem wollte er mich bei seiner Nachkriegsband zum Partner machen. Er meinte, bei der derzeitigen Steuersituation sei es das beste, er hätte sein Schäfchen im trockenen und wolle mir auch dazu verhelfen. Wir besprachen sogar die Besetzung der Nachkriegsband und daß sie ihr erstes Engagement im New Yorker *Paramount* bei Bob Weitman spielen werde. Glenn und ich hatten mit Weitman bereits einen sechswöchigen Gig mit Option auf zweiwöchige Verlängerung abgesprochen. Die Wochengage sollte 15 000 $ betragen, mehr, als einer Band jemals bezahlt worden war.
Über das alles sprachen wir in dieser kalten regnerischen Nacht. Dann nahmen wir beide eine heiße Dusche und gingen zu Bett.
Am Morgen läutete um 9 das Telefon; es war Baesell: das Wetter sei nach wie vor schlecht, Abflug am Vormittag unmöglich, jedoch sei für Nachmittag eine Besserung angekündigt, und in diesem Fall wolle er sofort abfliegen. Er schlug ein gemeinsames Mittagessen vor, Glenn solle gleich sein Gepäck mitbringen. Wir standen auf, zogen uns an, frühstückten und lasen die Morgenzeitungen, dann überprüften wir noch einmal, ob wegen des Bandtransportes alles in Ordnung war.
Wir betraten Oberst Baesells Zimmer, als er gerade beim Packen war, und er meinte, er habe soeben mit dem Piloten Morgan te-

lefoniert, der ihm mitgeteilt hätte, das Wetter bessere sich. Kurz nach Mittag würde er erfahren, ob er Fluggenehmigung bekäme oder nicht. Während des Lunchs wurde der Oberst zum Telefon gerufen und kam lächelnd zurück: Morgan hatte angerufen, er hatte Fluggenehmigung erhalten und würde innerhalb der nächsten Stunde auf dem Flugplatz Twinwood Farm sein.
Major Koch und Stabsfeldwebel Earlywine begleiteten uns zum Wagen, und nach einigem Schulterklopfen und scherzhaften Warnungen vor den Demoisellen auf der Rue de la Paix fuhren wir zunächst zum Wohnsitz von General Goodrich, der auf dem Weg zum Flugplatz lag; Baesell wollte von seinem bettlägerigen Chef noch einige letzte Instruktionen einholen.
Glenn und ich warteten im Wagen, während der Oberst zu General Goodrich hinaufging, und noch bevor er wiederkam, begann es erneut zu regnen. Dunkle tiefhängende Wolken bedeckten den Himmel, und Glenn äußerte Zweifel, ob Morgan bei diesem Wetter überhaupt den Flugplatz von Twinwood Farm finden würde, um sie abzuholen. Dann kam Baesell durch den Regen gelaufen, und zehn Minuten später waren wir auf dem Flugplatz, stellten den Motor ab und warteten auf die Maschine.
Der starke Regen war inzwischen in ein stetiges Nieseln übergegangen, und die Wolkendecke schien höchstens 200 Fuß hoch zu sein; ich begann mich zu fragen, ob Glenn mit seiner Bemerkung vorhin nicht recht gehabt habe, denn Morgan war nun bereits überfällig. Über eine halbe Stunde saßen wir rauchend und plaudernd im Wagen. Schließlich knöpfte der Oberst seinen Trenchcoat bis zum Hals zu und ging zum Tower, um sich zu erkundigen. Als er zurückkam, berichtete er, Morgan sei pünktlich von seiner Basis im Norden abgeflogen und müsse jede Minute hiersein.
Glenn war sichtlich nervös, stieg aus dem Wagen und suchte den Himmel ab, mit dem Erfolg, daß seine Brille mit Regentropfen bespritzt wurde. Während er sie mit seinem Taschentuch abwischte, stiegen auch der Oberst und ich wieder aus. Es war kalt; als wir zum Tower hinübergingen, las ich das Thermometer ab: es zeigte 1 Grad plus.
Mir lief der Regen ins Genick, und ich zog meinen Trenchcoat zurecht. Gerade als Glenn mißmutig sagte: ›Morgan findet diesen

Glenns Reiseorder

Flugplatz nie. Nicht einmal die Vögel fliegen heute‹, hörte man das Dröhnen eines Flugzeugmotors; es schien aus nördlicher Richtung zu kommen und wurde immer lauter. ›Das ist Morgan‹, sagte Baesell. Das Motorgeräusch wurde lauter, die Maschine schien direkt über dem Platz zu sein, obwohl wir wegen der Wolkendecke nichts von ihr sehen konnten.
Nun schien sich der Motorenlärm Richtung Süden zu entfernen. ›Was habe ich gesagt, Oberst‹, meinte Glenn, ›ich wette, er kann den Flugplatz in diesem Wetter nicht finden.‹
›Wetten Sie lieber nicht, Glenn‹, erwiderte Baesell, ›Morgan ist ein Teufel von einem Piloten. Er hat 32 Einsätze mit einer B-24 geflogen und solches Wetter ist er gewöhnt. In spätestens zehn Minuten ist er gelandet.‹ Noch während er sprach, wurde das Motorengeräusch wieder lauter, und kurz darauf kam das Flugzeug über der Mitte der Rollbahn in Sicht und beschrieb einen Kreis; offensichtlich wollte der Pilot einen Blick auf den Windsack des Towers werfen. Schließlich setzte er auf, gegen den Westwind, der den Regen waagrecht in östliche Richtung trieb.

Die Rollbahn von Twinwood Farm, von wo Glenn zur letzten Reise startete, vom Autor 1973 aus einem fahrenden Auto aufgenommen

Wir stiegen wieder in den Wagen und fuhren zum Ende des Betonbandes, wo Morgan mit dem Flugzeug langsam auf uns zurollte. Er ließ den Motor laufen, öffnete die Tür der neunsitzigen Kabine und winkte uns zu. ›Hi‹, rief er, ›tut mir leid, daß ich so spät komme, bin in ein paar schlimme Böen geraten. Aber über dem Kontinent soll das Wetter angeblich besser sein.‹ Der Oberst übergab Morgan sein Gepäck und ging noch einmal zum Wagen zurück, um die Kiste mit den leeren Champagnerflaschen zu holen. Flaschen sind in Paris Mangelware, erklärte er, und man bekommt ohne leere Flaschen keinen neuen Champagner. Ich schob Glenns Gepäck durch die offene Kabinentür und schüttelte Morgan die Hand, dann kletterten Glenn und Baesell an Bord. Der Oberst nahm auf dem Sitz des Copiloten Platz, Glenn direkt hinter ihm. Als alle ihre Gurte festschnallten, winkte ich und rief: ›Wir sehen uns morgen in Paris. Hals- und Beinbruch!‹ — ›Danke, Haynsie, wir können es brauchen‹, rief Glenn zurück.*

Ich warf die Tür zu, verriegelte sie und trat dann zurück. Morgan gab Gas, lockerte die Bremsen und sie rollten die Startbahn ent-

---

* Obwohl es in Haynes' Tagebuch nicht erwähnt wird, war dies der Moment, wo Glenn fragte: »Hey, wo zum Teufel sind die Fallschirme?« und Baesell erwiderte:

»Was ist los, Miller, wollen Sie ewig leben?« Johnny Desmond erzählte außerdem, Glenns Besorgnis hätte sich noch gesteigert, weil die Maschine nur einen Motor hatte. Baesell aber hätte gesagt: »Verflucht noch mal, Lindbergh ist mit nur einem Motor über den ganzen Atlantik geflogen. Wir fliegen ja nur nach Paris«.

lang, immer schneller, bis die Maschine schließlich abhob. Es dauerte nicht einmal eine Minute, bis sie in der dichten Wolkendecke verschwand. Ich stieg in den Wagen und fuhr zurück nach Bedford.«

Kapitel 40

Drei Tage später kam Don Haynes mit den Musikern der Band in Frankreich an. Die Reise verlief ohne jeden Zwischenfall. Niemand nahm an, daß Glenn etwas zugestoßen sein könnte; jeder war überzeugt, daß alles in Ordnung war und daß Glenn sie auf dem Flugplatz erwarten würde.

Zeke Zarchy berichtete: »Am Morgen nach Glenns Abflug wurden wir alle zum Lufttransportkommando nach Bovington gebracht, eine Fahrt von etwa 50 Meilen. Dort warteten drei C-47, die uns nach Paris bringen sollten. Aber das Wetter war scheußlich, keine Rede von Starterlaubnis. Wir hingen ein paar Stunden am Flugplatz herum, dann brachten sie uns wieder nach Bedford. Exakt das gleiche geschah am nächsten Tag. Am übernächsten Tag jedoch schien die Sonne, der Himmel war blau, das Wetter einfach prachtvoll. Keine Wolke war zu sehen. Nach einem problemlosen Flug landeten wir in Orly, ganz am Ende der Landebahn, mitten im Dreck.

Eigentlich hätten wir schon merken sollen, daß etwas nicht stimmte, als uns niemand erwartete; auch keine Busse waren da. Don Haynes stieg aus und sagte, er würde Glenn anrufen und sich um eine Transportmöglichkeit kümmern. Dann warteten wir mindestens zwei Stunden, bis endlich zwei französische Zivilbusse eintrafen; Don saß im ersten. Wir stiegen alle ein. Jemand fragte: ›Wo ist eigentlich der Major?‹ Aber niemand dachte an etwas Böses — noch nicht. Wir fuhren zu einem kleinen Hotel; es war gerade groß genug, um uns alle aufzunehmen. Don unterrichtete uns, daß wegen der Kriegslage eine nächtliche Ausgangssperre verhängt worden war. Dann sagte er: ›Und jetzt hole ich den Major.‹

Am nächsten Tag kam er zurück und rief uns alle zusammen. ›Ich will nicht, daß einer von euch das nach Hause schreibt‹, sagte er,

Zeke und Peanuts in Paris

›und es gibt vorläufig auch noch keinen Grund zur Panik, aber niemand weiß, wo der Major ist. Sie suchen ihn schon überall.‹ Und das erzählte er uns unverändert mehrere Tage lang.«

In der Zwischenzeit leitete Don zusammen mit den Leuten vom Hauptquartier eine intensive Untersuchung ein. Es stellte sich heraus, daß in der vergangenen Woche praktisch kein Flugverkehr zwischen England und Frankreich stattgefunden hatte; das einzige Flugzeug, das England in Richtung Frankreich verließ, war eine einmotorige Maschine, von der seitdem niemand mehr etwas gehört hatte.

Don telefonierte mit dem *Ritz* und dem *Raphael*, wo Baesell gut bekannt war, aber als er erfuhr, weder Baesell noch Glenn seien dort gesehen worden, fuhr er direkt in das SHAEF-Hauptquartier. Er bat General Barker, den Personalchef, Baesells Vorgesetzten, General Goodrich, in England anzurufen, und Barker forderte ihn auf, das Gespräch mitzuhören.

Aus Dons Tagebuch: »Barker erkundigte sich, ob Oberst Baesell zugegen sei, und kaum hatte er den Namen ausgesprochen, begann Goodrich lästerlich zu fluchen: der verdammte Kerl sei

Freitag nach Paris geflogen und hätte gestern zurückkehren sollen, er sei aber weder erschienen, noch habe er irgend etwas von sich hören lassen. Barker informierte Goodrich über die Situation, und dieser bekam einen erneuten Wutausbruch, als er hörte, Baesell und Miller seien in einer C-64 geflogen, die, wie er betonte, keine Enteisungsvorrichtung besaß (auf dem Flugplatz hatte es nur 1 Grad plus gehabt und über dem Ärmelkanal mußte man mit 8—10 Grad weniger rechnen). Goodrich meinte, er hätte von seinem persönlichen Piloten Morgan nie erwartet, daß dieser so leichtsinnig sei, bei derartigen Wetterverhältnissen mit einer C-64 über den Kanal zu fliegen, und Barker erwiderte, er würde bei Tagesanbruch eine Suchaktion starten. Dann legte er den Hörer auf, blickte mich an und sagte langsam: ›Sieht nicht gut aus, Leutnant. Ich fürchte, Major Miller hat es erwischt.‹«
Es war schwer, dieser Tatsache ins Auge zu blicken — und ist es bis heute geblieben. Die verdrehtesten Versionen darüber, »was wirklich geschah«, machten die Runde, aber keine konnte auch nur annähernd Anspruch auf Authentizität erheben. »Das Flugzeug wurde abgeschossen, Glenn wurde schwer verletzt, ist heute ein Krüppel und schämt sich, dem Publikum gegenüberzutreten«; das war eines dieser Gerüchte. Andere lauteten: »Glenn Miller wurde bei einer Rauferei in einem Bordell erschlagen« oder »Oberst Baesell war in Schwarzmarktgeschäfte verwickelt: er erschoß unterwegs Glenn und den Piloten, landete die Maschine selbst und tauchte unter«. Diese und noch weitere phantasievolle Stories machten damals die Runde, und sogar heutzutage hört man sie noch ab und zu. Warum scheint es so schwierig zu sein, die wahrscheinlichste Version zu akzeptieren? Die aber lautet: Glenn Miller mußte sterben, weil ein Oberst es nicht erwarten konnte, nach Paris zu kommen und weil ein risikofreudiger Pilot seine eigenen Fähigkeiten und die seines Flugzeugs drastisch überschätzte.
Es dauerte ein paar Tage, bis die Musiker wirklich begriffen, daß sie Glenn nie mehr sehen würden. Jedes Mal, wenn Haynes mit der Nachricht, es werde immer noch gesucht, aus dem Hauptquartier zurückkam, wurde ihre Hoffnung kleiner, und schließlich fügten sie sich in das Unvermeidliche. Helen Miller tat das nicht. Die erste Woche lang wußte sie überhaupt nicht, daß

Glenn vermißt war. Don hegte immer noch die verzweifelte Hoffnung, Glenn sei am Leben und bettelte bei seinen Vorgesetzten immer wieder, die übliche telegrafische Verständigung Helens noch zu verschieben. Aber am 23. Dezember wußte auch er, daß es keinen Sinn mehr hatte, noch länger zu warten.
Das Telegramm mit seinen beiden Sternen wurde dem Heim der Millers in Tenafly zugestellt; kurz darauf folgte ein persönlicher Anruf von General »Hap« Arnold, dem obersten Chef der AAF. Tom Sheils, der nach wie vor Glenns geschäftliche Angelegenheiten betreute, besuchte Helen kurz nachdem das Telegramm eingetroffen war. »Sie war ruhig und gefaßt«, berichtete er. »Und, weißt du was? Fünf Tage nach Glenns Verschwinden erhielt Helen einen wunderschönen Radiophonographen. Glenn hatte das als Weihnachtsüberraschung arrangiert.«
Helens Eigenschaft, stets auf die Gefühle anderer Rücksicht zu nehmen, hatte ihr und Glenn in harten Zeiten oft geholfen; ihr Verhalten in dieser schrecklichen Situation zeigte deutlich, daß sie diese Eigenschaft immer noch besaß. Sofort nach Erhalt des schicksalhaften Telegramms kabelte sie an Don: POLLY IST BEI MIR. ICH BIN OKAY UND WARTE AUF GUTE NACHRICHT ÜBER GLENN. Und am Weihnachtstag, nur zwei Tage nach der Hiobsbotschaft, schrieb sie an Don den folgenden Brief:

Lieber Don,
Polly war die ganze Zeit hier bei mir, seit ich vorgestern das Telegramm vom Kriegsministerium erhielt. Es war ein schrecklicher Schock für mich, aber seit ich Zeit hatte, darüber nachzudenken, finde ich, es braucht schon mehr als nur eine Vermißtenmeldung, um mich in die Knie zu zwingen. Ich bin sicher, Glenn wird auftauchen, vielleicht bald, vielleicht erst in ein paar Monaten. Wenn Du zuerst von ihm hörst, sage ihm, mir geht es gut und ich warte nur auf ihn.
Letzte Nacht haben wir den Weihnachtsbaum aufgeputzt, und Du hättest Stevie heute erleben müssen: die Augen fielen ihm beinahe aus dem Kopf, als er den Baum und die Spielsachen sah. Ich erzählte ihm alles über Santa Claus, und er war so aufgeregt und hatte einen wunderschönen Tag. Wir hör-

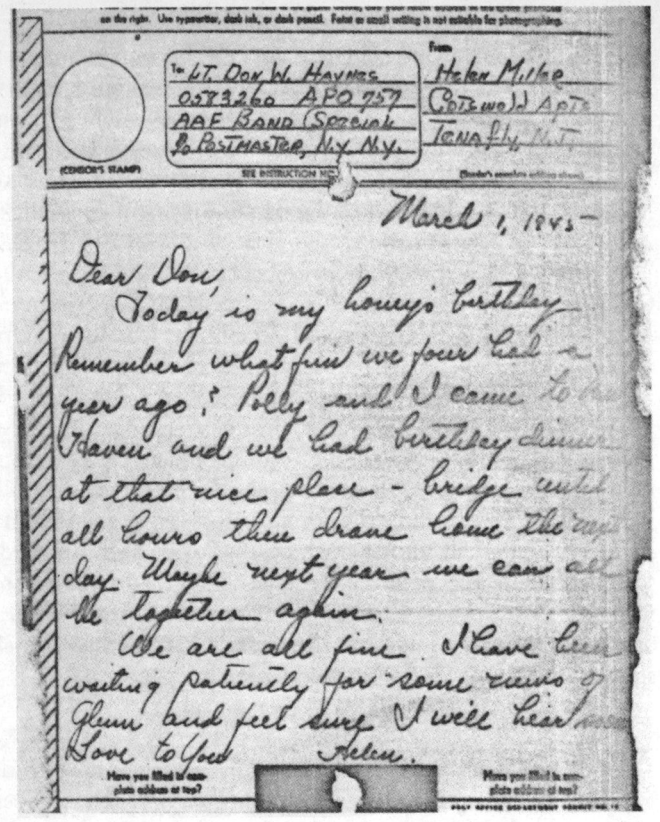

ten das Weihnachtsprogramm aus Paris, und es ist so schön, zu wissen, daß Du dort bist.
Polly hat mir sehr geholfen, und wir sind vernünftig und hoffen auf gute Nachricht. Schreib mir bald.

Herzlichst
Helen

P. S.: Polly sagt, sie schreibt Dir später.

Das Weihnachtsprogramm, das Helen hier erwähnt, war eine Sendung von 5 Minuten Dauer, in der die Musiker der Band ihren Angehörigen zu Hause Grüße sandten. Zu Beginn spielte das Orchester die *Moonlight Serenade*, und anschließend wurden die Namen der Musiker verlesen; eine subtile, aber sichere Methode, die Familien zu informieren, daß die Männer lebten und nicht mit Glenn zusammen abgestürzt waren. Wie Gitarrist Carmen Mastren berichtet, hatten einige der Musikerfrauen bereits über die Filmschauspielerin Joy Hodges, die mit Stabsfeldwebel Paul Dudley verheiratet war, erfahren, daß nur Glenn allein vermißt wurde. Helen hoffte weiter. An Glenns 41. Geburtstag schrieb sie wieder an Haynes:

Lieber Don,
heute hat mein Liebster Geburtstag. Weißt Du noch, wieviel Spaß wir vier vor einem Jahr hatten? Polly und ich kamen nach New Haven, wir gingen zum Geburtstagsessen in dieses nette Restaurant und spielten dann Bridge, bis der Morgen graute. Vielleicht können wir es kommendes Jahr wieder so ähnlich machen. Uns allen geht es gut. Ich warte geduldig auf Nachricht von Glenn und bin sicher, ich werde bald von ihm hören.

Alles Liebe
Helen

Seit Millers Verschwinden hatten verschiedene Spitzenoffiziere begonnen, über die Zukunft der Band nachzudenken. Kurz nachdem die Musiker in Paris eingetroffen waren, hatte die Ardennenschlacht begonnen. »Wir durften nachts nur in Gruppen ausgehen«, erinnerte sich Zeke Zarchy, »denn einige Soldaten waren in Hinterhalte geraten und man hatte ihnen die Gurgel durchgeschnitten.« Um diesem Treiben ein Ende zu setzen, begannen die Alliierten Streitkräfte alle verfügbaren Reserven in die Schlacht zu werfen. Gerüchte schwirrten umher, die Band sollte aufgelöst und die Musiker als Sanitäter und Ambulanzfahrer an der Front eingesetzt werden.
Diese Gerüchte verschwanden aber schlagartig nach dem ersten Konzert der Band. Am 21. Dezember spielte sie im *Palais de Glace* in Anwesenheit hoher Offiziere für Frontsoldaten, die

Der neue Bandleader Ray McKinley

einen 48stündigen Urlaub erhalten hatten. Die Reaktion war überwältigend; die Boys trampelten und brüllten vor Begeisterung und verlangten immer noch mehr. Das genügte, um General Barker von der Wichtigkeit dieser Art von Truppenbetreuung zu überzeugen. Am nächsten Tag sagte er zu Haynes: »Wenn Sie in der Lage sind, die ursprünglich geplanten Auftritte der Band auf dem Kontinent zu organisieren und wenn sie diese wunderbare Organisation unter Kontrolle halten können, bekommen Sie von mir jede nur mögliche Unterstützung.«

Haynes war zu beidem in der Lage, der General hielt sein Wort und von Frontdienst für die Musiker war keine Rede mehr. Anstatt dessen folgte Konzert auf Konzert: im *Olympia*, im *Marignan*, im *Sportpalast*, im *Palais de Glace*, in verschiedenen Rot-Kreuz-Clubs und Soldatenclubs und auch oft in Lazaretten. Das gesamte Orchester machte wöchentlich Aufnahmen für den Rundfunk, ebenso die kleineren Formationen *Swing Shift* und *Strings with Wings*. Ein ausgefüllter Terminkalender, gewiß; aber, wie Ray McKinley meinte: »Verglichen mit England war das gar nichts.«

McKinley genoß den Respekt der meisten Musiker. Seit Glenns

In Paris. Von links: Trigger Alpert, Bill Conway (von den Modernaires), Zeke Zarchy, Don Haynes, Jimmy Priddy und Jerry Gray

Verschwinden war er der einzige in der gesamten Einheit, der schon vor dem Krieg einen Namen und große Erfahrung als Bandleader gehabt hatte. In England war er der Leiter des großen Tanzorchesters gewesen; diese Funktion übte er in Frankreich weiter aus, wurde hier aber auch, zumindest moralisch, als der Leiter der gesamten Einheit angesehen.

Bassist Trigger Alpert erzählte mir, McKinley sei einmal von einem General gefragt worden, wie die Dinge stünden und ob alles in Ordnung sei. An Stelle der üblichen »Jawohl, Sir«-Antwort sprach Mac frei von der Leber weg und meinte, die Unterkunftsbedingungen wären unter aller Kritik. Das Hotel sei so miserabel beheizt, daß die Männer ernsthaft befürchteten, ihnen würden lebenswichtige Organe abfrieren. Niemand weiß, ob es ein zufälliges Zusammentreffen war, oder ob der General wirklich auf Rays Klagen reagiert hatte, aber einige Tage danach wurde das Hotel ausreichend mit Heizmaterial versorgt.

McKinley selbst, ein integrer Mann mit Humor und Phantasie, gab kürzlich zu, er habe an den fraglichen Abend nur sehr ver-

schwommene Erinnerungen. »Ich weiß noch, mein Gesprächspartner war General Spatz, der, wie du weißt, ein hohes Tier war. Aber ansonsten weiß ich nur, daß eine Menge Alkohol geflossen ist; möglicherweise habe ich dadurch einige Dinge gesagt, die ich sonst nicht gesagt hätte. Aber vielleicht übertreibt Trigger auch.«
Über eines waren sich McKinley, Alpert, Zarchy und alle anderen, mit denen ich sprach, einig: Glenn hatte die Band und ihre Aktivitäten so vorbildlich organisiert, daß alles auch ohne seine Gegenwart präzise funktionierte. Seine oft kritisierte Neigung zu Disziplin und Routineformeln machte es möglich, daß die Band in den acht Monaten, die sie auf dem europäischen Kontinent verbrachte, keinerlei Probleme hatte — weder die Gesamteinheit, noch die einzelnen kleineren Einheiten.
Als neuer kommandierender Offizier der Gruppe tat Haynes, was er konnte, war aber in einer schwierigen Lage. Bisher war er ein reiner Administrator gewesen, der die Pläne ausführte, die Glenn für ihn und die Gruppe entworfen hatte. Er besaß kaum musikalische Kenntnisse und war daher nicht imstande, Glenns Position voll auszufüllen. Dennoch war er sich der immensen persönlichen Verantwortung bewußt, die er unter so schwierigen Umständen übernommen hatte, und erkannte genau, daß er das Bindeglied zwischen den 62 Mitgliedern der Einheit und dem AAF-Hauptquartier war und daß ihrer aller Zukunft vom Funktionieren dieser Verbindung abhing. Auch den Musikern wurde dies nach und nach klar, obwohl einige von ihnen seine häufige Abwesenheit von der Band kritisierten.
Noch einen weiteren schwierigen Job mußte Don übernehmen: Glenns persönliche Angelegenheiten zu ordnen. Abgesehen von der emotionellen Belastung, die das für ihn mit sich brachte, war das eine Menge Arbeit, obwohl sich auch hier Glenns Pingeligkeit positiv auswirkte.
Die meisten Bands in der Armee besorgten sich, was sie brauchten, durch gewisse Kanäle. Aber die Miller Band war auch hier eine Ausnahme: abgesehen von den Instrumenten, die Eigentum der Musiker waren, gehörte ein Großteil der Bandausrüstung Glenn selbst. Dons Bericht an das Hauptquartier enthielt eine

lange Liste von persönlichem Eigentum, die der vermißte Major der Armee zur Verfügung gestellt hatte: Posaunen, Dämpfer, Notenständer, Koffer und Kisten, Instrumentenständer, Notenpapier und insgesamt 950(!) Arrangements. Während Haynes die administrative Seite von Glenns Job betreute, fanden sich andere, die die musikalische Seite übernahmen: Jerry Gray dirigierte das große Orchester bei den Radiosendungen und Konzerten; Ray McKinley leitete weiterhin die Tanzband.
Auch Norman Leyden, neben Zeke Zarchy der zweite Oberfeldwebel der Einheit, sprang in die Bresche. In Atlantic City war er für viele von uns bei der Grundausbildung der »Spieß« gewesen; später, als Glenn einen aktiveren Part in unserem musikalischen und militärischen Leben übernahm, trat Norm wieder in den Hintergrund. Nun aber erfüllte der große schweigsame Mann — nebenbei bemerkt, ein verdammt guter Arrangeur — in seiner sanften, aber bestimmten Art wieder einige Führungsaufgaben.
Auch Paul Dudley, kürzlich zum Stabsfeldwebel befördert, blühte auf. Er war geselliger, zugänglicher und mehr an Musik interessiert als Haynes und hatte daher mehr Verständnis für die musikalischen und persönlichen Probleme der Männer. An ihn wandten sie sich, wenn sie einen Rat, einen Beichtvater oder auch nur einfach Gesellschaft brauchten; oft mußte er auch zwischen ihnen und Haynes vermitteln.
Bis auf einen einzigen Vorfall gab es kaum disziplinäre Probleme; dieser Vorfall jedoch hatte es in sich.
Der Chef der USO auf dem Europäischen Kriegsschauplatz war Will Roland, der früher Benny Goodman gemanagt und noch früher in Pittsburgh seine eigene Band geleitet hatte. Einige der Musiker kannten ihn noch von drüben, und er verkehrte mit ihnen auf der gleichen freundschaftlichen Basis wie damals, ungeachtet der Tatsache, daß er nun ein hohes Tier geworden war.
Roland kannte Bernie Privins Frau Ethel; sie war in der Zeit, als Bernie bei Goodman gespielt hatte, seine Sekretärin gewesen. Wie Privin erzählte: »Eines Tages kam Will und sagte, er fahre für einige Tage in die Staaten; wenn ich Ethel schreiben wolle, würde er den Brief mitnehmen. Ich schrieb etwas völlig Harmloses und gab ihm den Brief. Aber ich hatte einigen unserer ›Re-

bellen‹ von der Sache erzählt, Mel Powell, Peanuts Hucko, Junior Collins und Joe Shulman, und sie beschlossen, ebenfalls Briefe zu schreiben und Will zu bitten, sie in Amerika aufzugeben; so konnten sie ihre unzensierte Meinung sagen.«

Das Ganze hätte funktioniert, wäre Will nicht vor dem Abflug gefragt worden, was er bei sich trage. Die Briefe wurden gefunden, und einige davon enthielten nicht gerade schmeichelhafte Bemerkungen über Haynes; Hucko hatte außerdem an seine Frau geschrieben: »Der Code funktioniert blendend«, was sich offensichtlich auf ein besonderes System zur Umgehung der Zensur bezog.

Als Haynes offiziell von dem Zwischenfall in Kenntnis gesetzt wurde, sah er sich natürlich gezwungen, etwas zu unternehmen. Er beorderte die Männer zu sich und stellte sie vor die Wahl: Kriegsgericht oder Degradierung. Alle entschieden sich ausnahmslos für die zweite Möglichkeit. Haynes war an der Situation unschuldig, und ich bin sicher, Glenn selbst hätte in gleicher Weise gehandelt; dennoch entstand in der Beziehung zwischen Haynes und den Musikern ein Bruch, der nie mehr ganz gekittet werden konnte. Die Musiker litten unter der klirrenden Kälte, nicht nur in den Sälen, wo sie auftraten, sondern auch in dem Hotel, in dem sie wohnten; aber davon abgesehen ging es ihnen in Paris nicht schlecht. Sie arbeiteten wohl hart und bekamen selten einen freien Tag, aber der Druck war nicht annähernd so intensiv wie in England, und als Deutschland am 8. Mai kapitulierte, entspannte sich natürlich die gesamte Atmosphäre.

Knapp davor durften sich die Musiker ihrer ersten Ferien erfreuen, seit sie vor 14 Monaten nach Europa gekommen waren: sie verbrachten fünf Tage in Nizza und Cannes an der französischen Riviera.

Mitte Mai spielte das volle Orchester bei einem bemerkenswerten Lunch in Bad Wildungen in Deutschland: leitende amerikanische Offiziere unter der Führung von General Omar Bradley hatten ein großes Kontingent russischer Kollegen eingeladen, an der Spitze Marschall Iwan Stjepanowitsch Konjew. Die Russen zeigten sich von der Band überaus beeindruckt; allerdings war Haynes vorher gewarnt worden, auf keinen Fall die berühmte

TWELFTH ARMY GROUP
OFFICE OF THE COMMANDING GENERAL
APO 655
U.S. ARMY

19 May, 1945.

Dear Sergeant McKinley,

Although Marshal Koniev called it jazz rather than swing, he was as delighted as the rest of us in the grand performance of your band during our reception on May 17. While beating time to your West Point football song arrangement, we also took a great American pride in the distinctiveness of your music.

Will you thank the members of your band and tell them how pleased we were to have them with us and how grateful we are for their good works among our troops.

                        Sincerely,

                        O. N. BRADLEY,
                      General, U. S. Army.

Sergeant Ray McKinley,
   Care of Special Service Section,
      Headquarters ETOUSA,
         APO 887, U. S. Army.

Version der Volga Boatmen zu spielen, um nur ja nicht einen internationalen Zwischenfall heraufzubeschwören.
Auch die zweite Junihälfte verbrachte die Band in Deutschland, und am 1. Juli — dem Jahrestag ihrer Ankunft in England — spielte sie ein triumphales Konzert für 40 000 Soldaten im berühmten Nürnberger Stadion; an dem Ort also, wo Hitler, für den Jazz eine dekadente Musikform gewesen war, so oft seine fanatischen Anhänger in hysterische antiamerikanische Ausbrüche hineingesteigert hatte.
Eine Reihe weiterer Konzerte im Juli wurde durch ein spektakuläres Sonderkonzert für das SHAEF-Personal gekrönt. 10 000 kamen, um der Band ihre Ovationen darzubringen, die für ihre außergewöhnlichen Leistungen eine wunderschöne Schmuckplatte erhielt; Haynes wurde der Bronzene Stern verliehen.
Von außergewöhnlichen Leistungen konnte man wirklich sprechen. In etwas mehr als einem Jahr hatte die Band die Truppen in Übersee durch insgesamt mehr als 800 musikalische Aktivitäten unterhalten; das waren im Schnitt mehr als zwei pro Tag. In dieser Summe waren etwa 500 Radiosendungen enthalten — teils live, teils vorproduziert —, die von Millionen Soldaten gehört wurden. Dazu kamen über 300 Liveauftritte bei Konzerten, Tanzveranstaltungen und in Lazaretten mit einer Gesamtzuhörerzahl von mehr als 600 000. Das waren Zahlen, die keine Zivilband jemals erreichen konnte. Die meisten Musiker rechneten damit, daß sie nun nach Beendigung des Krieges in Europa in die Heimat gebracht und dann aus der Armee entlassen würden. Aber immer wieder gab es Gerüchte von einem nur kurzen Heimataufenthalt und einem anschließenden Einsatz auf dem pazifischen Kriegsschauplatz, um auch dort die Kampfmoral der Truppen zu heben.
Die Order zur Rückreise in die Staaten kam noch im Juli. Einige Tage vergingen mit Formalitäten, bis die Musiker schließlich in Le Havre an Bord der *S. S. Santa Rosa* gingen. Ihre Gefühle waren gemischt. Gewiß, es war herrlich, wieder eine Zeitlang zu Hause sein zu können, aber dieser drohende Einsatz im Pazifik ...
Dann, am 7. August, kam über das Lautsprechersystem des Schiffes die Nachricht vom Atombombenabwurf auf Hiroshima. Wei-

Ankunft in New York

Ray McKinley und Broderick Crawford

tere Neuigkeiten folgten am nächsten Tag: die UdSSR hatte Japan den Krieg erklärt. Die Chancen, daß die Kampfhandlungen im Fernen Osten beendet sein würden, bevor dort ein Einsatz der Band möglich war, standen plötzlich gut.

Noch besser standen sie, als am 11. August bekanntgegeben wurde, Japans bedingungslose Kapitulation stehe bevor. Am 12. August landete die Band in New York; zwei Wochen später kapitulierte Japan. Bei der Einfahrt in den Hafen wurde der Band ein triumphaler Empfang bereitet. Tender und Hafenboote brachten mit ihren Sirenen ein ohrenbetäubendes Willkommensständchen, Spruchbänder mit Aufschriften wie »Willkommen zu Hause« und »Gut gemacht« wurden entrollt, und am Kai warteten Frauen, Kinder, Freundinnen, Eltern, Brüder, Schwestern und eine große Fangemeinde.

Die Boys wurden in das nahegelegene Camp Shanks gebracht, ohne zunächst etwas über ihre militärische Zukunft zu wissen. »Ich wartete in diesem Camp, um die Band zu begrüßen«, erzählte Marion Hutton, »und ich sang mit ihnen abends. Es war so bewegend für uns alle, auch für die G.I.s im Camp. Es gab kaum trockene Augen, es war wie eine elektrische Spannung, unter der wir alle standen; unsere Gefühle flossen über. Joe Louis war da, und als ich fertig gesungen hatte, hob er mich hoch und trug mich durch den Schlamm, und alle sangen, und ich auch!«

Alle Musiker erhielten einen 30tägigen Urlaub. Einige wurden danach entlassen, die anderen jedoch sammelten sich nach dem Urlaub und spielten an Samstagabenden einige Folgen der Radioserie *I Sustain the Wings* über die Sender der NBC — so, wie sie es vor zwei Jahren getan hatten, nur diesmal ohne ihren Chef. Der letzte Liveauftritt der Glenn Miller Army Air Force Band fand im *National Press Club* in Washington, D.C., vor einem überaus distinguierten Publikum statt. Präsident Harry S. Truman war anwesend, ebenso die Generale Dwight D. Eisenhower und »Hap« Arnold. Auch die Sängerin Joy Hodges und die Komiker Joe E. Lewis und Eddie Cantor traten im Programm auf, aber die gefeierte Hauptattraktion war die Miller Band.

Die Musiker empfanden den Abend als bedeutendes Ereignis; wie bedeutend es aber wirklich für sie war, erfuhren sie erst nach

Dank von den Generalen Dwight D. Eisenhower und »Hap« Arnold

dem Ende ihres Auftrittes. General Eisenhower trat an das Mikrofon und hielt eine Rede, in deren Verlauf er der Band in herzlichen Worten für die großartige Arbeit dankte, die sie in Übersee geleistet hatte. So gerne die Musiker das auch hörten, der nächste Satz, den Ike sprach, gefiel ihnen noch viel besser; er begann mit den Worten: »Und nun, Gentlemen, wenn Sie die Armee verlassen werden...«

Es war die erste offizielle Bestätigung, daß es zu keinem Einsatz im Pazifik kommen würde und die Entlassung aller Musiker aus dem Militärdienst unmittelbar bevorstand, und was sollte offizieller sein als ein Wort von Eisenhower selbst.

Aber es blieb dem allerobersten Chef der Streitkräfte, dem Präsidenten der USA, vorbehalten, für den signifikantesten und denkwürdigsten Augenblick des ganzen Abends zu sorgen. Das Konzert der Band wurde von Eddie Cantor angekündigt, der eine warmherzige und gefühlvolle Ansprache hielt. Der genaue

Wortlaut ist nicht bekannt, aber die wesentlichsten Punkte des Inhalts wurden mir von einigen Ohrenzeugen beschrieben.
»Glenn Miller war ein wundervoller Mensch«, sagte Eddie, »der eine wundervolle Band geleitet hat. Seine Zivilband war dreieinhalb Jahre lang das beliebteste und erfolgreichste Orchester Amerikas. Glenn hätte hier in Amerika bleiben und sich ein Vermögen verdienen können; wenn er gewollt hätte, wäre er heute längst ein reicher Mann und im Ruhestand.

Aber er entschied sich anders. Er war ein großer Patriot und fühlte die Verpflichtung, seinem Land, das in den Krieg eingetreten war, zu dienen. Also löste er sein großartiges Orchester auf und formierte ein noch großartigeres. Noch immer hätte er in Amerika bleiben können, aber wieder entschied er sich anders.
Er ging mit seiner Band nach Übersee, weil er fühlte, daß unsere kämpfenden Truppen ihn brauchten, daß er ihre Kampfmoral stärken und ihnen ein Stück Heimat bringen konnte. Und er leistete mit seinen Leuten großartige Arbeit!
Heute abend ist diese wunderbare Band hier bei uns, aber ohne ihr prominentestes Mitglied, Major Glenn Miller selbst. Wie wir alle wissen, hat er auch das höchste Opfer für sein Land gebracht. Aber er wird nie vergessen werden, denn immer werden wir die Klänge der Musik hören können, die er geschaffen hat.
Und nun ist es mir eine große Ehre, Ihnen die Glenn Miller Army Air Force Band unter der Leitung von Sergeant Ray McKinley zu präsentieren.«
Der Vorhang öffnete sich, und die Band spielte die ersten Takte von Glenns *Moonlight Serenade*. Und dann geschah etwas Erstaunliches: Präsident Truman erhob sich in einer spontanen Geste der Würdigung für alles, was Glenn und seine Leute vollbracht hatten; mit ihm erhob sich das gesamte Publikum und bereitete dem Orchester eine stehende Ovation. Keinem populären Musiker in der Geschichte unseres Landes ist jemals eine derartige Anerkennung durch einen Präsidenten der Vereinigten Staaten von Amerika zuteil geworden.
Für die Musiker war es das erregendste Erlebnis ihrer gesamten bisherigen Laufbahn. Und vielleicht wurde ihnen allen erst in diesem Augenblick, als der Präsident sich erhob und ihnen applaudierte, vollkommen bewußt, was sie vollbracht hatten — sie und der Mann, der sie alle zusammengebracht hatte. In dieser Nacht wurde ihnen klar, daß die Musik, die sie spielten, im Gegensatz zu dem Mann, der sie geschaffen hatte und dem sie heute alle ihre Reverenz erwiesen, der Präsident, die Generale Arnold und Eisenhower und all die anderen — daß diese Musik unsterblich war.
Und sie hatten recht.

Coda

Nicht nur Truman, Eisenhower und Arnold erinnerten sich an Glenn Miller; auch Millionen von anderen Amerikanern taten es und tun es noch immer.

Am 6. Juni 1945, ein knappes halbes Jahr nach seinem Verschwinden, wurde Glenn von den Theatern im ganzen Land durch eine Serie von besonderen Shows geehrt, bei denen Kriegsanleihen verkauft wurden. Im *Paramount* in New York, wo Glenn nach seiner Rückkehr aus dem Krieg hatte spielen wollen, fand eine besonders spektakuläre Show dieser Art statt. Milton Berle führte durch das Programm; die Bands von Count Basie, Benny Goodman, Louis Prima, Charlie Spivak und Fred Waring spielten; Eddie Cantor, Perry Como, Morton Downey und Kate Smith sangen. Aber die bewegendsten Momente dieses langen Abends, an dem Kriegsanleihen für 4 775 000 $ verkauft wurden, kamen, als Marion Hutton und Tex Beneke auf der Bühne erschienen und einige Nummern aus ihrer Zeit mit Glenn Miller sangen. Der Miller-Sound lebte weiter — im Radio und auf Platten. Eine Zeitlang führte NBC die Sendereihe *I Sustain the Wings* weiter; Jerry Gray leitete ein Orchester, in dem vorwiegend ehemalige Miller-Musiker saßen. Aber das Publikum rief immer lauter nach Liveauftritten. Schließlich kamen Don Haynes, Helen Miller und David Mackay überein, das zu tun, von dem sie annahmen, es sei im Sinne Glenns: die Band wieder auf permanenter Basis weiterzuführen.

Musikalisch gesehen war Jerry Gray zweifellos ein guter Orchesterchef, aber für die Liveauftritte benötigte die Band einen anderen Leiter. Die logische Wahl war Ray McKinley, der sich aber eher uninteressiert zeigte. Er und Glenn hatten schon in England Diskussionen über die musikalische Zukunft geführt. »Er sagte damals zu mir«, erzählte Ray vor kurzem, »er habe aus seinem reed-sound alles, was möglich war, herausgeholt und bat mich um neue Vorschläge. Ich dachte darüber nach und kam auf einige Ideen, die ich für recht gut hielt. Während der Überfahrt nach Amerika fragte mich Don, ob ich daran interessiert sei, die Band zu leiten; er könne das vielleicht für mich arrangieren. Als ich ihm aber einige meiner Ideen für stilistische Änderungen unterbreitete, schreckte ich ihn vermutlich ab.«

Mittlerweile war Tex Beneke, der langjährige Liebling von Glenn, Helen, Don, Polly und allen, die mit der Miller Band zu tun hatten, aus der Marine entlassen worden. Ohne Zweifel identifizierte man keinen anderen der ehemaligen Sidemen so sehr mit der Band wie ihn. Don rief ihn an, und sie kamen zu einer Vereinbarung: Tex würde die Band leiten, Don würde sich um den geschäftlichen Teil kümmern.

Helen Miller blieb diskret im Hintergrund. Eine der wenigen Gelegenheiten, bei denen sie in der Öffentlichkeit erschien, war die posthume Verleihung des Bronzenen Sterns an Glenn. Sie bat mich, an dieser Feierstunde im Büro der Miller Band an der West 57th Street teilzunehmen. In einer schlichten bewegenden Zeremonie empfing sie die Auszeichnung aus der Hand von Oberst F. R. Kerr, der die folgenden Worte sprach:

»Für seine Verdienste im Zusammenhang mit militärischen Operationen als Kommandeur der Army Air Force Band vom 9. Juli bis 15. Dezember 1944 erhält Major Miller diese Auszeichnung. Durch sein exzellentes Urteilsvermögen und sein professionelles Können vereinte er in überzeugender Weise die Talente vieler herausragender Musiker zu einem homogenen Orchester, dessen Beitrag zur Truppenmoral gar nicht hoch genug bewertet werden kann. Major Miller war ständig bemüht, den Einsatz dieser Organisation zu verbessern, und es ist sein persönliches Verdienst, daß die Band in der Lage war, vor so vielen Soldaten zu spielen. Seine überragenden Qualitäten verdienen äußerstes Lob und sprechen in überzeugender Weise für ihn und für die Streitkräfte der USA.«

Helen war ruhig, gefaßt, freundlich und warmherzig wie immer. Sie nahm die Auszeichnung entgegen, und auf die tröstlichen Worte des Obersten erwiderte sie, sie sei überzeugt, daß ihr Gatte

Helen empfängt den Bronzenen Stern von General F. R. Kerr (2. von links). Die übrigen von links: Oberstleutnant Howard C. Bronson, Polly Haynes, Tom Sheils, Major John Shubert, Sergeant George T. Simon

eines Tages zurückkommen und die Auszeichnung selbst entgegennehmen würde. Die zwanzig Jahre, die ihr noch bleiben sollten, verbrachte Glenns Witwe ruhig an der Westküste und erschien nur selten in der Öffentlichkeit. Sie verkaufte die große Ranch und zog in ein kleines, aber komfortables Haus nahe San Marino in Kalifornien, wo sie sich hauptsächlich ihren Kindern widmete.
Anfang der 60er Jahre hatte ich das Glück, sie bei einer Reise an die Westküste noch einmal zu sehen. Ich rief sie von meinem Hotel aus an; ich wußte, wie sehr sie ihre private Ruhe schätzte und zweifelte, ob ein Zusammentreffen möglich sein würde, aber ihre

herzliche Begrüßung zerstreute meine Zweifel sofort. »Wann kannst du hier sein?« fragte sie. Und so verbrachten wir einen gemütlichen und wunderschönen Abend miteinander.
Bekannte hatten mir erzählt, Helen hoffe noch immer auf das Wunder von Glenns Rückkehr, aber mir gegenüber erwähnte sie dieses Thema mit keinem Wort. Es schien, als sei die Vergangenheit nun endgültig begraben und all ihre Gedanken und Pläne drehten sich nun ausschließlich um ihre beiden Kinder.
Helen starb 1966 an einem Blutgerinnsel, und erst sieben Jahre nach ihrem Tod lernte ich die beiden »Kinder« kennen, die inzwischen längst erwachsen waren. Sie hatten viele nachhaltige Erinnerungen an ihre Mutter, aber kaum an ihren Vater; Stevie hatte ihn nur als kleines Kind gesehen, Jonnie überhaupt nicht.
Beide lebten ihr Leben und hatten mit der nach wie vor existierenden Miller Band nichts zu tun; darum kümmerte sich David Mackay, der sanfte, bescheidene und immens tüchtige Nachlaßverwalter, der auch der finanzielle und persönliche Ratgeber der beiden war.
Steve hatte zuerst Büchsenmacher gelernt und nachher einige Jahre als Polizist gearbeitet; nun verkauft und repariert er Feuerwaffen. Er hat zwei Kinder aus erster Ehe und lebt nun mit seiner zweiten Frau in Südkalifornien. Er ist inzwischen über 30 und sehr reserviert; sein Verhalten am Beginn unseres Zusammentreffens erinnerte mich an die Art seines Vaters neugierigen Fremden gegenüber. Seine Antworten auf meine Fragen waren direkt, aber knapp und anfangs deutlich kühl. Erst nachdem wir uns mehrere Stunden unterhalten hatten, sickerte ein wenig von der typischen reservierten Miller-Wärme durch.
Wie er mir sagte, hatte er nie irgendwelche Showbusiness-Ambitionen gehabt. »Mutter sagte immer wieder zu uns, das sei kein Leben«, meinte er. Helens ständige Sorge um das Wohlergehen ihrer Kinder mag gelegentlich etwas übertrieben gewirkt haben. »Sie erzog uns sehr streng. Jonnie durfte jahrelang kein Make-up tragen.«
Jonnie hat sich zu einer zurückhaltenden, aber sehr charmanten und warmherzigen Lady entwickelt. Sie macht kein Hehl daraus, darunter zu leiden, daß sie ihren Vater nie gekannt, ja, daß dieser sie niemals zu Gesicht bekommen hat.

Steve (rechts) mit seiner Frau Lona und Gil Rodin, der fast ein halbes Jahrhundert davor Glenn in die Pollack-Band gebracht hatte

»Aber er wußte von meiner Existenz und er hat auch meinen Namen ausgewählt«, schrieb sie mir einmal. Als ich sie persönlich kennenlernte, war sie eben mit ihrem zweiten Sohn schwanger und lebte in einem Vorort von Los Angeles. Ihre Nachbarn hatten nicht die leiseste Ahnung, daß sie die Tochter eines derart berühmten Mannes war. »Es ist mir lieber so«, meinte sie, »so können wir einfach wir selbst sein.«
An ihre Mutter erinnert sie sich als »eine Inspiration. Sie hatte eine Art von ruhiger Stärke; sie sagte dir nicht geradeheraus, was du machen sollst, sie lebte dir ihre subtile Art von Courage und Standhaftigkeit vor... Sie war der Typ Mensch, der immer zuerst an die anderen und ihre Gefühle dachte.«
Wir sprachen natürlich auch über ihren Vater, aber da war es vorwiegend ich, der sprach. Sie schien sich sehr zu freuen, daß jemand, der ihn so gut gekannt hatte, ihr aus erster Hand berichtete, wie er eigentlich gewesen war. Schließlich holte sie aus einem Koffer Hunderte von Photos und andere Erinnerungs-

Jonnie mit ihrem ältesten Sohn

stücke, die wir zusammen durchsahen und von denen einige in diesem Buch zu sehen sind. Als ich ihr sagte, sie erinnere mich sehr an ihre Mutter, strahlte sie über das ganze Gesicht.
Auch Steve wollte Näheres über seinen Vater erfahren. Ich lud Gil Rodin ein, der Glenn seinerzeit in die Band von Ben Pollack gebracht hatte und immer mit ihm befreundet geblieben war,

und wir trafen uns mit Steve und seiner Frau Lona. Zusammen erzählten Gil und ich alles, was wir wußten. »Was ich gern tun möchte«, sagte Steve, »ist, eine Art Gedenkstätte einzurichten, wo wir alles über Dad sammeln können. Einige Universitäten haben mich schon daraufhin angesprochen.«
Steve erzählte uns einiges über seine Mutter. Die Story, die wir gehört hatten, daß Helen jahrelang täglich Glenns Bett gemacht hatte, für den Fall, daß er plötzlich nach Hause käme, wurde von ihm bestätigt. »Ich habe die Tatsache seines Todes akzeptiert«, pflegte sie zu sagen, »aber ich habe trotzdem oft das Gefühl, daß er eines Tages hier zur Tür hereinkommen wird.«
Über diese geheimen Hoffnungen hatte Helen mit mir an jenem Abend in den frühen 60er Jahren nicht gesprochen; und dabei hätte sie einen nahezu perfekten Aufhänger für ein derartiges Gespräch gehabt. Im Fernsehen lief an diesem Abend ein seltsames Science-fiction-Stück über ein Flugzeug, das in der Wüste Afrikas abstürzt und dessen Insassen als Geister noch zwanzig Jahre weiterleben. Aber sie verlor kein Wort über diesen geradezu unheimlichen Zufall — und selbstverständlich tat ich es auch nicht.

Am 17. Januar 1946 debütierte »Das Glenn Miller Orchester unter der Leitung von Tex Beneke«, bestehend aus fast 40 Musikern und Sängern, von denen etwa zwei Drittel ehemalige Mitglieder der AAF Band waren, im *Capitol Theater* in New York. Aber Haynes, der geschäftliche Leiter, erkannte bald die beschränkten Auftrittsmöglichkeiten. Nur wenige Veranstalter konnten sich leisten, so viele Musiker zu bezahlen; Haynes beschloß, die Streicher wegzulassen. Die Besetzung änderte sich einige Male (längere Zeit wirkte Henry Mancini als Pianist und Arrangeur mit). Einige der Ex-Soldaten hatten keine Lust mehr, herumzuziehen und wollten lieber zu Hause bleiben; andere waren es leid, immer wieder dieselben alten Nummern zu spielen, und wieder anderen paßte die Art nicht, in der die Band geführt wurde.
Moe Purtill, der Schlagzeuger der Zivilband, der zurückgekommen war, erinnerte sich, daß die Atmosphäre »ziemlich G.I.« war, wie er sich ausdrückte. »Als wir im *Capitol* in New York

Tex leitet die Miller Band

spielten, berief Haynes eines Nachts eine Zusammenkunft aller Musiker nach der letzten Show ein. Für mich bedeutete das, ich würde den letzten Zug nach Huntington, wo ich wohnte, versäumen; also fragte ich Don, ob das Treffen wirklich so wichtig sei, und er sagte ja. Und weißt du, was so wichtig war? Don hatte angeordnet, daß alle ihre Entlassungsabzeichen der Armee tragen sollten und einige hatten es nicht getan. Ich fragte ihn: ›Glaubst du, daß die Musik mit den Abzeichen besser klingt?‹ Und bald darauf kündigte ich.«

Haynes kam auch nicht allzugut mit Beneke aus. Tex stand sehr unter dem Einfluß seiner Frau Marguerite, der es nicht paßte, daß ihr Mann mehr oder weniger Angestellter der Nachlaßverwaltung Glenn Millers war; sie hätte lieber gesehen, daß er seine eigene Band leitete und damit seine musikalische Identität etablierte. Larry Bruff, der seinerzeit bei den Chesterfield-Sendungen so eng mit der Band zusammengearbeitet hatte, wies darauf hin, daß Beneke oft so weit ging, die falschen Tempi zu wählen, nur um anders als Glenn zu klingen.

Vor allem aber wollte Tex den Stil der Band etwas modernisieren und hatte dabei die Arrangeure Norm Leyden und Perry Burgett voll auf seiner Seite. »Glenn selbst hatte sich niemals auf seinen Lorbeeren ausgeruht«, pflegte Tex immer wieder zu sagen. Aber damit stieß er auf vehementen Widerstand, vor allem bei Haynes und bei Eli Oberstein, dem kommerziell denkenden Plattenchef, der wieder zu *RCA Victor* zurückgekehrt war. »Sie jammerten, wir müßten den alten Miller-Stil beibehalten. Auch die Veranstalter drehten durch, wenn die Trompeten nicht immerzu ›boo-wah, boo-wah‹ spielten. Sie betonten immer, wir müßten Geld verdienen und könnten uns keine Experimente leisten; die Organisation sei zu groß, um Risiken einzugehen.«

Diese Auseinandersetzungen zogen sich über eine Reihe von Jahren hin, während denen sich der Name der Band einige Male änderte. Aus »The Glenn Miller Orchestra under the direction of Tex Beneke« wurde zuerst »Tex Beneke and the Glenn Miller Orchestra«, dann »Tex Beneke and his Music in the Miller Manner« und schließlich einfach »Tex Beneke and his Orchestra«.

Haynes, unterstützt von Helen Miller und David Mackay, kämpfte immer härter um die Bewahrung des ursprünglichen Miller-Stils, während Tex immer unnachgiebiger seine Vorstellungen verwirklichen wollte. Die endgültige Konfrontation schien unausbleiblich.

Sie kam im Dezember 1950. Mackay berichtete, Helen, die nach wie vor Eigentümerin des Notenmaterials war, habe ihn beauftragt, mit Haynes nach Groton, Connecticut, zu fahren, wo die Band einen One-nighter spielte. »Ich ging in die Garderobe und teilte Tex mit, ich sei gekommen, um die Noten abzuholen. Anscheinend hatte er es erwartet, denn er fragte nur einfach, wann ich sie haben wollte, und als ich sagte ›Jetzt sofort‹, machte er keine Schwierigkeiten. Also nahm ich mit, was ich für richtig hielt, aber nachdem ich kein Musiker bin, wußte ich nicht so ganz genau, worauf ich achten sollte.

Tex hatte jedoch schon vorher Wind von der Sache bekommen, wie er später zugab, und die wichtigsten Teile des Materials kopieren lassen. Dadurch war er in der Lage, weiterhin Miller-Musik zu spielen.«

Auch andere Bands spielten viel Miller-Musik in diesem Jahr

Mickey McMickle, Johnny Best, Jimmy Priddy, Jerry Gray, Willie Schwartz und Zeke Zarchy versuchen in den 50er Jahren den Miller-Sound wiederzubeleben

1950: das war einer der Gründe, warum Haynes so großen Wert darauf gelegt hatte, daß Beneke sich strikt an Glenns Originalsound hielt. Tatsächlich entstand zu dieser Zeit ein regelrechter Miller-Boom, ausgelöst durch die Band von Ralph Flanagan, die im Studio von *RCA Victor* entstand und lange Zeit nur auf Schallplatten zu hören war.

Flanagans Erfolg versetzte Don Haynes in helle Wut; er konnte nicht begreifen, daß die Firma, die die Originalaufnahmen Millers vertrieb, sich selbst durch ein Surrogat Konkurrenz machte. Der Aufnahmeleiter von *Victor* war zu dieser Zeit ein schlauer phantasievoller Mann namens Herb Hendler, der vorher für seine eigene, inzwischen aufgelöste Plattenfirma *Cosmo Records* ein Album mit dem Titel *A Salute to Glenn Miller* gemacht hatte. Der musikalische Leiter dieses Albums war eben besagter Ralph Flanagan gewesen, das Album hatte sich respektabel verkauft, und als Hendler seinen Job bei *Victor* antrat, beauftragte er Flanagan, weitere Miller-Sounds für diese Firma zu produzieren. Später gab Hendler seinen Job bei *Victor* auf und wurde Flanagans Partner.

Es gibt eine sehr amüsante und glaubhafte, wenn auch nie offiziell bestätigte Anekdote, daß einige Verantwortliche bei *Victor* der Meinung waren, es bestünden enge Verbindungen zwischen der neuen Band und Miller. »Flanagan war ja schließlich einer von Glenns wichtigsten Arrangeuren«, hieß es. Natürlich stimmt das nicht; Flanagan hat nie auch nur eine einzige Note für Miller geschrieben; die Herren verwechselten ihn mit Bill Finegan*, der wieder mit Flanagans Band nichts zu tun hatte — abgesehen davon, daß er einmal von Flanagan angerufen wurde, wie er berichtete.

»Er fragte mich verschiedene Dinge über die Miller-Stimmführung, und ich sagte ihm, was ich darüber wußte.« Was Bill nicht wußte, war, wie Ralph diese Informationen auswerten würde.

Der Erfolg von Ralph Flanagan wirkte sich aber auch auf die Miller-Alumnen aus. Beneke konzentrierte sich wieder mehr auf die Originalsounds von Glenn, Ray Anthony ersetzte seinen Semi-Jazzstil durch Klarinettenführung bei den Saxophonen und viel »ooh-wah« im Blech. Und Jerry Gray, der in Hollywood eine Radioshow leitete, stellte die beste Band im Miller-Stil zusammen, mit vielen ehemaligen Musikern aus Glenns Band und mit der einmaligen Leadklarinette von Willie Schwartz.

Der Großteil des Publikums war über diese vielen Miller-Sounds glücklich; es gab aber auch viele, die es moralisch fragwürdig fanden, mit der Kreativität eines Toten Geld zu scheffeln. Ich erinnere mich an Teddy Powell, einen hingebungsvoll der Sache dienenden und ungemein gebildeten Bandleader, mit dem ich eines Abends im New Yorker zusammensaß. Teddy ging es gerade nicht sehr gut mit seiner Band, aber der Gedanke, ebenfalls wie die anderen auf den Miller-Zug aufzuspringen, erschien ihm abstoßend. »Wenn Glenn das alles hören könnte, würde er sich im Grab umdrehen«, meinte er. Er hatte ohne Zweifel recht.

So gut einige dieser Bands auch waren, schaffte es doch keine von ihnen, den Sound und die Stimmung von Glenns Band authentisch zu reproduzieren. Johnny Desmond, der all die Imitatoren

---

* »Fachkenntnis« dieser Art ist auch bei heutigen Schallplattenbossen zu finden — eine Anmerkung, die sich der Übersetzer nicht verkneifen kann. W. R. L.

Jimmy Stewart als Glenn Miller

Bei den Dreharbeiten zur *Glenn Miller Story.* Hinten: Ben Pollack, Gene Krupa, Louis Armstrong, Jimmy Stewart, Joe Yukl (der für Stewart Posaune spielte), Marty Napoleon. Vorne: Trummy Young, Cozy Cole, Barney Bigard, Arvell Shaw

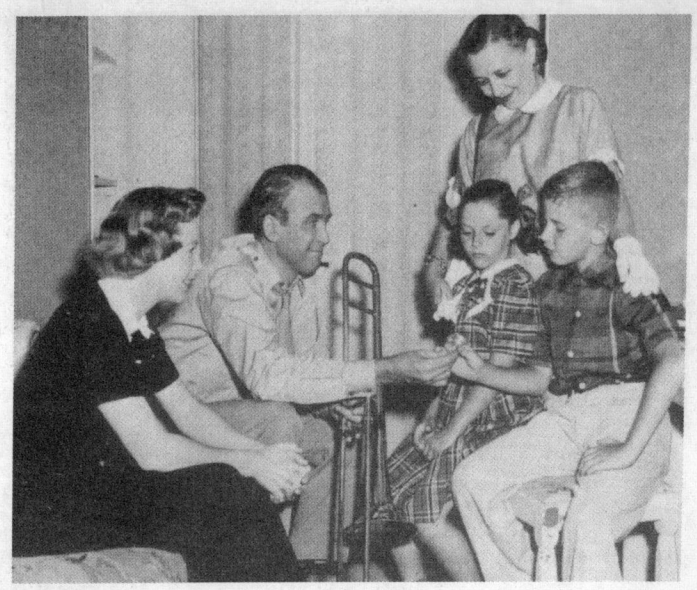

June Allyson und Jimmy Stewart mit Helen, Stevie und Jonnie

hörte, glaubt auch zu wissen, woran das lag: »Keiner kriegte die dynamischen Effekte so hin wie Glenn.«

Das neuerliche Interesse am Miller-Sound blieb natürlich auch den Mogulen des Unterhaltungsgeschäfts nicht verborgen. Wenn auch die Popularität der Imitationsbands nach einigen Jahren wieder nachließ, löste sie doch verstärkte Nachfrage nach dem Original aus.

RCA Victor brachte im Oktober 1953 eine luxuriös ausgestattete Plattenkassette mit 5 LPs auf den Markt, die nicht nur Glenns alte Erfolgsnummern, sondern auch zahlreiche bis dahin unveröffentlichte Aufnahmen aus seinen Radioprogrammen enthielt. Und Mackay brachte *Universal Pictures* dazu, die *Glenn Miller Story* zu produzieren, eine Filmbiographie aus Fakten und Fiktionen, in der Jimmy Stewart und June Allyson die Hauptrollen spielten und in der Glenns größte Erfolge in bester musikalischer und technischer Qualität zu hören waren. Der Film wurde vom

Die Miller Band unter Ray McKinley in den späten 50er Jahren

Publikum begeistert aufgenommen, obwohl das Drehbuch zahllose Ungenauigkeiten enthielt und Glenns Mutter immer wieder betonte, Stewart sehe nicht annähernd so gut aus wie ihr Sohn. Von allen Bigbandfilmen war die *Glenn Miller Story* der erfolgreichste; man begegnet ihm immer noch oft im Nachmittags- und Spätabendprogramm des Fernsehens.

Die Erfolge des Films und der Plattenkassette führten zur Veröffentlichung weiterer Miller-Aufnahmen. *Victor* brachte noch zwei Mammutkollektionen heraus: eine ausschließlich mit Radiomitschnitten der Zivilband, die andere mit großartigen Darbietungen der AAF Band, die aus Proben und Sendungen für die Sendereihe *I Sustain the Wings* stammten.

Als das Interesse an Miller auch 1956 noch unvermindert anhielt, fand Mackay, es wäre an der Zeit, das offizielle Glenn Miller Orchester für Liveauftritte zu reaktivieren. »Ich rief Helen an und sagte: ›Laß uns die Band wieder zusammenbringen‹, und alles, was sie sagte, war: ›Du hast anscheinend Sehnsucht nach Schwierigkeiten!‹« Aber Mackay setzte sich durch.

Die Miller Band unter Buddy DeFranco 1973 im *St. Regis Hotel* in New York

Wie es schien, hatte Ray McKinley zu diesem Zeitpunkt seine eigene Karriere als Bigbandleader so gut wie beendet. Seine Band war eine der musikalischsten auf der gesamten Szene, aber finanziell äußerst unergiebig. Haynes hatte sich nach Meinungsverschiedenheiten mit Helen und Mackay zurückgezogen, und so nahm Mackay Kontakt mit Willard Alexander auf, dem Veteranen unter den Agenten, der seinerzeit mitgeholfen hatte, die Bands von Benny Goodman, Count Basie, Vaughn Monroe und vielen anderen zu lancieren und dessen Herz immer noch an den Bigbands hing. Auch Ray McKinley hatte zu Willards Klienten gehört, und als er ihn als neuen Leader vorschlug, sprach Mackay darüber mit Helen. Sie war begeistert. Sie kannte Ray seit seinen Tagen mit den Dorsey Brothers und bewunderte, wie so viele andere, seine Phantasie, Intelligenz und Ehrlichkeit und, natürlich, sein Musikantentum. Das komplette Notenmaterial Glenns wurde aus dem Lagerraum geholt, und am 6. April 1956 spielte das wieder zum Leben erweckte Glenn Miller Orchestra unter Ray McKinley sein erstes Engagement. Seit damals existiert die

Band bis zum heutigen Tag. Mac blieb knapp zehn Jahre lang ihr Leiter, und in dieser Zeit tourte die Band nicht nur durch die USA, sondern auch durch viele Länder Europas und durch Japan. Und als Ray nach all den Jahren genug vom Reisen hatte und bei seiner Familie bleiben wollte, übernahm einer der größten Jazzklarinettisten der Welt seinen Job: Buddy DeFranco.

Viele von uns dachten damals, DeFranco sei der Idealfall schlechthin, da er nicht nur das ganze Orchester, sondern auch die für den Miller-Sound so wichtigen reeds führen konnte; er selbst war allerdings anderer Meinung. »Ich hatte niemals den richtigen Sound, um die reeds zu führen«, gestand er mir kürzlich. Das war der Grund, warum er nur als Dirigent und als Solist fungierte.

Mit der Zeit, als sich der musikalische Geschmack änderte und neue Songs populär wurden, die nicht mehr mit der Miller-Musik assoziiert werden konnten, sah sich Buddy einem Dilemma gegenüber. Wie vielen, die Glenn gut gekannt hatten, war auch ihm klar, daß Miller selbst seine Musik ohne Zweifel weiterentwickelt hätte. So schlug er gelegentlich neue Richtungen ein; er wandte nicht nur den Miller-Stil auf zeitgenössische Nummern an, von denen viele Bill Finegan arrangierte, er benutzte auch neue Voicings und moderne Rhythmen, die mit den vertrauten Klängen der Miller Band kaum mehr etwas gemein hatten.

Viele Zuhörer, besonders aber Musiker und ganz besonders die Mitglieder der Band, begrüßten DeFrancos Bemühungen, das, was sie als musikalische Sackgasse empfanden, zu verlassen. Aber sie wurden von den »waschechten« Miller-Fans empört niedergebrüllt, die selbst heute noch nicht bereit sind, irgend etwas anderes zu akzeptieren als den Originalsound.

Wie DeFranco berichtete, wurde er bei allen Konzerten mit ständigen Wünschen nach Glenns großen Hits überschwemmt, egal, ob die Band in New York oder in Japan spielte. *In the Mood* war der Spitzenreiter, gefolgt von *Little Brown Jug*, das durch die *Glenn Miller Story* wieder neue Popularität gewann, *A String of Pearls* und *Serenade in Blue*. Aber auch ungewöhnliche Wünsche wurden an Buddy herangetragen, wie er erzählte.

So sehen sie heute aus: Ray Eberle, Marion Hutton, Tex Beneke und Paul Tanner

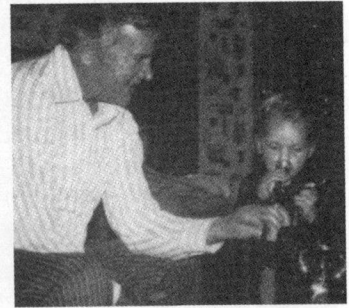

So sehen sie heute aus: Jimmy Priddy mit Enkelin, Trigger Alpert, Tex Beneke, Rolly Bundock, Billy May, Willie Schwartz, Johnny Best

»Viele unter der heutigen High School- und Collegejugend zeigen echtes Interesse an der Miller-Musik; manche haben sich auch ganz genau damit auseinandergesetzt. Und an Stelle der üblichen bekannten Nummern fragen diese jungen Leute nach solchen, an die sich kaum mehr jemand erinnern kann, zum Beispiel *Boulder Buff*.«

DeFranco ist noch immer überrascht und erstaunt, wie viele Leute ihm »ganz im Vertrauen« erzählten, was wirklich mit Glenn geschah. »Wenn all diese Geschichten stimmen, dann haben damals ungefähr 12 458 Menschen Glenn auf den Flugplatz begleitet.«

Der Fanatismus mancher unentwegter Miller-Anhänger sprengt gelegentlich alle Grenzen von Realität und Logik. Der Leiter eines der vielen Miller-Fanclubs bombardierte mich kürzlich mit einer ganzen Reihe von Behauptungen, von deren Richtigkeit er offenbar überzeugt ist. Hier ist ein kleiner Auszug:

(1) Als Glenn starb, fiel die ganze Bigbandindustrie auseinander. Er war der Tonangebende, er selbst war diese Industrie.
(2) Es war geplant, den Namen der Filmgesellschaft *Twentieth Century Fox* auf *Twentieth Century Miller* abzuändern.
(3) Die nach Deutschland ausgestrahlten Sendungen der Miller Band zerstörten die moralische Struktur des Hitler-Regimes. Miller war einer der Hauptgründe für die Niederlage Deutschlands.

Mehr auf dem Boden der Realität befindet sich die in England ansässige *Glenn Miller Society*. Sie wurde 1950 gegründet und hat etwa 1000 aktive Mitglieder, von denen viele regelmäßig zusammentreffen, um Platten und Bänder anzuhören, Photos zu betrachten und über Glenn und die Mitglieder seiner Band zu sprechen. Die Gesellschaft bringt monatlich eine gut verfaßte Clubzeitung heraus, die interessante Bilder und historische Fakten enthält und die Mitglieder über die Aktivitäten des Glenn Miller Orchestras *au courant* hält.

Als ich im Frühling 1973 mit meiner Frau in England war, fuhren zwei leitende Mitglieder der *Society*, Doug LeVicki und Roland Taylor, mit uns nach Bedford hinaus. Es war ein bewegender Ausflug; besonders, als wir mit dem Wagen über die Rollbahn jenes Flugplatzes fuhren, von dem aus Glenn zu seiner letzten Reise gestartet war.

Exemplarisch für die Detailbesessenheit mancher Millerianer ist die ausführliche Arbeit des Amerikaners Al Timpson, der die komplette Geschichte der Band mit Hilfe von Reports der Zeitschrift *Variety* aufgezeichnet hat; beginnend mit der Ausgabe vom 7. April 1937 und endend mit der vom 20. Dezember 1950. Timpson besitzt außerdem eine phantastische Sammlung von Photos und Informationen über Glenn. Der Kanadier Warren Reid hat sich auf den frühen Miller spezialisiert und besitzt eine erstaunliche Anzahl von Bildern aus dieser Ära. Der Amerikaner Ed Polic wiederum konzentrierte sich auf Millers Zivilband auf dem Höhepunkt ihrer Karriere und ebenso auf die AAF Band. Alle drei sind vernünftige, kenntnisreiche und überaus freundliche Menschen, die ihre Schätze gern mit Interessierten teilen und mir bei den Vorbereitungsarbeiten zu diesem Buch eine unschätzbare Hilfe gewesen sind.

Jedoch der erschöpfendste Bericht über die Aktivitäten der Originalband ist eine Diskographie von 554 Seiten, die sämtliche Auftritte, Plattenaufnahmen und Radiosendungen der Zivilband samt den vollständigen Besetzungen enthält. Das Buch wurde von John Flower aus Toronto mit Unterstützung von Ed Polic zusammengestellt und von Arlington House unter dem Titel *Moonlight Serenade* herausgebracht; es reflektiert überzeugender als alles andere die tiefe Hingabe eines echten Miller-Fans.

Was die Millionen Miller-Fans auf der Welt betrifft, so ist ihre Zahl trotz der langen Zeit seit Glenns Tod kaum kleiner geworden; die verstorbenen älteren Fans werden durch Vertreter der jüngeren Generationen ersetzt, wie Buddy DeFranco richtig beobachtet hat. Und wo immer auf der Welt das Glenn Miller Orchestra auftritt, kommen sie in Scharen. »Wir könnten das ganze Jahr durcharbeiten«, sagte David Mackay, »aber wir arbeiten nur 48 Wochen; die Boys brauchen schließlich auch ein wenig Urlaub.«

Im Januar 1974 kehrte der reisemüde DeFranco in die Jazzszene zurück, und Peanuts Hucko, der Klarinettenstar der AAF Band, wurde neuer Leiter.*

Aber wer Miller-Musik live erleben wollte, war nicht allein auf das »Offizielle Glenn Miller Orchestra«, wie Mackay die Band nennt, angewiesen. In Amerika konnte man sie auch von Tex Beneke und einer kleineren Formation hören, ebenso von Ray Eberle mit einer Gruppe, die sich The Modernaires nennt, aber keine der alten Mitglieder enthielt. Aber die mit Abstand musikalisch eindrucksvollste Band im Miller-Stil war das Syd Lawrence Orchestra in England, dessen Leader freimütig zugibt, die berühmtesten Miller-Arrangements kopiert zu haben. Präzision und Klang dieser Band erinnern in bemerkenswerter Weise an das Original, und viele ihrer Konzerte sind ausverkauft — im November 1969 etwa war 24 Stunden nach Ankündigung eines Lawrence-Konzertes in der 3200 Menschen fassenden *Royal Festival Hall* in London keine einzige Karte mehr zu bekommen. Cecil Madden besuchte drei Jahre später ein Konzert von Syd Lawrence. »Das Haus war bis auf den letzten Platz besetzt«, erzählte er, »aber ich war der einzige unter all den Menschen, der Glenn noch persönlich gekannt hat.«

Wenn es aber darum geht, die Menschen wirklich zu erreichen, dann kommt nichts an die Wiederveröffentlichungen der Originalaufnahmen Glenn Millers heran. *RCA* hat nach wie vor eine respektable Anzahl von Miller-Plattenalben im Katalog, mehr als von allen anderen namhaften Bands.

Um die Wünsche des Publikums nach dem Originalsound einerseits und nach zeitgemäßer Tonqualität andererseits unter einen Hut zu bringen, nahm das Miller Orchestra unter DeFranco 30 Nummern auf, in denen viele ehemalige Musiker und Sänger sowohl aus Glenns Zivilband als auch aus der AAF Band mitwirken; darunter Ray Eberle, Bobby Hackett, Ray McKinley und Johnny Desmond.

Desmond war es auch, der für einige TV-Werbespots herangezogen wurde, die mithelfen sollten, diese Aufnahmen besser zu ver-

---

* zum Zeitpunkt, da die deutschsprachige Ausgabe dieses Buches produziert wird, ist Larry O'Brien der Leiter des Glenn Miller Orchestras.

kaufen. Eines Abends, als ich gerade an den letzten Seiten dieses Buches arbeitete, sah ich zufällig einen dieser Spots. Da war Johnny verbindlich und heiter und rühmte die Verdienste der Miller Band, deren Musik im Hintergrund zu hören war. Aber je länger ich zuhörte, desto weniger hörte ich Johnnys Stimme und desto mehr schien der Miller Sound in den Vordergrund zu drängen. Zuerst dachte ich, der Tonmeister habe einen Fehler gemacht; dann aber fragte ich mich: war es wirklich ein Fehler, oder war es Absicht. Und je länger ich nachdachte, desto klarer wurde mir, daß das Warum eigentlich überhaupt keine Rolle spielte; worauf es ankam, war die Wirkung, und die war gerechtfertigt. Denn hier saß ich und hörte nicht so sehr ein einzelnes Mitglied der Miller-Organisation, sondern vielmehr die reichen, vollen Klänge des gesamten Miller-Sounds.

Und in diesem Moment wußte ich: genau das war es, was Glenn immer haben wollte.

Bildnachweis

Der Herausgeber dankt für die Überlassung von Abbildungen: Air Force Museum, Trigger Alpert, Bob Altshuler, Stan Aronson, Zinn Arthur, John Baker, Tex Beneke, Ted Bergmann, CBS, Capitol Records, Vince Carbone, Alan Cass, Arnold Dean, *Down Beat,* Marvin Drager, John Flower Collection, Polly Haynes, Ed Hilliard, Roc Hillman, Frank Ippolito, Harry James, Jerry Jerome, Julius Kingdom, *Metronome,* Miller Estate, Jonnie Miller, Johnny O'Leary, Jimmy Priddy, Ray McKinley, Charles Peterson, Ed Polic, RCA Records, Warren Reid, Tom Sheils, George T. Simon, John Simon, Alan Timpson, University of Colorado, Wide World Photos, John Woolnough, Zeke Zarchy.

Biographien

(2315)

(2371)

(2379)

(2391)

(2397)

(2418)